中华经典名著

全本全注全译丛书

尚荣◎译注

洛阳伽蓝记

中華書局

图书在版编目(CIP)数据

洛阳伽蓝记/尚荣译注. —北京:中华书局,2012.1
(2024.1 重印)
(中华经典名著全本全注全译丛书)
ISBN 978-7-101-08175-6

Ⅰ.洛… Ⅱ.尚… Ⅲ.①寺院-史料-洛阳市-北魏②洛阳市-地方史-史料-北魏③洛阳伽蓝记-注释④洛阳伽蓝记-译文
Ⅳ.①K928.75②K296.13

中国版本图书馆 CIP 数据核字(2011)第 179888 号

书　　名	洛阳伽蓝记
译 注 者	尚　荣
丛 书 名	中华经典名著全本全注全译丛书
责任编辑	刘胜利
责任印制	管　斌
出版发行	中华书局
	(北京市丰台区太平桥西里 38 号　100073)
	http://www.zhbc.com.cn
	E-mail:zhbc@zhbc.com.cn
印　　刷	北京盛通印刷股份有限公司
版　　次	2012 年 1 月第 1 版
	2024 年 1 月第 13 次印刷
规　　格	开本/880×1230 毫米　1/32
	印张 13¼　字数 250 千字
印　　数	60001-66000 册
国际书号	ISBN 978-7-101-08175-6
定　　价	36.00 元

目　录

卷第三　城南

卷第四　城西

卷第五 城北

前　言

《洛阳伽蓝记》是北魏迁都邺城(今河北临漳)十余年后,抚军司马杨衒之重游洛阳,追记劫前城郊佛寺之盛,感慨历史变迁的一部记叙性作品。其内容以记录洛阳佛教寺庙为主,同时它又记叙了当时许多政治事件、重要人物、风俗地理、传闻故事等,生动再现了当时的历史风貌,还原了历史事实,对正史中记载的不足具有补益之功,是我国南北朝时期一部优秀的历史地理名著,又具有极大的文化价值与历史价值。后世将《洛阳伽蓝记》与《水经注》、《颜氏家训》并称为我国北朝时期的三部杰作!

《洛阳伽蓝记》全书共分为五卷,首先为序城门表,其次以城内为始,次及城东、城南、城西、城北,各为一卷,由近而远,介绍详备,轮廓鲜明,俨然一体。其文体结构是一寺一条,这使得原著条理明晰,读者读后了然。《洛阳伽蓝记》以地志为经,史事为纬,正文简要,注笔详密,行文流畅,寓意深刻。“言时事,每杂以怪诞,发规谏,则显示神明,旁征博况”,可以说是将思想和观点巧妙地融合于历史性的记载和文学性的描述中去,引人入胜,发人思考。

关于《洛阳伽蓝记》一书的创作主旨:

作者杨衒之自己在《洛阳伽蓝记》自序中说道:“至武定五年,岁在丁卯,余因行役,重览洛阳。城郭崩毁,宫室倾覆,寺观灰烬,庙塔丘墟。

墙被蒿艾，巷罗荆棘。野兽穴于荒阶，山鸟巢于庭树。游儿牧竖，踯躅于九逵；农夫耕老，艺黍于双阙。始知麦秀之感，非独殷墟；黍离之悲，信哉周室！京城表里，凡有一千余寺，今日寥廓，钟声罕闻。恐后世无传，故撰斯记。”即有感于朝代更替、沧海桑田的历史变迁，担心自己身所亲历，后世不传，特撰此文，以为记证。这可以说是作者写作此书的出发点。清人吴若准在《洛阳伽蓝记集证·序》中也对此作了概括：“慨念故都，伤心禾黍，假佛寺之名，志帝京之事。”另有观点认为杨衒之是借作此书而针砭时事。唐释道宣《广弘明集》中言道：“衒之见寺宇壮丽，损费金碧，王公相竞，侵渔百姓，乃撰《洛阳伽蓝记》，言不恤众庶也。”表达了对封建统治阶级奢靡生活和腐朽统治的一种抨击。还有观点认为杨衒之是通过此书表达了他反对佛教的主张。《广弘明集》卷六《叙历代王臣滞惑解》记载杨衒之“后上书述释教虚诞，有为徒费，无执戈以卫国，有饥寒于色养，逃役之流，仆隶之类，避苦就乐，非修道者。又佛言有为虚妄，皆是妄想，道人深知佛理，故违虚其罪。又云读佛经者，尊同帝王，写佛画师，全无恭敬。请沙门等同孔老拜俗，班之国史。行多浮险者，乞立严敕，知其真伪。然后佛法可遵，师徒无滥，则逃兵之徒，还归本役，国富兵多，天下幸甚”。可以看出，杨衒之确实明确对僧徒的泛滥进行了斥责，他强调对佛应当尽心恭敬，呼吁恪守佛法教义，体现了其对重振佛教辉煌的殷切期许。

关于《洛阳伽蓝记》的问题研究：

自20世纪以来，主要集中在作者身世、文本笺注、文体特征、史学价值、人文地理以及文学成就等方面，成果颇丰。其研究大致可分为三个阶段：第一个阶段：1949年以前的近五十年，主要重在校勘、注释和考证。如早期吴若准的《集证》本，1915年唐晏所撰写的《洛阳伽蓝记钩沉》等。民国初，1930年张宗祥综合各家的《洛阳伽蓝记合校》，1937年，周延年所撰写的《洛阳伽蓝记注》，其后唐敬山撰写的《洛阳伽蓝记》注及校勘记各五卷。第二个阶段是20世纪50年代初至70年代末，最主要的是出现了几个《洛阳伽蓝记》的校注版本。如1958年科学出版社出版的周祖谟《洛阳伽蓝记校释》。1958年古典文学出版社出版的范祥雍《洛阳伽蓝记校注》等。第三个阶段:20世纪80年代开始,成绩显著,陆续有新的学者进行了注释和校笺。另外,大量的专业性论文得以涌现,均从各自的专业领域对《洛阳伽蓝记》作了深入的研究和探讨。

关于《洛阳伽蓝记》作者姓氏的问题研究:

从隋唐以来的各种著作记载可知,有"阳"、"杨"、"羊"三种说法。较多集中在"阳"和"杨"的探讨上。唐释道宣《广弘明集》卷六《王臣滞惑篇》记载杨衒之为"北平人",周延年先生曾作《杨衒之事实考》专文论证:"详考《北史》及《魏书》杨氏达者无北平籍,而《魏书·阳固传》:固字敬安,北平无终人。有三子。长休之,次诠,三未详。《北史》固传称有五子,长子休之传云:弟綝之,次俊之,与衒之名字排行次第相符。休之且长文学,为史官,有声当时,则北平之阳氏以文章传家,已可概见。衒之若果为阳姓,其为休之之弟及族昆弟,必无疑矣。"由此推论杨衒之可能是姓"阳"。另外,《广弘明集》、《新唐书·艺文志》、元修《河南志》等也著录作"阳"。学者郑骞、黄公渚、周祖谟、范子烨等皆力主"阳"姓。《隋书·经籍志》、隋费长房《历代三宝记》、唐释道世《法苑珠林》、《旧唐书·经籍志》、《宋史·艺文志》等则均著录为"杨"。

关于《洛阳伽蓝记》作者的仕途问题:

《洛阳伽蓝记》卷一记载永安中杨衒之担任了奉朝请,据推论应在永安二年(529)左右。永安三年,即建明元年(530)至于天平四年(537)八年间曾担任期城郡守,这在《历代三宝记》和《续高僧传》诸书中均有记载。从各本《洛阳伽蓝记》中所提"魏抚军府司马杨衒之"可知,其担任抚军府司马一事毫无疑问的,且这个官职正是他写作《洛阳伽蓝记》时的职务。另,《广弘明集》中又记载了杨衒之"元魏末为秘书监"的事,由此可知,杨衒之一生曾经担任过奉朝请、期城郡守、抚军府司马和秘书监这四个官职。

关于《洛阳伽蓝记》的文注内容问题：

由于作者杨衒之在作此书时，既想要广泛地搜集史料，又想行文畅美，不为材料所妨害，所以在形式上采用了正文和文注两部分既分列又配合的编写体例。及至唐代，仍是以如此面貌存世，这在唐代刘知几的《史通·补注篇》中曾有明确记载。到了宋代，由于在传写过程中误读，导致文注淆杂，混为一体，该书的原貌也就不复可知了。此后，历代的学者们都曾试图厘清文注，恢复其本来面目。清代时即曾有学者试图手校改定。钱塘吴若准立意“重为编次，厘定纲目，依据众刻，校其异同”，其对段落进行了划分，区分正文与子注，并于道光十三年(1833)十二月编修成《集证》本，为研究《洛阳伽蓝记》的早期成果，作出了重要贡献，但是其对正文的界定过于精要，文注部分划分则过于繁累。后世研究者认为这种划分当与杨衒之原著出入较大，评其为“正文太简，子注过繁，其所分析与杨书旧观，相去甚远”。其后，满洲学者唐晏于文宗咸丰五年(1855)二月著《钩沉》本，在吴若准的基础上进行了重新的划分。然其正文较为繁多，叙事过于详细，而且其中有些地方出现文句颠倒，是其失误之处和硬伤所在。后世学者评论其：“眉目稍清，然亦有界线不明者，且误衒之案语为注中之注，则不免固陋矣。”民国初年，张宗祥作《合校》本，一定程度上总结了吴若准、唐晏二人的得失，取得了较大的进展，但作者的观点十分保守，态度过于谨慎，他认为不应该擅自划分体例，区分文注；并对此进行了论证，他还把《洛阳伽蓝记》与全谢山治《水经注》之举相比较，说明《洛阳伽蓝记》正文和文注区分的困难。他在《洛阳伽蓝记合校·跋》中谈论道：“盖此书子注之难分，实非《水经注》之比。《水经注》出自两人，文笔绝异；此书则自撰自注，文笔相同，一也。全氏所见《水经注》自《大典》本出，故经注混淆。其实宋刊本分经注，明刊亦然，明初且有单刊经文无注本。此书则如隐以前，未见他刊。如隐而后，注尽不分，但凭想象，一无取证，二也。”所以，在对《洛阳伽蓝记》体例问题的探究上，张宗祥先生未能作出进一步的推动。近代研究相继出现了范祥雍《校注》本、周祖谟《校释》本、徐高阮《重刊》本、周延年《注》本、杨勇《校笺》本、田素兰《校注》本等。范祥雍《校注》本所作注释十分详细完备，值得称道，但在材料取舍上，没有剪裁选择，显得有些冗长，不够明晰，这是其不足之处。周祖谟《校释》本被后世学者认为“条例较密，校注较精”，但其在一定程度上对《洛阳伽蓝记》有改删之嫌，被认为“割裂旧文，往往不顾纹理文势之所安”，而徐高阮的《重刊》本分列正文文注，使得全文连贯可读。其分别文注，创获颇多，校释也非常精密，但缺点是“其删改古籍，自为说辞，最属武断”。借用范子烨在《评杨勇〈洛阳伽蓝记校笺〉》一文中的概述：“徐本校雠甚精，创获亦多，但有妄改古籍之嫌；周本条例较密，注释详明，但有割裂旧文之弊；范本校订谨详，注释甚备，而于材料取舍，少裁剪之功。此外，周延年《注》本及田素兰《校注》本，虽有胜义，而较为简略。”总而言之，诸家所作版本皆是对《洛阳伽蓝记》研究的有力推动和深入探讨，虽各有瑕疵，但都堪称《洛阳伽蓝记》研究的宝贵财富。前文所提及的当代学者杨勇先生，在前人研究的基础上作《校笺》本，其本历评前人得失，集诸家之所长，文注分明，校笺精当。尤其在正文和子注的体例问题上，杨勇的《校笺》本对《洛阳伽蓝记》进行了较为科学合理的划分。他的划分依据是：“凡言寺之由来，坊里所在，及人物名胜建置者为正文，而考订该寺所在，坊里人物之文献则为子注，时人言行，以及诡幻怪异之事，亦系于其间。”细细体会，合情合理，据此可以感受到研究者对《洛阳伽蓝记》一书的深切思考。

关于《洛阳伽蓝记》的文学价值、文化价值和历史价值问题：

首先，《洛阳伽蓝记》具有强烈的文学性。《四库全书总目提要》卷七十《地理类·古迹之属》云：“魏自太和十七年作都洛阳，一时笃崇佛法，刹庙甲于天下。及永熙之乱，城廓丘墟。武定五年，衒之行役洛阳，感念废兴，因捃拾旧闻，追叙古迹，以成是书……各署其新旧之名，以提纲领，体例绝为明晰。其文浓丽秀逸，烦而不厌，可与郦道元《水经注》

肩随。”充分褒扬了《洛阳伽蓝记》优美的文笔和较高的文学价值。

其次，《洛阳伽蓝记》虽是一本记录洛阳佛教寺庙的历史地理名著，但是其具有鲜明的思想性和强烈的人文关怀。我们在研读它的时候，可以从中了解和感知到许多北魏时代的人物群像、社会风貌、政治图景、宗教习俗等，因此具有极高的文化价值和历史价值。当代学者杨勇在校注《洛阳伽蓝记》一书的自序中言道：“杨衒之《洛阳伽蓝记》，隋志入史部地理类，此后公私书志虽有列为释家者，而多以地志目之，则先贤固以此为地理之书也。”随后他认为：“然其书虽以记伽蓝为名，按其重点，实是叙录北魏之史迹。上自太和，下至永熙，四十年间，凡朝廷设施，民间风物，无不备书。”表明了该书由于对当时许多史实和人物以及风俗地理、传闻故事等记载详尽，从而愈显其价值。无怪乎其被称为“拓跋之别史”。

《洛阳伽蓝记》的文化价值和历史价值，具体说来，有如下几个方面可以探讨：

第一，展现了我国北魏时期的社会风貌。如北魏的“伎乐之盛”在《洛阳伽蓝记》中有充分的体现。“伎乐”是我国汉代以来源自于民间，尔后又进入宫廷的俗乐的概称，也叫做“散乐百戏”，它不仅仅指代音乐，还包括幻术、武艺、杂技等项表演，但以音乐贯穿。本书卷一“城内”记载的由刘腾所立的长秋寺，每年的四月四日，举行寺内释迦牟尼像的行像活动，由百戏演员装扮成辟邪狮子等瑞兽，导引其前，演员们会表演吞刀吐火、腾骧彩幢等幻术和杂技，且“奇伎异服，冠于都市”。在说到景乐寺时，有“至于六斋，常设女乐，歌声绕梁，舞袖徐转，丝管寥亮，谐妙入神”；还有皇室的舞乐场面，汝南王元悦“召诸音乐，逞伎寺内”，各种散乐百戏的表演，使“士女观者，目乱睛迷”。城南景明寺：“梵乐法音，聒动天地；百戏腾骧，所在骈比。”如卷三“城南”记载高阳王元雍：“出则鸣驺御道，文物成行，铙吹响发，笳声哀转。入则歌姬舞女，击筑吹笙，丝管迭奏，连宵尽日。”令读者可以感受到锣鼓喧天、箫管竞奏的盛大美妙场景！还介绍了当时有专门的乐人集聚之所，如卷四"城西"记载了市南有"调音"、"乐律"二里，"里内之人，丝竹讴歌，天下妙伎出焉"。《洛阳伽蓝记》中具体记录了徐月华、田僧超、朝云三位演奏家的事迹，第一位徐月华是高阳王元雍的乐伎，"善弹箜篌，能为明妃出塞之歌，闻者无不动容"。第二位田僧超"善吹笳，能为《壮士歌》、《项羽吟》"，能使"听之者懦夫成勇，剑客思奋"。第三位朝云"善吹篪，能为《团扇歌》、《陇上》声"。皆是各有专长，一时名家。这种对演奏家的记载都是十分珍贵的史料。

第二，展现了我国北魏时期的人物形象，其中不乏北魏庶民和妇女形象。如妇女群像中所涉及的阶层，上至太后公主，下至奴婢乐伎，各有生动形象的描述和介绍。首先，从皇室贵族开始，记载了胡太后多达近二十处，"太后临朝，阍寺专宠，宦官之家，积金满堂"。"秦太上君寺，胡太后所立也。……当时太后正号崇训，母仪天下，号父为秦太上公，母为秦太上君。为母追福，因以名焉"，表明了胡太后任用奸佞，纵容腐败，又极尽奢华，为父母追福，大兴土木，劳民伤财的事实。作者维护正统，对妇女的贞洁和聪慧进行了颂扬，对淫乱和贪婪进行了批判。如寿阳公主的刚烈贞洁，"时尔朱世隆专权，遣取公主，至洛阳，世隆逼之。公主骂曰：'胡狗，敢辱天王女乎！'世隆怒，遂缢杀之"。卷三正觉寺记载："肃在江南之日，聘谢氏女为妻，及至京师，复尚公主。谢作五言诗以赠之。其诗曰：'本为箔上蚕，今作机上丝。得路逐胜去，颇忆缠绵时。'公主代肃答谢云：'针是贯线物，目中恒任丝。得帛缝新去，何能纳故时。'肃甚有愧谢之色，遂造正觉寺以憩之。"谢诗婉转，以"丝"谐"思"，唤夫旧爱。而公主语出双关，泼辣率直，展现了其敢爱敢恨的鲜明性格。透过杨衒之的文字，我们客观地了解了北魏妇女的生活状态以及情感世界，感受到北魏妇女的才情品性和仪规德范。

第三，从《洛阳伽蓝记》中还可以看到北魏当时的寺院布局及园林景观。北魏洛阳佛教寺庙众多，其建造来源也不尽相同，大致可以分为皇家建立、贵族官员建立和舍宅为寺三大类。由皇家建立的佛寺一般布局规整，雄伟壮阔，气象宏大。如永宁寺为“熙平元年灵太后胡氏所立也”，瑶光寺“世宗宣武皇帝所立”，秦太上君寺“胡太后所立”，景明寺“宣武皇帝所立也”，报德寺“高祖孝文皇帝所立也”，以上这些都是皇家所立寺庙的代表。其次是贵族和官员所立，如龙华寺为“宿卫羽林、虎贲等所立也”，宣忠寺“侍中司州牧城阳王徽所立也”，融觉寺“清河文献王怿所立也”，正始寺“百官等所立也”，这些寺院也大都气势不凡，建造时往往有充足的财力物力支持。还有一种就是由民宅改建而成的寺院，与辟地新建不同，这一类为“舍宅为寺”，如“平等寺，广平武穆王怀舍宅所立”，“高阳王寺，高阳王雍之宅也”，追先寺“侍中尚书令东平王略之宅”，开善寺“京兆人韦英宅也”，舍宅为寺者也往往多是官员或者社会身份较高者，所舍宅院也大都雕梁画栋、廊庑连绵，颇有气势，但是随着此风渐盛，庶民百姓也纷纷效仿，以至于舍宅者差别也逐渐增大，所立寺庙规模较小，仅供几尊佛像，设几间僧舍者也是有的。另外，洛阳寺庙的布局分为有塔型和无塔型。有塔型寺庙起源于印度，中国北朝时期的石窟也多有中心塔窟样式。这类寺庙一般为皇家以及贵族官员所立，规格较高，如胡太后所立永宁寺“中有九层浮屠一所”，并且永宁寺塔乃是永宁寺的中心，“架木为之，举高九十丈。有金刹复高十丈，合去地一千尺。去京师百里，已遥见之……刹上有金宝瓶，容二十五斛。宝瓶下有承露金盘三十重，周匝皆垂金铎。复有铁锁四道，引刹向浮图四角，锁上亦有金铎，铎大小如一石瓮子。浮图有九级，角角皆悬金铎，合上下有一百二十铎。……至于高风永夜，宝铎和鸣，铿锵之声，闻及十余里”。另外，如世宗宣武皇帝所立景明寺“有七层浮屠一所”，胡太后所立秦太上君寺“中有五层浮屠一所”，也都是有塔型寺院的代表。无塔型寺庙布局显然是受到“舍宅为寺”行为的影响而形成的，由于佛寺是住宅改造而成，格局上只能保留中国古代建筑的传统样式，厅堂厢房以及院落形式的构成，这样，佛殿便成为寺院的主体，讲堂、僧房等成为附属建筑。《洛阳伽蓝记》中记载,尔朱世隆改建的建中寺便是“以前厅为佛殿,后堂为讲室。金花宝盖,遍布其中”。由此可知,北朝时期是我国佛教寺庙建筑布局由一塔为中心的布局结构向以佛殿为中心过渡的重要阶段。

北魏“逮皇魏受图,光宅嵩洛,笃信弥繁,法教愈盛”,洛阳的寺院建筑由西晋末年的四十二处猛增至北魏末年的一千三百六十七处。受到“舍宅为寺”的影响,寺院园林建设呈现出兴盛的局面,寺院环境多草木扶疏、景色秀美。从《洛阳伽蓝记》中,有研究者总结出文中所提及的树木就有栝树、柏树、松树、柽树、椿树、枳树等,具有一定的史料研究价值。如永宁寺中“栝柏椿松”,正始寺中“青松绿柽,连枝交映”,景明寺中“松竹兰芷”,宝光寺中水池,“青松翠竹,罗生其旁”。另外,卷一“城内”之愿会寺“佛堂前生桑树一株,直上五尺,枝条横绕,柯叶傍布,形如羽盖。复高五尺,又然。凡为五重,每重叶椹各异。京师道俗,谓之神桑”。既详细描绘了愿会寺桑树的高大奇特,又客观反映了北方地区种植桑树的实际情况。《洛阳伽蓝记》中还常常提到果树的种植,史书中记载“京师寺皆种杂果”、“伽蓝之内,花果蔚茂”,这一点,在《洛阳伽蓝记》的文字记载中都可以得到佐证。如景林寺“寺西有园,多饶奇果”,灵应寺“时园中果菜丰蔚,林木扶疏”,白马寺“浮图前荼林蒲萄异于余处,枝叶繁衍,子实甚大。荼林实重七斤,蒲萄实伟于枣,味并殊美,冠于中京。帝至熟时,常诣取之。或复赐宫人,宫人得之,转饷亲戚,以为奇味。得者不敢辄食,乃历数家。京师语曰:‘白马甜榴,一实值牛’”。园林中种植的花草,根据《洛阳伽蓝记》的记载,有竹子、香草、合欢、鸡头鸭脚之草、兰、菊、萍等。如瑶光寺“珍木香草,不可胜言。牛筋狗骨之木,鸡头鸭脚之草,亦悉备焉”。景林寺“芳杜匝阶”,高阳王寺“其竹林鱼池,侔于禁苑,芳草如积,珍木连阴”,大觉寺“兰开紫叶,秋霜降草,则菊吐黄花”,法云寺“伽蓝之内,花果蔚茂,芳草蔓合,嘉木被庭”。总而言之,根据这些记载,可以了解到洛阳寺院的环境,都是遍植花草树木，可居可游，十分考究，并且处处弥漫着奢华的宫廷园林氛围。

以上是对《洛阳伽蓝记》研究成果的简单梳理和总结，由此可见《洛阳伽蓝记》巨大的文学、文化、思想和历史价值，相信对《洛阳伽蓝记》的研究还会继续深入地开展下去，必将涌现更多和更有价值的研究成果。

本书的译注主要参考范祥雍、周祖谟、杨勇三位先生的成果，注释结合诸家，加以整合，力图做到完备全面。在梳理过程中，每每感叹于前人学术研究谨严认真的态度，校笺注疏，触类旁通，皓首穷经，不辞辛劳，令人感佩！译文在诸家的基础上，通过自己的注释和解读，有一定的心得，阐发了一些新意，微妙处有不同于几位前辈研究的地方，形成文字，求教于大方之家。整个历史背景以及文字串联方面，前言的论述以及具体译注时，参考了大量今人的学术研究，他们的论文都是从自己各自不同的学术背景、学术角度对《洛阳伽蓝记》的具体问题作了深入的探讨，对我们的译注工作大有裨益，如曹道衡《关于杨衒之〈洛阳伽蓝记〉的几个问题》、王建国《20世纪以来〈洛阳伽蓝记〉研究的回顾与展望》、曹虹《〈洛阳伽蓝记〉新探》、方宜《〈洛阳伽蓝记〉之佛教观探微》、吉联抗《从〈洛阳伽蓝记〉看北魏"伎乐之盛"》、孟光全《〈洛阳伽蓝记〉中的庶民群像》、王柳芳《〈洛阳伽蓝记〉中的女性形象论析》、薛瑞泽《读〈洛阳伽蓝记〉论北魏洛阳的寺院园林》、陈昊霞《由〈洛阳伽蓝记〉谈北魏寺庙布局特点》等。限于篇幅，在此仅稍作列举，难免挂一漏万，谨对所有参考的研究成果及作者致以谢意。本书的写作在注释和译文方面分别得到了南京大学美术研究院研究生杨诚同学、王铮同学的协助，在题解方面得到了南京大学哲学系研究生杨剑霄同学的协助，费心费力颇多，在此谨向上述师友表示最衷心的感谢！

辛卯年秋尚荣于南京大学

原序

《三坟》、《五典》之说[①]，九流百氏之言[②]，并理在人区[③]，而义兼天外[④]。至于一乘二谛之原[⑤]，三明六通之旨[⑥]，西域详备[⑦]，东土靡记[⑧]。自项日感梦[⑨]，满月流光[⑩]，阳门饰豪眉之象[⑪]，夜台图绀发之形[⑫]，迩来奔竞[⑬]，其风遂广。至晋永嘉[⑭]，唯有寺四十二所。逮皇魏受图[⑮]，光宅嵩洛[⑯]，笃信弥繁，法教愈盛。王侯贵臣，弃象马如脱屣[⑰]，庶士豪家，舍资财若遗迹。于是招提栉比[⑱]，宝塔骈罗[⑲]，争写天上之姿[⑳]，竞摹山中之影[㉑]；金刹与灵台比高[㉒]，广殿共阿房等壮[㉓]。岂直木衣绨绣，土被朱紫而已哉[㉔]！

【注释】

①《三坟》、《五典》：传说中的古书名，为中华最古老典籍中之两种。后人附会为三皇五帝之书，即《三坟》是关于伏羲、神农、黄帝三皇之记载的书。《五典》是关于少昊、颛顼、高辛、尧、舜五帝之记载的书。西汉孔安国所作《尚书序》记载："伏羲、神农、黄帝之书，谓之三坟，言大道也。少昊、颛顼、高辛、唐、虞之书，谓之五典，言常道也。"

②九流百氏：九流指战国时九种学派，儒家、道家、阴阳家、法家、名家、墨家、纵横家、杂家、农家各流派。百氏，也有别本作“百代”，意指诸子百家。九流百氏后延伸为各种学术流派的泛称。

③人区：人居住的区域，指人世、人间。《后汉书·西域传》有“神迹诡怪，则理绝人区；感验明显，则事出天外”。

④天外：这里指世外，寰宇之外。同上见《后汉书·西域传》“感验明显，则事出天外”。

⑤一乘二谛：皆为佛教术语。一乘，即一乘法，谓引导教化一切众生成佛的唯一方法、途径或教说。乘，指车乘，比喻能载人到达涅槃的境界，指引导众生成佛的方法和途径。《正法华经·善权品》：“惟大觉乘，无有二乘，况三乘乎？”“正有一乘，无有二也。”《妙法莲华经·方便品》：“十方佛土中，唯有一乘法，无二亦无三，除佛方便说。”此为“一乘法”较早见于佛经的记载。二谛，谛即实理，二谛即真谛和俗谛。凡随顺世俗，说现象之幻有，为俗谛，对俗人说法用俗谛，如劝忠劝孝。凡开示佛法，说理性之真空，为真谛，讲出世用真谛。

⑥三明六通：皆为佛教术语。佛教称能知道过去、现在、未来的三种智慧为“三明”，分别指过去宿命明，即能知宿世；未来天眼明，即能知未来；现在漏尽明，即断尽烦恼。“六通”指六种神通力，即天眼通、天耳通、他心通、宿命通、神足通、漏尽通。“天眼通”即指能见六道众生生死，见世间一切形色苦乐。“天耳通”指能闻见六道众生苦乐忧喜、语言及世间种种声音。“他心通”指能知六道众生心中所念之事。“宿命通”谓能知自身一世二世乃至百千万世的宿命及所做之事，亦能知六道众生的宿命及所做之事。“神足通”谓身能飞天入地，出入王界，变化自在。“漏尽通”谓得此漏尽通，即断一切烦恼惑业，永远摆脱生死轮回。

⑦西域：《汉书·西域传》对此有广狭二义之解：狭义专指葱岭以东

而言；广义则指凡通过狭义西域所能达到的地区，包括今亚洲中西部、印度半岛、欧洲东部及非洲北部等地。西汉宣帝时设西域都护府。唐代在西域设置安西、北庭二都护府。此后各代，中原与狭义西域在政治、经济、文化上有着不可分割的联系。19世纪末建立新疆省后，“西域”一名渐废弃不用。《中国历史地名大辞典》解释为“西汉以后对玉门关以西地区的总称”。这里指葱岭以西以及印度等地信奉佛教的诸国。

⑧东土：佛教徒称中国为东土，因为对印度而言，中国居东，故曰“东土”。这里指信奉《三坟》、《五典》、诸子百家之说的中国。

⑨项日：项，颈的后部，也有别本作“顶”。“项日”指项出日光，也即顶有日光。此乃指代“汉明帝感梦”之事。《四十二章经》序中记载：“昔汉孝明皇帝，夜梦见神人，身体有金色，项有日光，飞在殿前，意中欣然，甚悦之。”即永平八年(65)，汉明帝闻西域有神，其名曰佛，便遣使赴天竺求法，得其经书并延请沙门来华，佛教得以传入，史称“永平求法”。

⑩满月：佛面皎洁圆净，好似明月之全满。《大般涅槃经》卷二十九：“儿所引喻，不必尽取。或取少分，或取多分，或复全取。如言如来，面如满月，是名少分。”佛经中对佛的胁侍弟子阿难的形象描述也有：“面如净满月，眼若青莲花。”

⑪豪眉：豪，古通“毫”，“毫眉”为长眉、浓眉之意，多指年长者之寿眉。毫，也指眉间细毛。佛教传说如来三十二相之一有“眉有白毫”，即如来的眉间有白色毫毛，右旋宛转，如日正中，放之则有光明，名白毫相。《大般若经》卷三十一：“世尊眉间有白毫相，右旋柔软，如睹罗锦，鲜白光净逾珂雪等。”这里指汉明帝生前于开阳门上作佛像并形容佛像仪容相好庄严。

⑫夜台图绀发之形：指汉明帝笃信佛法，生时于开阳门及寿寝上图以佛像。夜台，指坟墓，坟墓中永不见光明，故称“夜台”；此指明

帝陵寝显节陵。绀发，即青色的头发。佛教传说如来毛发为绀琉璃色，即绀青色，故“绀发之形”意指佛像。《大般若经》：“世尊首发修长，绀青稠密不白。”

⑬迩来奔竞：迩，通“尔”，近来的意思。南宋吕本中词《浣溪沙》有句：“共饮昏昏到暮鸦。不须春日念京华。迩来沉醉是生涯。”“奔竞”指奔走竞争，多指追逐名利。唐代诗人温庭筠有诗《病中书怀呈友人》云：“正使猜奔竞，何尝计有无。”

⑭永嘉：西晋怀帝年号(307—313)，凡七年。

⑮逮皇魏受图：逮，等到，及至。皇魏，即大魏。受图，指接受河图，比受天命。“河图”传为天降之祥物。自先秦以来说法颇多，流传甚古。主要被认为是圣人受命将兴的瑞祥征兆。《管子·中匡》：“昔人之受命者，龙龟假，河出图，洛出书，地出乘黄。”后即用“受图”代指帝王登位。

⑯光宅嵩洛：意指北魏迁都洛阳之历史事件。光宅，光大、充满、覆被的意思。引申为居有、占据之义。《尚书古文疏证》卷七：“昔在帝尧，聪明文思，光宅天下。”嵩洛，指嵩山与洛水，皆在洛阳城南。这里即指代洛阳。

⑰象马：象和马，喻指贵重之物，后用来泛指家业财产。与下文“资财”对应。《维摩诘经·佛道品》：“奴婢童仆，象马车乘，皆何所在。”这里指慷慨施舍之意。佛教中记载，释尊往昔为叶波国太子须大拏，好行布施，有求必应。曾将国宝白象赠予敌国，遭父王流放而无悔。屣(xǐ)：鞋。

⑱招提栉(zhì)比：形容寺庙众多、紧密相连。招提，意译“四方”，乃游化四方之意。中国佛教一般将其作为寺院的别称。后人将民间兴建小寺院称之为“招提”。明于慎行《穀山笔麈·释道》：“盖官造者为寺，私造者为招提、兰若。”此为一说。

⑲骈罗：骈比罗列。唐代李商隐《安平公诗》：“陈留阮家诸侄秀，逦

迤出拜何骈罗。”唐代韩愈《和裴仆射相公假山十一韵》:“当轩乍骈罗,随势忽开坼。”

⑳天上之姿:指佛的形象。佛遣罗睺罗变形为佛,从空而见真容。罗睺罗为释迦牟尼十大弟子之一。据《佛本行集经》、《翻译名义集》等载,为释迦牟尼之子,于释迦牟尼回乡时跟随出家当沙弥,为佛教教团有沙弥之始。被称为“密行第一”,尤为沙弥所崇拜。也有说佛至忉利天为母说法,优填王思念心切,以旃檀做佛像供养,此为佛教造像之始。

㉑山中之影:也指佛之形象。这里有两种说法:一是指佛曾于那竭城南山中留影。《魏书·释老志》所记载的“太安初有师子国胡沙门邪奢遗多浮陁难提等五人奉佛像三到京都”,就是根据山中所留佛影摹写的。二是指《广弘明集》谢灵运《佛影铭》序所说:“法显道人,至自祇洹,具说佛影,偏为灵奇。幽岩嵌壁,若有存形,容仪端庄,相好具足。……庐山法师闻风而悦。于是……摹拟遗量,寄托青彩。”

㉒金刹:六朝人谓塔曰刹,唐以后则通言佛寺。灵台:即汉光武所筑云台,高六丈。

㉓阿房:秦宫殿名。在渭南上林苑中。房,古读 páng。

㉔木衣绨(tí)绣,土被朱紫:绨、绣,两种丝织品名。绨是厚实、光滑而有光泽的丝织品。绣是五彩具备的丝织品。《说文》云:“绨,厚缯也。”被,覆盖,披着。朱、紫,二色也。《文选》张衡《西京赋》有:“木衣绨锦,土被朱紫。”薛综注曰:“言皆采画如锦绣之文章也。”这里是说建造寺舍时的奢华与铺张。

【译文】

从《三坟》、《五典》的学说中,从三教九流、诸子百家的观点里,我们可以看出他们所阐述的都是人伦日用、社会政治的道理,其意义也兼及六合之外,进而探讨形上世界的问题。至于佛教思想,诸如一乘、二谛的本义原旨，三明、六通的名相概念，在印度等那些佛教思想发源地的国家，研究、保存和流布是相当详尽完备并传播广泛的，而在信奉《三坟》、《五典》、诸子百家之说的中国却鲜有记载和见闻。自有“汉明帝感梦”，刘庄得见项有日光、面如满月之相好庄严的佛陀形象，并遣使求法，佛教东传以来，笃信佛法的汉明帝刘庄，生前便于开阳门及其寿寝上皆图摹佛像；由于皇室的倡导，使得贵族官员们竞相效仿，信佛的风气于是大盛。晋朝永嘉年间，只有寺庙四十二座。到大魏建立，帝王登位，并迁都洛阳，确立政权之后，佛教弘传愈演愈烈、十分兴盛，至诚信奉的人越来越多。王侯贵臣捐资建寺，慷慨得就像脱掉鞋子一样毫不吝惜，士民富豪舍弃钱财就好比遗忘自己足迹一般毫不在意。因此庙宇建造得鳞次栉比，宝塔修筑得森然罗列，各处寺庙争相绘制佛陀形象；庙宇建筑高耸入云，堪与汉代光武帝所筑的云台比高，寺殿建筑广阔连绵，如同秦始皇所建阿房宫一般壮丽。即使如《西京赋》中所说的“在木上披上丝织绣衣、在土上绘上红紫二色”的奢华也哪里能与之相提并论！

暨永熙多难[①]，皇舆迁邺[②]，诸寺僧尼，亦与时徙。至武定五年，岁在丁卯[③]，余因行役[④]，重览洛阳。城郭崩毁，宫室倾覆，寺观灰烬，庙塔丘墟。墙被蒿艾，巷罗荆棘。野兽穴于荒阶，山鸟巢于庭树。游儿牧竖，踯躅于九逵[⑤]；农夫耕老[⑥]，艺黍于双阙[⑦]。始知麦秀之感[⑧]，非独殷墟；黍离之悲[⑨]，信哉周室！京城表里[⑩]，凡有一千余寺，今日寥廓[⑪]，钟声罕闻。恐后世无传，故撰斯记。然寺数最多，不可遍写，今之所录，止大伽蓝[⑫]。其中小者，取其祥异[⑬]，世谛俗事[⑭]，因而出之。先以城内为始，次及城外，表列门名，以远近凡为五篇。余才非著述，多有遗漏，后之君子，详其阙焉。

【注释】

①暨(jì)永熙多难:当时魏有尔朱世隆、宇文泰、高欢三股势力相互斗争,故称“多难”。暨,至,到。永熙,北魏孝武帝元脩年号(532—534)。

②邺:地名。故城在今河北临漳西南。

③武定五年,岁在丁卯:即547年。这年三月,高欢、宇文泰战于洛阳,宇文泰虽败退,但洛阳在战乱中遭到破坏。537年,高欢进攻宇文泰,为宇文泰击败。宇文泰别将攻陷洛阳。洛阳经过两次战争,已极为残破。武定,东魏孝静帝元善见年号(543—550)。

④行役:指因服役或公事而在外跋涉。魏阮籍《咏怀》之三十九:“驱车远行役,受命念自忘。”晋陶渊明《庚子岁五月中从都还阻风于规林》:“自古叹行役,我今始知之。”

⑤踯躅(zhí zhú):徘徊不进,踏步不前。《荀子·礼论》:“过故乡,则必徘徊焉,鸣号焉,踯躅焉。”九逵:《尔雅·释宫》:“九达谓之逵。”《左传》:“逵,道方九轨也。”九逵,即九轨也。洛阳城门,每门有三道,是为九轨。意为到处可通的大路。

⑥老:指耕稼者。此处当是与上文“游儿牧竖”相对语。

⑦艺:种植。双阙:古代宫殿、祠庙和陵墓前的高建筑物,通常左右各一,建成高台,台上起楼观。以两阙之间有空缺,故名“双阙”。李白《鼓吹入朝曲》有“济济双阙下,欢娱乐恩荣”。

⑧麦秀之感:典出《史记·宋微子世家》:“其后箕子朝周,过故殷虚,感宫室毁坏,生禾黍,箕子伤之,欲哭则不可,欲泣为其近妇人,乃作麦秀之诗以歌咏之。其诗曰:‘麦秀渐渐兮,禾黍油油。彼狡僮兮,不与我好兮!’”麦秀,指麦子生长茂盛,后形容哀叹前朝,或表现对国事的感慨。

⑨黍离之悲:典出《诗·王风·黍离》小序。周幽王残暴无道,国势日衰,遂招致犬戎入侵,攻破镐京,自身被杀。东周时有大夫,为

西周旧臣，行役路过镐京，见往昔宗庙宫室，遍生禾黍，触景伤情，歌以咏怀。后以“黍离之悲”比喻亡国之痛。《文选》向秀《思旧赋》曰：“叹黍离之愍周兮，悲麦秀于殷墟。惟古昔以怀今兮，心徘徊以踌躇。”

⑩表里：表面和内部，即指内外，也比喻地理上的邻接。

⑪寥廓：意为空虚而宽广之貌。

⑫伽(qié)蓝：亦曰“僧伽蓝”，僧众所居住之场所，即佛教寺院的通称。

⑬祥异：即祥瑞、奇异的现象。

⑭世谛俗事：即世事与佛教事。“世谛”佛教中指有关世间种种事相的真谛，即为世俗之人所知的道理，亦指世俗之见。《大智度论》三十八：“佛法中有二谛，一者世谛，二者第一义谛。为世谛故，说有众生；为第一义谛故，说众生无所有。”王维《与苏卢二员外期游方丈寺而苏不至因有是作》：“共仰头陀行，能忘世谛情。”

【译文】

到了魏孝武帝永熙年间，战乱频繁，政权更迭，国家多难，其后首都迁到邺地，许多寺院里的和尚尼姑，也同时迁去。东魏孝静帝武定五年丁卯之岁，我因受官方差遣，重新来到洛阳。所见城郭摧毁，宫殿倾覆，寺观被烧成灰烬，庙塔被毁为废墟。墙头上被杂生的蒿艾野草覆盖，巷道里丛生着荆棘。野兽在荒废的阶石上打洞居住，山鸟在院子里的树上作巢。游走的儿童和放牧的人，在大路上徘徊；农夫和耕种的老人，在宫门前双阙的空地上种黍。昔日箕子朝周，看沧海桑田，哀前朝旧事，作麦秀的感叹；西周旧臣，看物是人非，感亡国之痛，歌黍离以咏怀，这些已不独是殷商、周朝的慨叹了，今日亦然！旧京内外，共有一千多处寺庙，如今空空荡荡，已经听不到钟声。我担心后世对这段历史没有记载和流传，所以撰写此记。然而洛阳寺庙为数众多，不可能全部写到，现在所记录的，只是大寺庙而已。其中规模较小的，则取它的奇异事,或世俗与佛教内的事情,记录并写下来。先从城内开始,依次到城外,表列门的名称,用来记远近,总共有五篇。我不是专门著述的人,写作中恐多有遗漏之处,以后有才德的方家,请一一指出我的不足之处。

太和十七年①,高祖迁都洛阳②,诏司空公穆亮营造宫室③,洛阳城门,依魏晋旧名。

【注释】

①太和:北魏孝文帝年号(477—499)。太和十七年即指493年。

②高祖:即指北魏孝文帝拓跋宏,471—499年在位。太和十四年(490)亲政,实行改革。于太和十七年(493)将都城从平城(今山西大同)迁到洛阳。重用汉族官员,采用汉族典制,改穿汉服,使用汉语,改用汉姓,加强鲜卑贵族与汉人士族的联合统治,鼓励鲜卑和汉族通婚,利于民族融合。

③穆亮:北魏大臣,也是北魏洛阳城的规划者之一。孝文帝时,历任使持节、征西大将军、西戎校尉、敦煌镇都大将。为政宽和,注意赈济抚恤贫苦百姓,使饱经战乱毁坏的敦煌有所恢复。离任还朝后受到敦煌百姓的思念。后历官至司空公。

【译文】

北魏太和十七年,北魏高祖决定迁都洛阳,下诏命司空公穆亮营造宫室,洛阳城门沿用魏晋旧名。

东面有三门:

北头第一门曰建春门。

汉曰上东门。阮籍诗曰"步出上东门"是也①。魏晋曰建春门,高祖因而不改②。

次南曰东阳门。

汉曰中东门，魏晋曰东阳门，高祖因而不改。

次南曰青阳门[3]。

汉曰望京门，魏晋曰清明门，高祖改为“青阳门”。

【注释】

①阮籍(210—263)：字嗣宗，三国魏尉氏(今河南开封)人，世称阮步兵。与嵇(jī)康等六人称为竹林七贤。“步出上东门”是其《咏怀诗》中的句子。

②因：沿袭。

③青阳：春季阳气发动，气候清和，故称春天为“青阳”。《说文》：“青，东方色也。阳，高明也。”《尔雅·释天》：“春为青阳。”

【译文】

洛阳东面有三门：

北头第一个门叫建春门。

汉朝叫上东门。阮籍诗中所说的“步出上东门”即指此门。魏晋时称为建春门，高祖沿用此名而未改。

第二个门在建春门南边，叫东阳门。

汉朝叫中东门，魏晋叫东阳门，高祖继续沿用而不改。

第三个门在东阳门南边，叫青阳门。

汉朝叫望京门，魏晋叫清明门，高祖改为“青阳门”。

南面有四门：

东头第一门曰开阳门。

初，汉光武迁都洛阳[1]，作此门始成，而未有名，忽夜中有柱自来在楼上。后琅琊郡开阳县上言南门一柱飞去②,使来视之,则是也。遂以“开阳”为名。自魏及晋,因而不改,高祖亦然。

次西曰平昌门。

汉曰平门,魏晋曰平昌门,高祖因而不改。

次西曰宣阳门。

汉曰小苑门,魏晋曰宣阳门,高祖因而不改。

次西曰津阳门。

汉曰津门,魏晋曰津阳门,高祖因而不改。

【注释】

①汉光武:即东汉王朝建立者刘秀,起兵于舂陵,大破王莽军于昆阳,定河北,即帝位,定都洛阳,是为东汉。公元25—57年在位。

②琅琊郡:今山东诸城一带。开阳县:故城在今山东临沂北。

【译文】

洛阳南面有四门:

东头第一门称作开阳门。

当初,汉光武帝迁都洛阳,刚刚建好此门,还没有命名之时,忽然夜中有柱子自己飞来楼上。不久就有琅琊郡开阳县给朝廷上书,说南门有一根柱子不翼而飞,请开阳县派人来看,确实就是这根。于是便用“开阳”做这个城门的名字。从魏到晋因袭而不改,高祖也没有改变它。

第二个门在开阳门西边,称作平昌门。

汉朝叫平门,魏晋叫平昌门,高祖继续沿用而不改。

第三个门在平昌门西边,称作宣阳门。

汉朝叫小苑门,魏晋叫宣阳门,高祖继续沿用而不改。

第四个门在宣阳门西边,称作津阳门。

汉朝叫津门，魏晋叫津阳门，高祖继续沿用而不改。

西面有四门：

南头第一门曰西明门。

汉曰广阳门，魏晋因而不改，高祖改为西明门。

次北曰西阳门。

汉曰雍门，魏晋曰西明门，高祖改为西阳门。

次北曰阊阖门[①]。

汉曰上西门。上有铜璇玑玉衡[②]，以齐七政[③]。魏晋曰阊阖门，高祖因而不改。

次北曰承明门。

承明者，高祖所立，当金墉城前东西大道。迁京之始，宫阙未就，高祖住在金墉城[④]，城西有王南寺，高祖数诣寺与沙门论议，故通此门，而未有名，世人谓之“新门”。时王公卿士，常迎驾于新门，高祖谓御史中尉李彪曰[⑤]：“曹植诗云[⑥]：‘谒帝承明庐[⑦]。’此门宜以‘承明’为称。”遂名之。

【注释】

①阊阖（chāng hé）：神话中的天门。后多以代指皇宫之门。

②璇玑玉衡：亦作“璇机玉衡”。古代用玉装饰的浑天仪，来观测日月五星运转的度数是否整齐。

③七政：日、月、金、木、水、火、土。

④金墉城：三国魏明帝筑，在今河南洛阳东北汉魏故城西北隅。西晋时被废黜之皇帝、皇后、皇太子曾安置于此。十六国时洛阳城

荒残,金墉城遂成为戍守攻战要地。

⑤李彪:字道固,顿丘卫国(今山东章丘西南)人。家世寒微,少孤贫,有大志,笃学不倦,于高悦家抄书诵读,废寝忘食。举为孝廉,至京师受业,颇受大臣李冲知遇。孝文帝初,为中书教学博士。后假员外散骑常侍,出使南齐。

⑥曹植:字子建,沛国谯郡(今安徽亳州)人。曹操第三子,曹丕同母弟。曾封陈王,谥思,故世称"陈思王"。是建安时期最有成就的作家,钟嵘《诗品》称为"建安之杰"。

⑦谒帝承明庐:曹植《赠白马王彪》中的诗句。

【译文】

洛阳西边有四门:

南头第一门称作西明门。

汉朝叫广阳门,魏晋继续沿用而不改,高祖改为"西明门"。

第二个门在西明门北边,称作西阳门。

汉朝叫雍门,魏晋叫西明门,高祖改为"西阳门"。

第三个门在西阳门北边,称作阊阖门。

汉朝叫上西门。上面安置铜制的璇玑玉衡,用来观测日月五星转到的度数是否整齐。魏晋叫阊阖门,高祖继续沿用而不改。

再靠北的称作承明门。

承明门,是高祖所修造的。这门正对着金墉城前的东西大路。迁京初期,宫阙还没有建成时,高祖住在金墉城里,城的西面有王南寺,高祖多次到寺中拜谒并同和尚谈论佛教义理,所以开通了这道门,但却没有命名,世人称之为"新门"。这时王公卿士经常在新门迎接高祖,高祖对御史中尉李彪说:"曹植诗说:'谒帝承明庐。'这扇门应该用'承明'做名称。"于是命名"承明门"。

北面有二门：

西头曰大夏门。

汉曰夏门，魏晋曰大夏门，高祖因而不改。宣武帝尝造三层楼[①]，去地二十丈[②]。洛阳城门，楼皆两重，去地百尺，惟大夏门甍栋干云[③]。

东头曰广莫门。

汉曰榖门，魏晋曰广莫门，高祖因而不改。自广莫门以西至于大夏门，宫观相连，被诸城上也。

【注释】

①宣武帝：北魏宣武帝元恪（483—515），孝文帝第二子。庙号世宗，谥宣武。

②去：距离。

③甍（méng）栋：房梁屋脊。《说文》："甍，屋栋也。"

【译文】

北面有二门：

西头的称作大夏门。

汉朝叫夏门，魏晋叫大夏门，高祖继续沿用而不改。宣武帝造三层楼，离地二十丈。洛阳城门楼都是两层，离地百尺，只有大夏门屋栋高入云际。

东头的称作广莫门。

汉朝叫榖门，魏晋叫广莫门，高祖继续沿用而不改。自广莫门以西，到大夏门，宫观相互连接，连接到城头上。

一门有三道[①]，所谓九轨[②]。

【注释】

①三道:城门进去分三条路,中间是官走的路,两旁左入右出。

②轨:指车辙。

【译文】

洛阳城门各有三条路,就是所谓可容九辆车并行的大道。

卷第一　城内

永宁寺

【题解】

《洛阳伽蓝记》起首第一篇所描述的永宁寺，乃是北魏迁都洛阳后，孝明帝之生母灵太后胡氏所创立，寺名永宁。创立时间为熙平元年(516，梁天监十五年)，胡太后笃信佛教，权倾朝野，由她倡立的永宁寺无疑是规模巨壮、烜赫一时的。

永宁寺位于河南洛阳以东十五公里之处，现存部分塔基、烧焦之砖块、佛像等。北面为正殿，形制仿太极殿，中置诸像，工巧绮丽。千余间僧房，参差相连；高大的门楼，雄壮可观。总而言之，寺内殿宇楼阁，皆典雅秀美，无与伦比。中书舍人常景曾奉胡太后之命作文并镌刻于石碑，碑文中云："须弥宝殿，兜率净宫，莫尚于斯也。"

永宁寺最为显著的标志是殿南九层巨塔，高达九十余丈，由于上置金刹，又高出十丈，故而总高离地千余尺，距离京城一百里开外，就能远远看见，堪称洛阳城内的地标性建筑。且装饰华美，雕梁画栋，极尽工巧。塔檐上缀饰金铎，总量多达五千余枚，高风永夜，铿锵作响，十余里相闻。

北魏衰落后，永宁寺命途多舛，太原王尔朱荣曾总领兵马驻扎于此。之后，新立的庄帝又在寺中太极殿大赦天下。此后，永安二年(529)五月，北海王元颢再进入洛阳，在此寺中聚集军队。又，永安三年

(530)，尔朱兆囚庄帝于此寺。永熙三年(534，北魏灭亡)，是年二月，永宁寺塔被火所烧。火最初是黎明时从第八层暴发，之后火势愈大，震动京城。火整整烧了三个月不熄灭。有的火进入地里延伸到柱子底部，经过周年还有烟气。这年五月中旬，有从东莱郡来的人说："见浮图于海中，光明照耀，俨然如新，海上之民，咸皆见之。俄然雾起，浮图遂隐。"最终永宁寺塔损毁殆尽，永宁寺也逐渐荒芜，终成废寺。

文中对永宁寺佛塔进行了精彩而翔实的描述，精心刻画了不同的历史人物形象，对于世事乃至轮回等都表达了自己的感悟。

永宁寺，熙平元年灵太后胡氏所立也①。在宫前阊阖门南一里御道西②。其寺东有太尉府③，西对永康里④，南界昭玄曹⑤，北邻御史台⑥。阊阖门前御道东有左卫府⑦，府南有司徒府⑧。司徒府南有国子学堂⑨，堂内有孔丘像，颜渊问仁、子路问政在侧⑩。国子学南有宗正寺⑪，寺南有太庙⑫，庙南有护军府⑬，府南有衣冠里。御道西有右卫府⑭，府南有太尉府⑮，府南有将作曹⑯，曹南有九级府，府南有太社⑰，社南有凌阴里，即四朝时藏冰处也⑱。

【注释】

①熙平：为北魏君主魏肃宗孝明帝元诩年号(516—518)。灵太后胡氏：北朝北魏世宗宣武帝元恪的妃子胡氏，魏肃宗孝明帝元诩之母，"灵"是其谥号。北魏临泾(今甘肃镇原南)人。孝明帝即位后，尊为皇太后，临朝执政，总揽万机。她的姑姑是一名尼姑，因此胡太后也信奉佛教，颇通佛理，并大兴土木，广建寺塔。后为尔朱荣所执，沉于黄河之中而死。

②阊阖门：北魏洛阳宫城正南门名。与洛阳城西门阊阖门同名，但

并非一门。

③太尉：官名，三公之一。秦时为中央掌军事的最高官员，秦以后沿置。西汉初为全国军事首脑，与丞相、御史大夫合称“三公”。东汉改与司徒、司空并称“三公”，仍为共同负责军政的最高长官。唐代三公正一品，虽名位尚存，实则仅为授予亲王大臣的荣衔，其中太尉多授予武官。

④永康：里名。在西阳门内御道南。里：古代居民聚居的地方。《周礼·地官·遂人》：“五家为邻，五邻为里。”秦汉时以里为一级基层单位，设里正为其长。

⑤昭玄曹：即昭玄寺，官署名。汉时管理僧人的机构为鸿胪寺，北魏初署名为道人统，文成帝改名为监福曹，孝文帝改名为昭玄曹。《魏书·释老志》：“先是立监福曹，又改为昭玄，备有官属以断僧务。”官属有沙门统、都维那等，统摄僧伍，以断僧务。

⑥御史台：御史的官署。御史，古为记事之官。至秦汉时专司纠察。《后汉书·百官志》有“秦有监御史，监诸郡”，是为中国监察制度的发端。

⑦左卫府：左卫将军的官署。北魏沿袭晋制，有左卫将军、右卫将军。见《魏书·官氏志》。

⑧司徒府：即丞相府，为司徒及官属处理政务之所。

⑨国子学堂：中国封建王朝所设立的中央最高学府。最早建于晋武帝咸宁二年(276)，以《周礼》有“国之贵游子弟国子受教于师”而定名。北齐改名“国子寺”。隋炀帝时改国子寺为“国子监”。国子学以学习儒家经典为主。

⑩颜渊问仁、子路问政：颜渊，即颜回，与子路均为孔子弟子。“颜渊问仁”见《论语·颜渊》。“子路问政”见《论语·子路》。此处指国子学里的壁画。

⑪宗正寺：官署名。主要掌管皇族事务，秦汉始多以皇族中人充

任，历代沿置。唐代时为中央政事机构九寺之一。

⑫太庙：古代帝王为祭祀祖先而建立的庙。古时“大”、“太”字同，“太庙”又作“大庙”。《礼记·祭统》：“君致齐（斋）于外；夫人致齐（斋）于内，然后会于大庙。”汉郑玄注：“大庙，始祖庙也。”

⑬护军府：官署名。北齐时设置，以护军将军或中护军为主官，掌管禁军、主持选拔武官、监督管制武将，皇帝车驾出则掌护驾之任。

⑭右卫府：右卫将军的官署。与上“左卫府”意义相同，乃是禁卫军指挥机构。

⑮太尉府：即太尉的官署。《元河南志》作“太府寺”，太府乃是指掌管财务库藏的官署。

⑯将作曹：掌治宫室陵园土木工程的官署。

⑰太社：古时天子为百姓祈福、报功而设立的用来祭祀土神、谷神的场所，祭祀时由各级官僚贵族和国人参加。汉班固《白虎通·社稷》：“太社为天下报功，王社为京师报功。”

⑱四朝：即晋之武帝、惠帝、怀帝、愍（mǐn）帝四朝。也有四朝为东汉、魏、晋及北魏之说。

【译文】

永宁寺，由熙平元年灵太后胡氏所建造，在皇宫前阊阖门南一里处的御路西面。这个庙的东面有太尉府，西面对着永康里，南面与管理僧尼的机构——昭玄曹分界，北面靠着御史台。阊阖门前御道东有左卫府，府南有司徒府。司徒府南有最高学术机构国子学堂，堂内供奉有孔子圣像，两边还有“颜渊问仁”、“子路问政”的壁画。国子学南有专管皇族事务的宗正寺，寺南有太庙，庙南有护军府，府南有衣冠里。御道西有右卫府，右卫府南有太尉府，太尉府以南有专管建筑修造的将作曹，将作曹南有九级府，府南有太社，社南有凌阴里，即武帝、惠帝、怀帝、愍帝四朝专门用以储存冰块的地方。

中有九层浮图一所[①]，架木为之，举高九十丈[②]。有金刹复高十丈，合去地一千尺。去京师百里[③]，已遥见之。初，掘基至黄泉下[④]，得金像三十躯[⑤]，太后以为信法之征，是以营造过度也。刹上有金宝瓶[⑥]，容二十五斛[⑦]。宝瓶下有承露金盘三十重，周匝皆垂金铎[⑧]。复有铁锁四道，引刹向浮图四角。锁上亦有金铎，铎大小如一石瓮子。浮图有九级，角角皆悬金铎，合上下有一百二十铎。浮图有四面，面有三户六窗，户皆朱漆。扉上各有五行金铃，合有五千四百枚。复有金环铺首[⑨]，殚土木之功，穷造形之巧，佛事精妙[⑩]，不可思议。绣柱金铺，骇人心目。至于高风永夜[⑪]，宝铎和鸣[⑫]，铿锵之声，闻及十余里。

【注释】

①浮图：梵文音译为"窣堵波"。"图"通"屠"，故又作"浮屠"或"佛图"，意指佛塔。其塔盘、塔座上常有附刻文字，即镌刻造塔年月、造塔者姓名等。有时也意指佛陀。《后汉书·西域传》："后桓帝好神，数祀浮图、老子，百姓稍有奉者，后遂转盛。"

②举：全，共计，总计。九十丈：这里应该是夸张手法，固非事实。丈是过去的长度单位，其计算方法为十尺为一丈，十丈为一引。古代以成年男子身高一丈为自然基准。《说文》："周制以八寸为尺，十尺为丈，人长八尺，故曰丈夫。"

③京师：首都的旧称。此处指洛阳。

④黄泉：原意为地下深处的泉水。这里指地下深处。《孟子·滕文公下》："夫蚓，上食槁壤，下饮黄泉。"

⑤金像三十躯：铜铸的佛像三十躯。躯，这里为佛像单位名。

⑥宝瓶：佛教中对装佛具法具的瓶器的称谓。

⑦斛(hú):中国古代量器名,亦是容量单位。秦汉原一斛为十斗,后来改为五斗。

⑧铎(duó):大铃。古代用其来宣政布教,亦为古代乐器。

⑨铺首:亦称“门铺”。金银装饰的兽形,衔住门环,作为门扇上的拉手饰件,是旧时汉族传统建筑常见的驱邪门饰。其兽形由青铜器上的兽面衔环耳演变而来,取其善守或镇凶、辟邪之功用。秦汉多用玉铺首和铜鎏金铺首,唐代以后常用铜、铁、金或鎏金制成。

⑩佛事:这里指跟佛教有关的建造。

⑪永夜:长夜。

⑫和鸣:指互相应和而作响。

【译文】

永宁寺中有一座九层宝塔,为木材构造而成,达九十丈之高。宝塔之上有金饰的塔刹,又高达十丈;两者加在一起,离地能有一千尺高。在距离京城一百里开外处,远远地就能看见。最初建造时,地基掘得很深,曾挖出金属佛像三十尊,胡太后认为这一定是由于笃信佛法而生出的感应征兆和灵验瑞相,因此不顾一切地开始大规模营造。永宁寺宝塔塔刹上有金宝瓶,有二十五斛的容积。金宝瓶下有承露金盘三十层,周围都挂着金铎。又有四道铁锁链,从塔刹连向宝塔的四角。锁链上也有金铎,金铎的大小像一个石瓮。宝塔共有九层,角角都悬挂着金铎,合起来从上到下有一百二十个。宝塔有四面,一面有三户六窗,门都上了红漆。每扇门上各有五行金铃,合计有五千四百枚。又有金环铺首,在建造设计上真是穷尽了土木构造的功能,遍及了造型设计的巧思,如此精妙绝伦的佛教建筑,真是令人不可思议。绣饰的柱子,金饰的门面,观之撼人心目。每当长夜深深,高天风来,宝铎和鸣,铿锵的声音,十多里外都能听到。

浮图北有佛殿一所，形如太极殿[①]。中有丈八金像一躯、中长金像十躯[②]，绣珠像三躯，金织成像五躯，玉像二躯。作工奇巧，冠于当世。僧房楼观[③]，一千余间，雕梁粉壁，青琐绮疏[④]，难得而言。栝柏松椿[⑤]，扶疏檐霤[⑥]；藂竹香草，布护阶墀[⑦]。

是以常景碑云："须弥宝殿[⑧]，兜率净宫[⑨]，莫尚于斯也[⑩]。"

【注释】

①太极殿：北魏洛阳宫正殿。在今河南洛阳东北汉魏故城中。

②中长：这里指佛像与人等长。

③楼观：泛指高大的建筑。

④青琐：用以装饰青色花纹的皇宫门窗。绮疏：指雕镂成空心花纹的窗户。

⑤栝(kuò)：古书上指桧树。

⑥扶疏：枝叶茂盛，高低疏密有致。霤(liù)：指屋檐。

⑦布护：散步。墀(chí)：台阶。

⑧须弥：佛教传说中的山名，意为"妙高"、"妙光"、"善积"等。实即指印度北面的雪山。佛教认为山顶上为帝释天所居，其半腹为四天王所居，其周围有七香海，七金山，其第七金山外有咸海，其外围曰铁围山，故称九山八海，四周有四大部洲，用以说明佛教臆想世界的玄妙高远。

⑨兜率净宫：这里指天宫。兜率，即兜率天。佛教有欲界六天之说，四王天、忉利天、焰摩天、兜率天、乐变化天、他化自在天，其中第四层即为兜率天，它的内院是弥勒菩萨的净土，外院是天上众生居住的地方。

⑩尚：超过，胜过。

【译文】

宝塔北面有佛殿一处，形状像太极殿。里面有丈八金像一尊，中等长度的金像十尊，绣珠像三尊，金线织成像五尊，玉像二尊，制作奇特巧妙，在当世是称得上第一的。有僧房楼观一千多间，雕刻梁柱粉涂壁上，门有青纹，窗有镂空，难以用言语描绘。栝柏椿松，枝叶覆盖檐首；丛竹香草，分散布满阶石。

所以，常景碑说："须弥山上的宝殿，兜率天上的净宫，都没有胜过这里的。"

外国所献经像，皆在此寺。寺院墙皆施短椽，以瓦覆之，若今宫墙也。四面各开一门。南门楼三重，通三阁道[①]，去地二十丈，形制似今端门[②]。图以云气，画彩仙灵[③]，列钱青琐[④]，赫奕华丽[⑤]。拱门有四力士、四师子[⑥]，饰以金银，加之珠玉，庄严焕炳[⑦]，世所未闻。东西两门亦皆如之，所可异者，唯楼两重。北门一道不施屋，似乌头门[⑧]。四门外树以青槐[⑨]，亘以绿水[⑩]，京邑行人[⑪]，多庇其下。路断飞尘，不由渰云之润[⑫]；清风送凉，岂藉合欢之发[⑬]？

【注释】

①阁道：指建筑物上面架设起来的通道。

②端门：泛指宫室正南门。

③仙灵：这里指仙人灵异等。

④列钱：古代宫室壁带上用镶嵌着玉石的金环排列在一条横木上的装饰物，像连贯成串的钱，所以称"列钱"。

⑤赫奕：盛大、光明显耀的样子。

⑥力士:金刚力士,即护法神。师子:即狮子,佛教中狮子是守护寺庙的。这里都是指塑像。

⑦焕柄:光彩灿烂的样子。

⑧乌头门:门前有两个华表,高随其长短不同,在腰部一分为二,门腰上半部装雕花的格子。

⑨树:种植,栽种。

⑩亘:回绕,连绵不断。

⑪京邑:国都,京都。

⑫渰(yǎn)云:含雨的阴云。

⑬合欢:即团扇,上有对称的图案花纹。

【译文】

外国所供奉的经像,都收藏在这个庙内。庙的院墙都加了短的木椽,用瓦盖上,像今天的宫墙。四面各自开一扇门。南门楼三层,通往三条阁道,离地面二十丈,形状规制像现在洛阳城的正门。画上云气,画上彩色的仙人,再装上列钱和刻上青色的花纹,整个气象光明显赫而华丽。拱卫大门前有四个力士、四只狮子雕像,用金银装饰,镶上珠玉,庄严光彩,世上都未曾见过。东西两门也都这样,所不同的,只有门楼是两层。北门一路,上面不加屋,像乌头门。四门以外,都种上青槐,环绕着绿水,京城里的行路人,多庇护在树阴下。路上没有飞起的尘土,不是因为湿云的润湿;清风送来凉意,哪里靠团扇的扇动?

诏中书舍人常景为寺碑文①。

景字永昌,河内人也②。敏学博通③,知名海内④。太和十九年为高祖所器⑤,拔为律博士⑥,刑法疑狱⑦,多访于景⑧。正始初⑨,诏刊律令,永作通式⑩。敕景共治书侍御史高僧裕、羽林监王元龟、尚书郎祖莹、员外散骑侍郎李琰之等撰集其事[11]。又诏太师彭城王勰、青州刺史刘芳[12]，入预其议。景讨正科条[13]，商榷古今，甚有伦序[14]，见行于世，今律二十篇是也。又共芳造洛阳宫殿门阁之名，经途里邑之号[15]。出除长安令[16]，时人比之潘岳[17]。其后历位中书舍人、黄门侍郎、秘书监、幽州刺史、仪同三司[18]。学徒以为荣焉[19]。景入参近侍，出为侯牧[20]，屋室贫俭，事等农家；唯有经史，盈车满架。所著文集数百余篇，给事中封暐伯作序行于世[21]。

【注释】

①中书舍人：官名。中书省的属官，掌管起草诏令文书、侍从宣旨等。有时也参与决断机务。

②河内：郡名。故地在今河南沁阳。

③博通：广泛地通晓各种知识。

④海内：指国境以内，因为古人认为我国疆土四周环海。

⑤高祖：即孝文帝元宏。

⑥律博士：官名。亦称“律学博士”，晋朝始设，负责讲授律令，属廷尉。

⑦狱：旧指官司，诉讼案件。

⑧访：询问，征求意见。

⑨正始：魏世宗宣武帝元恪年号(504—508)。

⑩通式：通行的规范、样式。

⑪敕：命令。特指皇帝颁发的命令、诏书。治书侍御史：官名。亦称“治书御史”。高僧裕：高绰，字僧裕，渤海(今属河北省)人，博通经史。羽林监：官名。掌管皇帝宿卫侍卫。王元龟：生平事迹未详。尚书郎：官名。综理职务。祖莹：字元珍，范阳道(今河北

定兴南)人,年少好学,文学出众。员外散骑侍郎:皇帝近侍官之一。掌管侍从左右、得失献纳等。李琰之:字景珍,狄道(今属甘肃省)人,博学善谈,非常有名。卒谥文简。

⑫太师:官名,古代"三公"之一。周代始置,辅佐国君;后代多为重臣加衔。彭城王勰:元勰字彦和,北魏献文帝第六子。博综经史,雅好属文。太和时封彭城王。后被高肇所谮(zèn)而被杀,谥武宣。庄帝即位,追尊文穆皇帝。见《魏书》卷二十一。青州:州名。故址在今山东益都。刺史:官名。为州的最高行政长官。刘芳:字伯文,彭城(今江苏徐州)人,精于经义,对汉石经颇有研究。

⑬讨正:研究,讨论修正。

⑭伦序:次序,条理,顺序。

⑮经:南北走向的道路。

⑯除:对官员的任命。

⑰潘岳:字安仁,西晋荥阳中牟县(今属河南省)人,曾做过长安令。有《西征赋》记其事。

⑱黄门侍郎:官名。职务是侍从皇帝,传达诏令。因供职黄门(宫门)之内,故称"黄门侍郎"。南北朝以后,因掌管机密文件,备皇帝顾问,职位日渐重要。秘书监:官名。秘书省的最高领导,掌管图书著作等。幽州:州名。治所为蓟县(今北京城西南)。仪同三司:官名。原本是指官位不同于三司(太尉、司徒、司空)而仪制待遇与三司相同。魏晋以后,将军开府置官署的称为开府仪同三司。南北朝末期,仪同三司为一种称号。隋唐以后,仅是散官。

⑲学徒:这里指师从常景的读书人。

⑳侯牧:指县令、州牧等地方官。

㉑给事中:官名。相当于皇帝的左右顾问,掌管纠察百官等事,因

供职殿中，故称给事中。

【译文】

胡太后下诏命令中书舍人常景作寺庙碑文。

常景字永昌，河内人。勤勉好学，通晓各种知识，海内知名。太和十九年，为高祖所看重，选拔做律学博士，刑法和狱案有疑问，往往询问常景。世宗正始初年，下诏刊定律令，永远作为通用的法式。先是命令常景同治书侍御史高僧裕、羽林监王元龟、尚书郎祖莹、员外散骑侍郎李琰之等编著为书。又诏令太师彭城王元勰、青州刺史刘芳参与讨论。常景讨正条理，斟酌以往的旧律和当前的实情，很有次序，通行于世，这就是现在的法律二十篇。又同刘芳起洛阳宫殿门阁的名，经过的路和里邑的号。出外做长安令，当时人把他比作潘岳。他后来做中书舍人、黄门侍郎、秘书监、幽州刺史、仪同三司。从师受业的人以为荣耀。常景入朝参与皇帝近身的侍候，出朝做地方官，生活十分俭朴，与农家没有什么差别，只有经史书籍满车满架。所著文集有数百篇，给事中封晞伯作序，在世上通行。

装饰毕功，明帝与太后共登浮图；视宫内如掌中，临京师若家庭，以其目见宫中，禁人不听升。

衒之尝与河南尹胡孝世共登之①，下临云雨，信哉不虚！

时有西域沙门菩提达摩者②，波斯国胡人也③。起自荒裔④，来游中土⑤。见金盘炫日，光照云表⑥，宝铎含风⑦，响出天外；歌咏赞叹，实是神功。自云年一百五十岁，历涉诸国，靡不周遍，而此寺精丽，阎浮所无也⑧。极佛境界，亦未有此。口唱南无⑨，合掌连日。

【注释】

①河南尹：官名。是当时首都洛阳的最高行政长官。胡孝世：其人不详。

②菩提达摩：中国佛教禅宗的初祖。波斯人，或谓南天竺(印度南部)人。据传菩提达摩于梁武帝普通元年(520)泛海至广州，同年渡江至洛阳。后栖止于嵩山少林寺。于武泰元年(528)示寂。

③波斯：古代国名，即现在的伊朗。胡：我国古时对北方边地以及西域各个民族的称呼，也泛指一切外国。

④荒裔：偏僻、荒芜边远的地方。

⑤中土：古地区名，指中国。

⑥云表：相当于说“云外”。

⑦含风：被风吹拂，迎在风中。

⑧阎浮：洲名。也称“阎浮提”，须弥山南部的南赡部洲，天竺居其中。佛经中专指天竺(印度)。

⑨南无(nā mó)：佛教语。意为归命、敬礼、度我。佛教中但凡合掌低头，口唱南无，就是敬礼。

【译文】

永宁寺装饰完毕，明帝同太后一起登临。宫城看上去如同手掌之物，京城巡视起来像居民的庭院，因为能看见宫内，限制人不让登塔。我曾经同河南尹胡孝世共同登上去，俯视云雨，确信此话不假！

那时有西域和尚菩提达摩，是波斯国的胡人。出身于荒远的氏族，云游来到中国。看见金盘炫耀在日光里，光彩照射在云层上，宝铎迎风，发出的声音响彻天外；他歌唱赞美，认为实在是神功。他自己说，年龄一百五十岁，经历了许多国家，没有未曾游历的，但这寺的精美，是印度所没有的。极尽佛的境界，佛国也是没有这样的！口唱南无，合掌赞美不停。

至孝昌二年中[①]，大风发屋拔树[②]，刹上宝瓶，随风而落，入地丈余。复命工匠更铸新瓶。

【注释】

①孝昌：北魏孝明帝元诩年号(525—527)。

②发：揭去，掀开。

【译文】

到孝昌二年中，大风把屋顶刮跑了，把树拔起，永宁寺塔上的宝瓶，随风吹落，入地丈余。于是命令工匠铸造新的宝瓶。

建义元年[①]，太原王尔朱荣总士马于此寺[②]。

荣字天宝，北地秀容人也[③]。世为第一领民酋长[④]，博陵郡公[⑤]。部落八千余，家有马数万匹，富等天府[⑥]。武泰元年二月中[⑦]，帝崩[⑧]，无子，立临洮王世子钊以绍大业[⑨]，年三岁。太后贪秉朝政，故以立之。荣谓并州刺史元天穆曰[⑩]："皇帝晏驾[⑪]，春秋十九[⑫]，海内士庶[⑬]，犹曰幼君。况今奉未言之儿，以临天下[⑭]，而望升平[⑮]，其可得乎？吾世荷国恩，不能坐看成败，今欲以铁马五千，赴哀山陵[⑯]，兼问侍臣帝崩之由。君竟谓何如[⑰]？"穆曰："明公世跨并、肆[⑱]，雄才杰出，部落之民，控弦一万[⑲]。若能行废立之事，伊、霍复见于今日[⑳]。"荣即共穆结异姓兄弟，穆年大，荣兄事之。荣为盟主，穆亦拜荣。于是密议长君诸王之中不知谁应当璧[㉑]。遂于晋阳[㉒]，人各铸像不成[㉓]，唯长乐王子攸像光相具足[㉔]，端严特妙。是以荣意在长乐。遣苍头王丰入洛[㉕]，约以为主。

长乐即许之，共克期契㉖。

【注释】

①建义：魏敬宗孝庄帝元子攸年号(528)。

②尔朱荣(493—530)：字天宝，北魏秀容部落首领。北魏末在镇压各族人民起义中势力渐强。武泰元年(528)，进军洛阳，发动河阴之变，杀北魏胡太后、少帝与百官两千余人，立孝庄帝，专断朝政。同年，破葛荣起义军。次年，灭北海王元颢，镇压韩楼与万俟丑奴等起义军。后被孝庄帝杀死。总士马：总领军队。士马，兵马，引申为军队。

③秀容：地名。故地在今山西朔县西北。

④第一领民酋长：北朝时颁给北方诸少数民族部落首领的官名。酋长，头领，第一是酋长的品级。

⑤博陵郡：汉代设置的行政区，治所为今河北安平。

⑥天府：本为周代官名，主管祖庙的收藏，后也称朝廷收藏财物的府库。

⑦武泰：北魏孝明帝元诩年号(528)。

⑧崩：古时称帝王死为“崩”。

⑨世子：古代帝王和诸侯之子被立为继承人者的称谓。一般为嫡长子。

⑩并州：州名。治所晋阳(今山西太原西南)。元天穆：北魏高凉王拓跋孤六世孙，后与尔朱荣同为孝庄帝所杀。见《北史》卷十五《高凉王孤传》。

⑪晏驾：古代称帝王死亡的讳饰之辞。晏，晚。驾，车驾，代指帝王。

⑫春秋：古时指年龄、年岁。

⑬士庶：古代士大夫阶层与庶民的合称，泛指百姓。

⑭临：君临，统治。

⑮升平：形容太平，用于国家、气象、景象等。

⑯山陵：这里指皇帝的陵寝。

⑰谓：以为，认为。

⑱明公：古代对权贵长官的尊称。并、肆：即并州与肆州，指山西太原和忻县。

⑲控弦：能拉弓。这里指善于射箭的士兵。

⑳伊、霍：即伊尹与霍光。伊尹是商朝大臣，商汤孙子太甲继位，因荒淫失度，伊尹将他放逐到桐宫。三年后太甲改过，才迎还复位。霍光，为西汉昭帝时的大将军。昭帝死，无后，迎立昌邑王刘贺。贺继位失德，霍光废黜他，改立宣帝。

㉑当璧：指继承君位。楚共王没有嫡长子，但有五个宠爱的儿子，不知道应该立谁。于是将玉璧埋在祖庙的院子里，让五个儿子斋戒沐浴，按长幼次序进行下拜。他在事前祈祷：凡神灵选择为继承人的，就使之正对着玉璧下拜。见《左传・昭公十三年》。后来用"当璧"比喻当国君的预兆。

㉒晋阳：地名。即今山西太原西南。

㉓铸像：铸造铜像。这里指尔朱荣通过铸造铜像来占卜立谁为君。

㉔长乐王子攸：元子攸，即孝庄帝，彭城王元勰第三子，孝昌二年(526)八月封长乐王。见《魏书》卷十《孝庄纪》。光像具足：指光彩相貌都够。

㉕苍头：指奴仆。由于古时奴隶头上都裹着深青色的头巾，所以被称为"苍头"。

㉖克：约定，订立。契：誓约。

【译文】

建义元年，太原王尔朱荣总领兵马驻扎在这庙里。

尔朱荣字天宝，北地秀容人。世代做第一领民酋长，封博陵郡公。部落八千多，家有马几万匹，富裕如同天府。武泰元年二月里，皇帝驾崩，无子，立临洮王世子元钊来继承大业，时年三岁。胡太后贪心执掌朝廷政事，所以立他。尔朱荣对并州刺史元天穆说："皇帝晏驾，只十九岁，国内的士民况且说他是年幼的君主。现在奉立还不会说话的孩子，来君临天下而希望太平，岂可得到？我几代承受国家的恩典，不能坐看国家的败落。我现在要调用铁骑五千，前往哀悼陵墓，同时问问侍候的臣子们皇帝死去的原因。你说怎么样？"元天穆说："明公代代跨有并州、肆州，雄才杰出，部落的百姓，拉弓的有一万。倘能进行废立的事情，那就是伊尹、霍光再见于今日了。"尔朱荣就同元天穆结成异姓兄弟，元天穆年纪大，尔朱荣把他当兄长。尔朱荣做盟主，元天穆也拜伏他。于是秘密商议诸王中间不知谁应当做长君。就在晋阳为诸王每人塑造铸像，没有成功，只有长乐王元子攸的像光彩相貌圆满，端庄严谨特别妙。因此尔朱荣意在长乐王。派苍头王丰前往洛阳，约定长乐王做君主。长乐王立即应允，共同订立誓约。

荣三军皓素①，扬旌南出。太后闻荣举兵，召王公议之。时胡氏专宠，皇宗怨望，入议者莫肯致言。唯黄门侍郎徐纥曰②："尔朱荣马邑小胡③，人才凡鄙，不度德量力，长戟指阙④，所谓穷辙拒轮⑤，积薪候燎⑥！今宿卫文武，足得一战，但守河桥⑦，观其意趣；荣悬军千里⑧，兵老师弊，以逸待劳，破之必矣。"后然纥言，即遣都督李神轨、郑季明等领众五千⑨，镇河桥。

【注释】

①皓素：素服，孝服。皓与素都是白色。

②徐纥(gē):字武伯,乐安博昌(今山东博兴南)人。好学有名,以文辞见称。高祖拔为主书,世宗用为中书舍人,荐迁黄门侍郎,后与尔朱荣见恶,南奔萧梁。

③马邑:古县名。指朔州(今山西朔县一带)。

④阙:宫廷。这里指京城。

⑤穷辄拒轮:穷辄和拒轮均是阻挡车辆的意思,比喻不自量力。

⑥积薪候燎:堆积柴火,等候燃烧。指自取灭亡。薪,柴火。燎,燃烧。

⑦河桥:位于今河南孟县南,是古代兵家必争之地。

⑧悬军:深入敌境的孤军。

⑨都督:官名。军士长或领兵将帅。李神轨:顿丘(今河南浚县)人,为灵太后宠爱。郑季明:荥(xíng)阳开封(今河南开封东)人,累官平东将军、光禄少卿。两人均遇害。

【译文】

尔朱荣三军身穿素服,扬起旗子向南出发。太后听说尔朱荣起兵,召集王公商议对策。当时胡太后独占宠爱,皇族心里怨恨她,来议事的没有人肯发言。只有黄门侍郎徐纥说:"尔朱荣是马邑小胡,人才凡鄙,不度德量力,用长戟指向宫廷,所谓穷困的车辙抵挡车轮,积蓄的柴薪等候燃烧!现今保卫皇宫的文臣,足够和他一战,只要守住河桥,观察对方动向;尔朱荣悬军千里,兵困军弊,我方以逸待劳,击破它是势在必然的了。"太后同意徐纥的话,随即派都督李神轨、郑季明等率兵五千,镇守河桥。

四月十一日荣过河内,至高头驿。长乐王从雷陂北渡赴荣军所①。神轨、季明等见长乐王往,遂开门降。十二日,荣军于芒山之北②,河阴之野③。十三日,召百官赴驾④,至者尽诛之,王公卿士及诸朝臣死者二千余人。十四日，车驾入城，大赦天下，改号为建义元年，是为庄帝。

【注释】

①雷陂：不详，《通鉴考异》作“雷陂”，《魏书》作“高渚”。

②芒山：即邙山，也称“北邙”，在今河南洛阳北。

③河阴：地名。故城在今河南孟津东，洛阳东北。

④赴驾：迎驾。驾，帝王的车乘，代称帝王。

【译文】

四月十一日，尔朱荣过河内，到达高头驿。长乐王从雷陂北渡，直赴尔朱荣军营内。李神轨、郑季明等见长乐王投奔了尔朱荣，于是都打开城门投降。十二日，尔朱荣驻军在芒山的北面、河阴的野地。十三日，召百官拜谒新帝，前来的都被杀，死了的王公卿士及诸朝臣两千多人。十四日，皇帝驾车入城，大赦天下，改年号为建义元年，他就是庄帝。

于时新经大兵，人物歼尽①，流迸之徒②，惊骇未出。庄帝肇升太极③，解网垂仁④，唯散骑常侍山伟一人拜恩南阙⑤。加荣使持节中外诸军事大将军、开府北道大行台、都督十州诸军事大将军、领左右、太原王⑥。其天穆为侍中、太尉公、世袭并州刺史、上党王⑦。起家为公卿牧守者⑧，不可胜数。二十日洛中草草⑨，犹自不安，死生相怨，人怀异虑。贵室豪家，弃宅竞窜；贫夫贱士，襁负争逃⑩。于是出诏：“滥死者，普加褒赠；三品以上，赠三公⑪；五品以上，赠令仆⑫；七品以上，赠州牧。白民赠郡镇⑬。”于是稍安。帝纳荣女为皇后。进荣为柱国大将军录尚书事⑭，余官如故。进天穆为大将军，余官皆如故。

【注释】

①人物：这里指具备才德名望的人。

②流进：流离，逃散。

③肇：开始。太极：指太极殿。

④解网垂仁：指下大赦令，施行仁政。典出《史记·殷本纪》：商汤外出，看到郊外四面都张着网打猎，男巫祷告说："让天下的禽兽都进我的罗网。"商汤认为那样会把禽兽打尽，于是就把张着的网拆除一面，诸侯听说后，认为商汤仁德无所不至，连禽兽都施及。后来用"解网"比喻仁德、宽宥。

⑤山伟：字仲才，洛阳（今河南洛阳）人。历官侍御史、给事黄门侍郎、秘书监、侍中、卫大将军、中书令，封东阿县伯。见《北史》卷五十。南阙：这里指皇宫、朝廷。

⑥使持节：官名。古时大臣出使，需要持节作为凭证。魏晋南北朝时，以"持节"为官名，掌管地方军政的长官通常加使持节、持节、假持节的称号。开府：官号。开府原本是指成立府署，自选僚属。汉代只有"三公"、大将军、将军可以开府；魏晋之后，开府的逐渐增多，后成为固定的官号。大行台：行台，设立在大行政区中代表中央（台）的机构，多由军事关系临时设置。如果任职的人权高位重，即称"大行台"。领左右：官名。北魏置，为皇帝身边的亲信侍臣，掌管禁中事务，权力很大。

⑦侍中：官名。正规官职外的加官之一。由于侍从皇帝左右，出入宫廷，与闻朝政，逐渐成为亲信贵重的职务。晋朝以后相当于宰相，北魏称为小宰相。上党：郡名。辖境在今山西长子一带。

⑧起家：指未曾当过官或者已被免职的人从家中被征召为官。牧

守：州郡的长官。州官称牧，郡官称守。

⑨草草：烦乱忧愁、忧虑不安的样子。

⑩襁负：用布幅将婴儿兜负在背上。

⑪三公：古时中央三种最高官衔，历代说法不一，此指太尉、司徒、司空。

⑫令仆：尚书令与仆射的合称。

⑬白民：平民，没有官爵的人。郡镇：郡守与镇将。

⑭柱国大将军：为北朝时最高武官名。录尚书事：官名。录尚书事独揽大权，无所不总。录，总领。

【译文】

当时刚经过大兵乱，贤德的人死亡殆尽，流散的人惊骇未敢出来。庄帝登上太极殿，解除禁网，垂下仁慈，只有散骑常侍山伟一人在朝廷里拜受恩典。加尔朱荣为使持节中外诸军事大将军、开府北道大行台、都督十州诸军事大将军、领左右、太原王。元天穆为侍中、太尉公、世袭并州刺史、上党王。被起用为公卿或州郡长官的，数不胜数。二十日，洛阳人心浮动，心怀不安，死活相怨，各自为谋。贵室豪家，抛弃了屋子争相逃窜；贫夫贱士，背了孩子争着逃跑。因此出诏书说："滥死的，普遍加以褒奖追赠；三品以上的，追赠三公；五品以上的，追赠尚书令、太仆；七品以上的，赠一州的地方官。白民赠一郡一镇长官。"于是稍为安定。庄帝娶尔朱荣女儿做皇后。进封尔朱荣为柱国大将军录尚书事，其他的官职照旧。进封元天穆为大将军，其他的官职照旧。

永安二年五月[①]，北海王元颢复入洛[②]，在此寺聚兵。

颢，庄帝从兄也。孝昌末镇汲郡[③]，闻尔朱荣入洛阳，遂南奔萧衍[④]。是年入洛，庄帝北巡[⑤]。颢登皇帝位，改年曰建武元年。

【注释】

①永安：魏敬宗孝庄帝元子攸年号(528—530)。

②元颢：字子明，北海王元祥的儿子，累官相州刺史，袭封北海王。

③汲郡：郡名。治所汲县(今河南汲县西南)。

④萧衍：即南朝梁武帝，502—557年在位。

⑤巡：巡阅，指帝王离开国都巡行境内。这里是讳言庄帝出逃。

【译文】

永安二年五月，北海王元颢再次进入洛阳，在此寺聚集军队。

元颢是庄帝的堂兄。孝昌末统领汲郡，听说尔朱荣进入洛阳，于是就往南投奔萧衍。元颢进入洛阳那年，庄帝北巡。元颢登上皇帝位，改年号为建武元年。

颢与庄帝书曰："大道既隐，天下匪公[①]。祸福不追[②]，与能义绝[③]。朕犹庶几五帝[④]，无取六军[⑤]。正以糠秕万乘[⑥]，锱铢大宝[⑦]，非贪皇帝之尊，岂图六合之富[⑧]？直以尔朱荣往岁入洛[⑨]，顺而勤王[⑩]，终为魏贼。逆刃加于君亲[⑪]，锋镝肆于卿宰[⑫]。元氏少长，殆欲无遗。已有陈恒盗齐之心[⑬]，非无六卿分晋之计[⑭]。但以四海横流[⑮]，欲篡未可；暂树君臣，假相拜置[⑯]。害卿兄弟，独夫介立[⑰]。遵养待时[⑱]，臣节讵久？朕睹此心寒[⑲]，远投江表[⑳]，泣请梁朝，誓在复耻。风行建业[㉑]，电赴三川[㉒]。正欲问罪于尔朱，出卿于桎梏；恤深怨于骨肉[㉓]，解苍生于倒悬[㉔]。谓卿明眸击节[㉕]，躬来见我[㉖]，共叙哀辛，同讨凶羯[㉗]。不意驾入成皋[㉘]，便尔北渡。虽迫于凶手，势不自由，或贰生素怀[㉙]，弃剑猜我。闻之永叹，抚衿而失。何者？朕之于卿，兄弟非远，连枝分叶[30]，兴灭相依。假有内阋[31]，外犹御侮；况我与卿，睦厚偏笃，其于急难，凡今莫如[32]。弃亲即雠[33]，义将焉据也。且尔朱荣不臣之迹[34]，暴于旁午[35]，谋魏社稷，愚智同见。卿乃明白，疑于必然，托命豺狼，委身虎口，弃亲助贼，兄弟寻戈。假获民地，本是荣物，若克城邑，绝非卿有。徒危宗国，以广寇仇，快贼莽之心[36]，假卞庄之利[37]。有识之士，咸为惭之。今家国隆替[38]，在卿与我。若天道助顺，誓兹义举，则皇魏宗社，与运无穷。傥天不厌乱，胡羯未殄[39]，鸱鸣狼噬[40]，荐食河北[41]，在荣为福，于卿为祸。岂伊异人[42]？尺书道意[43]，卿宜三复。义利是图，富贵可保，徇人非虑[44]。终不食言，自相鱼肉[45]。善择元吉[46]，勿贻后悔。"

【注释】

①匪：同"非"。

②祸福不追：意思是祸福不再由行为正义与否决定。追，招致。

③与能：推举贤能。绝：废置不用。

④庶几：接近，差不多。五帝：指黄帝、颛顼（zhuān xū）、帝喾（kù）、唐尧、虞舜。

⑤无取六军：指不愿使用武力夺取帝位。六军，古代天子有六军，每军一万二千五百人。

⑥糠秕（bǐ）万乘：把万乘之尊的天子看作不熟的糠和谷。万乘，指天子。

⑦锱铢（zī zhū）大宝：比喻把帝位看得很轻。锱铢，古代锱与铢都是衡量单位，二十四分之一两为铢，六铢为锱，锱铢比喻极其渺小。

大宝,指帝位。

⑧六合:指天地之间,上下四方为六合。

⑨直以:只是因为。

⑩勤王:辅佐皇帝,也指出兵救援王朝。

⑪君亲:君父。这里指国君。古时人们认为君相当于父,故称“君父”或“君亲”。

⑫锋镝(dí):泛指兵器。锋,兵刃。镝,箭镞。

⑬陈恒盗齐:陈恒,即田常,又名田成子,战国时齐人,后篡夺齐国。这里暗指尔朱荣将图谋篡位,取代魏称帝。

⑭六卿分晋:春秋时晋国有范氏、中行氏、智氏、韩、赵、魏六卿秉持国政,相互兼并,导致晋室瓦解,后范氏、中行氏、智氏被灭,分立为韩、赵、魏三国,史称“六卿分晋”。这里暗指尔朱氏将分裂瓦解北魏。

⑮但:只,只是。四海横流:比喻天下大乱。

⑯假相拜置:暂时树立君臣关系,拜作国君。假,暂且。

⑰独夫:指众叛亲离、残暴专横的统治者。介立:孤立。

⑱遵养待时:指顺应形势,隐藏不露,等待时机。遵,循,顺着。养,隐。

⑲朕:秦始皇以后的封建社会中专用作皇帝自称。

⑳江表:古代称长江中下游以南的地区。

㉑风行建业:指像风一样迅速从建业启程。建业,地名。即南京,是当时南朝梁的首都。

㉒电赴三川:指像闪电一样奔赴洛阳。三川,黄河、洛水、伊水三条河流的总称。这里代指洛阳。

㉓骨肉:骨和肉,比喻至亲,有紧密相连不可分割的关系。

㉔苍生:借指百姓。倒悬:比喻困苦的处境。

㉕明眸:即眼珠发亮,比喻惊喜。眸,眼珠。击节:节,一种敲击乐

器，击节用来调节乐曲节奏，比喻对别人行为的赞赏。

㉖躬：身体，引申为自身、亲自。

㉗羯（jié）：我国古代民族名，五胡的一种。这里指尔朱荣及其部落军队，因为尔朱荣为羯人。

㉘成皋：地名。在今河南荥阳汜水镇西北。

㉙或贰生素怀：也许是怀有二心。贰，二心。

㉚连枝分叶：比喻关系非常亲近。

㉛阋（xì）：争吵，不和。

㉜其于急难，凡今莫如：兄弟在急难中要互相救助，这种恩情是最深厚的。

㉝即雠：亲近仇敌。即，靠近，亲近。

㉞不臣：不合臣道，未尽臣职。指不忠或背叛于君主。

㉟暴（pù）于旁（bàng）午：所有人都知道。旁午，一纵一横称作"旁午"。这里是指道路而言。

㊱贼莽：指王莽。西汉末年，王莽以外戚掌权，初始元年（8）篡位称帝，后被农民军所杀。此处暗指尔朱荣。

㊲假卞庄之利：卞庄等两虎争抢牛而打斗，一死一伤，刺伤虎，得到两只老虎，见《战国策·陈策》。后用这个典故比喻利用敌人互相争斗两败俱伤而趁机渔利。假，借。

㊳隆替：兴废，盛衰。《晋书·王羲之传》："悠悠者以足下出处，足观政之隆替。"

㊴殄（tiǎn）：尽，断绝。

㊵鸱（chī）鸣狼噬（shì）：鸱，一种恶鸟，性情贪狠，鸣则不祥；狼性凶残，往往反噬。这里比喻残暴横行。

㊶荐食：屡次吞食，比喻不断侵犯，贪得无厌。

㊷岂伊异人：出自《诗·小雅·頍弁》："岂伊异人，兄弟匪他。"意为兄弟至亲，不是旁人可比的。

㊸尺书:古时指书信。

㊹徇人非虑:曲从他人并不是值得考虑的。徇,曲从。

㊺鱼肉:鱼肉任人宰割,比喻受残害者。

㊻元吉:《周易》贞兆辞常用语,大福,大吉利。

【译文】

元颢给庄帝的信中说:“大道已经隐匿,天下失去公正。祸福不可追寻,贤能的人不再被任用。我还是接近五帝,不动用六军。正是因为把天子看作不熟的糠和谷,把帝位看得很轻,不贪恋皇帝的尊贵,哪里会图谋天下的财富?实在因为尔朱荣从前进入洛阳,初为勤王,最终成为魏国的逆贼。逆贼的刀直对国君,箭锋射向官员。元氏不论年少年长,几乎没有遗留。他已有陈恒篡夺齐国的野心,并非没有六卿分晋的计划。只是因为四海横流,天下大乱,想篡位还未能实现;暂时确立君臣关系,权且居于宰相之位。害死你的兄弟,让你独夫孤立。他暂时隐退,等待时机,称臣岂能长久?我见此感到心寒,于是远远投向江南,沉痛地求助于梁朝,发誓要雪洗耻辱。像风吹一样来到南京,又像闪电一样奔赴三川。正要向尔朱荣问罪,把你从桎梏中救出;体恤骨肉的深怨,解救百姓于困境中。以为你会意趣相向,击节赞赏,亲来见我,共同叙说哀痛艰辛,共同讨伐凶恶的羯贼。没想到我刚到城皋,你就北渡而去。虽受凶手的逼迫,形势不能自己,或者二心生于胸怀,弃掉与羯相斗的剑,猜忌我。我听了长叹,抚摩衿怀而怅然有失。为什么会如此?我与你,是兄弟不是远亲,好比枝连叶分,兴亡相依。假使兄弟间有嫌隙,也该一致抵御外来的侵入;况且我和您,亲睦交好偏向深切,对于急难,凡是现在的人没有像我们这样的。倘若抛弃亲人,接近仇敌,道义何从根据呢?况且尔朱荣违背臣子的道义,暴露在光天化日之下,图谋魏国的社稷,愚智的人都能看见。你也不是不明白,把性命托给豺狼,把身子放进老虎嘴里,抛弃亲人,帮助贼人，兄弟相争。假定得到百姓和土地，本来是尔朱荣的东西；假使攻克城池，绝对不归你所有。徒然危害魏国，扩大仇人的势力，使得贼莽之心称快，给下庄子获利的机会。有识的士人，都为此感到惭愧。现在国家的兴旺与废弃，取决于你和我。倘若天道帮助顺利，发誓参与这次正义的举动，那大魏国的宗庙和社稷，同天命一样无穷。倘若天不厌恶祸乱，羯胡没有灭亡，像鸱鸟鸣叫，像恶狼噬咬，屡次侵吞黄河以北之地，对尔朱荣是福，对你却是祸。这封信所说的意思，你应当再三考虑。兼顾道义和利益两方面，富贵可以保持，为别人舍身不足考虑，我绝不食言，自己互相残害。善于选择吉祥做法，不要留下后悔。”

此黄门郎祖莹之词也[①]。

【注释】

①黄祖莹：字元珍，范阳（今河北定兴）人。

【译文】

这是黄门郎祖莹所写的。

时帝在长子城[①]，太原王、上党王来赴急难。六月，帝围河内，太守元桃汤、车骑将军宗正珍孙等为颢守，攻之弗克。时暑炎赫，将士疲劳，太原王欲使帝幸晋阳[②]，至秋更举大义。未决，召刘助筮之[③]。助曰：“必克。”于是至明尽力攻之，如其言。桃汤、珍孙并斩首，以殉三军[④]。

【注释】

①长子城：地名。故地在今山西长子。

②幸：旧指帝王到达某地，驾临。

③筮：用蓍草卜卦。刘助：《魏书》作"刘灵助"，燕郡（今北京大兴西南）人。善卜筮，为尔朱荣所信。

④殉：通"徇"，巡行示众，对众宣示。

【译文】

当时庄帝在长子城，太原王、上党王前往救急。六月，庄帝围河内，太守元桃汤、车骑将军宗正珍孙等为元颢守城，庄帝攻城，不能攻下。当时暑天炎热，将士疲劳。太原王想让庄帝到晋阳，到秋天再来攻战。还没有决定，召刘助来占卜。刘助说："一定能攻克。"于是到天亮尽力攻城，结果像他说的那样攻下来了。元桃汤、宗正珍孙都被斩首，在三军巡行示众。

颢闻河内不守，亲率百僚出镇河桥，特迁侍中安丰王延明往守硖石①。七月，帝至河阳②，与颢隔河相望。太原王命车骑将军尔朱兆潜师渡河③，破延明于硖石。颢闻延明败，亦散走。所将江淮子弟五千人，莫不解甲相泣，握手成列。颢与数十骑欲奔萧衍，至长社④，为社民斩其首，传送京师⑤。二十日帝还洛阳，进太原王天柱大将军，余官亦如故；进上党王太宰⑥，余官亦如故。

【注释】

①安丰王延明：元延明，北魏皇族，是安丰王元猛的儿子。元颢失败后投奔梁朝，死于江南。见《魏书》卷二十及《梁书》卷三十二。硖石：地名。在今河南孟津西二十里处，是黄河渡口。

②河阳：县名。故地在今河南孟县。

③尔朱兆：字万仁，尔朱荣的侄子。骁勇而善于骑射，以军功除平远将军。

④长社：地名。属颍川郡。

⑤传(zhuàn)送：用传车递送。传，传车，驿站的车马。

⑥太宰：官名。春秋时负责掌管皇家内外事务，后来称宰相为"太宰"。

【译文】

元颢听说河内失守，亲自率领百官镇守河桥，特地升侍中元延明为安丰王，去守硖石。七月，庄帝到达河阳，与元颢隔着黄河相望。太原王命令车骑将军尔朱兆带兵暗地渡过黄河，在硖石击败元延明。元颢听说元延明失败，也慌乱逃走。他所率领的江淮子弟兵五千人，没有不解除盔甲互相哭泣，握手告别的。元颢带着数十骑人马要投奔萧衍，到达长社时，被长社人斩下他的头，用传车送到京城。二十日，庄帝回到洛阳，进封太原王为天柱大将军，其他的官衔照旧；进封上党王为太宰，其他的官衔照旧。

永安三年[①]，逆贼尔朱兆囚庄帝于寺。

时太原王位极心骄，功高意侈，与夺任情，臧否肆意。帝怒谓左右曰："朕宁作高贵乡公死[②]，不作汉献帝生[③]。"九月二十五日，诈言产太子，荣穆并入朝，庄帝手刃荣于明光殿，穆为伏兵鲁暹所杀。荣世子部落大人亦死焉。荣部下车骑将军尔朱阳都等二十人，随入东华门，亦为伏兵所杀。唯右仆射尔朱世隆素在家[④]，闻荣死，总荣部曲[⑤]，烧西阳门，奔河桥。

【注释】

①永安三年：永安为北魏孝庄帝年号，三年为530年。

②高贵乡公：即曹髦，魏文帝曹丕孙，254—260年在位。当时司马昭专权，曹髦不愿做司马氏的傀儡，率领宿卫数百人攻司马昭，为司马昭所弑，卒年二十。死后无号，史称“高贵乡公”。

③汉献帝：刘协，东汉皇帝，190—220年在位。即位时东汉政权已经名存实亡，成为军阀董卓的傀儡。后曹操辅政，迁都于许昌，成为曹操的傀儡。曹丕代汉称帝，废汉献帝为山阳公。

④尔朱世隆：字荣宗，尔朱荣的堂弟，后为高欢所杀。《魏书》卷七十五有传。

⑤部曲：三国两晋南北朝时期地方豪强和将领的私人军队。

【译文】

永安三年，逆贼尔朱兆囚庄帝于永宁寺。

当时太原王地位极高，心气骄傲，自恃功高，野心膨胀，奖赏惩罚任凭自己的感情，善恶得失任凭自己的意思。庄帝发怒地对左右人说：“我宁可做高贵乡公死，也不愿做汉献帝苟活。”九月二十五日，谎言声称生下太子，尔朱荣、元天穆都入朝，庄帝在明光殿亲手刺杀尔朱荣，元天穆为伏兵鲁暹所杀，尔朱荣世子部落大人也死在这里。尔朱荣部下车骑将军尔朱阳都等二十人，跟随进入东华门时，也为伏兵所杀。唯有右仆射尔朱世隆一向在家，听说尔朱荣死了，便统领尔朱荣的部下，烧西阳门后，奔河桥而去。

至十月一日，隆与荣妻北乡郡长公主至芒山冯王寺为荣追福荐斋①，即遣尔朱侯讨伐，尔朱那律归等领胡骑一千，皆白服来至郭下，索太原王尸丧。帝升大夏门望之，遣主书牛法尚谓归等曰②：“太原王立功不终，阴图衅逆，王法无亲，已依正刑，罪止荣身，余皆不问。卿等何为不降？官爵如故。”归曰：“臣从太原王来朝陛下，何忽今日枉致无理？臣欲还晋阳，不忍空去，愿得太原王尸丧，生死无恨。”发言雨泪，哀不自胜。群胡恸哭，声振京师。帝闻之，亦为伤怀。遣侍中朱元龙赍铁券与世隆③，待之不死，官位如故。世隆谓元龙曰：“太原王功格天地④，道济生民，赤心奉国，神明所知。长乐不顾信誓，枉害忠良，今日两行铁字，何足可信？吾为太原王报仇，终不归降！”元龙见世隆呼帝为长乐，知其不款⑤，且以言帝。帝即出库物置城西门外，募敢死之士以讨世隆。一日即得万人，与归等战于郭外，凶势不摧。归等屡涉戎场，便利击刺。京师士众未习军旅，虽皆义勇，力不从心。三日频战，而游魂不息。帝更募人断河桥。有汉中人李苗为水军，从上流放火烧桥。世隆见桥被焚，遂大剽生民⑥，北上太行。帝遣侍中源子恭、黄门郎杨宽⑦，领步骑三万镇河内。

【注释】

①追福：为死者做功德以祈求冥福。荐斋：进献祭品。斋，指供奉神佛的食品。

②主书：官名。主管文书，是中书省的属官。

③朱元龙：名瑞，字元龙，桑干（今山西山阴）人。铁券：帝王授以功臣世代享受免罪特权的铁契。

④格：至，到。

⑤款：诚心，真诚。

⑥剽：夺取，抢掠。

⑦源子恭：字灵顺，西平乐都（今属河南省）人。杨宽：字景仁，华阴（今属陕西省）人。

【译文】

到十月一日，尔朱世隆与尔朱荣的妻子北乡郡长公主至芒山冯王寺，为尔朱荣追福荐斋，随即派尔朱侯前往讨伐，尔朱那律归率领胡骑一千，都身穿白色衣服，来到城下，索取太原王的尸首。庄帝登上大夏门观望，派主书牛法尚对尔朱那律归等说："太原王立功却不能善终，暗中图谋起衅作逆，王法下没有亲情，已经依法正刑，罪都归尔朱荣一人，别的人都不追究。你等为什么不投降？只要投降，官爵照旧。"尔朱那律归说："臣跟从太原王来朝见陛下，为什么今日忽然妄自加害？臣要回晋阳，不忍心空手回去，愿得太原王尸首，那么就生死无恨了。"发言时泪如雨下，不胜悲哀。成群的胡人恸哭，哭声震动京城。庄帝听了，也为之感伤。派侍中朱元龙拿着铁券给尔朱世隆，宽赦他不死，官位照旧。尔朱世隆对朱元龙说："太原王的功劳顶天盖地，道德救济生民，赤心对待国事，为神明所知道。长乐不顾信义，害死忠良。今天的两行铁字，怎么能让人相信？我要替太原王报仇，死也不投降！"朱元龙听尔朱世隆直呼庄帝为长乐，知道他不伏罪，并告诉了庄帝。庄帝立即拿出库里的物品放置在城墙的西门外，招募敢死的人，来讨伐尔朱世隆。一天就招募了万人，同尔朱那律归等在城外交战，但没有摧破他们的气焰。尔朱那律归等屡次出入战场，击刺捷速。京城里的士人不习军旅，虽然都仗义勇敢，但力不从心。三天频频作战，士兵的勇气依旧。庄帝又招募人截断河桥。有一个汉中人李苗治领水军，从上流放火烧桥。尔朱世隆见桥被焚烧，于是大肆掠夺桥外百姓，北上太行山。庄帝派侍中源子恭、黄门郎杨宽领步骑兵三万，镇守河内。

世隆至高都[①]，立太原太守长广王晔为主[②]，改号曰建明元年[③]。尔朱氏自封王者八人。长广王都晋阳，遣颍川王尔朱兆举兵向京师，子恭军失利，兆自雷陂涉渡，擒庄帝于式乾殿。帝初以黄河奔急，谓兆未得猝济，不意兆不由舟楫，凭流而渡。是日水浅，不没马腹，故及此难。书契所记[④]，未之有也。

【注释】

①高都：地名。故城在今山西晋城东北。

②长广王晔：即元晔，字华兴，小字盆子，南安王元桢之孙，封长广王，公元530年尔朱世隆推其为主，次年被废黜。

③建明：长广王元晔年号(530—531)。

④书契：先秦时对文字的称谓。这里是指据文字记载。

【译文】

尔朱世隆到达高都后，立太原太守长广王元晔为主，改年号称建明元年。尔朱氏封王的有八人。长广王建都晋阳，派颍川王尔朱兆向京城发兵，源子恭军失利，尔朱兆从雷陂渡水，擒庄帝于式乾殿。庄帝最初因黄河水流湍急，认为尔朱兆不可能猝然渡过黄河，想不到尔朱兆不用船，涉水而渡。那天水浅，还没到马肚子，所以遭遇了这场大难。书上没有相关记载。

衒之曰："昔光武受命，冰桥凝于滹水[①]；昭烈中起[②]，的卢踊于泥沟[③]。皆理合于天，神祇所福，故能功济宇宙，大庇生民。若兆者，蜂目豺声[④]，行穷枭獍[⑤]，阻兵安忍，贼害君亲，皇灵有知，鉴其凶德！反使孟津由膝，赞其逆心[⑥]。《易》称'天道祸淫，鬼神福谦'[⑦]，以此验之，信为虚说。”

【注释】

①滹(hū)水：即滹沱河。

②昭烈：蜀先主刘备，刘备死后谥昭烈。

③的卢：刘备所乘的马。

④蜂目豺声：胡蜂一样的眼睛，豺狼一样的声音，形容凶恶的相貌和声音。

⑤枭獍(jìng)：传说枭是食母的恶鸟；獍，又名“破獍”，是食父的恶兽。枭獍比喻残忍凶恶忘恩负义之人。

⑥赞：帮助，支持。

⑦“天道”二句：天道给淫乱的人灾祸，鬼神给谦虚的人赐福。

【译文】

杨衒之说：“从前光武帝接受天命时，滹沱河水为他结成冰桥；昭烈帝刘备中兴之际，他骑的马从泥沟中跳出。都理合于天意，神祇赐福，所以能够功德救济宇宙，大大地庇护生民。像尔朱兆，胡蜂一样的眼睛，豺狼一样的声音，行为极于枭獍，他靠了兵力，安于忍心，贼害国君，天神若有知，应看到他的凶恶！却反而使孟津之流浅得可以涉水而渡，助成其叛逆之心。《易经》称‘天道淫乱的人灾祸，鬼神给谦虚的人赐福’，用这事来做证验，实在是空话。”

时兆营军尚书省[①]，建天子金鼓[②]，庭设漏刻[③]，嫔御妃主[④]，皆拥之于幕。锁帝于寺门楼上。时十二月，帝患寒，随兆乞头巾，兆不与。遂囚帝送晋阳，缢于三级寺[⑤]。帝临崩礼佛，愿不为国王。又作五言曰：“权去生道促，忧来死路长。怀恨出国门，含悲入鬼乡。隧门一时闭[⑥]，幽庭岂复光[⑦]？思鸟吟青松，哀风吹白杨。昔来闻死苦，何言身自当！”至太昌元年冬[⑧]，始迎梓宫赴京师[⑨]，葬帝靖陵，所作五言诗，即为挽歌词。朝野闻之，莫不悲恸。百姓观者，悉皆掩涕而已。

【注释】

①军：驻扎军队。尚书省：官署名。中央执行政务的总机构。

②金鼓：金即金钲，形状似钟带柄的乐器；鼓即大鼓。

③漏刻：古代计时的器具，即漏壶。壶上刻符号表明时间，称作“漏刻”。古时漏刻为天子派官掌管，所以庭置漏刻与设天子金鼓都是僭行天子之礼。

④嫔(pín)御：皇帝的宫女、侍妾。妃：王妃，太子嫡室或诸侯王妻室。主：公主，皇帝的女儿。

⑤缢：用绳子勒死。三级寺：在晋阳城内，寺内的宝塔只有三层，因而这样称呼。

⑥隧门：墓道的门。隧，地道，古代多用来指墓道。

⑦幽庭：指坟墓。

⑧太昌：魏孝武帝元脩第一个年号(532)。

⑨梓宫：皇帝与皇后所用的棺材，以梓木制成。

【译文】

那时尔朱兆驻军在尚书省，立起天子的金鼓，庭院里设立计时的滴漏，嫔御妃主，都被拥到军幕。把庄帝锁在寺庙的门楼上。时值十二月，庄帝害怕冷，向尔朱兆要头巾，尔朱兆不给。于是囚送庄帝到晋阳，把他吊死在三级寺里。庄帝临死时礼拜佛，希望转世不再做国王。又作五言诗说：“权去生道促，忧来死路长。怀恨出国内，含悲入鬼乡。隧门一时闭，幽庭岂复光？思鸟吟青松，哀风吹白杨。昔来闻死苦，何言身自当！”到太昌元年冬天，才迎接庄帝的梓宫到京城，葬在靖陵，他所作的五言诗用作了挽歌。朝野上下听了，没有不悲哀痛哭的。观看的百姓，个个掩面垂泪而泣。

永熙三年二月①，浮图为火所烧，帝登陵云台望火②，遣南阳王宝炬、录尚书事长孙稚③，将羽林一千救赴火所④，莫不悲惜，垂泪而去。火初从第八级中平旦大发⑤，当时雷雨晦冥，杂下霰雪⑥。百姓道俗，咸来观火，悲哀之声，振动京邑。时有三比丘⑦，赴火而死。火经三月不灭。有火入地寻柱⑧，周年犹有烟气。

【注释】

①永熙：魏孝武帝元脩第三个年号，其即位后于532年四月改元太昌，十二月改元永兴，又改元永熙。

②陵云台：为魏文帝所造，在宣阳门内，高二十丈。

③南阳王宝炬：即元宝炬，京兆王元愉之子，孝庄帝时封其为南阳王。公元534年，孝武帝逃往关中，被宇文泰所杀，次年立元宝炬为帝，史称“西魏”。后为泰子宇文觉所代。长孙稚：字承业，代郡（今河北蔚县东）人。

④羽林：即羽林军、禁卫军。

⑤平旦：古代十二时之一，相当于早晨三四点钟。后用来泛指清晨、黎明。

⑥霰（xiàn）：小雪珠、小冰粒。

⑦比丘：佛教称谓。指出家后受过具足戒的男僧。

⑧有火入地寻柱：有大火沿着建筑物的立柱往地下焚烧。

【译文】

永熙三年二月，宝塔被火所烧，孝武帝登陵云台观火，派南阳王元宝炬、录尚书事长孙稚率领一千羽林军救火，没有不感到悲伤可惜，流下眼泪而前往的。火最初是黎明时分从第八层烧起，当时打雷下雨，天暗，夹着雪珠。百姓和僧人，都来观火，悲哀的声音震动京城。当时有三个和尚，投身火内自焚而死。火整整烧了三个月不熄灭。有的火进入地里延伸到柱子底部，烧了一年还有烟气。

其年五月中，有人从东莱郡来①，云："见浮图于海中，光明照耀，俨然如新，海上之民，咸皆见之。俄然雾起，浮图遂隐。"至七月中，平阳王为侍中斛斯椿所挟②，奔于长安。十月而京师迁邺。

【注释】

①东莱郡：郡名。故地在今山东掖县。

②平阳王：即孝武帝，名脩，字孝则，广平武穆王元怀第三子。庄帝永安三年封平阳王。魏国高欢打败尔朱氏，与宇文泰相争，宇文泰占领长安，高欢来到洛阳拥平阳王元脩为魏孝武帝。后来元脩与高欢不和，依附宇文泰于长安。永熙三年，亲自率领六军驻扎河桥，以伐高欢，事不济，为斛斯椿所挟，出于长安。于是北魏分为东、西二国。斛斯椿：字法寿，广牧富昌(今内蒙古准格尔旗东南)人。狡猾多事，好乱乐祸，后来挟元脩奔长安。

【译文】

那年五月中旬，有从东莱郡来的人说："看见宝塔漂浮在海里，光辉四射，就像新造的，海上的人说，都看到了它。忽然雾气起来，宝塔于是就隐没不见了。"到七月里，平阳王被侍中斛斯椿所挟制，奔到长安。十月，京城向北迁移到了邺城。

建中寺

【题解】

本节所介绍的建中寺是北魏普泰元年(531)尚书令乐平王尔朱世隆所修建的。此寺在洛阳西阳门内的皇家大道北段,原是宦官司空刘腾的住宅。其建筑奢侈豪华,规格远远超越典章制度约束。本节后半部分介绍了建中寺紧挨着的西阳门内的皇家大道南段的永康里,以及居住在这里的元乂的生平故事。围绕着永康里所发生的故实,从侧面反映出了当时政局的动荡与不安。

建中寺,普泰元年尚书令乐平王尔朱世隆所立也①,本是阉官司空刘腾宅②。

屋宇奢侈,梁栋逾制③。一里之间,廊庑充溢。堂比宣光殿④,门匹乾明门,博敞弘丽,诸王莫及也。

【注释】

①普泰:北魏节闵帝元恭年号(531—532)。

②阉官:宦官。刘腾:字青龙,平原(今山东平原南)人。幼时坐事受刑,补小黄门,高祖时为大长秋卿、太府卿。后除崇训太仆,加中侍中,改封长乐县开国公。

③逾制:古代为维护皇帝的权威及封建等级秩序,凡皇帝及高等贵族享用的礼仪、器物、车马、服饰等,臣下与低级贵族、平民皆不得僭越。如有僭越者,称之为"逾制",要治以重罪。

④宣光殿:北魏都城洛阳北宫中殿名。位于今河南洛阳东北汉魏洛阳故城内。

【译文】

建中寺,是普泰元年尚书令乐平王尔朱世隆所建造的,本来是宦官刘腾的住宅。

屋子奢侈,规格超越制度。一里路中间,廊屋充满。廊堂比得上宣光殿,寺门胜过乾明门,宽敞宏大富丽,当时很多王府也赶不上。

在西阳门内御道北所谓延年里。

刘腾宅东有太仆寺①,寺东有乘黄署②,署东有武库署③,即魏相国司马文王府库④,东至阊阖宫门是也。

【注释】

①太仆寺:官署名。掌管皇帝的车舆,历代相沿,清末废除。

②乘黄署:官署名。掌管皇帝的马匹。《通典·职官》:"乘黄署,后汉太仆有未央厩令,魏改为乘黄厩。乘黄,古之神马,因以为名,晋以下因之。"乘黄,传说中的神马,后用来指代御马。

③武库署:官署名。掌管皇家兵器。

④司马文王:即司马昭,三国河内温县(今河南温县)人,司马懿之子。

【译文】

此寺位于西阳门内御道北所说的延年里。

刘腾住宅的东面有太仆寺,寺的东面有乘黄署,署的东面有武库署,就是魏国的相国司马文王的府库,一直向东沿至阊阖宫门。

西阳门内御道南有永康里。里内复有领军将军元乂宅[①]。

掘故井得石铭，云是汉太尉荀彧宅[②]。

【注释】

①元乂：字伯俊，小字夜叉，江阳王元继长子。深为灵太后所信任。后专权，幽居灵太后，灵太后返政，除名为民，赐死于家。

②荀彧(yù)：字文若，颍阴(今河南许昌)人。曹操谋士，后因为反对曹操称魏公，被迫自杀。

【译文】

西阳门内御道南有永康里。里内还有领军将军元乂的宅邸。

掘旧井得到石铭，上面说这是汉朝太尉荀彧的宅邸。

正光年中[①]，元乂专权，太后幽隔永巷[②]，腾为谋主[③]。

乂是江阳王继之子[④]，太后妹婿。熙平初[⑤]，明帝幼冲[⑥]，诸王权上，太后拜乂为侍中、领军左右[⑦]，令总禁兵，委以腹心，反得幽隔永巷六年。太后哭曰："养虎自啮[⑧]，长虺成蛇[⑨]。"

【注释】

①正光：北魏孝明帝元诩第三个年号(520—525)。

②幽隔：禁闭，与人隔绝。永巷：宫中的长巷，用来幽禁嫔妃与宫女。

③谋主：官名。东汉末年孙策置，掌顾问应对、参谋军事。

④江阳王继：即元(拓跋)继，字世仁，南平王拓跋霄的第二个儿子。江阳王拓跋根无子，其死后，献文帝拓跋弘把拓跋继作为拓跋根

的后人,袭封江阳王,累官至太师、司马牧。

⑤熙平:魏孝明帝第一个年号(516—517)。

⑥幼冲:年幼,年少。

⑦领军:官名。与护军将军同为禁军的统领。领军有左右之分,掌管左右领军府。

⑧养虎自啮(niè):用来比喻姑息敌人,最终伤害到自己。啮,吃,咬。

⑨长(zhǎng)虺(huǐ)成蛇:用来比喻养奸遗患。《国语·吴语》:"为虺弗摧,为蛇将若河?"虺,小蛇。

【译文】

正光年间,元乂专权,灵太后被幽禁在永巷里,刘腾是谋主。

元乂是江阳王元继的儿子,太后的妹婿。熙平初,明帝年幼,诸王权力大,灵太后拜元乂为侍中、领军左右,令他统率禁卫兵,把他当做心腹之臣,他反而将灵太后幽禁在永巷六年。灵太后哭诉道:"养了老虎来咬自己,养大了小蛇成为大蛇!"

至孝昌二年太后反政[①],遂诛乂等,没腾田宅。元乂诛日,腾已物故[②],太后追思腾罪,发墓残尸,使其神灵无所归趣。以宅赐高阳王雍[③]。

【注释】

①反政:重新执政。《战国策·楚策》:"王长而反政,不即遂南面称孤,因而有楚国。"

②物故:汉代谓死也称"物故"。《汉书·李广苏建传》:"前以降及物故,凡随武还者九人。"

③高阳王雍:即元雍,字思穆,为献文帝拓跋弘第四子,封高阳王。孝庄初在河阴遇害。《魏书》卷二十一有传。

【译文】

到了孝昌二年，灵太后重新执政，于是诛杀元义等人，没收刘腾的田宅。诛杀元义之日，刘腾已经死了，灵太后追想刘腾的罪，挖开坟墓残毁尸体，让他的灵魂没有归宿。把他的宅邸赐给高阳王元雍。

建义元年尚书令乐平王尔朱世隆为荣追福，题以为寺。朱门黄阁，所谓仙居也。以前厅为佛殿，后堂为讲室。金花宝盖①，遍满其中。有一凉风堂，本腾避暑之处，凄凉常冷，经夏无蝇，有万年千岁之树也。

【注释】

①金花：金黄鲜艳的花朵。宝盖：盖伞，为佛家用作仪仗。

【译文】

建义元年，尚书令乐平王尔朱世隆为尔朱荣求福，题字以刘腾的宅院为寺。朱漆的门，黄色的阁，好像仙人的居处。以前厅为佛的正殿，以后堂做讲室。金色的莲花，华丽的伞盖，遍满其中。中间还有一个凉风堂，原是刘腾避暑的处所，阴凉常冷，整个夏天都不会有苍蝇，长满了千年万年的树木。

长秋寺

【题解】

长秋寺是由孝文帝元宏时代专门负责后宫事务的大太监刘腾在世时所修建。由于刘腾曾任长秋令卿，因此此寺庙便以“长秋”为名。寺庙位于洛阳西阳门内皇家大道北段的延年里。这个地方在西晋时期曾经是洛阳城三大集市之一的金市。寺中有一座三层佛塔，塔上供奉着骑着六牙白象的释迦牟尼像。佛像用金玉雕刻而成。每年四月初四佛诞纪念日，这个佛像会被抬出巡城，成为洛阳的传统。文中对礼佛巡游的盛大场面描写是洛阳城乃至整个国家全民信佛的一个缩影。

“行像”是用宝车载着佛像巡行城市街衢的一种宗教仪式，又称巡城、行城，常于佛诞日（农历四月八日）举行。赞宁的《大宋僧史略》上说：“行像者，自佛泥洹，王臣多恨不亲睹佛，由是立佛降生相，或作太子巡城相。”这是佛教“行像”的起源。

随着我国佛教的兴盛，造像风气大兴，行像的仪式也自西域传入了，四川、湖广、西夏各地都见游行。我国行像之风始于东晋戴逵作行像五尊。自南北朝至于唐、宋，行像风气渐次盛行全国。据《魏书·释老志》说，世祖初即位(424)，亦遵太祖太宗之业，于四月八日，舆诸寺佛像，行于广衢，帝亲御门楼临观散花，以致礼敬。至孝文帝时于太和二十一年(497)，诏迎洛京诸寺佛像于阊阖宫中，受皇帝散花礼敬，岁以为常例(《佛祖统纪》卷三十八),可见当时行像仪式的盛大了。

到了宋代,行像似多行于北方。据《僧史略》卷上说:“今夏台灵武,每年二月八日,僧载(一作戴)夹纻佛像,侍从围绕,幡盖歌乐引导,谓之巡城。以城市行市为限,百姓赖其消灾也。”北方也有在四月八日行像的。《岁时广记》卷二十引《燕北杂记》说:“四月八日,京府及诸州各用木雕悉达太子一尊,城上舁行,放僧尼、道士、庶民行城一日为乐。”元、明之后,典籍中已少见关于行像之记载。

长秋寺,刘腾所立也。

腾初为长秋令卿①,因以为名。

在西阳门内御道北一里。

亦在延年里,即是晋中朝时金市处②。寺北有濛汜池③,夏则有水,冬则竭矣。

【注释】

①长秋令卿:官名。亦名“大长秋”,为皇后近侍,多由宦臣充任,管理宫中事务。北齐时设置。

②晋中朝时金市处:晋中朝,东晋偏安江左,后来称建都中原洛阳之西晋为中朝。金市,古洛阳街市名,位于皇宫西。陆机《洛阳记》:“洛阳凡三市:大市名曰金市,在临商观之西。”主要买卖兵器、农具、铁锅等物品。

③濛汜池:三国魏洛阳池沼名,开凿于魏明帝时,在皇宫西,现在今河南洛阳东北汉魏故城内。《元河南志》卷二《魏城阙宫殿古迹》:“明帝于宫西凿池以通御沟,义取日入濛汜为名。”

【译文】

长秋寺,是大太监刘腾生前所建造的。

刘腾曾经做过长秋令卿，因此他所修建的这座寺庙便以“长秋”为名。

寺庙位于西阳门内御道北一里处。

也在延年里，即是西晋时期的金市所在地。寺北有一个名为濛汜的泉池，每到夏天则池中有水，一到冬天，就干涸见底。

中有三层浮图一所，金盘灵刹，曜诸城内。作六牙白象负释迦在虚空中。庄严佛事①，悉用金玉，作工之异，难可具陈。四月四日，此像常出②，辟邪、师子导引其前③。吞刀吐火，腾骧一面④；缘幢上索⑤，诡谲不常。奇伎异服，冠于都市。像停之处，观者如堵⑥，迭相践跃，常有死人。

【注释】

①庄严佛事：庄严，是佛教的基本用语，有多种意思。其中有以善、美之物装饰国土，或精心地建筑、修缮佛寺像塔的含义。《阿弥陀经》：“舍利弗，极乐国土，成就如是功德庄严。”这里即指装饰的意思。佛事，有佛的教化和佛教仪式两种意思。其中佛教仪式泛指佛教信徒、僧尼等诵经祈祷、拜忏礼佛、举行法会、追悼亡灵、祛魔辟邪等活动。这里指佛像建造之事。

②出：指出像，一种佛教仪式，用宝车载着佛像巡行城市街衢。据说佛释迦牟尼逝世之后，后人恨未能亲睹真容，于是在佛生日这一天用车子载着佛周行城市内外，接受众人瞻仰礼拜。多在佛生日（四月八日）举行，也有在其他日子举行的。

③辟邪：古代传说中的一种神兽，似鹿，一角者或谓天鹿，二角者谓辟邪。这里辟邪、狮子都是指百戏化装，并非真兽。

④腾骧（xiāng）：飞奔腾跃。这里指马戏。一面：同一个方向。这里

指许多马匹向同一方向驰骋。

⑤缘幢：即攀缘旗杆，为古代的一种杂技。上索：古代的一种走绳戏，形式与今天杂技中的走索略同。

⑥堵：桩筑土墙，五版为一堵。古时屋矮，墙高大概就是五版。这里指墙壁。

【译文】

寺内建有三层宝塔一座，塔顶上的金盘和塔刹，光彩夺目，照耀全城。塔上还供奉着骑着六牙白象的释迦牟尼像，佛像高高在上，仿佛蹈空凌虚一般。这座庄严的佛像，完全用金玉雕刻而成，其做工精奇罕见，难以仔细描述。每年的四月四日，这个佛像会被抬出来，前面由化装成辟邪、狮子的艺人引导。又有人能吞刀吐火，一路表演马戏；还有人爬竿走绳，所表演的内容诡异奇谲，不是平常能看见的。种种奇特的杂技和怪异的服饰，都在大街上招摇。长秋寺的这尊珍贵的佛像，一旦停下，朝拜围观的人就会潮涌上来，把道路堵得水泄不通，甚至互相践踏，常常有人因此而丧命。

瑶光寺

【题解】

瑶光寺是由北魏宣武帝所修建的。位于洛阳城西阊阖门内皇家大道北段,由此往东二里就是千秋门。瑶光寺内有一座五层佛塔,离地有五十丈高。瑶光寺是一所尼姑庙,其讲经殿和尼姑们的住房,就有五百间之多。后宫嫔妃、宫女常把这里作为学佛场所。更有名门望族喜爱佛法的未嫁少女来此寺出家,在当时是一座很有名的女性皇家寺庙。北魏永安三年(530),尔朱兆攻入洛阳,纵容手下士兵闯入瑶光寺,对寺尼进行奸淫,从此以后,瑶光寺的清誉毁于一旦。当时京城因此流传两句俗谚:"洛阳男儿急作髻,瑶光寺尼夺作婿。"瑶光寺北边是承明门,其内的金墉城是魏国时明帝曹叡所造。文中对瑶光寺的描写说明在北魏时期女性也深受佛家生活的吸引,在寺院找寻心灵的归宿,成为当时洛阳城的一大人文风景。

瑶光寺,世宗宣武皇帝所立[①]。在阊阖城门御道北,东去千秋门二里[②]。

千秋门内道北有西游园,园中有陵云台,即是魏文帝所筑者[③]。台上有八角井,高祖于井北造凉风观,登之远望,目极洛川[④]。台下有碧海曲池。台东有宣慈观，去地十丈。观东有灵芝钓台，累木为之，出于海中[5]，去地二十丈。风生户牖，云起梁栋，丹楹刻桷[6]，图写列仙。刻石为鲸鱼，背负钓台；既如从地踊出[7]，又似空中飞下。钓台南有宣光殿，北有嘉福殿[8]，西有九龙殿[9]，殿前九龙吐水成一海。凡四殿，皆有飞阁[10]，向灵芝往来。三伏之月，皇帝在灵芝台以避暑。

【注释】

①世宗宣武皇帝：即北魏高祖孝文帝元宏第二子元恪，500—515 年在位。爱好经史，尤长佛典。曾经在宫内的式乾殿亲自讲授佛教经纶，并广泛召集高僧，共同为佛经标明意旨。

②千秋门：洛阳皇宫西门名。

③魏文帝：即曹操之子曹丕。220—226 年在位。三国时魏国创建者。字子桓，沛国谯郡（今安徽亳州）人，卒谥文帝，庙号世祖。善文学，与其父曹操、其弟曹植并称“三曹”。著有《典论》，为文学评论名作。作诗赋百余篇。有《魏文帝集》。

④洛川：即今黄河支流洛河，在河南省境内。

⑤海：京城称苑囿之池为“海”。

⑥楹：旧时房屋的厅堂一般有四柱，后两柱中间及两旁安装板屏或砌砖墙，前两柱四周空无依傍，故称前部柱子为“楹”。桷(jué)：屋顶的椽子。

⑦踊：向上跳跃。

⑧嘉福殿：宫殿名。三国曹魏时即有此殿，在今河南洛阳东北汉魏故城内。《三国志》卷三《魏书三・明帝纪》：景初三年(239)春正月丁亥，“帝崩于嘉福殿”。

⑨九龙殿：在魏朝旧殿崇华殿地基上而增修的建筑。《三国志・魏

书·高堂隆传》:“青龙中大治殿舍,……帝遂复崇华殿,时郡国有九龙见,故改曰九龙殿。”

⑩飞阁:亦称“阁道”。由于是上下两重,上为木结构的空中通道,故称“飞阁”。

【译文】

瑶光寺,由北魏世宗宣武皇帝所修造。位于阊阖城门御道北面,往东距离千秋门二里。

千秋门内路北有西游园,园中有陵云台,就是魏文帝曹丕所筑造的。台上有八角井,高祖北魏孝文帝元宏在八角井的北面修建凉风观,登上凉风观瞭望远处,目光可以看清洛河原野。台下有碧海曲池。台东有宣慈观,离地十丈高。宣慈观东面有钓台,名为灵芝台,全部用木材搭建而成,伸出海面,离地二十丈。户牖梁栋之间,生出风起云卷的气韵,楹柱涂上红漆,屋椽刻上花纹,描绘着众位仙人形象。钓台下用巨石刻凿成鲸鱼的样子,仿佛背负着钓台;既像从地上涌出,又像从空中飞下。钓台南面是宣光殿,北面有嘉福殿,西边有九龙殿,殿前雕刻有九条龙,吐水成一海。凡四处殿堂,都有飞檐廊阁伸向灵芝台,以便往来。在炎热的三伏天,历代皇帝每每喜爱至灵芝台避暑。

有五层浮图一所,去地五十丈。仙掌凌虚①,铎垂云表,作工之妙,埒美永宁②。讲殿尼房,五百余间。绮疏连亘,户牖相通,珍木香草,不可胜言。牛筋狗骨之木③,鸡头鸭脚之草④,亦悉备焉。椒房嫔御⑤,学道之所,掖庭美人⑥,并在其中。亦有名族处女,性爱道场⑦,落发辞亲,来仪此寺⑧,屏珍丽之饰,服修道之衣,投心八正⑨,归诚一乘。永安三年中尔朱兆入洛阳,纵兵大掠,时有秀容胡骑数十人,入寺淫秽,自此后颇获讥讪。京师语曰:“洛阳男儿急作髻,瑶光寺尼夺作婿。”

【注释】

①仙掌:此处指佛塔上的承露金盘。《史记·孝武本纪》云:“作柏梁、铜柱、承露仙人掌之属。”

②埒(liè)美:相比美,相媲美。《魏书·李崇传》奏请置学及修立明堂有云:“宜罢尚方雕靡之作,颇省永宁土木之功,并减瑶光材瓦之力,兼分石窟镌琢之劳。”从有识之士的嗟叹可以侧面反映出永宁寺和瑶光寺的极度奢靡。

③牛筋:木名。即檍树,材质坚硬,可做弓弩杆。狗骨:即枸树,也写作“枸骨”。因其木质白如狗骨,故得其名。

④鸡头:即芡,水生植物,种子名芡实,花托形状像鸡头,可供食用或入药。鸭脚:又名“鸭掌”,世葵的一种,因其叶子像鸭脚掌而得名。

⑤椒房嫔(pín)御:指代后妃所居住的宫室。皇后与皇妃所居屋室用椒和泥涂抹,取温香多子之义,所以称“椒房”。嫔御,帝王的侍妾、宫女。

⑥掖庭:皇宫中两旁的别院,是皇妃和宫女所居之处。

⑦道场:佛教诵经礼拜修行成道的场所。这里指佛寺。

⑧来仪:降临,来到。常用此比喻特殊人物的到来。

⑨投心:指诚心归附。八正:佛家语。即八正道,为佛教修习圣道的八种基本法门,即正见、正思惟、正语、正业、正命、正精进、正念、正定。

【译文】

瑶光寺内有五层宝塔一座,离地有五十丈高。塔顶的金盘如仙佛的巨掌凌空托起,檐荐的金铎悬垂于高耸的云天,其做工精妙,堪与永宁寺相媲美。瑶光寺是一所女众皇家道场,其讲经殿和尼姑们的住房,就有五百间之多。屋宇疏密起落,连绵相接,门窗次第相挨,贯穿通连,寺内珍贵的名木香草，多得不可胜数，无法言状。俗称“牛筋”、“狗骨”的树木，也就是檍树、枸树；还有俗称“鸡头”、“鸭脚”的花草，也就是芡草、葵草之类，全都有所种植，相当完备。椒房里的妃嫔，把这里作为修习佛道的地方，掖庭的美人，也混迹在尼姑们中间。更有名门望族未出嫁的年轻女子、大家闺秀，喜爱佛法，一心向佛，辞别亲人，落发修行，来到瑶光寺，她们除却了珍贵华丽的妆饰，穿上了修道的衣服，投心于佛教的八正道，归诚于佛教的一乘谛，潜心修行。北魏永安三年，尔朱兆攻入洛阳，纵容手下士兵大肆劫掠，当时有秀容郡胡骑兵数十人，闯入瑶光寺，对寺尼进行了奸淫，自此以后，瑶光寺的清誉就毁于一旦，后来还受到坊间的揶揄和讥讽。京师人说：“洛阳男儿急作髻，瑶光寺尼夺作婿。”就是说，未成年的少年都忙着将自己的头发挽成髻，表示可以娶妻了，而瑶光寺受过凌辱的女尼们因为名声扫地，都争着抢着急于嫁人，另谋出路。

瑶光寺北有承明门，有金墉城①，即魏氏所筑②。

晋永康中惠帝幽于金墉城③。东有洛阳小城，永嘉中所筑④。城东北角有魏文帝百尺楼，年虽久远，形制如初。高祖在城内作光极殿，因名金墉城门为光极门。又作重楼飞阁，遍城上下，从地望之，有如云也。

【注释】

①金墉城：古城名。位于今河南洛阳东北，三国魏明帝时筑，是当时洛阳城（今河南洛阳东）西角一个小城，魏晋时被废的帝、后均安置于此。城小而坚固，是攻战防守要地。北魏初年为“河南四镇”之一。今称故址为阿斗城。《水经注·谷水》条云：“魏明帝于洛阳城西北角筑之，谓之金墉城。”

②魏氏：指魏明帝曹叡，叡筑金墉城以居宫人。

③永康：晋惠帝司马衷年号(300—301)。惠帝：即晋武帝司马炎第二子司马衷，290—306年在位。《晋书》卷四《惠帝纪》："永宁元年(301)春正月乙丑，赵王伦篡帝位。丙寅，迁帝于金墉城。"

④永嘉：晋怀帝司马炽年号(307—312)。

【译文】

瑶光寺北有承明门，又有金墉城，此城为魏国时明帝曹叡所造。

西晋永康年间，晋惠帝司马衷被推翻并囚禁于金墉城。瑶光寺东有洛阳小城，西晋永嘉年间所筑。小城东北有三国魏文帝曹丕所修建的百尺楼，年代虽已久远，形制规模还保存了当初建造的样子。高祖孝文帝在城内建造光极殿，金墉城城门因此也被命名为光极门。孝文帝还建造了重楼与飞阁，高低错落遍布城内，从地面望上去，都可得见，仿佛立在云端一般。

景乐寺

【题解】

本节所介绍的景乐寺与前文中的瑶光寺一样，也是一座专供尼姑修行的寺庙，是由北魏太傅清河文献王元怿所修建的。此寺在洛阳阊阖门南面，皇家大道的东面，向西正对永宁寺。寺的西面有司徒府，东面是大将军高肇的宅邸，北面紧连着义井里。寺内有一座供奉释迦牟尼佛的大殿，佛像与推佛像的车子都存放在那里，雕刻之精巧在当时是独一无二的。该寺内经常举办各种戏法表演，但是当时洛阳经常有大的兵乱，这类表演也就渐渐成为老百姓的一种回忆了。

《洛阳伽蓝记》五卷中，除卷五“城北”外，各卷均有对“伎乐”的描写。“伎乐”是汉代以来源于民间而后又进入宫廷的俗乐的概称，它不仅仅是音乐，还包括演奏、幻术、武艺、杂技等。景乐寺常举办各种戏法表演——即百戏。

景乐寺，太傅清河文献王怿所立也①。

怿是孝文皇帝之子，宣武皇帝之弟。

【注释】

①太傅清河文献王怿：即元怿。字宣仁，孝文帝元宏第五子。幼聪

慧。博涉经史,有文才,善谈理,宽仁容裕,喜怒不形于色。正光元年(520)为元乂、刘腾所害。见《魏书·肃宗纪》及《北史》卷十九。元怿兄弟皆信佛,曾立景乐、冲觉、融觉等寺。太傅,官名。三公之一,位次于太师,多为大官加衔,并无实职。清河,即清河王,为元怿封爵;文献是其谥号。

【译文】

景乐寺,是太傅清河文献王元怿所建造的。

元怿是孝文皇帝元宏的第五子,是宣武皇帝元恪的弟弟。

在阊阖南,御道东,西望永宁寺正相当。

寺西有司徒府,东有大将军高肇宅[①]。北连义井里。义井里北门外有丛树数株,枝条繁茂。下有甘井一所,石槽铁罐,供给行人,饮水庇荫,多有憩者。

【注释】

①高肇:字首文,北海(今山东昌乐西)人,孝文帝文昭皇后之兄,每事任己,抑黜勋臣,怨声盈路。官至大将军,后为高阳王元雍所害。《魏书》卷八十三《外戚列传》有传。

【译文】

景乐寺在阊阖门南面,御道的东面,向西正对着永宁寺。

寺的西面有司徒府,东面有大将军高肇的宅邸。北面紧连着义井里。义井里北门外丛生着几株树木,枝繁叶茂。树下有一口水井,水质甘甜,井栏边放有石槽和铁罐,供给过路人取水用,很多人来此休憩,饮水遮阴,十分惬意。

有佛殿一所,像辇在焉[①]。雕刻巧妙,冠绝一时。堂庑周环，曲房连接[②]，轻条拂户，花蕊被庭。至于六斋[③]，常设女乐，歌声绕梁，舞袖徐转，丝管寥亮，谐妙入神。以是尼寺，丈夫不得入。得往观者，以为至天堂。及文献王薨[④]，寺禁稍宽，百姓出入，无复限碍。

【注释】

①像辇：四轮像车，即装载佛像的车子。

②曲房：深邃幽深的房间、密室。晋陆机《拟明月何皎皎》："凉风绕曲房，寒蝉鸣高柳。"

③六斋：即六斋日，指阴历每月初八、十四、十五、二十三、二十九、三十日。佛教认为这六个日子是恶日，应该持斋修福。《牟子理惑论》中说："持五戒者，一月六斋，专心一意，悔过自新。"

④薨(hōng)：古代诸侯、天子妃嫔及高级官员死亡的代称。自周代始，人之死亡，有尊卑之分。《礼记·曲礼下》："天子死曰崩，诸侯曰薨，大夫曰卒，士曰不禄，庶人曰死。"唐代则以薨称三品以上大官之死。

【译文】

景乐寺有佛殿一座，装载佛像的车子都收藏在那里。其雕刻巧妙，在当时是独一无二的。堂廊环绕，房间曲折倚连，摇曳的枝条轻拂门户，花朵遍布庭院。到了六斋日，经常设立女乐，歌声回绕梁柱，舞女的衣袖徐徐转动，琴声箫声响亮，和谐美妙化为神奇。由于这是尼姑庵，男人不得进入。准许进去观看的，以为是到了天堂。等到文献王死后，寺禁稍为宽松，百姓出进，不再有阻碍。

后汝南王悦复修之[①]。

悦是文献之弟。召诸音乐，逞伎寺内[②]。奇禽怪兽，舞抃殿庭[3]。飞空幻惑，世所未睹；异端奇术[4]，总萃其中。剥驴投井，植枣种瓜[5]，须臾之间皆得食。士女观者，目乱睛迷。自建义已后，京师频有大兵，此戏遂隐也。

【注释】

①汝南王悦：即元悦，孝文帝元宏子。尔朱荣作乱，逃奔到梁。后复北归，被孝武帝所杀。详见《魏书》卷二十二。

②伎：同"技"，技巧，技艺。《老子》："人多伎巧，奇物滋起。"

③舞抃(biàn)：拊手而舞，因喜悦而翩翩起舞。

④异端：这里指奇异不为人所知的外域。

⑤剥驴投井，植枣种瓜：皆为幻术。剥驴，即肢解驴马之技。投井，亦作"拔井"、"扳井"，其究竟为何种幻戏，不详。植枣种瓜，一种奇术，像种枣种瓜，立长可食。《法苑珠林》卷七十六："弄幻之士，因时而作。植瓜种菜，立起寻尺。投芳送臭，卖黄售白。麾天兴云雾，画地成河海。"

【译文】

后来汝南王元悦对景乐寺进行重修。

元悦是文献王元怿的弟弟。他召集全部的伎乐和演奏人员，在寺内举行大型演出。还有罕见的、稀奇的珍禽异兽在殿堂前表演。那些空中飞舞的幻术，世人从未看过；惊险极端的魔术，都聚集在这里。像肢解驴马，剥掉皮投入井中，填上土，在其上种枣种瓜，一会儿就长大结实，可以得食。男女老少们，看得眼花缭绕，心意迷乱。但是自从建义之后，京都兵乱频繁，这些戏法于是就销声匿迹了。

昭仪尼寺　愿会寺　光明寺

【题解】

昭仪尼寺是由宫廷太监所修建的，在东阳门内皇家大道南边一里的地方。该寺庙也是供尼姑们修行的。通过本节中文人萧忻对宦官专权的抨击和每年四月七日盛大的佛像拜谒活动，我们可以看出北魏孝明帝元诩时代，胡太后垂帘听政，太监受宠，宦官得势，朝纲不振，世风委顿的社会环境和时代背景。

愿会寺着重介绍了寺内一棵罕见的古老桑树，孝武帝认为和尚故意拿这棵树来迷惑众人，当时又政局不稳，社会动荡，所以派人砍伐掉了。文中提到砍树那天出现了树液变血的灵异现象。其实《洛阳伽蓝记》中关于“祥灵”的记载非常之多，正如作者在自序中所言：“今之所录，止大伽蓝。其中小者，取其祥异，世谛俗事，因而出之。”作者所留心和记载的“祥异”偏重于佛塔、佛像等灵迹，既反映了作者对于“怪力乱神”现象超出一般的猎奇和拾趣，同时也是一种敬畏的心态，是对佛教神秘力量的肯定，传递了作者对历史兴亡的沉痛情感，对惩恶扬善的强烈道德责任。

昭仪尼寺，阉官等所立也。在东阳门内一里御道南。

东阳门内道北有太仓、导官二署[①]。东南治粟里，仓司官属住其内。

【注释】

①太仓、导官：官名。太仓官掌管京城中储蓄粮食的太仓；导官掌管择米。《通典·职官》载："太仓署于周官，有廪人、下大夫、上士。秦官有太仓令丞，汉因之，属大司农。后汉令主受郡国传漕谷。其荥阳敖仓官，中兴皆属河南尹，历代并有之。"

【译文】

昭仪尼寺，由宦官等所建造。位于东阳门内一里处御道南面。

东阳门内路北有太仓、导官两个管理国家粮库的衙署。寺的东南面有治粟里，太仓和导官的官员都住在里面。

太后临朝，阍寺专宠，宦者之家，积金满堂。是以萧忻云："高轩斗升者[①]，尽是阉官之嫠妇[②]；胡马鸣珂者[③]，莫非黄门之养息也[④]。"

忻，阳平人也[⑤]。爱尚文籍，少有名誉，见阍寺宠盛[⑥]，遂发此言，因即知名，为治书侍御史[⑦]。

【注释】

①斗：车帐。如覆斗一样的车帐称为"斗帐"。升：帷裳。

②嫠(lí)妇：寡妇。阉官也蓄妻妾，"嫠妇"是对其一种讥讽的说法。《魏书》卷九十四《刘腾传》记载："又颇役嫔御，时有征求妇女器物，公然受纳。"说明大太监刘腾家中公然蓄养妇人。

③鸣珂：权贵者马勒上配以玉饰，走起路来发出响声，称作"鸣珂"。珂，玉一样的美石。

④黄门：宦官之称。东汉给事内廷的黄门令、中黄门诸官皆以宦官

充任，后世遂称宦官为“黄门”。养息：养子。宦臣不能生，可以领人做子。

⑤阳平：郡名。《通鉴释文辨误》卷七：“阳平郡治馆陶。”即阳平郡治所为馆陶（位于今山东馆陶西南）。

⑥阍（hūn）寺：即阍人、寺人，指宦官。《礼记·内则》：“深宫固门，阍寺守之。男不入，女不出。”

⑦治书侍御史：官名。御史中丞的属官，又称“持书御史”、“治书御史”，常选择御史高第明晓法令者充任，地位高于一般御史。北魏时，掌管纠禁内朝会失时、服章违错、飨宴会见等。

【译文】

北魏孝明帝元诩在位时，胡太后临朝，依赖近侍，太监受宠，宦官专权，宦官的家中大量积聚金银珠宝。因此，当时的文人萧忻撰文抨击道：“坐着高大敞篷顶、金钱充满帷帐的马车的，全是宦官们包养的寡妇；骑在佩着美玉，嘶叫飞驰的西域骏马上的，都是宦官们收容的养子。”

萧忻是阳平人。爱好文籍，年轻时有声誉，看见宦官受宠得势，于是说了这些话，因此事知名，官做到了治书侍御史。

寺有一佛二菩萨[①]，塑工精绝，京师所无也。四月七日常出诣景明[②]，景明三像，恒出迎之。伎乐之盛，与刘腾相比[③]。堂前有酒树面木[④]。

【注释】

①菩萨：梵语中“菩提萨垂”的简称。意思是既能自觉本性，又可以普度众生。菩萨位次于佛，罗汉修行精进便成菩萨。

②四月七日：佛教以四月八日为释迦牟尼诞辰，举行盛大法会。魏时佛会指定在景明寺集中，所以前一日各个寺庙的佛像先行抬出，至景明寺会集。

③刘腾：这里指刘腾所立长秋寺。

④酒树面木：酒树，即椰子树。取其花浸在瓮里，过几天可以成酒。见《梁书·扶南国传》。面木，指桄榔树、穰树之类，木中出屑可以做饼。

【译文】

昭仪尼寺里有一尊佛像，两尊菩萨像，雕刻的功夫精妙，京都里是没有得见的。每年四月七日，昭仪尼寺的这三尊像常常送至景明寺拜谒，景明寺的三尊佛像经常被抬出来迎接。奏乐的盛况，可以同大太监刘腾的长秋寺里的拜佛仪式相媲美。佛堂前有酒树面木。

昭仪寺有池，京师学徒谓之翟泉也。

衒之按杜预注《春秋》云[①]："翟泉，在晋太仓西南。"按晋太仓在建春门内，今太仓在东阳门内。此地在今太仓西南，明非翟泉也。后隐士赵逸云[②]："此地是晋侍中石崇家池[③]，池南有绿珠楼[④]。"于是学徒始寤，经过者想见绿珠之容也。

【注释】

①杜预：字元凯，晋京兆杜陵（今陕西西安东南）人。官至大将军，博学而多谋，人称"杜武库"。其所著《春秋左氏传集解》，是现存最早的《左传》注解。

②赵逸：字思群，天水（今属甘肃省）人。自称晋武帝时人，隐士，能记晋朝旧事。

③石崇：字季伦，小字齐奴。晋武帝时为侍中，生活极为豪奢，晋惠帝时为孙秀所杀。《晋书》卷三十三有传。

④绿珠楼：绿珠为石崇爱妾，容貌甚美，善于吹笛。赵王司马伦专政，其同党孙秀指名索取绿珠，石崇不予，后被逮，绿珠坠楼自

杀。《晋书·列传第三》:“崇有伎曰绿珠,美而艳,善吹笛。”

【译文】

昭仪尼寺有一大泉池,京都中的佛教弟子们称它做翟泉。

杨衒之按杜预注《春秋》说:“翟泉在晋太仓西南。”晋时的太仓在建春门内,现在的太仓在东阳门内,翟泉应当位于现在的太仓的西南,明显不是晋时的翟泉。后来隐士赵逸说:“昭仪尼寺的翟泉原是晋侍中石崇府上的水池,池南有绿珠楼。”由此佛教信徒们才明白了水池的真正来历,每每有经过这里的人,都不由想象着绿珠绝世的美貌。

池西南有愿会寺,中书侍郎王翊舍宅所立也①。佛堂前生桑树一株,直上五尺,枝条横绕,柯叶傍布,形如羽盖②。复高五尺,又然。凡为五重,每重叶椹各异③。京师道俗,谓之神桑。观者成市,布施者甚众④。帝闻而恶之,以为惑众。命给事黄门侍郎元纪伐杀之⑤。其日云雾晦冥,下斧之处,血流至地,见者莫不悲泣。

【注释】

①中书侍郎王翊:即王翊。王肃从子,字士游,琅琊临沂(今属山东省)人。好学且有文才,孝庄初迁金紫光禄大夫卒。详见《魏书·王翊传》。中书侍郎,官职名,是中书省最高长官的副职。

②羽盖:古代用鸟羽装饰的车盖,为皇家或贵官所用。《淮南子·齐俗训》:“故有大路龙旂,羽盖垂緌,结驷连骑,则必有穿窬柎楗抽箕逾备之奸。”

③椹(shèn):桑葚,桑树的果实。《齐民要术·种桑柘》:“桑椹熟时,收黑鲁椹。”

④布施：佛教名词。以福利施于人，布施者在通过布施为他人造福成智的同时，也为自己积累了功德，可由此达到最终的解脱。

⑤元纪：字子纲，任城王元澄之子，永熙中为给事黄门侍郎。后随孝武帝殁于关中。详见《魏书》卷十九《任城王澄传》

【译文】

翟泉的西南面有一座愿会寺，是中书侍郎王翊捐献住宅所建造的。佛堂前长着一棵桑树，向上高出地面五尺，枝条横向回绕，枝叶散布，形状像羽毛华盖。向上又高出五尺，又是这样。如此共有五重，每重的叶子和桑葚各不相同。京城中出家人和在家人都管它叫神桑。前来观看的人如同赶集一般，施钱供物的人也很多。孝武帝元脩听闻后很反感，认为这是迷惑众人。令给事黄门侍郎元纪把它砍掉。砍树这天，漫天云雾晦暗，斧头砍下的地方，流出血一般的红色树液，看见的人没有不悲泣的。

寺南有宜寿里，内有苞信县令段晖宅①。

地下常闻有钟声，时见五色光明，照于堂宇。晖甚异之。遂掘光所，得金像一躯，可高三尺②，并有二菩萨。趺坐上铭云③："晋泰始二年五月十五日侍中中书监荀勖造④。"晖遂舍宅为光明寺。时人咸云此是荀勖故宅。其后盗者欲窃此像，像与菩萨合声喝贼，盗者惊怖，应即殒倒⑤。众僧闻像叫声，遂来捉得贼。

【注释】

①苞信：县名。北魏属于新蔡郡，故城位于今河南息县东北七十里处的苞信镇。

②可：大约，大概。

③趺(fū)坐:佛教徒的修行方式,盘腿端坐,左脚放在右腿上,右脚放在左腿上。这里指佛像跏趺(双足交叠而坐)下的石座。

④泰始:晋武帝司马炎年号(265—274)。中书监:官名。中书省的最高长官。荀勖(xù):字公曾,颍川颍阴(今河南许昌)人。累仕魏、晋,博学明识,通音律,曾受诏编汲冢竹书。详见《晋书》卷三十九《荀勖传》。

⑤殒倒:跌倒。殒,同"陨"。

【译文】

昭仪尼寺的南面有宜寿里,里面有苞信县令段晖的住宅。

段晖常常听见地下有钟声,又时常看见五色光芒照到堂上。觉得很奇怪,就挖掘发光的地方,挖到金像一尊,约高三尺,并有两尊菩萨像。佛像底座上刻有铭文记载:"晋泰始二年五月十五日侍中中书监荀勖造。"段晖遂即献出住宅改作光明寺。当时人都说这是荀勖的故宅。后来偷盗者要偷这尊佛像,佛像同菩萨像合起声来喝贼,偷盗者惊吓恐怖,应声倒在地上。众僧听见佛像的叫声,于是捉得窃贼。

胡统寺

【题解】

胡统寺是由朝廷沙门统出资所修建，当时胡太后的姑妈信奉佛教就是到这座寺庙出家修行的。此寺在永宁寺以南大约一里的地方。寺内有一座五层佛塔，供尼姑们打坐修行的房屋环绕一周。这里修行的尼姑很多都是京城中的名尼大德，经常进宫为胡太后讲法，胡太后对胡统寺提供了其他寺庙不能相比的施舍和资助，对待也算很是优厚了。

胡太后是北魏王朝由盛而衰的关键性人物。本书多次记载其事迹，多达二十余处。她任用阉党佞臣，“太后临朝，阍寺专宠，宦官之家，积金满堂”。且贪秉朝政，用人不当，酿成惨祸，社会动荡，政权更迭，最终导致北魏灭亡。但是胡太后笃信佛教，在宫中举行讲经活动，使得佛教崇信之风盛行，她为父母追福，专建寺庙，供奉极厚，带动了佛教寺庙的捐建和供养的增加，所以说，这个人物在北魏佛教传播和发展上是起到了一定的推动作用的。另外，《洛阳伽蓝记》关注现实社会，实录世俗人群，对于北魏女性，不仅限于对胡太后的关注，上至公主、贵妇，下至婢女、乐伎，都有涉及，记载形象，生动地再现了北魏洛阳的妇女群像。

胡统寺，太后从姑所立也①。

入道为尼，遂居此寺。

【注释】

①从姑：旧时对“从祖姑”的简称，即父亲的堂姐妹。

【译文】

胡统寺，是胡太后从姑所建造的。

她笃信佛教，入佛门出家为尼，并长居于此寺内。

在永宁南一里许。宝塔五重，金刹高耸。洞房周匝①，对户交疏②。朱柱素壁，甚为佳丽。其寺诸尼，帝城名德，善于开导，工谈义理。常入宫与太后说法，其资养缁流③，从无比也。

【注释】

①洞房：幽暗深邃的房间。周匝：环绕。

②交疏：交错镂刻着花格子的窗户。疏，镂刻着花纹的窗饰。这里代指窗户。

③缁流：这里指僧徒。僧徒着缁衣，故用“缁流”或“缁徒”指代僧徒。缁，黑色。

【译文】

位于永宁寺南一里左右处。寺里有五层宝塔，上面有塔刹高高耸立。周围有幽深的房子回绕，门对门，彼此交接。朱漆的楹柱白粉的墙壁，很是赏心悦目。寺里众尼，除了胡太后的从姑外，很多是京城中有德行的尼姑，她们善于开示劝导，能谈佛教教义教理。经常进宫为胡太后宣讲佛法，因此关系密切，胡太后对胡统寺的资助供养，其丰厚程度是其他寺院无法相较的。

修梵寺　嵩明寺

【题解】

本节着重介绍修梵寺。其位于洛阳城青阳门内皇家大道北面。西边有座建筑形制相似的嵩明寺。修梵寺门殿内塑有四大金刚菩萨作为护法神，之后修建寺庙塑造金刚菩萨的规范，就是从这座寺开始的。寺北面的永和里，是整个北魏时代贵族大家居住的地方。

修梵寺，在青阳门内御道北。嵩明寺，复在修梵寺西。并雕墙峻宇①，比屋连甍②，亦是名寺也。

【注释】

①雕墙峻宇：即《尚书·五子之歌》"峻宇雕墙"语。指墙壁上以浮雕、彩绘装饰，屋檐高耸，形容屋宇豪奢。宇，屋檐。

②比屋连甍（méng）：房屋紧密相连，形容住户很多。比，并列，密接。甍，屋脊。

【译文】

修梵寺，位于洛阳城青阳门内御道北面。嵩明寺，又在修梵寺的西面。两寺都宏伟壮丽，墙壁布满雕刻，屋宇高大峻拔，屋屋相靠，屋脊相连，蔚然成势，这两处都堪称是有名的大寺。

修梵寺有金刚[①]，鸠鸽不入，鸟雀不栖。菩提达磨云得其真相也[②]。

【注释】

①金刚：梵文 Vajra 的意译，音译“嚩日罗”或“伐折罗”。金中最刚之意，用以譬喻牢固、锐利、能摧毁一切者。如说“般若”如金刚。一般为“金刚力士”之略称，即执金刚杵（杵为古印度兵器）守护佛法的天神。汉传佛教寺院中有安置于山门左右的二金刚，左称“密执金刚”，右称“那罗延金刚”，俗称“哼哈二将”。塑像多裸露全身，缠衣裳于腰部，怒目作勇猛之相。寺院四天王像也俗称为“四大金刚”。

②真相：佛教语。就是实相、本相的意思。

【译文】

修梵寺有金刚力士塑像，怒目威严，因而鸠鸽不敢飞入，燕雀也不筑巢栖息于此。菩提达磨当年来到该寺，见此清幽景象，认为修梵寺具有佛门修行道场的本来面貌。

寺北有永和里，汉太师董卓之宅也[①]。

里南北皆有池，卓之所造。今犹有水，冬夏不竭。

【注释】

①董卓：字仲颖，东汉陇西临洮（今甘肃岷县）人。原本是凉州豪强，灵帝时，任并州牧。昭宁元年（189），率兵攻打洛阳，废少帝，立献帝，专断朝政。后曹操与袁绍起兵反对，董卓挟献帝西迁长安，自封太师。残暴专横，曾经纵火焚洛阳周围数百里。后被王允、吕布所杀。

【译文】

修梵寺的北面有永和里，是汉朝太师董卓的宅邸。

永和里的南面和北面都有水池，是董卓开凿的。至今还碧水盈盈，冬夏两季也不干涸。

里中有太傅录尚书事长孙稚、尚书右仆射郭祚、吏部尚书邢峦、廷尉卿元洪超、卫尉卿许伯桃、凉州刺史尉成兴等六宅①。

皆高门华屋，斋馆敞丽②，楸槐荫途，桐杨夹植。当世名为贵里。掘此地者，辄得金玉宝物。时邢峦家常掘得丹砂及钱数十万，铭云："董太师之物。"后卓夜中随峦索此物，峦不与之，经年峦遂卒矣③。

【注释】

①尚书右仆射：官名。汉始置尚书仆射，为尚书令之副，秩千石，服色、印绶与尚书令同。初置一人，东汉献帝建安四年(199)开始分左右，为二人。右仆射位在左仆射之下。郭祚：字季祐，太原晋阳(今山西太原)人。《魏书》卷六十四有传。吏部尚书：官名。为吏部的最高长官，掌管铨选，地位重要，例居各部尚书之首。邢峦：字洪宾，河间郑(今属河北省)人。好学有文才，累官散骑常侍，兼尚书。廷尉卿：官名。亦称"廷尉"，九卿之一，掌管刑狱。元洪超：魏辽西公拓跋意烈之玄孙，武川镇将叱奴之子。卫尉卿：官名。亦称卫尉，九卿之一，掌管宫门警卫。许伯桃：其人不详。刺史：官名。掌管一州的军政大权。尉成兴：名聿，字成兴，代郡(今山西大同)人。性情耿介，明帝时为武卫将军，时领军元乂秉权，百官莫一致敬，尉成兴独揖不拜，出为平西将军、东

凉州刺史，卒于官。

②斋馆：祭祀前斋戒时所住的馆舍。

③经年：长年，经过一整年。

【译文】

永和里中有太傅录尚书事长孙稚、尚书右仆射郭祚、吏部尚书邢峦、廷尉卿元洪超、卫尉卿许伯桃、凉州刺史尉成兴等六人的住宅。

这些宅邸都是高门华屋，宽敞宏丽，楸树槐树浓荫遮蔽着大路，桐树杨树间隔着种植。当时被称为贵里。在这里挖掘兴修者，往往可以得到金玉宝玩的器物。当时邢峦家里就曾掘得丹砂和几十万钱，钱上的铭文说："这些都是董太师的东西。"据说后来董卓夜里向邢峦讨这些东西，邢峦不给他，次年邢峦就死了。

景林寺

【题解】

本节介绍了位于开阳门内的皇家大道以东的景林寺。该寺规模庞大，建筑宏伟，堪称当时京城的一处名胜。

建春门是洛阳城东三门中最靠北的一道门，门内皇家大道南段有句盾、典农、籍田三个衙门。作者在介绍这些内容时，也写到了其周边众多的园林景观和与这些景观相关的历史故实。

景林寺，在开阳门内御道东。讲殿叠起，房庑连属。丹楹炫日，绣桷迎风，实为胜地。

【译文】

景林寺，在开阳门内的御路东面。经殿讲堂重叠而起，屋舍廊宇依次相连。朱漆的木柱映日发光，描彩屋椽迎送流风，实在是一个绝佳的地方。

寺西有园，多饶奇果。春鸟秋蝉，鸣声相续。中有禅房一所[①]，内置祇洹精舍[②]，形制虽小，巧构难比。加以禅阁虚静，隐室凝邃③，嘉树夹牖，芳杜匝阶，虽云朝市④，想同岩谷。净行之僧⑤，绳坐其内⑥，餐风服道⑦，结跏数息⑧。

【注释】

①禅房：禅，是梵语“禅那”的省称，静虑的意思。禅房即习静之房，是佛教徒习静修禅的地方，代指寺院。唐常建《题破山寺后禅院》诗：“曲径通幽处，禅房花木深。”《祖堂集·龙潭和尚》：“其天皇和尚住寺内，独居小院，多闭禅房，静坐而已。四海禅流，无由凑泊。”

②祇洹精舍：全称“祇树给孤独园”或“胜林给孤独园”，亦简称“祇园精舍”，古印度佛教圣地之一。相传释迦牟尼成道后，拘萨罗国有位被称为给孤独长者，他在王舍城听如来讲法，深为敬慕，回国之后，用大量金钱购置波斯匿王太子祇陀在舍卫城南的花园，建筑精舍，作为释迦在舍卫国居住说法的场所。祇陀太子仅出卖花园地面，而将园中树木奉献给释迦。因以二人名字命名此精舍，称为“祇树给孤独园”。释迦牟尼在此居住说法二十五年。祇，佛教经典中作“祇”。精舍，僧道居住或者讲道说法之所。

③凝邃：形容居室幽静而深邃。

④朝市：周代市场制度。即朝廷居中，左边是祖庙，右边是社稷，后边是市场。因朝廷与市场前后相连，往往连称“朝市”。亦可用作泛指都市。

⑤净行之僧：修清静行的僧人。“净行”即“梵行”、“清净行”。佛教用语。一指戒离淫欲；二指符合于佛教戒律，可趋求解脱的修行。佛家认为远离一切恶行、过失与烦恼的萦绕叫清静。

⑥绳坐：禅坐成绳状，形容端坐比直。

⑦餐风：即指食气，是一种修炼的方法。服道：乃是潜习修道的

意思。

⑧结跏：即结跏趺坐。为佛教徒的一种坐禅形式，交叠左右脚背于左右股上而坐。又分为“吉祥坐”与“降魔坐”两种。跏，屈脚坐。数息：默数气息的出入。为僧尼修静摄身之法。

【译文】

景林寺的西面有处园林，盛产很多奇异的果实。春天的鸟鸣，秋天的蝉声，相续不断。园中有禅房一处，里面设立祇洹精舍，形状规模虽然小，设计构造却精巧无比。加上禅房安静清幽，隐蔽的房屋显出深邃的气氛，长势良好的树木围着窗户，馨香的杜若草铺满台阶，这里虽说是朝廷市集，但如同在山谷里一般幽静。清修的僧人，直坐在里面，食气并潜心修道，静坐调息。

有石铭一所，国子博士卢白头为其文①。

白头一字景裕，范阳人也②。性爱恬静，丘园放敖③。学极六经④，说通百氏。普泰初，起家为国子博士，虽在朱门，以注述为事，注《周易》行之于世也。

【注释】

①国子博士：学官名。晋武帝咸宁四年(278)始置，掌管经学传授。

②范阳：郡名。治所位于今河北涿县。

③丘园放敖：田园丘壑，多用来指隐居之地。放敖，纵情遨游。敖，游逛。

④极：穷尽，无所不通。六经：即《诗》、《书》、《礼》、《乐》、《易》、《春秋》六部儒家经典。

【译文】

有石铭一处，刻着国子博士卢白头做的文章。

卢白头，一字景裕，范阳人。性格恬静，在丘园里自在清赏。学问穷极六经，讲说通贯百家。普泰初，被启用为国子博士，虽在国子监，仍以著述为事，注解的《周易》在当时很通行。

建春门内御道南有句盾、典农、籍田三署①。籍田南有司农寺②。御道北有空地，拟作东宫，晋中朝时太仓处也。太仓西南有翟泉，周回三里，即《春秋》所谓“王子虎、晋狐偃盟于翟泉”也③。

水犹澄清，洞底明净，鳞甲潜藏，辨其鱼鳖。

【注释】

①句盾：官署名。也写作“钩盾”，负责掌管京城附近苑囿之事，以苑囿所产供宫廷所需。张衡《东京赋》说：“奇树珍果，钩盾所职。”典农：官署名。掌管有关农业生产之事，设有典农中郎、典农校尉等官。籍田：官署名。掌管耕种宗庙社稷之田。

②司农寺：官署名。主要掌管粮食积储、京官禄米及园林果实等。

③《春秋》：编年体史书，儒家《六经》之一，相传为孔子所作。王子虎：名虎，周襄王之子。狐偃：字子犯，春秋时晋国国卿，重耳（即晋文公）的舅父。盟于翟泉：《春秋·僖公二十九年》：“夏六月，会王人、晋人、宋人、齐人、陈人、蔡人、秦人盟于翟泉。”

【译文】

建春门内御路南有句盾、典农、籍田三个衙署。籍田署南有司农寺。御路北有一块空地，准备要造东宫，此处是晋中朝太仓的处所。太仓西南有翟泉，周回三里，即是《春秋》上所说的“王子虎和晋国狐偃在翟泉结盟”的地方了。

水还是澄清的，清彻明净，可以洞察见底，看见水中潜游的鱼虾，可以辨别鱼和鳖。

高祖于泉北置河南尹[①]。

中朝时步广里也。

【注释】

①河南尹：原本指都城的行政长官。这里指其官署。

【译文】

高祖在翟泉北面设立河南尹。

这就是晋中朝时的步广里。

泉西有华林园。高祖以泉在园东，因名苍龙海。华林园中有大海，即汉天渊池。

池中犹有魏文帝九华台。高祖于台上造清凉殿。世宗在海内作蓬莱山。山上有仙人馆，台上有钓台殿。并作虹蜺阁[①]，乘虚来往。至于三月禊日[②]，季秋巳辰，皇帝驾龙舟鹢首游于其上[③]。

【注释】

①虹蜺（ní）阁：即阁道。由于阁道高出拱起的样子好像虹蜺，故称之。

②禊（xì）日：古人依习俗在三月上巳日到水边嬉游，以消除不祥，称为“修禊”，所以这一天称为“禊日”。

③鹢（yì）首：古代船头上绘有鹢鸟（一种类似鹭鹚的水鸟）的像，所以称船首为“鹢首”，也泛指船。

【译文】

泉西面有华林园。高祖因为泉水在园东，因此取名为“苍龙海”。华林园中有大湖泊，即汉朝的天渊池。

池中还有魏文帝建造的九华台。高祖在台上造清凉殿。世宗在湖泊内作蓬莱山。蓬莱山上有仙人馆。台上有钓台殿。并在殿台楼台间造虹蜺阁，往来其间，如同乘空而行。到了三月修禊日，或是暮秋巳辰之时，皇帝乘坐着船头画有鹢鸟的龙舟游览于池中。

海西有藏冰室。六月出冰，以给百官。海西南有景阳山。山东有羲和岭[①]，岭上有温风室。山西有姮娥峰[②]，峰上有露寒馆。并飞阁相通，凌山跨谷。山北有玄武池，山南有清暑殿。殿东有临涧亭，殿西有临危台。

【注释】

①羲和：古代神话中人物。有不同的传说：一说为太阳的母亲。二说是主管日月之神。三是指为太阳驾车的神。

②姮娥：即月神嫦娥。古代神话中嫦娥服西王母不死药，奔月而成为月中仙女。诗文中用作咏月或咏仙女的典故。

【译文】

大湖泊的西面有藏冰室。到了六月将冰取出，赐给百官。大湖泊的西南有景阳山。山的东面有羲和岭，岭上有温风室。山的西面有姮娥峰，峰上有露寒馆。并且有横空的阁道相通，驾凌山上跨过山谷。山的北面有玄武池，山的南面有清暑殿。殿的东面有临涧亭，殿的西面有临危台。

景阳山南有百果园。果别作林，林各有堂。有仙人枣，长五寸，把之两头俱出，核细如针，霜降乃熟，食之甚美。俗传云出崑峇山，一曰西王母枣[①]。又有仙人桃，其色赤，表里照彻，得霜乃熟。亦出崑峇山，一曰王母桃也。

【注释】

①西王母：中国古代神话中的女神，道教至高女性尊神。

【译文】

景阳山南有百果园。果物以类分别，各自为林，林内各有一堂。有仙人枣，长五寸，一抓，果肉就从两头溢出，内核细小如针，霜降后才成熟，很好吃。世人相传出自崑峇山，一说叫西王母枣。又有仙人桃，它的颜色是红色的，里外透明，经霜打后才成熟。也出自崑峇山，又说叫王母桃。

柰林南有石碑一所[①]，魏文帝所立也，题云"苗茨之碑"。高祖于碑北作苗茨堂。

永安年中，庄帝马射于华林园[②]，百官皆来读碑，疑"苗"字误。国子博士李同轨曰[③]："魏文英才，世称三祖[④]。公幹仲宣[⑤]，为其羽翼。但未知本意如何，不得言误也。"衒之时为奉朝请[⑥]，因即释曰："以蒿覆之，故言苗茨，何误之有？"众咸称善，以为得其旨归。

【注释】

①柰（nài）：果木名。也称为"沙果"，苹果的一种。

②马射：古代的一种武艺项目。练习时于场地中央设置矮墙，与箭垛相等，墙上依次安放用皮缝制的小鹿，然后骑马射鹿，称作"马射"。

③李同轨：赵郡高邑（今河北柏乡北）人，精通儒家经典。《魏书》卷八十四："同轨，赵郡高邑人。体貌魁岸，腰带十围。学综诸经，多所治诵。……迁国子博士。"

④三祖：魏武帝曹操、魏文帝曹丕、魏明帝曹叡合称"三祖"。三人皆能诗善文。

⑤公幹：即刘桢，字公幹，东平（今山东东平）人，以五言诗著称。仲宣：即王粲，字仲宣，山阳高平（今山东邹城）人，先依刘表，后归曹氏，以文学著称。刘桢与王粲都是"建安七子"之一。

⑥奉朝请：官名。古代诸侯春季朝见天子称作"朝"，秋季朝见天子称作"请"，所以称定期参加朝会为"奉朝请"。至南北朝，用"奉朝请"安置闲散官员，成为官号之一。

【译文】

柰林南有石碑一处，魏文帝所立，题称"苗茨之碑"。高祖于碑的北面修建苗茨堂。

永安年间，庄帝在华林园骑马射箭，随从百官都来读碑，有怀疑"苗"字讹误的。国子博士李同轨说："魏文英才，世称三祖。公幹、仲宣，为其羽翼。只不过不知道它的本意是什么，不应该轻易说它有误。"我当时为奉朝请，因此解释道："用蒿草盖屋，所以叫苗茨。有什么错呢？"众人都说好，认为这样的解释可以表明它的意旨。

柰林西有都堂，有流觞池①。堂东有扶桑海。凡此诸海，皆有石窦流于地下②，西通谷水，东连阳渠③，亦与翟泉相连。若旱魃为害④，谷水注之不竭；离毕滂润⑤，阳谷泄之不盈。至于鳞甲异品，羽毛殊类，濯波浮浪，如似自然也。

【注释】

①流觞(shāng)池：古人依习俗每逢三月上巳日(魏晋以后固定为三月三日)聚集于环曲的水渠旁，于上流放置酒杯，任其顺流而下，停在谁面前，谁就饮杯中酒，称作“流觞”，其水称“流觞池”，也作“曲水”。参见前注“禊日”。

②石窦：石穴，石洞。这里指洞穴暗流。《水经注·瀍水》：“池水径石窦，石窦既毁，池道亦绝。”

③阳渠：渠道名。相传最初是周公所开。原先环绕洛阳城四周，后因西渎无水，便导谷水使东出王城北，合瀍(chán)水东注为“阳渠”。

④旱魃(bá)：古代传说中能造成旱灾的怪物。也指能带来旱灾的神。《诗·大雅·云汉》：“旱魃为虐，如惔如焚。”《毛传》：“魃，旱神也。”

⑤离毕：即“月离于毕”，意思是月亮经过毕宿。《诗·小雅·渐渐之石》：“月离于毕，俾滂沱矣。”离，历，经过。毕，毕宿，二十八宿之一。明清以来江湖上称呼月亮即为“离毕”。《新刻江湖切要·天文类》：“月：离毕。”滂润：雨势很大的样子。

【译文】

柰林西面有都堂，有流觞池。都堂的东面有扶桑海。上述这些湖泊，都有石洞导引流入地下，西面同谷水相通，东面同阳渠水相通，也与翟泉相通。碰上干旱作怪，谷水能够流入扶桑海内而不枯竭；如果遇上滂沱大雨，阳渠能够排出扶桑海的水而不泛滥。至于不同的鱼鳖，各类的飞鸟，在波上洗濯或在浪中浮游，都会像自然那样拥有意趣。

卷第二　城东

明悬尼寺

【题解】

本节介绍了位于著名的马宪桥以南由彭城王元勰所修建的明悬尼寺。元勰虔心奉佛，礼敬僧人，所以明悬尼寺在信徒中威望甚高，声誉日隆。作者通过介绍明悬尼寺引出建春门外东汉年间建造的马宪桥。针对这座已有四百余年历史，现已倾塌的桥，作者特别指谬了当时的学者刘澄之《山川古今记》和戴延之《西征记》中对此桥记载有误，张冠李戴的现象，显示了其学术撰述的严谨性和治学的态度。另外还用简短的笔墨介绍了北魏孝文帝时代的粮库"常满仓"。

明悬尼寺，彭城武宣王勰所立也[①]。在建春门外石桥南。

谷水周围绕城[②]，至建春门外，东入阳渠石桥。桥有四柱，在道南铭云："汉阳嘉四年将作大匠马宪造[③]。"逮我孝昌三年大雨颓桥[④]，南柱始埋没。道北二柱，至今犹存。衒之按刘澄之《山川古今记》、戴延之《西征记》并云晋太康元年造[⑤]，此则失之远矣。按澄之等并生在江表[⑥]，未游中土，假因征役，暂来经过；至于旧事，多非亲览，闻诸道路，便为穿凿，误我后学，日月已甚。

【注释】

①彭城武宣王勰：即元勰，高祖的弟弟，字彦和，初封彭城王。史称其“博综经学，雅好属文”。后来被高肇用毒酒害死，世宗赠元勰为武宣王。《北史》卷一十九《彭城王勰传》：“景明、报德寺僧，鸣钟欲饭，忽闻勰薨，二寺一千余人皆嗟痛为之不食，但饮水而斋。”由此可见元勰对于佛教信仰虔诚，与寺院僧众感情深笃，平素颇有威望，明悬尼寺为其所立，是其虔心奉佛的一个明证。

②谷水：古河流名。为今河南渑池南渑水及其下游涧水。东流至洛阳西注入洛河，是阳渠的上游。《山海经·中山经·中次六经》：傅山“其西有林焉，名曰嶓冢，谷水出焉，而东流注于洛”。《汉书·地理志》弘农郡渑池县：“谷水出谷阳谷，东北至谷城入雒。”东汉、三国魏、西晋、北魏都洛阳，曾导谷水，使东出王城北，合瀍水东注为阳渠，经洛阳城（今洛阳东北汉魏故城），东至偃师东南入洛。隋复故道。近世改称上源为渑水，自渑池东合涧水以下称涧河。

③汉阳嘉四年将作大匠马宪造：阳嘉，为东汉顺帝刘保年号（132—135）。将作大匠，官名。秦代始设置，是掌管宫室、宗庙、陵寝及其他土木营建的官员。《水经注·谷水》：“谷水径广莫门北，又东屈南，径建春门石桥下，即上东门也……桥首建两石柱。桥之右柱铭云：阳嘉四年（135）乙酉壬申，诏书以城下漕渠东通河济，南引江淮，方贡委输，所由而至，使中谒者魏郡清渊马宪监作石桥梁柱，敦敕工匠，尽要妙之巧……三月起作，八月毕成，其水依柱，又自乐里道屈而东出阳渠。”《谷水注》称“中谒者”，本书作“将作大匠”，应当是中谒者充将作大匠，以《谷水注》为准。

④孝昌：肃宗孝明帝年号（525—527），三年即为527年。颓：冲塌，

倒塌，崩坏。《后汉书·桓帝纪》："岱山及博来山并颓裂。"《礼记·檀弓上》："泰山其颓乎！"郦道元《水经注·江水》："其颓岩所余，比之诸岭，尚为竦桀。"

⑤刘澄之《山川古今记》：刘澄之，南朝齐人，曾任都官尚书。《隋志》有记载：《永初山川古今记》二十卷，齐都官尚书刘澄之撰。又有记载：《司州山川古今记》三卷，刘澄之撰。戴延之《西征记》：戴祚，字延之，东晋人。《隋书》卷三十三《经籍志》有"《西征记》二卷，戴延之撰"的记载，又有"《西征记》一卷，戴祚撰"的记载。《水经注·洛水》言："延之从刘武王西征"，是祚与延之本一人，祚乃其名，而以字行。《隋志》两见，当系重出。晋太康元年(280)造：据记载，洛阳城东有两座石桥，一处是建春门外的石桥，另一处为建春门外一里有余的东石桥。东石桥乃是晋太康元年所造，孝文帝时也叫"市南桥"。桥南有北魏时期的马市，孝文帝时叫"牛马市"，是嵇康行刑的地方。明悬尼寺文中所提及的这座石桥者，靠近建春门，为了区别于东石桥(市南桥)，所以叫做"北桥"，乃是东汉阳嘉四年(135)，当时著名建筑师、将作大匠马宪所造。北魏孝昌三年(527)大雨颓桥，桥墩埋没。刘澄之等误以为此桥即东石桥(市南桥)，杨衒之反复考证，并纠其谬误。太康，为晋武帝司马炎年号(280—289)。

⑥江表：古代对长江中下游以南地区的称谓。在中原人看来，此一地带在长江以外，故而称之为江表。三国时期的江表特指刘表势力统辖的荆襄地区，以区别与江东孙氏。《三国志·吴书·程昱传》："曹公无敌于天下，初举荆州，威震江表"；《吴书·孙权传》："故能自擅江表，成鼎峙之业"；庾信《哀江南赋》："五十年中，江表无事"。

【译文】

明悬尼寺，为彭城武宣王元勰所建。在建春门外石桥南边。

谷水围绕着洛阳城，一直到建春门外，向东流入阳渠石桥下。石桥有四座石桥墩，在道南的石桥墩上刻有："汉阳嘉四年将作大匠马宪造。"到北魏孝昌三年，由于受到大雨的冲击，使得桥基倾塌颓倒，南面的石柱当时就被埋没，北面的两个石柱，至今还留存着。我考察刘澄之《山川古今记》、戴延之《西征记》里的记载，皆称这座石桥乃是晋太康元年建造，这种说法距离史实相去甚远。据查实，刘澄之等人都出身于江南一带，没有在中原一带长时间游历过，只是借南朝军队征战之机偶尔途经此地，稍有了解，至于洛阳城的历史掌故，绝大部分他们是没有亲自经历和了解过的，仅仅是道听途说，便穿凿附会，这种错误的论断，影响我们后人已经很长时间了。

有三层塔一所，未加庄严。寺东有中朝时常满仓，高祖令为租场，天下贡赋所聚蓄也①。

【注释】

①贡赋：中国古代赋税名称。"贡赋"一词，最早见于《尚书·禹贡》所载，"因田制赋，任土作贡"。我国古代"贡"与"赋"本为两种性质的税收，从下面向上的供奉称作"贡"，上面向下收取的税收称作"赋"。"贡"多为田租所收赋税，"赋"多为军赋所征收的税贡。随着时代变迁，贡赋逐渐界定趋同，并逐渐演变成"税收"的别称。

【译文】

明悬尼寺内有一座三层宝塔，没有过多的修饰。寺的东边有晋中朝时代叫做"常满仓"的大粮库，高祖孝文帝元宏曾经下令将它改称为"租场"，天下各地向朝廷上缴的租税贡赋大都聚存在这里。

龙华寺

【题解】

本节介绍了建春门外由皇家卫队将领羽林尉和虎贲中郎等军人所出资修建的龙华寺。介绍了与龙华寺对望的建阳里所立旗亭鼓声进行管理的事。并借旗亭内著名的铜钟,引出了当时的人和事,反映了皇室的生活。胡太后设官廷讲经,以钟声打为时节,反映了皇室崇佛风尚。豫章王萧综闻钟声而作《听钟歌》,从而披露了萧综的身世和仕途遭逢以及其妻寿阳公主的节气,折射出当时战争离乱的社会环境,并且让我们深刻感受到那个时代人的生平际遇都是与这一战乱频仍、朝代更迭的时代背景息息相关,无法割裂的。

龙华寺,宿卫羽林虎贲等所立也①,在建春门外阳渠南。寺南有租场。

【注释】

①宿卫羽林虎贲:宿卫,值宿禁闼常护之任。《周礼·天官·宫正》:“宿卫王宫。”《后汉书·耿秉传》:“秉常领禁兵,宿卫左右。”羽林,禁卫之名,掌天子宿卫。汉武帝置建章营骑,寻改羽林。《汉书·百官公卿表》:“又期门羽林皆属焉。”师古曰:“羽林,亦

宿卫之官，言其如羽之疾，如林之多也。"虎贲，古时指勇士或武士。《汉书·百官公卿表》："期门，掌执兵送从，武帝建元三年初置……平帝元始元年，更名虎贲郎，置中郎将，秩比二千石。"师古曰："贲读与奔同，言如猛兽之奔。"

【译文】

龙华寺，是由保卫皇宫的羽林、虎贲等军人所建造的，在建春门外阳渠的南面。

寺的南面有租场。

阳渠北有建阳里，里有土台，高三丈，上作二精舍。

赵逸云："此台是中朝旗亭也[①]。上有二层楼，悬鼓，击之以罢市。"

【注释】

①旗亭：古时的市楼，用来指挥集市。张衡《西京赋》中有："旗亭五重，俯察百隧。"

【译文】

阳渠北面有建阳里，里内有一座土台，高三丈，上面修建了两个精舍。

赵逸说："这座土台是晋中朝时的市楼。上有两层楼，悬挂着一面鼓，击鼓代表集市结束。"

有钟一口，撞之闻五十里。太后以钟声远闻，遂移在宫内，置凝闲堂前[①]，讲内典沙门打为时节[②]。初，萧衍子豫章王综来降，闻此钟声，以为奇异，遂造《听钟歌》三首[③]，行传于世。

综字世务，伪齐昏主宝卷遗腹子也[④]。宝卷临政淫乱，吴人苦之。雍州刺史萧衍立南康王宝融为主[⑤]，举兵向秣陵，事既克捷，遂杀宝融而自立[⑥]。宝卷有美人吴景晖，时孕综经月，衍因幸景晖[⑦]，及综生，认为己子，小名缘觉，封豫章王。综形貌举止，甚似昏主[⑧]；其母告之，令自方便[⑨]。综遂归我圣阙[⑩]，更名曰缵[⑪]，字世务，始为宝卷追服三年丧。明帝拜综太尉公，封丹阳王。永安年中，尚庄帝姊寿阳公主[⑫]，字莒犁。公主容色美丽，综甚敬之；与公主语，常自称下官[⑬]。授齐州刺史[⑭]，加开府[⑮]。及京师倾覆[⑯]，综弃州北走[⑰]。时尔朱世隆专权，遣取公主，至洛阳，世隆逼之。公主骂曰："胡狗，敢辱天王女乎[⑱]！"世隆怒，遂缢杀之[⑲]。

【注释】

①凝闲堂：见《魏书》卷十九《任城王澄传》："次之凝闲堂，高祖曰：名目要有其义，此盖取夫子闲居之义，不可纵奢以忘俭，自安以忘危。故此堂后作茅茨堂。"《河南志》三："凝闲堂，胡太后置钟于此室。"

②打为时节：以打钟为时节号令的意思。沙门讲经时，告以聚散，打钟作为召令。

③《听钟歌》：见《梁书》卷五十五《豫章王综传》："初，综既不得志，尝作《听钟鸣》、《悲落叶》辞以申其志。大略曰：听钟鸣，当知在帝城，参差定难数，历乱百愁生。去声悬窈窕，来响急徘徊，谁怜传漏子，辛苦建章台。听钟鸣，听听非一所，怀瑾握瑜空掷去，攀松折桂谁相许。昔朋旧爱各东西，譬如落叶不更齐。漂漂孤雁何所栖，依依别鹤夜半啼。听钟鸣，听此何穷极，二十有余年，淹

留在京城，窥明镜，罢容色，云悲海思徒掩抑。……当时见者莫不悲之。"《魏书本传》歌辞则稍不同。《悲落叶》辞略。

④宝卷遗腹子：这里指萧宝卷之子萧综。宝卷，即南朝齐皇帝萧宝卷，499—501年在位。后为属下所杀，被追废为东昏侯。《魏书》卷五十九："初，萧衍灭宝卷，宝卷宫人吴氏始孕，匿而不言，衍乃纳之，生缵以为己子，封豫章王。及长，学涉有才思，其母告之以实。"《南史》卷五十三《梁武帝诸子传》："初，综母吴淑媛，在齐东昏宫，宠在潘、余之亚，及得幸于武帝，七月而生综，宫中多疑之。淑媛宠衰怨望，及综年十四五，……因密报之曰：'汝七月日生儿，安得比诸皇子？汝今太子次弟幸保富贵，勿泄。'综相抱哭，每日夜恒泫泣。……在西州于别室岁时设席齐氏七庙，又累微行至曲阿拜齐明帝陵。然犹无以自信，闻俗说以生者血沥死者骨，渗即为父子。综乃私发齐东昏墓，出其骨，沥血试之，既有征矣。"缵，《魏书》、《南史》均为"赞"。

⑤雍州：州名。治所为襄阳（今湖北襄樊）。

⑥遂杀宝融而自立：宝融，南朝齐皇帝萧宝融，501—502年在位。《通鉴》卷一百四十五："齐和帝（萧宝融）至姑孰，丙辰，下诏禅位于梁。……丙寅，梁王（萧衍）即皇帝位于南郊。大赦改元。"

⑦幸：宠爱，宠幸，特指帝王与女子同房。《史记·项羽本纪》："妇女无所幸。"

⑧综形貌举止，甚似昏主：指萧综（后改名为萧缵）生性风流，与其生父齐东昏侯萧宝卷十分相似。《魏书·列传第四十七》："缵机辩，文义颇有可观，而轻薄俶傥，犹有父之风尚。"

⑨方便：佛教语。意为根据时机等需要而采取适宜的、巧妙的方法、手段，亦称"善权方便"、"权巧"。《维摩诘经·法供养品》："以方便力，为诸众生分别解说，显示分明。"《坛经·般若品》："欲拟化他人，自须有方便。"

⑩圣阙：指北魏京城洛阳。

⑪更名曰缵：《魏书·列传第四十七》："缵字德文，本名综。入国，宝夤改焉。"

⑫尚庄帝姊寿阳公主：尚，仰攀婚姻，指娶或嫁于地位、名声高于自己很多的人。《魏书·列传第四十七》："建义初，随尔朱荣赴晋阳，庄帝征缵还洛，转司徒，迁太尉，尚帝姊寿阳长公主。"参考庄帝母亲元勰之妃李媛华的墓志，其中记载其生有两个女儿，长女楚华，嫁给冯颢；次女季瑶，嫁给李彧，并无寿阳公主其人，故疑寿阳公主与庄帝乃为异母姊弟。

⑬下官：指官吏自称的谦辞，相当于说下属吏。《晋书·列传第二十》："下官家有二十万，随公所取。"梁则改称臣为下官。

⑭齐州：北魏皇兴三年(469)改冀州置，治所为历城(今山东济南)。范本曰："案《魏书·孝庄纪》亦作齐州刺史，考庄帝时徐州刺史为元孚与尔朱仲远，见吴廷燮《后魏方镇年表》，则此作齐为是。"

⑮开府：古代官员开建府署，自选僚属。汉制唯三公得开府，置官属。至东汉末，大将军、骠骑将军、车骑将军，并得开府，如三公。魏因置开府仪同三司之名，晋代诸州刺史多以将军开府，北魏承之，因名。

⑯倾覆：覆没，翻倒。这里指尔朱兆攻入洛阳。

⑰综弃州北走：《魏书》卷五十九："缵既弃州委沙门，潜诣长白山，未几趣白鹿山，至阳平遇病而卒。"《梁书》则谓萧宝夤在魏，据长安反，综自洛阳北遁，赴之，为津吏所执，魏人杀之，时年三十一。

⑱敢辱天王女乎："乎"下，绿本有"我宁受剑而死，不为逆胡所污"。《说郛》同。

⑲"世隆"二句：《魏书》卷五十九："尔朱兆入洛，为城民赵洛周所逐，公主被录还京。尔朱世隆欲相凌逼，公主守操被害。"

【译文】

有一口钟，敲起来，声音可以传至五十里外。太后因为钟声远处都能听见，于是将钟移到宫内。放置在凝闲堂前，给宫内讲经的和尚用以打钟计时。孝昌初年，萧衍的儿子豫章王萧综前来投降，听到这钟声，认为奇异，遂即作《听钟歌》三首，流传于世。

萧综字世谦，是伪齐东昏侯萧宝卷的遗腹子。萧宝卷临朝执政的时候，荒淫无度，吴地的百姓深感痛苦。雍州刺史萧衍拥立南康王萧宝融为主，起兵攻向秣陵，事成之后，遂即杀掉萧宝融自立为王。萧宝卷有一个美人名叫吴景晖，当时怀着一个月身孕，萧衍因为曾临幸过吴景晖，所以等到萧综出生时，萧衍就误认他为自己的儿子，取小名缘觉，封他为豫章王。萧综的相貌举止很像东昏侯，他的母亲将实情告诉他，由他便宜行事。萧综于是归降我大魏朝廷，并改名为缵，字德文，开始为萧宝卷服三年丧。魏明帝封萧综做太尉公，封丹阳王。永安年间，娶庄帝的姐姐寿阳公主莒犁。公主容貌美丽，萧综很尊敬她。与公主讲话时，常自称下官。被授予齐州刺史，加上开府的官衔。等到京城大乱的时候，萧综丢弃齐州，往北逃走。当时尔朱世隆专权，派人将公主捉拿到洛阳，并对其逼迫。公主骂道："胡狗，竟敢污辱天王的女儿！"尔朱世隆发怒，就将公主绞死了。

璎珞寺

慈善寺　晖和寺　通觉寺
晖玄寺　宗圣寺（见后）
魏昌寺（见后）　熙平寺
崇真寺（见后）　因果寺

【题解】

建阳里是当时佛教寺庙的聚集区域，内有璎珞、慈善、晖和、通觉、晖玄、宗圣、魏昌、熙平、崇真、因果等十个寺庙，本节着力介绍建春门外的璎珞寺。此地为北魏中期“白社”所在地。汉代以来，知识分子藐视朝廷，拒绝出仕，隐居于此，从而使得此处名声大噪。北魏后期，佛教兴盛，此处成为信仰佛教、礼敬三宝的信众聚居的地方。

璎珞寺，在建春门外御道北，所谓建阳里也。即中朝时白社地①，董威辇所居处②。

【注释】

①白社：里名。位于今洛阳东。《抱朴子·辩问》：“洛阳有道士董威辇，常止白社中，了不食，陈子叙共守事之，从学道。”

②董威辇：即董京，字威辇，为晋时道士。《晋书·隐逸传》：“京字

威辇，不知何郡人也。初与陇西计吏俱至洛阳，被发而行，逍遥吟咏，常宿白社中，时乞于市，得残碎缯絮，结以自覆。……孙楚时为著作郎，数就社中与语，遂载与俱归，京不肯坐。”

【译文】

璎珞寺，在建春门外御道的北面，就是所说的建阳里。

是晋中朝时的白社里，董威辇居住的地方。

里内有璎珞、慈善、晖和、通觉、晖玄、宗圣、魏昌、熙平、崇真、因果等十寺。里内士庶二千余户，信崇三宝[①]，众僧刹养[②]，百姓所供也。

【注释】

①三宝：佛教语。指佛、法、僧。一切佛陀，为佛宝。佛陀所说之教法，为法宝。随其教法而修养者，为僧宝。佛者，觉知之义。法者，法轨之义。僧者，和合之义。《翻译名义集·十种通号》引《福田论叙三宝》曰：“功成妙智，遂登圆觉，佛也。玄理幽微，正教精诚，法也。禁戒守真，威仪出俗，僧也。”

②刹养：吴琯本、汉魏本、真意堂本作“利养”，指一切寺院维修保养之事。

【译文】

里内有璎珞、慈善、晖和、通觉、晖玄、宗圣、魏昌、熙平、崇真、因果等十个寺庙。里内的士人和庶民两千多户，都信奉佛、法、僧三宝，众僧受到百姓们很好的供养。

宗圣寺

【题解】

此节描写了宗圣寺三丈八尺的佛像，以及佛像巡游日的盛大场面。宗圣寺所供奉的佛像端庄严正，备受尊崇，平日不得随便观瞻，只有在特定的时间供信众礼敬。根据佛教仪轨，制定了佛像巡游之日。活动当日，伎乐喧腾，光耀一时，可谓盛况空前！文中通过对宗圣寺佛像和佛像巡游盛况的描述，反映了北魏时佛教造像之风的鼎盛以及佛像巡游这一风俗在社会的盛行。

宗圣寺，有像一躯，举高三丈八尺；端严殊特，相好毕备①，士庶瞻仰，目不暂瞬②。此像一出，市井皆空③，炎光辉赫④，独绝世表⑤。妙伎杂乐，亚于刘腾⑥。城东士女，多来此寺观看也。

【注释】

①相好：佛家语。谓佛身的相状微妙可爱。按佛之报身，相有八万四千，好则无量。佛之化身，相有三十二，好有八十。《观无量寿经》："心想佛时，是心即是三十二相，八十随形好。"又曰："无量寿佛有八万四千相，一一相各有八万四千随形好。"《金光明经》：

“相好圆明，普利一切。”

②目不暂瞬：目不转睛，眼睛一动也不动。

③市井皆空：市井，古代指做买卖的地方。《管子·中匡》有：“处商必就市井。”后用做“街市”的代称。这里是说人们因为争相去看佛像，以至于街头市面上空无一人。

④炎光：火焰，光彩。这里形容佛像。辉赫：显耀而盛大的样子。

⑤世表：尘世之外。晋陆机《叹逝赋》：“精浮神沦，忽在世表。”

⑥刘腾：即谓城内长秋寺，为刘腾所立。见卷一《长秋寺》。

【译文】

宗圣寺内，有一尊佛像，高达三丈八尺；佛相庄严端正，具备所有佛像的优点，前来朝拜的信徒被吸引得目不转睛。只要这个佛像一被搬出，平时热闹的街市就会因此变得空空荡荡，佛像光彩夺目，独一无二。伴随表演的杂技音乐，不亚于刘腾的长秋寺。城东的男男女女，大多聚集在此寺观看。

崇真寺 宝明寺（见后） 城内般若寺 城西融觉寺（见后） 禅林寺 灵觉寺

【题解】

此节重点描写了孝明帝时代，发生在崇真寺和尚惠嶷身上的奇闻秩事。文中对惠嶷死而复活，以及他在地狱中目睹五位和尚与阎王争论的描写，生动形象，令人如临其境。作者借惠嶷与阎罗王的对话，反映了当时思想界对学佛修行的认识以及态度和意向，即提倡坐禅、苦行、诵经三事，以纠社会风尚说理、讲经、造作经像之失。认为此皆骄己凌物，贪渎无厌之罪恶。这不由令我们想起达摩初来，梁武帝问："朕建寺斋僧有何功德？"达摩云："无功德。"此与本文所指也是内在相同的。另外，从今日遗留北魏佛像之多，石窟雕刻之盛，亦可见当时佛教斯风之盛。

崇真寺比丘惠嶷，死经七日还活[①]，经阎罗王检阅[②]，以错名放免。

【注释】

①死经七日还活：《北史》卷八十《外戚传》："诏自始薨至七七，皆为

设千僧斋。”谓人命终后，多受中阴身；中阴身最长者不过七七日，凡欲为亡者修福，须于此七七日中行之。

②阎罗王：梵文“阎魔罗阇”的简译，意为“地狱的统治者”。据说能判人生之功德与罪孽，并在阴间加以赏罚，佛教称其为管理地狱的魔王，亦名“琰魔”。《翻译名义集》曰：“琰魔，或云琰罗，此翻静息，以能静息造恶者不善业故。或翻遮，谓遮令不造恶故。或阎磨罗。《经音义》应云：夜磨卢迦，此云双世，鬼官之总司也。亦云阎罗、焰魔，声之转也。”

【译文】

崇真寺的和尚惠嶷死后七天复活，经过阎罗王检查，因为错误召见放他复活。

惠嶷具说过去之时，有五比丘同阅。一比丘云是宝明寺智圣，以坐禅苦行得升天堂[①]。有一比丘是般若寺道品，以诵四十卷《涅槃》[②]，亦升天堂。有一比丘云是融觉寺昙谟最[③]，讲《涅槃》、《华严》[④]，领从千人。阎罗王云：“讲经者心怀彼我，以骄凌物，比丘中第一粗行。今唯试坐禅、诵经，不问讲经。”其昙谟最曰：“贫道立身已来，唯好讲经，实不闇诵[⑤]。”阎罗王敕付司[⑥]。即有青衣十人送昙谟最向西北门[⑦]。屋舍皆黑，似非好处。有一比丘云是禅林寺道弘，自云“教化四辈檀越[⑧]，造一切经[⑨]，人中金像十躯[⑩]”。阎罗王曰：“沙门之体，必须摄心守道，志在禅诵，不干世事，不作有为。虽造作经像，正欲得他人财物；既得他物，贪心即起；既怀贪心，便是三毒不除[⑪]，具足烦恼[⑫]。”亦付司，仍与昙谟最同入黑门。有一比丘云是灵觉寺宝真，自云出家之前，尝作陇西太守⑬，造灵觉寺成，即弃官入道；虽不禅诵，礼拜不阙⑭。阎罗王曰："卿作太守之日，曲理枉法，劫夺民财，假作此寺⑮，非卿之力，何劳说此！"亦付司，青衣送入黑门。

【注释】

①坐禅：佛教禅宗修行的一种功课，旨在通过一定时间的静坐达到摒除杂念，修养身性的目的。苦行：起源于印度的修行，通过忍受身体折磨表示虔诚以求得解脱。

②《涅槃》：涅槃，译为"灭度"，亦曰"圆寂"，谓永离诸趣，入于不生不灭之门。此处为佛经名。分为大乘、小乘两类：小乘部有《八相成道化身之释迦》，记载佛入灭的历史；大乘部有《大般涅槃经》，则以阐明教义为主。二乘初出，士人不达其意，后经沙门释慧观会同儒士谢灵运斟酌经义，修饰文句，于是经义遂通，普传于世。魏自孝明之后，禅法渐盛，多主诵经修行，而亦又讲经者，则未为时僧所重，此亦见佛教之于北魏风尚之一斑。

③昙谟最：俗姓董，武安（今甘肃镇番南）人。善于禅学，尤其精通《涅槃》、《华严》，僧徒千人。《大乘义章》为其所撰。《续高僧传》卷二十三："释昙谟最，姓董氏，武安人氏。灵悟洞微，餐寝玄秘，讽诵经论，坚持律部，偏爱禅那，心虚静谧。……天竺沙门菩提留支见而礼之，号为东土菩萨。"

④《涅槃》、《华严》：皆大乘经典。《大涅槃经》有四十卷，见前。《华严》，有《大方广佛华严经》六十卷，东晋佛陀跋陀罗译。《佛华严》者，能证入也，为诸经之王。

⑤闇：通"谙"，熟练，熟悉。《晋书·职官志》："及蜀破后，令緦受诸葛亮围阵用兵倚伏之法，又甲乙校标帜之制，緦悉闇练之。"

⑥司：官署通称。"司"有"主管"义，古代常用于职官，《说文》："臣司事于外者。"后用作官署名，指某一方面的主管部门。

⑦青衣:汉代以后以青衣为贱者之服,因此后人又称婢女为青衣。此处为贱役的代称。《艺文类聚》卷三十五引汉蔡邕《青衣赋》:"嗷嗷青衣,我思远逝。"

⑧四辈:指比丘、比丘尼、优婆塞、优婆夷四众,即僧、尼和在家奉佛的男女。檀越:梵名。即施主。

⑨一切经:佛教经书的总称,或曰大藏经。《隋书·经籍志》:"开皇元年,高祖普诏天下,任听出家仍令计口出钱营造经像,而京师及并州、相州、洛州等诸大都邑之处,并官写一切经,置于寺内,而又别写藏于秘阁。"

⑩人中金像:指铜佛像。人中,即"人中尊"的略称。人中尊是佛的德号,意思是人中最尊贵者。按,人中金像、人中夹纻像、人中实像,皆佛家语。金为黄色,夹纻为灰色,实为黄泥灰泥。

⑪三毒:佛教用语。指贪、嗔、痴三种"烦恼"。佛教认为这三种烦恼是产生其他一切烦恼的根本,故又名"根本烦恼"。

⑫具足烦恼:具备烦恼。烦恼,是扰乱众生身心,使之发生迷惑、烦躁、苦恼等精神作用的总称。《大智度论》七:"能令心烦能作恼故,名为烦恼。"烦恼的分类有许多种。《俱舍论》十九,把潜在未行的烦恼称为"随眠",把正在发生作用的烦恼名之为"缠"或"漏"。烦恼一般划分为根本烦恼和随烦恼两种。作为一切诸烦恼升起之本的烦恼谓之"根本烦恼",如贪、嗔、痴、慢、恶见等。根本烦恼亦有许多种,有"百二十八根本烦恼"之说。以根本烦恼为体或由根本烦恼派生出的烦恼称为"随烦恼"。佛教把烦恼看作是成就佛果的一大障碍,称为"烦恼障"。

⑬陇西:县名。汉置襄武县,北宋时改为陇西县,属陕西秦凤路巩州,其地即今甘肃陇西。

⑭礼拜:佛教名词。佛教徒向佛或菩萨、上座大德等顶礼膜拜,表示敬意。在古印度,共有九种形式:(一)发言慰问;(二)俯首示

敬；（三）举手高揖；（四）合掌平拱；（五）屈膝；（六）长跪；（七）手膝踞地；（八）五轮俱屈；（九）五体投地。

⑮假：利用，借。《春秋公羊传·桓公元年》："其言以璧假之何？易之也。"又见宋濂《送东阳马生序》："以是人多以书假余，余因得遍观群书。"

【译文】

惠凝详细地叙述死后经历时，说有五位和尚一同受审。一位和尚据说是宝明寺的智圣，因为坚持坐禅、做苦行僧，获准升入天堂。有一个和尚是般若寺的道品，因为念诵四十卷《涅槃经》，也升入天堂。有一个和尚是融觉寺的昙谟最，他带领千人诵《涅槃经》、《华严经》。阎罗王说："讲经人的心里分彼我，彼是听讲的人，我是讲经的人，以我的骄气、傲慢欺人，这是和尚中第一粗俗的行为。现在只请你试着坐禅、诵经，不要讲解佛经。"昙谟最说："我立身以来，只爱好讲经，实在不会诵经。"阎罗王命令交付下属，就有十个青衣人，送昙谟最向西北门，进一黑屋子，似乎不是什么好地方。有一位和尚据说是禅林寺的道弘，自称"教化过四代施主，并刻写一切经，塑造等身金佛像十尊"。阎罗王说："和尚本身，一定要收心守法，志向在禅诵，不干预世间的事情，不做有所作为的事。你虽然造作佛经佛像，目的是要得他人财物；既得到财物，贪心就起来了；如果怀有贪心，便是三毒不除，具足烦恼。"于是吩咐下属，仍旧同昙谟最一样关入黑门。有一个和尚是灵觉寺的宝真，自述出家以前，曾经做过陇西太守，建造了灵觉寺。寺造成了，就舍弃官位加入佛门。虽然不好禅诵，但礼拜不曾少过。阎罗王说："你做太守的日子，背离王法，抢夺百姓的财产，而建造了这个佛寺，不是你的力量，何必讲这些！"也交付下属，把他送入黑门。

太后闻之[①]，遣黄门侍郎徐纥依惠凝所说，即访宝明等寺。城东有宝明寺，城内有般若寺，城西有融觉、禅林、灵觉三寺。问智圣、道品、昙谟最、道弘、宝真等，皆实有之。议曰：“人死有罪福。即请坐禅僧一百人，常在殿内供养之。”诏：“不听持经像沿途乞索；若私有财物造经像者，任意[②]。”惠嶷亦入白鹿山隐居修道[③]。自此以后，京邑比丘，悉皆禅诵，不复以讲经为意[④]。

【注释】

①太后：指胡太后。

②“不听持经像”三句：北魏风行造像，其记辞见于各金石书者极多，而近今发现，未见著录者，为数尤多。考其文辞，大都祈福求报之语，了无深意，但由此可考见北朝佛教流行之普遍。王昶《金石萃编·北朝造像诸碑总论》：“按造像立碑，始于北魏，迄于唐之中叶。大抵所造者释迦、弥陀、弥勒及观音、势至为多。或刻山崖，或刻碑石，或造石窟，或造佛龛，或造浮图。其初不过刻石，其后或施以金涂彩缯。其形模之大小广狭，制作之精粗不等。造像或称一躯，必有记，有题名。”

③白鹿山：在今河南辉县西北，有石自然为鹿形，远视皎然独立，故名。《太平寰宇记》卷五十六：“白鹿山在县西北五十三里，西与太山连接，上有天门谷、百家岩。卢思道《西征记》云：孤岩秀出，上有石，自然为鹿形，远视皎然独立，厥状明净，有类人工，故此山以白鹿为称。”

④不复以讲经为意：汤用彤《佛教史》曰：“此故事或虽伪传，然颇可反映当时普通僧人之态度。后魏佛法本重修行，自姚秦颠覆以来，北方义学衰落，一般沙门自悉皆禅诵，不以讲经为意，遂至坐禅者，或常不明经义，徒事修持。道宣《僧传习禅篇》曾论及此。道宣所言，虽指隋唐僧人，然禅法兴盛，智学废替，自更易发生此

类现象。北朝末叶，衡岳慧思、天台智颉极言定慧之必双修，或亦意在纠正北朝一般禅僧指失欤？”此一故事，殆是时之坐禅派僧人所造，以讽讥讲经利舌之僧，既见北朝佛教风尚，亦可见佛门宗派斗争之激烈。

【译文】

当时太后听到这些经历后，派黄门侍郎徐纥依照惠嶷描述的去查访宝明等寺。城东有宝明寺，城内有般若寺，城西有融觉、禅林、灵觉三寺。询问关于智圣、道品、昙谟最、道弘、宝真等人，都是实有其人的。议论说：“人死了有的人有罪，有的人受福佑。就请坐禅和尚一百人经常在内殿供养他们。”下诏书“不允许和尚拿了佛经佛像沿路讨乞。如果是以私有财产要造作佛经佛像的，任他的意思”。惠嶷也进入白鹿山，隐居修炼佛法。从此以后，京中和尚都从事修禅念经，不再讲解佛经了。

出建春门外一里余至东石桥[①]。

南北而行，晋太康元年造[②]。桥南有魏朝时马市[③]，刑嵇康之所也。

【注释】

①至东石桥：《集证》曰：“此石桥，即《水经注》所谓马市石桥也。言东所以别建春门外马宪所造之桥也。”

②太康：晋武帝司马炎年号(280—289)。

③马市：魏朝马市，即晋中朝牛马市。洛阳凡三市，大市名金市，在大城西南。羊市在大城南，马市在大城东。旧皆置丞。

【译文】

出建春门外一里多，到了东石桥。

石桥南北走向，晋太康元年建造。桥的南边有晋中朝时的马市，也就是杀害嵇康的场所。

桥北大道西有建阳里，大道东有绥民里，里内有河间刘宣明宅①。

神龟年中，以直谏忤旨，斩于都市。讫目不瞑，尸行百步，时人谈以枉死。宣明少有名誉，精通经史，危行及于诛死②。

【注释】

①河间：郡名。汉高帝置郡，文帝改国，其后或为郡，或为国。治所在乐城，今河北献县东南。地处黄河与永定河之间，故名河间。《战国策·秦策五》："文信侯欲攻赵，以广河间。"

②"神龟年中"九句：宣明直谏忤旨，殆是事实；《魏书·肃宗纪》谓其谋反被诛，则非有其事。此见《魏书》卷五十八《杨播传》可征其真相。神龟，肃宗孝明帝年号(518—520)。直谏，直言向皇帝进谏规劝。《史记·屈原贾生列传》："终莫敢直谏。"危行，正直的行为。《史记·管晏列传》："语不及之，即危行。"

【译文】

桥北大路西有建阳里，大路东有绥民里，里内有河间刘宣明的宅邸。

神龟年间，刘宣明因为直谏违逆圣旨，在集市上被斩头。死不瞑目，尸体行走了上百步，当时人认为他是枉死的。刘宣明少有名誉，精通经史，行为正直以致被诛死。

魏昌尼寺

【题解】

本节所介绍的魏昌尼寺是宫廷太监、后任瀛洲刺史的李次寿所立。位置在北魏牛马市场所在地，也就是嵇康行刑之处。嵇康(224—263，一说223—262)，“竹林七贤”之一。狂放任性，长于诗文，是魏晋文坛代表人物，其作品的精神深刻表现了魏晋一代士人人性的觉醒以及对自由的渴望和不懈追求。后遭司马昭杀戮。

魏昌尼寺，阉官瀛州刺史李次寿所立也[①]。在里东南角。

即中朝牛马市处也，刑嵇康之所。

【注释】

①李次寿：即李坚，字次寿，高阳易(今河北雄县西)人。魏高宗初，因事为阉人，历任给事中、太仆寺卿、瀛州刺史，赐爵魏昌伯。

【译文】

魏昌尼寺，是宦官瀛州刺史李次寿所建造的。在建阳里的东南角。

也就是晋中朝的牛马市的地方，嵇康被行刑的场所。

东临石桥。

此桥南北行，晋太康元年造，中朝时市南桥也。澄之等盖见北桥铭[①]，因而以桥为太康初造也。

【注释】

①澄之等：即刘澄之、戴延之。见前《明悬尼寺》注。北桥铭："北"字各本并同，唯《集证》本、周、徐本改作"此"。按"北桥"云云，乃对上文"市南桥"而言，且此桥无铭，而北桥有铭，亦可知也。

【译文】

东面靠近石桥。

这座桥南北相通，是晋朝太康元年的市南桥。刘澄之等大概看见这座桥上所刻的铭文，因此认做桥为太康初年修造的。

景兴尼寺　灵应寺

【题解】

本节所介绍的景兴尼寺也是由太监出资修建，寺内有金像和四轮像车。文中尤其对金像辇的华美壮丽进行了描述，并言及其佛像巡游的场面，该寺由于得到朝廷的布施，佛像巡游仪式十分隆重，又一次展现了北魏时佛像巡游之风的盛行。文中还借赵逸之口讲述了一些晋朝旧事，指出了灵应寺的历史渊源。晋太康元年(280)龙骧将军王濬平定江南吴国，三国归晋后，以其功勋卓著，建太康寺以纪念。北魏时居于此地的杜子休据此再舍宅为寺而得有灵应寺。

石桥南道有景兴尼寺①，亦阉官等所共立也。有金像辇②，去地三丈③，上施宝盖④，四面垂金铃七宝珠⑤，飞天伎乐⑥，望之云表。作工甚精，难可扬榷⑦。像出之日，常诏羽林一百人举此像，丝竹杂伎，皆由旨给。

【注释】

①石桥：即为建春门外东石桥。

②金像辇：即卷一《景乐寺》之像辇，为载佛像的车辆，备行像之用。

③去地三丈：《法显行传》："于阗像辇作四轮像车，高三丈余，状如

行殿，七宝庄校，悬缯幡盖，像立车中，二菩萨侍，作诸天侍从，皆以金银雕莹，悬于虚空。”依此看来，应当是接近三丈。

④宝盖：用宝玉装饰的伞盖，悬在佛、菩萨及讲师等高座上。《广弘明集》卷十五南朝梁简文帝《菩提树颂》：“五百宝盖，胜光自合；十千璎珞，悬空下坠。”

⑤七宝：佛教术语。关于七宝的具体所指，各类不同佛教经典有着不同的说法。《般若经》以金、银、琉璃、砗磲、玛瑙、珊瑚、琥珀为七宝。《法华经》以金、银、琉璃、砗磲、玛瑙、真珠、玫瑰为七宝。《阿弥陀经》、《大智度论》以赤金、银、琉璃、玻璃、砗磲、真珠、玛瑙为七宝。《无量寿经》以金、银、琉璃、玛瑙、珊瑚、玻璃、砗磲为七宝。

⑥飞天：飞舞空中使用各种技艺乐器之神。这里指画在像车上的诸天侍从。

⑦扬榷：约略，举其大概。左思《蜀都赋》：“请为左右扬榷而陈之。”李善曰：“扬榷，粗略也。”

【译文】

石桥南路有景兴尼寺，也是宦官们所共同建造的。寺里有用黄金做成的装载佛像的车辇，离地三丈高，上面覆盖着宝盖，四面垂挂着金铃和七种宝珠，还有天女歌舞演奏的塑像，远远望去，好似在云端之上。做工非常精巧，无法用语言来形容。像车出寺的时候，经常是一百个羽林士兵受诏抬举，丝竹乐器以及杂耍歌舞的人，也都是皇上直接下令派来的。

建阳里东有绥民里[①]，里内有洛阳县。临渠水[②]，县门外有洛阳令杨机《清德碑》[③]。

【注释】

①建阳里：以下篇幅借赵逸之言，以示晋宋以来史官妄言伤正，华

词损实之弊。构文之士，其镜鉴焉。

②渠：指阳渠。

③杨机：《魏书》卷七十七《杨机传》："机字显略，天水冀人。……少有志节，为士流所称。……熙平中为泾州平西府长史。寻授河阴令，转洛阳令。京辇伏其威风，希有干犯，凡诉讼者，一经其前，后皆识其名姓，并记事理，世威异之。……机方直之心，久而弥厉，奉公正己，为时所称。家贫，无马，多乘小犊车，时论许其清白。与辛雄等并诛，年五十九。"清德：德行清正廉洁。

【译文】

建阳里的东面有绥民里，里内有洛阳县府，靠近渠水。县府门外有洛阳令杨机的《清德碑》。

绥民里东有崇义里，里内有京兆人杜子休宅。

地形显敞，门临御道。时有隐士赵逸，云是晋武时人。晋朝旧事，多所记录。正光初[①]，来至京师，见子休宅，叹息曰："此宅中朝时太康寺也。"时人未信，遂问寺之由绪。逸云："龙骧将军王濬平吴之后[②]，始立此寺。本有三层浮图，用砖为之。"指子休园中曰："此是故处。"子休掘而验之，果得砖数十万，并有石铭，云："晋太康六年，岁次乙巳，九月甲戌朔[③]，八日辛巳，仪同三司襄阳侯王濬敬造。"时园中果菜丰蔚，林木扶疏，乃服逸言，号为圣人。子休遂舍宅为灵应寺。所得之砖，还为三层浮图。

【注释】

①正光：肃宗孝明帝年号，即520—524年。

②王濬：字士治，弘农湖县（今河南灵宝西南）人。曾为羊祜部属，后任巴郡太守、益州刺史。《晋书》卷四十二有传。

③九月甲戌朔：陈垣《二十史朔闰表》："晋太康六年乙巳，九月朔丙辰，八日为癸亥。杨书殆误。又九月甲戌朔为太康八年，八日实是辛巳。然王濬已死于六年十二月矣。亦不属。或王濬卒年有误也。"

【译文】

绥民里东面有崇义里，里内有京兆人杜子休的宅邸。

地形开阔宽敞，门临御路。当时有隐士赵逸，据说是晋武帝时人，晋朝旧事，大多作了记录。正光初，来到京师，看见杜子休的住宅，感叹说："这个住宅是晋朝的太康寺。"当时人没有相信的，就问这个寺的来由。赵逸说："龙骧将军王濬平定吴国之后，才开始建造此寺。寺内原本有三层佛塔，用砖砌成。"手指着杜子休的庭园说："这就是佛塔的遗址。"杜子休挖掘检验，果真挖到几十万块砖，同时挖到铭文说："晋太康六年岁次乙巳九月甲戌朔八日辛巳，仪同三司襄阳侯王濬敬造。"当时庭园中种植的水果蔬菜丰富，树木茂盛。于是才相信赵逸的话，称赵逸为圣人。杜子休将自己的住宅贡献出来建成灵应寺。所挖的砖块按原样盖成三层佛塔。

好事者遂寻之，问晋朝京师何如今日。逸曰："晋时民少于今日，王侯第宅，与今日相似。"又云："自永嘉已来二百余年，建国称王者十有六君[①]，吾皆游其都邑，目见其事。国灭之后，观其史书，皆非实录，莫不推过于人，引善自向。苻生虽好勇嗜酒[②]，亦仁而不煞。观其治典，未为凶暴；及详其史，天下之恶皆归焉。苻坚自是贤主[③]，贼君取位[④]，妄书生恶。凡诸史官，皆是类也。人皆贵远贱近，以为信然。当今之人，亦生愚死智，惑已甚矣。”人问其故，逸曰：“生时中庸之人耳⑤，及其死也，碑文墓志，莫不穷天地之大德，尽生民之能事⑥，为君共尧、舜连衡⑦，为臣与伊、皋等迹⑧。牧民之官⑨，浮虎慕其清尘⑩，执法之吏，埋轮谢其梗直⑪。所谓生为盗跖⑫，死为夷、齐⑬，妄言伤正，华辞损实。”当时构文之士，惭逸此言。

【注释】

①建国称王者十有六君：即前赵刘渊、后赵石勒、前燕慕容儁、前秦苻健、后秦姚苌、蜀李雄、后凉吕光、后燕慕容垂、西秦乞伏国仁、北燕冯跋、南凉秃发乌孤、南燕慕容德、北凉沮渠蒙逊、夏赫连勃勃、前凉张轨、西凉李暠等十六君。

②苻生：字长生，苻健第三子。苻健卒，僭皇帝位。虽在谅闇，游饮自若，荒耽淫虐，杀戮无常。“左右或言陛下圣明宰世，天下惟歌太平。生曰：媚于我也。引而斩之。或言陛下刑罚微过。曰：汝谤我也。亦斩之。所幸妻妾，小有忤旨，便杀之。”“左右忤旨而死者，不可胜纪。至于截胫刳胎，拉胁锯颈者，动有千数。”见《晋书·载纪》。后为从弟苻坚所杀。崔鸿《十六国春秋前秦录》所记与此同。杨衒之当时人，所见殊异，殆有故也。可谓“及详其史，天下之恶皆归焉”者也，其有感而发者乎？刘知几《史通·品藻》亦云：“昔秦人不死，验苻生之厚诬。”其言有深意。

③苻坚：十六国时前秦皇帝，357—385年在位。《晋书·载纪》：“生既残虐无度，梁平老等及以为言，坚遂弑生。……以升平元年潜称大秦天王。”杀生自立，国政修明，为五胡之最盛者。伐晋，与谢玄等战于淝水，大败而归，后为姚苌所杀。

④贼君：杀害君主。这里指苻坚弑苻生自立。贼，杀害。

⑤中庸：平庸的，一般的才能。

⑥生民：人民，百姓。魏曹操《蒿里行》："生民百遗一，念之断人肠。"

⑦尧、舜：为唐尧、虞舜的合称。古史相传二人均为圣明君主，尧曾禅位于舜，后世用作歌颂帝王的典故。《礼记·大学》："尧、舜率天下以仁，而民从之。桀、纣率天下以暴，而民从之。"《礼记·中庸》："仲尼祖述尧、舜，宪章文、武。"连衡：相当于说比肩。

⑧伊、皋：即伊尹与皋陶（yáo）。伊尹为商汤贤相，皋陶为舜之贤臣，后世用作称美宰臣的典故。《后汉书》卷七十上《班彪传》："时固始弱冠……将军宜详唐、殷之举，察伊、皋之荐，令远近无偏，幽隐必达。"等迹：并驾齐驱。

⑨牧民：治民。古时统治者蔑视劳动人民，用收养牲畜比喻官吏统治人民。《管子·牧民》："今为国有地牧民者，务在四时，守在仓廪。"

⑩"浮虎"句：相传东汉刘昆为弘农太守，仁化大行，虎感其德，为使其地免遭虎患，都背着小虎渡河而去。后以"浮虎"作为地方官清明廉洁的典故。

⑪"埋轮"句：东汉汉安元年（142），汉顺帝选派使节八人，巡视各地，所选多是知名之士，其中只有张纲一人年纪最轻，官职最低。七人受命出发，张纲只到洛阳都亭，就停下车来，把车轮拆下埋在地里，说："豺狼当路，安问狐狸！"即上书弹劾当时掌朝廷大权的大将军梁冀和其弟梁不疑，揭露其罪恶，京师为之震动。后用"埋轮"比喻不畏权贵，直言正谏。谢，惭愧。

⑫盗跖（zhí）：即跖，春秋战国之际奴隶起义的领袖。据说他曾率"从卒九千，横行天下，侵暴诸侯"，所过之处，大国守城，小国入保，沉重地打击了统治者。在先秦的部分古籍中，被诬蔑为"盗

跖”、“桀跖”。旧时用“盗跖”作为恶人的典型。

⑬夷、齐：即伯夷、叔齐，商末孤竹君之子。相传孤竹君打算立次子叔齐为继承人，他死后，叔齐让位给哥哥伯夷，伯夷不愿接受，于是二人先后奔周。曾叩马谏阻武王讨纣，武王不听。灭商后他们耻食周粟，逃到首阳山采薇而食，最终饿死在山中。封建社会把伯夷、叔齐当作高尚节操者的典范。

【译文】

而有些多事的人于是询问赵逸晋朝京城与现在相比怎样。赵逸说：“晋朝时人比今天少，王侯的宅邸与今天相似。”又说：“自从永嘉以来二百多年，建立国家称王的有十六个君主，我都曾游历过他们的都城，亲眼看见他们所行的事。国家灭亡以后，翻看他们的史书，都不是真实的记录，没有不把过失推到别人身上，把善事引向自己的。苻生虽然生性好逞勇武，嗜好喝酒，也是仁爱不杀人的。观察他治理国家的史书，不可以算作暴虐，但仔细看他的历史，却把天下凶恶的坏事都归罪于他。苻坚本是一位贤明的君王，却被写成杀害君主，夺取帝位，肆意记载他的恶行。大凡许多史官，都是这样的。人们都贵远贱近，真是这样。再说当今的人，也都是活着的时候又愚又蠢，死了以后又大智大慧，受迷惑已太厉害了。”人们问他为何这样说，赵逸解释说：“活着是平庸的人罢了。但到死后，碑上文辞，墓上志书，没有不穷尽天地间的大德，穷尽生民的能耐，如果是做国君的，那么就可以和尧、舜相比，如果是做臣子的，那么就可以和伊尹、皋陶相等。当地方官的，就连浮虎都会仰慕他的清廉。执法的官员，就连埋轮都会羞愧于他的耿直。生的时候是盗跖，死后就成了伯夷、叔齐，佞幸的话伤害正直，华美的文辞损伤真实。”当时写文章的士子，听到赵逸这些话感到惭愧。

步兵校尉李澄问曰：“太尉府前砖浮图，形制甚古，犹未崩毁，未知早晚造？”逸云：“晋义熙十二年[1]，刘裕伐姚泓[2]，军人所作。”

【注释】

①义熙：晋安帝司马德宗年号(405—418)。十二年：即416年。

②刘裕：即南朝宋的建立者宋武帝，420—422年在位。姚泓：后秦国君，416—417年在位。《通鉴》卷一一七：“晋安皇帝义熙十二年二月，加太尉裕中外大都督，裕戒严伐秦。十月甲子，檀道济进逼洛阳。丙寅，姚泓将姚洸出降。”

【译文】

步兵校尉李澄问道：“太尉府前面的砖宝塔，形状体制很古老，还没有倒塌，不知道是什么时候建造的？”赵逸说：“晋义熙十二年，刘裕攻打姚泓时，由军人所建造的。”

汝南王闻而异之[1]，拜为义父。因而问何所服饵[2]，以致长年。逸云：“吾不闲养生[3]，自然长寿。郭璞尝为吾筮[4]，云寿年五百岁。今始逾半。”帝给步挽车一乘[5]，游于市里。所经之处，多记旧迹，三年以后遁去，莫知所在。

【注释】

①汝南王：即汝南王元悦。《魏书》卷二十二《孝文五王传》称其“好读佛经，览书史，为性不伦，俶傥难测”。卷三《菩提寺》崔涵死后复活，元悦亦赐以衣物。

②服饵：道教术语。指服食草木、丹药的养生术。《广雅释诂》：“饵，食也。”道教修真炼养方法，有内修和外养两类，服饵属

外养。

③闲:通“娴”,熟悉,熟练。《战国策·燕策二》:“闲于兵甲,习于战攻。”养生:指摄养身心,以期保健延年。

④郭璞:字景纯,晋河东闻喜(今属山西省)人。博学多才,擅长诗赋,善于阴阳之术。后为王敦所杀。《晋书》卷七十二《郭璞传》:“字景纯,河东闻喜人……好经术……妙于阴阳算历。有郭公者,客居河东,精于卜筮,璞从受之业。公以青囊中书九卷与之。由是遂洞五行天文卜筮之术,禳灾转祸,通致无方,虽京房、管辂,不能过也。”

⑤步挽车:一种用人力拉的类似步辇的车子。《魏书·礼志》云:“步挽,天子小驾,游宴所乘,亦为副乘。”

【译文】

汝南王听闻后特别惊讶,拜他做义父。趁机问他吃什么东西可以长寿。赵逸说:“我不讲养生,自然长寿。郭璞曾经替我卜卦说,我可以活五百岁。现在才活了一半。”皇帝给他步挽车一辆,在市里游历。所经过的处所,多记载过去的事迹,三年以后离开,不知道所在什么地方。

崇义里东有七里桥,以石为之。

中朝杜预之荆州[①],出顿之所也[②]。

【注释】

①杜预:字元凯,京兆杜陵(今陕西西安东南)人。太始中,为河南尹,后官镇南大将军,咸宁四年(278)十一月以都督荆州诸军事,太康元年(280)率众伐吴,平之,潜心经籍,卒,追赠征南大将军。《晋书》卷三十四有传。荆州:州名。东汉治所汉寿(今湖南常德东北),后累迁。

②顿：驻扎，留宿。

【译文】

崇义里东面有七里桥，是用石头造成的。

晋中朝时，杜预到荆州，出外驻扎的地方。

七里桥东一里，郭门开三道，时人号为三门。

离别者多云："相送三门外。"京师士子，送去迎归，常在此处。

【译文】

七里桥东面一里处，城门开了三条路，当时人称为"三门"。

离别的人多说："相送三门外。"京都士子，常在此地迎来送往。

庄严寺

【题解】

本节介绍了位于东阳门外一里，皇家大道北段东安里的庄严寺。寺北为前文所说的租场。里内有驸马都尉司马悦、济州刺史刁宣、幽州刺史李真奴、豫州刺史公孙骧四座府邸，其中司马悦为晋朝皇室后裔，所娶为宣武帝元恪的妹妹华阳公主，刁宣所娶为东平王元略的姐姐，二人皆为驸马。由此可见这一带所居住者身份之显赫，地位之尊崇。

庄严寺，在东阳门外一里御道北，所谓东安里也。北为租场①。里内有驸马都尉司马悦、济州刺史刁宣、幽州刺史李真奴、豫州刺史公孙骧等四宅②。

【注释】

①租场：即中朝时的常满仓，高祖令为租场。见前《明悬尼寺》篇。

②驸马都尉：官名。汉武帝时始置，掌管副车之马，原是近侍卫官一种。自魏晋以后，皇帝的女婿照例加此称号，简称“驸马”，非实官。司马悦：字庆宗，晋宣帝弟司马馗八世孙，官至豫州刺史，封渔阳子。《魏书》卷三十七有传。《集证》云：“案《魏书》有司马悦。悦子朏，尚世宗妹华阳公主，拜驸马都尉。”刁宣：如本作

“分”，今依《河南志》。案《魏书》卷三十八：“时略姊饶安公主，刁宣妻也。”是为元略之姊夫。又北海王元颢入洛后，刁宣尝与陈庆之战，败降。见《梁书》卷三十二《陈庆之传》。李真奴：即李诉，字元盛，小名真奴，范阳（今河北定兴南）人。官至侍中、镇南大将军、开府仪同三司、徐州刺史，后进爵范阳公。《集证》云：“案《魏书》：真奴，李诉小名，范阳人，终官徐州刺史。此作幽，疑传刻之误。”周本云：“按李诉父崇为幽州刺史，或因之误。”公孙骧：未详，《元河南志》作“公孙让”。又吴廷燮《后魏方镇年表》列此文为神龟二年（519）。

【译文】

庄严寺，在东阳门外一里处御路北面，就是所谓的东安里。北面是租场。里内有驸马都尉司马悦、济州刺史刁宣、幽州刺史李真奴、豫州刺史公孙骧四家住宅。

秦太上君寺

【题解】

本节介绍了秦太上君寺是胡太后为其母亡灵祈福所修建的，说明了秦太上君寺寺名的由来。同时，介绍了东阳门外二里皇家大道北段的晖文里住着太保崔光、太傅李延寔、冀州刺史李韶、秘书监郑道昭四位大臣。其中李延寔的宅邸曾经是幽禁三国后主刘禅的所在，也是“此间乐，不思蜀也”这句“名言”的发生地。文中还着重介绍了李延寔的生平以及他与外甥孝庄帝元子攸的对话，从对话中侧面反映了青州当地老百姓怀揣砖头向人道贺的习俗，反映出了青州人不讲仁义，为人刻薄，阿谀奉迎，趋炎附势的民风。秦太上君寺有五层佛塔一座，城内高僧大德多来此地讲经说法，僧众和尚多来此地出家受学，因此该寺在洛阳城的地位十分崇高。

秦太上君寺①，胡太后所立也。

当时太后正号崇训②，母仪天下③，号父为秦太上公④，母为秦太上君，为母追福，因以名焉。

【注释】

①秦太上君寺：秦太上君，即为胡太后母。《魏书》卷八十三《外

戚·胡国珍传》:“太和十五年袭爵,例降为伯,女以选入掖庭,生肃宗,即灵太后也。……追崇国珍妻皇甫氏为京兆郡君。……又追京兆郡君为秦太上君。”太上君,景明三年(502)薨于洛阳,于此已十六年。则此寺应为熙平初所立。

②崇训:胡太后的官名。胡太后,又号崇训皇太后。《魏书》卷三十一《于栗磾传》:“皇太后居崇训宫,忠为仪同三司、尚书令、领崇训卫尉。”

③母仪:意即母范,封建社会做一个良母的道德要求和规范。旧时多用作对皇后或贵妇人的谀辞。《后汉书·光武郭皇后纪》:“郭后虽王家女,而好礼节俭,有母仪之德。”《巢氏诸病源候总论·宋序》:“皇上秉灵图而迪成宪,奉母仪而隆至化。”

④秦太上公:《魏书·外戚·胡国珍传》:“追崇假黄钺、使持节、侍中、相国、都督中外诸军事、太师领太尉公、司州牧,号太上秦公,加九锡,葬以殊礼。”

【译文】

秦太上君寺,由胡太后所建。

当时太后称号叫崇训,母仪天下,追尊父亲为秦太上公,母亲为秦太上君。为母亲追祈冥福,因此取这个寺名。

在东阳门外二里御道北,所谓晖文里。

里内有太保崔光、太傅李延寔、冀州刺史李韶、秘书监郑道昭等四宅①。并丰堂崛起,高门洞开。赵逸云:“晖文里是晋马道里,延寔宅是蜀主刘禅宅②,延寔宅东有修和宅③,是吴主孙皓宅④,李韶宅是晋司空张华宅⑤。”

【注释】

①太保：官名。位次于太傅，多加衔于大官，并没有实职。崔光：北魏东清河鄃县(今山东平原西南)人，本名孝伯，字长仁。孝文帝太和六年(482)任中书博士，转著作郎，与秘书丞李彪同撰国史。迁中书侍郎、给事黄门侍郎。后以参赞迁都之功，任散骑常侍，兼太子少傅、侍中，仍领著作。宣武帝时又迁太常卿，领齐州大中正、中书令、中书监，领国子祭酒。力疾修史，临卒前，尚以史功不成为恨。崇信佛法，每为沙门、朝贵讲《维摩》、《十地经》，并著二经义疏三十余卷。李延寔(shí)：字禧，尚书仆射李冲长子。明帝时，位光州刺史。庄帝即位，李延寔以舅氏，位至司徒公，出为青州刺史。尔朱兆擒孝庄帝，遣人至青州将其杀害。《魏书》卷八十三有传。冀州：州名。北魏治所为信都县(今河北冀县)。李韶：字元伯。有器量，肃宗时为冀州刺史，后为尔朱荣所害。《魏书》卷三十九有传。秘书监：秘书省长官，掌管图书著作。郑道昭：字僖伯，荥阳开封(今河南开封东)人。少好学，综览群言，世宗时位至秘书监。《魏书》卷五十六有传。

②刘禅：三国蜀汉后主，223—263年在位。蜀亡后，被掠至洛阳，封安乐公。

③修和：即崔修和，光州刺史崔挺从祖弟，官州主簿。

④孙皓：三国吴末代皇帝，264—280年在位。吴亡后，被掠至洛阳，封归命侯。唐本有："戴延之《西征记》曰：东阳门外道北，吴、蜀二主第宅，去城二里，墟基犹存。"《洛阳故宫名》曰："马市在城东，蜀、吴二王馆与相连。"

⑤张华：字茂先，范阳方城(今河北固安南)人。晋初任中书令、散骑常侍，以力赞伐吴功封广武侯，迁尚书，后进为侍郎中书监。尽忠匡辅，加封为公。元康六年(296)拜司空。后被赵王伦和孙秀所杀。《晋书》卷三十六有传。

【译文】

在东阳门外二里处御道北面，就是所谓的晖文里。

里内有太保崔光、太傅李延寔、冀州刺史李韶、秘书监郑道昭四人的住宅。全是大堂耸立，高门洞开。赵逸说："晖文里是晋朝的马道里，李延寔的住宅曾是蜀主刘禅的宅邸，李延寔住宅东有崔修和的住宅，曾是吴主孙皓的宅邸，李韶宅是晋朝司空张华的宅邸。"

中有五层浮图一所，修刹入云，高门向街，佛事庄饰，等于永宁。诵室禅堂，周流重叠。花林芳草，遍满阶墀。常有大德名僧讲一切经，受业沙门，亦有千数。

太傅李延寔者，庄帝舅也。永安年中，除青州刺史，临去奉辞，帝谓寔曰："怀砖之俗，世号难治，舅宜好用心，副朝廷所委。"寔答曰："臣年迫桑榆[①]，气同朝露[②]，人间稍远，日近松丘[③]。臣已久乞闲退，陛下渭阳兴念[④]，宠及老臣，使夜行罪人[⑤]，裁锦万里[⑥]。谨奉明敕，不敢失坠[⑦]。"时黄门侍郎杨宽在帝侧[⑧]，不晓怀砖之义，私问舍人温子昇[⑨]。子昇曰："吾闻至尊兄彭城王作青州刺史[⑩]，问其宾客从至青州者，云：'齐土之民，风俗浅薄，虚论高谈，专在荣利。太守初欲入境，百姓皆怀砖叩首，以美其意[⑪]；及其代下还家，以砖击之。'言其向背速于反掌。是以京师谣语云：'狱中无系囚，舍内无青州；假令家道恶，腹中不怀愁[⑫]。'怀砖之义，起于此也。"

【注释】

①桑榆：指日落时余光照在桑树榆树上。亦以比喻垂老之年。《后

汉书》卷四十七《冯异传》:“失之东隅,收之桑榆。”李贤注:“桑榆,谓晚也。”《世说新语·德行》:“谢太傅语王右军曰:中年伤于哀乐,与亲友别,辄作数日恶。王曰:年在桑榆,自然至此。”

②气同朝露:比喻人生如同朝露般短暂。《汉书·李广苏建传》:“人生如朝露,何久自苦如此?”颜师古注曰:“朝露见日则晞,人命短促亦如之。”

③松丘:常用来指坟墓。墓旁多植松木,故以喻之。骆宾王《与博昌父老书》:“耆年宿德,但见松丘。”

④陛下渭阳兴念:渭阳,即渭水之阳。《诗·秦风·渭阳》:“我送舅氏,曰至渭阳。”《诗序》曰:“渭阳,康公念母也。康公之母,晋献公之女,而文公之姊也。文公遭骊姬之难,未反,而秦姬卒,穆公之纳文公,而康公送之渭阳,伤母之不及见而作此诗。”按庄帝母李氏为李延寔妹,据《彭城武宣王妃李氏墓志》卒在正光五年(524)正月十五日,距永安二年(529),死已五年,故李延寔云然。

⑤夜行罪人:正始初,田豫征召为尉,屡次请求退休,他在给太傅司马宣王的信中说:“年过七十而以居位,譬犹钟鸣漏尽,而夜行不休,是罪人也。”详见《三国志·魏书》卷二十六《田豫传》。古时用“夜行罪人”来比喻年纪大而居官位的人。

⑥裁锦:裁剪美锦,比喻为官主政。《左传·襄公三十一年》:“子皮欲使尹何为邑。子产曰:少,未知可否?子皮曰:吾爱之,不吾叛也。使夫往而学焉,夫亦愈知治矣。子产曰:不可。……子有美锦,不使人学制焉。大官大邑,身之所庇也;而使学者制焉,其为美锦,不亦多乎?”此为谦言。治邑,犹如裁锦。

⑦失坠:因怠慢出现差错或闪失。

⑧杨宽:字景仁,弘农华阴(今陕西华阴东)人。孝庄践祚,拜官通直散骑侍郎,尔朱兆攻陷洛阳时,逃奔梁。梁武帝待之甚厚,不久礼送还朝。孝武初,改授散骑常侍、给事黄门侍郎。《周书》卷

二十二有传。

⑨舍人:"中书舍人"的略称。中书舍人为皇帝亲近属官,掌管起草诏令,参与机密,权位颇重。温子昇:字鹏举,太原(今山西太原)人。初为广阳王贱客,常景见其文而善之,始知名。永熙中,为侍读兼舍人,后为高阳饿死于狱中。《魏书》卷八十五有传。

⑩至尊:至高无上的地位和尊贵。古代有时指帝王之位,更多时候是作为天子的代称。张衡《东京赋》有"降至尊以训恭"之句。汉贾谊《过秦论》:"履至尊而制六合。"彭城王:即元劭。《魏书》卷二十一《献文六王传》:"起家宗正少卿,又除使持节、假散骑常侍、平东将军、青州刺史。……孝昌末,灵太后失德,四方纷扰,劭遂有异志。为安丰王延明所启,乃征入为御史中尉。"吴廷燮《后魏方镇年表》以劭治理青州在孝昌三年(527)。

⑪以美其意:《集证》有:"意字,李壁王荆公(《辟枉送见过》)诗注引《广记》作来,字义似长。"

⑫"狱中无系囚"四句:大意为,欲使狱中无系囚,必先舍内无青州之人;如想家道恶者,有青州之人在内腹作患,则不患其不恶矣。讽其风俗卑薄,有至于此者。

【译文】

寺内有一座五层佛塔,塔刹高入云霄,大门面向街道,寺庙装饰得庄严华丽,不亚于永宁寺。四周是诵室禅堂。花林芳草,满布于台阶。经常有大德名僧讲解经文,受业的僧人也有上千人。

太傅李延寔是庄帝的舅舅。永安年间被任命为青州刺史,临出发前向庄帝告辞。庄帝对李延寔说:"怀砖的风俗,世上称难以治理;舅舅应好好用心,不辜负朝廷的委托。"李延寔对答道:"老臣的岁数已近桑榆之年,生命已经像早上的露水,人世离我越来越远,我却一天天接近松丘。我已经久请休闲告退,陛下顾念舅氏,惠及到老臣,让我这个年龄大仍居高官的罪人,在万里远处为官主政，接受的教令，不敢怠慢。”这时黄门侍郎杨宽在帝旁，不明白怀砖的意义，私下询问舍人温子昇，温子昇说：“听说陛下的哥哥彭城王元劭做青州刺史时，问跟从他到青州的宾客，宾客说：‘齐地的民众，浅薄成风，高谈空话，却一心在荣华名利。太守入境赴任之初，都怀砖对太守磕头，用来表示一番好意。等到代替太守的人下来，太守要返家的时候，却用砖来掷他。’赞美他和唾弃他就像翻手掌一样快。所以京城的歌谣说：‘狱中没有囚禁者，家中没有青州人。即使家庭交坏运，心里也不添忧愁。’怀砖的意思就是从这里得来的。”

颍川荀济[①]，风流名士，高鉴妙识，独出当世。清河崔叔仁称齐士大夫[②]，济曰[③]：“齐人外矫仁义[④]，内怀鄙吝[⑤]；轻同羽毛，利等锥刀[⑥]。好驰虚誉，阿附成名[⑦]，威势所在，侧肩竞入，求其荣利，甜然浓泗[⑧]；譬于四方，慕势最甚。”号齐士为慕势诸郎。

【注释】

①颍川：郡名。故地在今河南省中部及南部。荀济：字子通，原籍颍川，世居江左。与梁武帝为布衣交，后奔魏。《北史》卷八十三《文苑传》：“济初与梁武帝布衣交，知梁武当王，然负气不服。”“梁武将诛之，遂奔魏，馆于崔悛家。”后为高澄所杀。

②清河：郡名。治所青阳县（今河北清河东南）。崔叔仁：清河人，曾任颍州刺史。《魏书》卷六十九《崔休传》：“崔休字惠盛，清河人，御史中丞逞之玄孙也。”“长子悛，字长儒，武定中，七兵尚书，武城县开国公。悛弟仲文，散骑常侍。仲文弟叔仁，性轻侠，重衿期。”曾历任颍州刺史。兴和年间，赐死于宅中。

③济曰："曰"上增"济"字，于文义为明。此荀济之讽刺齐人也，下文崔忠孝曰"荀济人非许、郭"语可知。

④矫：做作，假托。《墨子·非命上》："我闻于夏人矫天命，布命于下。"

⑤鄙吝：庸俗而小气。或指浅薄、计较得失之念。《景岳全书·神气存亡论》："止知财能养命，岂知财能杀人。故鄙吝者，每以招尤；慢藏者，因多诲盗。"

⑥锥刀：即"锥刀之末"的略语，常用以喻指微末小利。《左传·昭公六年》："锥刀之末，将尽争之。"杜预注："锥刀末，喻小事。"

⑦阿附：依附迎合权势。《三国志·魏书·武帝纪》："长史多阿附贵戚，赃污狼籍。"

⑧浓泗：浓鼻涕。泗，鼻涕。

【译文】

颍川荀济，风流名士，高超的见解于当世出类拔萃。清河崔叔仁称道齐地的士大夫，荀济说："齐人对外矫饰仁义，内心却怀有鄙吝之念，视仁义轻于羽毛，争夺财利就像锥刀。爱好名誉，攀附权势，威势所在，侧着肩争着进去，求得荣华和财利像舔舐浓鼻涕；与四方的人相比较，齐人爱慕权势最厉害。"称齐地士人为慕势诸郎。

临淄官徒有在京邑[①]，闻怀砖慕势，咸共耻之，唯崔孝忠一人不以为意[②]。问其故，孝忠曰："营丘风俗[③]，太公余化[④]；稷下儒林[⑤]，礼义所出。今虽凌迟，足为天下模楷。荀济人非许、郭[⑥]，不识东家[⑦]，虽复莠言自口[⑧]，未宜荣辱也[⑨]。"

【注释】

①临淄：古城邑名。故址在今山东淄博东北。

②崔孝忠：崔修和子，博陵安平（今属河北省）人。官侍御史、秘书郎，有容貌，无他才识。详见《魏书》卷五十七《崔挺传》。

③营丘：即淄博，周初封吕尚于此，故名。

④太公：即吕尚，周代齐国的始祖。姜姓，吕氏，一说字子牙，名望，俗称姜太公。余化：这里是遗风的意思。《史记·齐太公世家》："于是武王已平商而王天下，封师尚父于齐营丘。……太公至国修政，因其俗、简而礼、通商工之业，便鱼盐之利，而人民多归齐，齐为大国。"

⑤稷下：古地名。在战国时齐国都城临淄的稷门（西边南首）附近。《索隐》："按稷，齐之城门也。或云：稷，山名。谓齐之学士集于稷门之下也。"

⑥许、郭：指许劭与郭泰。许劭，字子将，东汉汝南平舆（今河南平舆）人。郭泰，字林宗，太原介休（今山西介休）人。他们皆以擅长品鉴人物著称。《后汉书》卷九十八《许劭传》："天下言拔士者，咸称许、郭。"

⑦东家：孔丘的西邻不知道孔丘为圣人，轻蔑地称他为"东家丘"。《山堂肆考》卷一百四云："孔子西家有愚夫，不能识孔子为圣人，曰彼东家丘。"《古今事文类聚》卷二十三曰："邴原欲远游学，诣长安孙崧。崧辞曰：'君乡里郑君，君知之乎？'原答曰：'然。'崧曰：'郑君学览古今，博闻强识，钩深致远，诚学者之师模也；君乃舍之，蹑屣千里，所谓以郑为东家丘者也。'……原曰：'君谓仆以郑为东家丘，君以仆为西家之愚夫邪？'"这里用此典故表示不识人物的意思。

⑧莠言：恶言，坏话。《诗·小雅·正月》："好言自口，莠言自口。"《传》云："莠，丑也。"《笺》云："丑恶之言。"

⑨荣辱:这里作偏义复词用,意思是耻辱。

【译文】

因此分布在京城做官的临淄人,听到怀砖慕势,都认为可耻,只有崔孝忠一人不以为意。问他缘故,崔孝忠说:“营丘风俗,是姜太公遗留下的教化;稷下儒林,礼义所出。如今虽然倒退,还足够为天下的楷模。苗济,不是许劭、郭泰那样的人,不识东家,虽则不好的话从他嘴里出来,不该觉得荣耀或是耻辱。”

正始寺

【题解】

正始寺是由北魏宣武帝时众多官员出资修建的，因修建年代而得名。位于东阳门外御路南敬义里。文中后半部分重点描写了敬义里的南边昭德里中司农张伦的住宅。其宅奢华壮丽，美轮美奂。园林幽深秀雅，极尽自然。还介绍了天水人姜质游历后撰《庭山赋》对其大加赞美的事情，这些都折射出北魏当时掌管朝廷财政大权官员的腐败与奢靡。本节与卷三《高阳王寺》、卷四《法云寺》并读，可知其概。

正始寺，百官等所立也。

正始中立，因以为名。

在东阳门外御道南[①]，所谓敬义里也。

里内有典虞曹[②]。

檐宇清净，美于景林。众僧房前，高林对牖，青松绿柽[③]，连枝交映。多有枳树[④]，而不中食。有石碑一枚，背上有侍中崔光施钱四十万[⑤]，陈留侯李崇施钱二十万[⑥]，自余百官各有差，少者不减五千已下。后人刊之。

【注释】

①在东阳门外御道南:“南”,如本作“西”,今依吴、王本改。按东阳门外御道,东西横贯城内,其寺无有在西之理。又前条秦太上君寺在道北,则此寺无疑应当位于道南。

②典虞曹:官署名。隶属太仆,掌车马及马政。《晋书·职官志》:典虞属太仆。

③柽(chēng):《说文》:“河柳也。”《尔雅注》:“今河旁赤茎小杨。”一种落叶小乔木,亦称“西河柳”,枝条纤弱,老枝红色,夏秋两季开花,花呈淡红色。耐碱抗旱,适于造防沙林。

④枳树:《说文》:“枳树似桔。”《本草》:“《集解》:枳木如桔而小,高五七尺,叶如橙,多刺,春生白花,至秋成实,七八月采者为实,九十月采者为壳。”《周礼·考工记》:“桔逾淮而北为枳。”

⑤崔光:《魏书》卷六十七《崔光传》:“崇信佛法,礼拜赞诵,老而逾甚。终日怡怡,未曾恚忿。”“每为沙门朝贵请讲《维摩》、《十地经》,听者常数百人。即为二经义疏三十余卷,识者知其疏略。”并见前《秦太上君寺》篇注释。

⑥陈留侯李崇:侯,《魏书》卷六十六《李崇传》作“公”,卷三《高阳王寺》所引同。李崇字继长,小名继伯,顿丘(今属山东省)人。袭爵陈留侯,除镇西大将军。后降为侯,改授安东将军。孝昌元年(525)薨,谥武康。

【译文】

正始寺,是百官出资修建的。

正始年间修建,因此命名为正始寺。

在东阳门外御路南,就是所说的敬义里。

里内设有典虞曹。

房屋清净,要比景林寺更显精致。众僧房前,高高的树木与窗户对应,青松绿柳树枝相连交映。有很多枳树,但结的果实不能吃。有石碑一块，背面上刻有侍中崔光施钱四十万，陈留侯李崇施钱二十万，其余百官施的钱各有差别，最少的不低于五千。后人将这些刻于碑上。

敬义里南有昭德里，里内有尚书仆射游肇、御史中尉李彪、七兵尚书崔休、幽州刺史常景、司农张伦等五宅①。

彪、景出自儒生，居室俭素，惟伦最为豪侈，斋宇光丽，服玩精奇，车马出入，逾于邦君。园林山池之美，诸王莫及。伦造景阳山，有若自然。其中重岩复岭，嵚崟相属②，深溪洞壑，逦迤连接③。高林巨树，足使日月蔽亏，悬葛垂萝，能令风烟出入。崎岖石路，似壅而通；峥嵘涧道④，盘纡复直。是以山情野兴之士，游以忘归。

【注释】

①游肇：字伯始，广平任（今属河北省）人，游明根之子。世宗时为黄门侍郎，兼侍中。肃宗即位，迁中书令，后为太常卿，迁尚书右仆射。《魏书》卷五十五有传。御史中尉：官名。是御史台的最高领导。李彪：字道固，顿丘（今属山东省）人。孝文以有史才，故赐名，官秘书丞，参著作。见《魏书》卷六十二《李彪传》及《河南志》补。七兵尚书：官名。七兵，分别为左中兵、右中兵、左外兵、右外兵、别兵、都兵、骑兵七个兵曹，曹魏始置五兵尚书，太康中分中兵、外兵各为左右，合旧五兵为七曹，然尚书惟至五兵，后魏始有七兵尚书。见宋王益之《职源撮要》。崔休：字惠盛，清河（今属河北省）人。少孤贫，矫然自立。高祖时，为长史兼给事黄门侍郎。肃宗时，进抚军将军、七兵尚书，又转殿中尚书。正光四年(523)卒。司农：官名。即大司农，掌管租税、钱谷、盐铁和国家财政收支，是九卿之一。张伦：字天念，上谷沮阳（今河北怀

来南)人。张白泽子。孝庄初,迁太常少卿,不拜;转大司农,卒官。《魏书》卷二十四有传。

②嵚崟(qīn yín):又作“崟岑”。张衡《思玄赋》:“嘉曾氏之妇耕兮,慕历阪之嵚崟。”形容山势高耸的样子。

③逦迤:形容山曲折连绵的样子。《文选》吴质《答东阿王书》:“夫登东岳者,然后知众山之逦迤也。”《注》:“逦迤,小而相连貌。”《尔雅·释丘》:“逦迤,沙丘。”《注》:“旁行连延。”延,亦作“迤”,今改。

④峥嵘:形容高峻,也比喻突出、不平凡。《后汉书·班固传》:“金石峥嵘。”《注》:“峥嵘、高峻也。”

【译文】

敬义里的南边是昭德里。里内有尚书仆射游肇、御史中尉李彪、七兵尚书崔休、幽州刺史常景、司农张伦五人的宅邸。

李彪、常景是儒生,居室俭朴,只有张伦的府邸建造得最为豪华奢侈。房间光鲜亮丽,府中收藏着服饰古玩精致珍奇,车马出入,超过了邦君。园林中假山池塘秀美,诸王都比不上。张伦造的景阳山,就像自然生成的一样。其中岩岭重重叠叠,高耸相连;溪谷曲折连绵,互相接续。山中高大的树林足以遮蔽日月,悬垂的葛萝也可以使风烟缥缈。崎岖的石路看似阻断,其实连通;深隐的涧道虽然曲折,却又直达。所以爱好山野情趣的人士,常在此游览忘记了回去。

天水人姜质[①],志性疏诞,麻衣葛巾,有逸民之操[②],见偏爱之如不能已,遂造《庭山赋》行传于世[③]。其辞曰:

夫偏重者,爱昔先民之由朴由纯[④],然则纯朴之体,与造化而梁津[⑤]。濠上之客[⑥],柱下之史[⑦],悟无为以明心[8]，托自然以图志。辄以山水为富，不以章甫为贵[9]。任性浮沉，若淡兮无味[10]。今司农张氏，实踵其人，巨量焕于物表[11]，夭矫洞达其真[12]，青松未胜其洁，白玉不比其珍。心托空而栖有，情入古以如新[13]。既不专流宕[14]，又不偏华尚[15]，卜居动静之间[16]，不以山水为忘。庭起半丘半壑，听以目达心想。进不入声荣[17]，退不为隐放[18]。尔乃决石通泉，拔岭岩前，斜与危云等并，危与曲栋相连[19]。下天津之高雾[20]，纳沧海之远烟[21]，纤列之状如一古[22]，崩剥之势似千年[23]。若乃绝岭悬坡，蹭蹬蹉跎[24]，泉水纡徐如浪峭，山石高下复危多。五寻百拔，十步千过[25]，则知巫山弗及[26]，未审蓬莱如何[27]。其中烟花露草[28]，或倾或倒，霜干风枝，半耸半垂，玉叶金茎，散满阶坪。然目之绮[29]，烈鼻之馨，既共阳春等茂，复与白雪齐清[30]。或言神明之骨，阴阳之精，天地未觉生此，异人焉识其名[31]？羽徒纷泊[32]，色杂苍黄，绿头紫颊，好翠连芳，白鹞生于异县，丹足出自他乡，皆远来以臻此，借水木以翱翔。不忆春于沙漠，遂忘秋于高阳[33]。非斯人之感至，何候鸟之迷方？岂下俗之所务，实神怪之异趣。能造者其必诗，敢往者无不赋。或就饶风之地，或入多云之处。□菊岭与梅岑[34]，随春秋之所悟。远为神仙所赏，近为朝士所知，求解脱于服佩，预参次于山陲[35]。子英游鱼于玉质[36]，王乔系鹄于松枝[37]，方丈不足以妙□[38]，咏歌此处态多奇。嗣宗闻之动魄[39]，叔夜听此惊魂[40]。恨不能钻地一出，醉此山门！别有王孙公子，逊遁容仪[41]，思山念水，命驾相随。逢岑爰曲[42]，值石陵欹[43]。庭为仁智之田，故能种此石山。森罗兮草木[44]，长育兮风烟。孤松既能却老，半石亦可留年。若不坐卧兮于其侧，春夏兮共游陟。白骨兮徒自朽，方寸兮何所忆[45]？

【注释】

①天水人姜质：《魏书》卷七十九《成淹传》：淹子霄，"好为文咏，但词采不伦，率多鄙俗。与河东姜质等朋游相好，诗赋间起，知音之士，所共嗤笑。闾巷浅识，颂讽成群，乃至大行于世"。观所载《姜赋》，诚多鄙俗，实为成霄之友。唯史所载河东与天水有别。王利器《颜氏家训校注·序》："《文章篇》言并州有一士族，好为可笑诗赋。这个人就是姜质。"

②逸民：古代称避世隐居而不做官的人，也指亡国后不在新朝做官的人。《论语·尧曰》："兴灭国，继绝世，举逸民，天下之民归心焉。"

③《庭山赋》：庭，各本作"亭"，《河南志》作"庭"，今按赋云："庭起半丘半壑，听以目达心想。"又云："庭为仁智之由，故能种此石山。"此处宜作"庭"。

④先民：旧指古代的贤人。《诗·大雅·板》："先民有言，询于刍荛。"

⑤造化：天地自然之理也。梁津：如本作"津勉"。《集证》云："勉字当从各本作梁。按津梁当作梁津，协韵。"《全后魏文》、《续古文苑》即作"梁津"。

⑥濠上之客：用来代指庄子。庄子曾与惠施游于濠梁之上。《庄子·秋水》："庄子与惠子游于濠梁之上。"濠，水名。

⑦柱下之史：用来代指老子。老子曾为周朝柱下史，掌方书。《史记·老庄申韩列传》：老子者，“周守藏之史也”。《索隐》曰：“按藏室史，乃周藏书室之史也。”又《张汤传》：“老子为柱下史。即藏室之柱下，因以为官名。”

⑧无为：顺应自然而无所作为，后成为道教徒对于自然界的运行以及人类社会发展的基本认识。《老子》三章有：“不尚贤，使民不争；不贵难得之货，使民不为盗：不见可欲，使民心不乱。是以圣人之治，虚其心，实其腹，弱其志，强其骨。常使民无知无欲。使夫知者不敢为也。为无为，则无不治。”

⑨章甫：殷代冠名，即缁布冠。古制，男子行冠礼始加章甫，表明已为成年男子。后亦以“章甫”代指做官。《礼记·儒行》：“长居宋，冠章甫之冠。”《释文》：“章甫，殷冠也。”《论语·先进》：“宗庙之事，如会同端章甫愿为小相。”《注》：“章甫，礼冠也。”后亦称儒冠，即缁布冠。此指仕也。

⑩淡兮无味：《老子》曰：“道之出口，淡乎其无味。”扬雄《解嘲》：“大味必淡，大音必希。”

⑪巨量：渊懿之量，宽宏深沉的度量。

⑫夭娇：自由达通，屈伸自如。《文选·江赋》：“抚凌波而凫跃，吸翠霞而夭娇。”李善《注》：“夭娇，自得之貌。”又张衡《思玄赋》：“偃蹇夭娇，娩以连卷兮。”《注》：“偃蹇、夭娇，并翱翔自恣之貌也。”

⑬情入古以如新：《北史·隐逸传》：“冥心物表，介然离俗，望古独适，求友千龄。”即此意也。

⑭流宕：放纵，放荡不羁。

⑮华尚：华靡的崇尚。

⑯卜居：用占卜的方法选择居地或判定拟选居地的吉凶。《史记·周本纪》：“成王使召公卜居，居九鼎焉。”

⑰声荣:声色荣华。

⑱隐放:隐居并且放言。《论语·微子》:“隐居放言。”

⑲曲栋:深邃幽隐的房屋。

⑳天津:即天汉,意为天上的河流。《楚辞·离骚》:“朝发轫于天津兮。”《晋书·天文志》:“天津九星横河中,一曰天汉,一曰天江,主四渎津梁。”

㉑沧海:这里指东海。

㉒纤列:分裂。纤,细。列,通“裂”。

㉓崩剥:颓败,剥落。白居易《游石门涧》:“萧疏野生竹,崩剥多年石。”

㉔蹭蹬:失势难进的样子。比喻失意潦倒。《文选·海赋》:“或乃蹭蹬穷波。”《注》:“蹭蹬,失势貌。”蹉跎:失足,颠簸。《广雅》:“蹉跎,失足也。”此言山势凌峻,难以登陟。

㉕五寻百拔,十步千过:寻,古代度量单位,八尺为一寻。百拔、千过,言极其曲折。

㉖巫山:山名。在四川、湖北两省边界,与大巴山相连。山上峰峦叠嶂,多有神话传说。《水经注·江水》:“江水历峡东径新崩滩”,“其下十余里有大巫山,非惟三峡所无,乃当抗峰岷峨,偕岭衡疑”。

㉗蓬莱:即蓬莱山,古时方士传说是仙人居住的地方,位于渤海之中,山上有金阙银殿。《史记·封禅书》:“自威、宣、燕昭使人入海求蓬莱、方丈、瀛洲。此三神山者,其传在勃海中。”

㉘烟花:雾霭中的花,泛指绮丽的春景。烟,雾。

㉙然目:耀眼的样子。绮:光色。此言形容花色之明丽炫目。

㉚“烈鼻之馨”三句:烈鼻,鼻子被强烈的味道刺激。《文选·对楚王问》:“客有歌于郢中者,其始曰《下里巴人》,国中属而和者数千人;其为《阳阿》、《薤露》,国中属而和者数百人;其为《阳春白

雪》,国中属而和者,不过数十人。……其曲弥高,其和弥寡。”

㉛异人焉识其名:谓珍木奇卉,秉自然之化,晔晔猗猗,芬芳馥郁,而种类殊特,非人之所能名也。

㉜羽徒:意思是羽族,代指鸟类。纷泊:禽兽竞相飞翔奔走的样子。左思《蜀都赋》:“毛群陆离,羽族纷泊。”刘达《注》:“毛群,兽也;羽族,鸟也。陆离,分散也;纷泊,飞薄也。”

㉝高阳:高并且向阳之地。

㉞疑“菊岭”前有脱字。

㉟“求解”二句:指神仙与官员都要求脱离束缚托身于此山。服,穿着。佩,古代系于衣带上的饰物。蔡邕《让高阳侯印绶符策》:“非臣容体所当服佩。”此处指神仙的服饰与为官者的组绶。

㊱子英游鱼于玉质:刘向《列仙传》:“子英者,舒乡人也。善入水捕鱼,得赤鲤,爱其色好,持归着池中,数以米谷食之,一年长丈余,遂生角,有翅翼。子英怪异,拜谢之。鱼言:‘我来迎汝,汝上我背,与汝俱升天。’即大雨,子英上其背,腾升而去。”

㊲王乔:亦作“王子乔”,古代仙人名。《文选·天台山赋》:“王乔控鹤以冲天。”李《注》:“《列仙传》曰:王子乔者,周灵王太子晋也。好吹笙,作凤鸣,游伊、洛之间。道人浮丘公接以上嵩高山。三十余年后,求之于山上,见柏良曰:‘告我家:于七月七日待我于缑氏山巅。’至时,果乘白鹤驻山头,望之不得到,攀手谢时人,数日而去。”按鹤、鹄古通用。

㊳疑“妙”下有脱字。

㊴嗣宗:阮籍,字嗣宗,竹林七贤之一。登山玩水,乐以忘返,好老庄,玄默自守。《晋书》卷四十九有传。

㊵叔夜:即嵇康,字叔夜,竹林七贤之一。善导气养生。《晋书》卷四十九有传。阮、嵇二人皆精音律,知仙人之歌咏。其音之要妙,二人闻之,必为之动容。

㊶逊遁:隐退,逃避。《世说新语·方正》:“国乱不能匡,君危不能济,而各逊遁以求免。”容仪:礼容礼节。

㊷岑:小而高的山。曲:指山势蜿蜒曲折。辛弃疾《水龙吟》:“遥岑远目,献愁供恨,玉簪螺髻。”

㊸值:遭遇,遭逢。陵:登上。攲(qī):斜,倾侧。

㊹森罗:形容草本繁盛杂陈的样子。张九龄《商洛山行怀古》:“硕人久沦谢,乔木自森罗。”

㊺方寸:本指一寸见方的极小之地。三国时,徐庶用以指心,有“方寸乱矣”语。后世用为典实。

【译文】

天水人姜质,性格狂放,穿麻衣,戴葛巾,有隐者的操守。见张伦修造的景阳山,甚是喜爱,不能控制自己,于是作《庭山赋》,流传于世间。赋文如下:

特别偏重的,爱从前人的质朴清纯,那么纯朴的本质,是与造化相通,任濠水桥上的客人,与柱下的史官,懂得用无为来表明心迹,以自然来寄托志向。往往以山水为富,不以仕宦为贵。任凭性情的浮或沉,体会人生的淡和无味。今天的司农张氏,确实是继承了这些的人。宽宏的气量,焕发在世俗之外,自得地通达他的率真,青松胜不过他的洁净,白玉比不上他的珍贵。心寄托于无而不离于有,情专注于古而更显其新。既不一味放诞,又不偏爱华靡,在动与静之间择地卜居,从不忘怀山水,在庭院修起半丘半壑,通过眼睛观赏通达内心。进取不追逐声誉,隐退不堕入孤高。开石通泉,山岭在岩石前突起,斜处与高云相齐,旁同曲折的柱子相接连。落下天河的高雾,容纳沧海的远烟,纤裂的形状好像由来已久,崩剥的姿势好像历经千年。至于绝岭与悬坡,险峻难以攀登;泉水纡徐如浪峭,山石高低多险境。五寻之内攀登百尺,十步之间跨越千尺,则知巫山不及此,不知胜过蓬莱多少。其中的烟花露草，或倾或倒，霜干风枝，半耸半垂，玉叶金茎散布阶坪。绮丽的色彩，芬芳的气息扑鼻而来，既与阳春争相烂漫，又如白雪一般清澈。有人说那是神明的骨，阴阳的精，天地不知不觉的生长了，常人哪能知道它们的名字？鸟类纷纷栖息于此，夹杂着苍黄，绿头紫颊，喜欢翠色连接芳草。白鹢生于异县，丹足出自他乡，都远道而来，依赖水木而翱翔。不追忆沙漠之春，也忘怀高阳之秋。如果不是此人的感受，那么候鸟怎么会迷失方向？这岂是俗人的事啊，实在是神怪特别的乐趣。能来造访的一定能吟诗，敢于前来的一定能作赋。要么是多风的地方，要么是多云的地方。登上菊岭梅岭，随着春秋变化而感悟。远的被神仙所赞赏，近的被朝丞们所了知，追求职务上的解脱，想要恣情到山陲中。子英让鱼游于池中，王乔将鹄系在松枝，方丈不足以妙比，咏歌此处太多奇。嗣宗闻之动魄，叔夜听此惊魂。恨不能钻地而出，在这座山门下沉醉销魂！歌曰：别有王孙公子，为了逃避富贵，思山念水，乘车前往。每逢山岭，爱其盘曲；每逢岩石，凭依玩赏。正因庭园是仁智之田，才能种植此石山。繁茂的草木啊，长育于风烟。与孤松为伴怎么会老呢，与半石为友可以延年。不如坐卧于其侧，春去夏来相游赏，真是白骨空自朽，方寸心又有什么追忆？

平等寺

【题解】

本节介绍了由广平武穆王元怀舍弃自己的住宅所改建的平等寺。该寺建起的时间不长，但却很有些耐人寻味的故实，见证了北魏的衰亡。文中所描述的寺门外的金佛像三次出现悲泣流泪的现象，神奇的应验了当时国家的吉凶，以及涉及的永熙二年(533)万人参加开光大典时出现的石刻大象摇动的异象，这些异象的描写无不折射出当时北魏政局的动荡不安，就是一部具体而微的北魏衰亡史：几位帝王的悲剧命运，一个朝代的无奈倾倒。本篇当与卷一《永宁寺》合读，藉知北魏政事之递变。大抵北魏之衰，始自胡太后，此后国势崩危，急剧而下，此篇所载，其概略也，衒之反复书之，有深意焉。

平等寺，广平武穆王怀舍宅所立也①。在青阳门外二里御道北，所谓孝敬里也。堂宇宏美，林木萧森，平台复道②，独显当世③。

【注释】

①广平武穆王怀：即元怀，北魏孝文帝第四子，字宣义，封广平王，谥号武穆。《河南金石志图》有广平王元怀墓志，云“怀字宣义，

河南洛阳乘轩里人，显祖文皇帝孙，高祖孝文皇帝第四子，世宗宣武皇帝之母弟，皇上之叔父也。春秋三十，以熙平二年三月二十六日丁亥薨，谥曰武穆"。

②复道：阁道。《史记·秦始皇本纪》："殿屋复道，周阁相连。"《集解》："如淳曰：上下有道，故谓之复道。韦昭曰：复道即阁道。"又《梁孝王世家》："大治宫室，为复道；自宫连属于平台三十余里。"

③独显当世：《金石萃编》载齐武平三年(572)冯翊王高润修平等寺碑云："背负崇邙，面临清洛，右依城雉，左带洪陂，嵩岳拥其前，灵河行其后。"

【译文】

平等寺，是广平武穆王元怀捐献自己的住宅所建造的。在青阳门外二里处御路北，是所谓的孝敬里。庙宇殿堂高大华美，园内林木茂密，有平台阁道，独自显名于当世。

寺门外有金像一躯[①]，高二丈八尺，相好端严，常有神验。国之吉凶，先炳祥异[②]。

孝昌三年十二月中，此像面有悲容，两目垂泪，遍体皆湿，时人号曰佛汗。京师士女空市里往而观之。有一比丘，以净绵拭其泪，须臾之间，绵湿都尽。更换以它绵，俄然复湿。如此三日乃止。明年四月尔朱荣入洛阳，诛戮百官，死亡涂地。永安二年三月，此像复汗，京邑士庶复往观之。五月，北海王入洛，庄帝北巡。七月，北海王大败，所将江淮子弟五千，尽被俘虏，无一得还[③]。永安三年七月，此像悲泣如初。每经神验，朝野惶惧，禁人不听观之。至十二月，尔朱兆入洛阳擒庄帝，帝崩于晋阳。在京宫殿空虚，百日无主，唯尚书令司州牧乐平王尔朱世隆镇京师，商旅四通，盗贼不作④。

【注释】

①金像一躯：《修平等寺碑》文云：“永安中，造定光铜像一躯，高二丈八尺，永熙年，金涂讫攻，像在寺外，未得移入。”

②先炳祥异：《魏书·灵征志》：“永安、普泰、永熙中京师平等寺定光金像每流汗，国有事变，时咸畏异之。”炳，显示，显现出。

③“北海王大败”四句：《洛阳伽蓝记》卷一《永宁寺》云：“所将江淮子弟五千人，莫不解甲相泣，握手成别。”《梁书·陈庆之传》：“洛阳陷，庆之马步数千结阵东反，荣亲自来追，值嵩高山水洪溢，军人死散。”

④“唯尚书令”三句：《通鉴》卷一百五十五：“魏自敬宗被囚，宫室空近百日，尔朱世隆镇洛阳，商旅流通，盗贼不作。”《魏书》卷七十五《尔朱世隆传》：永安三年十月，与尔朱度律等“共推长广王晔为主，晔以世隆为开府仪同三司、尚书令、乐平郡王、加太傅、行司州牧”。

【译文】

寺门外有金佛像一尊，高二丈八尺，相貌庄严，经常有神奇的应验。国家的吉凶，会先显现祥瑞和怪异。

孝昌三年十二月中，佛像面上有悲容，两眼流泪，满身全湿，当时人称佛汗。京城士子妇女都去观佛，集市、里巷全空。有一个和尚，用干净的棉花擦拭它的泪水，一会儿工夫，棉花都湿了。再换用别的棉花，一会儿又湿了。这样三天才停。第二年四月，尔朱荣攻入洛阳，诛杀百官，死人遍地。永安二年三月，佛像又出汗，京里士人庶民再去观看。五月，北海王进入洛阳，庄帝到北地去巡视。七月，北海王大败，所统领的江淮子弟五千人，全部被俘，没有一人得以回还。永安三年七月，佛像悲伤落泪像以前那样。每次神奇应验，朝野上下惊惶恐惧，禁止百姓前往观看。到十二月，尔朱兆攻入洛阳，捉住庄帝，庄帝死在晋阳。京城宫殿空虚，百日无主，只有尚书司州牧乐平王尔朱世隆镇守京都，商旅才往来畅通，盗贼销声匿迹。

建明二年，长广王从晋阳赴京师，至郭外。世隆以长广本枝疏远①，政行无闻②，逼禅与广陵王恭③。恭是庄帝从父兄也。正光中为黄门侍郎，见元乂秉权，政归近习④，遂佯哑不语，不预世事⑤。永安中遁于上洛山中，州刺史泉企执而送之⑥。庄帝疑恭奸诈，夜遣人盗掠衣物，复拔刀剑欲煞之；恭张口以手指舌，竟乃不言。庄帝信其真患，放令归第⑦。恭常住龙华寺，至时世隆等废长广而立焉。

【注释】

①本枝疏远：本枝，用来比喻同一家族嫡出与庶出子孙。长广王元晔为南安王元桢之孙，景穆帝曾孙，所以说本枝疏远。

②政行：犹政绩德行。

③禅：指禅让，让出帝位。《孟子·万章上》："唐、虞禅，夏后、殷、周继。"广陵王恭：元恭，即节闵帝，前废帝，为广陵惠王元羽之子。《魏书·帝纪》：建明二年春三月"晔进至邙南，世隆等奉王东郭之外，行禅让之礼"。

④近习：近臣，君王的亲信。《礼记·月令》："虽有贵戚近习，毋有不禁。"《注》："近习，天子所亲幸者。"《后汉书·陈蕃传》："近习以非义授邑，左右以无功传赏。"

⑤不预世事：《魏书·帝纪》："正光二年，正常侍领给事黄门侍郎，

帝以元乂擅权，遂称疾不起，久之，因托瘖病。”

⑥泉企：字思道，上洛丰阳（今陕西山阳）人。世雄商洛。孝昌初，除上洛郡守。永安中，除东雍州刺史，晋爵为侯，及齐神武专政，魏帝有西顾之志，欲委以山南之事，乃除洛州刺史，卒于邺。《周书》卷四十四有传。

⑦放令归第：《魏书·帝纪》：“王即绝言，垂将一纪，居于龙华寺，无所交通。永安末，有白庄帝者，言王不语，将有异图，民间游声，又云有天子之气。王惧祸，逃匿上洛，寻见追蹑，执送京师，拘禁多日，以无状获免。”

【译文】

建明二年，长广王从晋阳赴京都，到了城外。尔朱世隆认为长广王距离魏帝的本枝比较远，政绩德行没有声名，逼他禅位给广陵王元恭。元恭是庄帝的从父兄。正光年间任黄门侍郎，看见元乂掌权，政权归于他亲近的人，于是装作哑巴，不再讲话，不再参与任何政事。永安年间，逃遁到上洛山里，州刺史泉企将他捉住押送到京师。庄帝疑心他诈伪，夜里派人抢夺他的衣物，又要拔刀杀他，元恭张口用手指舌，竟然一言不发。庄帝相信他真是哑巴，才放他回家。元恭一直住在龙华寺，直到尔朱世隆废掉长广王而立他为主。

禅文曰：

皇帝咨广陵王恭①：自我皇魏之有天下也，累圣开辅，重基衍业②，奄有万邦③，光宅四海④；故道溢百王，德渐无外⑤。而孝明晏驾，人神乏主，故柱国大将军、大丞相、太原王荣，地实封陕⑥，任惟外相，乃心王室⑦，大惧崩沦；故推立长乐王子攸以续绝业。庶九鼎之命日隆[8]，七百之祚惟永[9]。然群飞未宁，横流且及[10]，皆狼顾鸱张[11]，岳立棋峙[12]，丞相一麾[13]，大定海内；而子攸不顾宗社，雠忌勋德，招聚轻侠，左右壬人[14]，遂虐甚剖心[15]，痛齐钳齿[16]，岂直金板告怨[17]，大鸟感德而已[18]！于是天下之望，俄然已移。窃以宸极不可久旷[19]，神器岂容无主[20]。故权从众议，暂驭兆民[21]。今六军南迈[22]，已次河浦[23]，瞻望帝京，赧然兴愧。自惟薄寡，本枝疏远，岂宜仰异天情，俯乖民望？惟王德表生民[24]，声高万古，往以运属殷忧[25]，时遭多难，卷怀积载[26]，括囊有年[27]。今天眷明德，民怀奥主[28]，历数允集[29]，歌讼同臻[30]。乃徐发枢机[31]，副兹伫属[32]，便敬奉玺绶[33]，归于别邸。王其寅践成业[34]，允执其中[35]，虽休勿休，日慎一日，敬之哉！

【注释】

①咨：商议，咨询。诸葛亮《出师表》："事无大小，悉以咨之。"

②重基衍业：重基，重复坚固而厚其基业。《左传·哀公二十六年》："左师曰：纵之，使盈其罪，重而无基，能无敝乎？"衍，满溢。《诗·小雅·伐木》："酾酒有衍。"引申为广布、扩展。

③奄有：完全拥有，完全覆盖。《尚书·大禹谟》："皇天眷命，奄有四海，为天下君。"《诗·周颂·执竞》："奄有四方，斤斤其明。"

④光宅：充满，覆被。引申为居有、占据之义。《尚书·尧典》："昔在帝尧，聪明文思，光宅天下。"

⑤渐：浸润，遍布。

⑥陕：地名。即今河南陕县。封陕，尤同于周、召二公。《春秋公羊传·隐公五年》："天子三公者何？天子之相也。天子之相则何

以三？自陕而东者，周公主之；自陕而西者，召公主之；一相处乎内。”

⑦任惟外相，乃心王室：外相，指在地方上的主要执政者。乃心王室，《尚书·康王之诰》：“虽尔身在外，乃心罔不在王室。”

⑧九鼎：传说大禹铸九鼎，象征九州。夏商周三代时奉之为国宝。成汤迁之于商邑（今河南商丘南），周武王迁之于洛邑（今河南洛阳洛水北岸）。秦攻西周（指周赧王迁都后的西周），取九鼎，其一沉于泗水，余八无考。这里代指国家政权。《汉书·郊祀志》：“禹收九牧之金，铸九鼎，象九州。”

⑨七百：《左传·宣公三年》：“成王定鼎于郏鄏，卜世三十，卜年七百，天所命也。”后以“七百”祝颂当朝运祚长久。

⑩群飞未宁，横流且及：成群的鸟飞动没有安定，横流的海水将要冲击。比喻作乱兴祸之人。扬雄《剧秦美新》：“神歇灵绎，海水群飞。”李善《注》：“海水，喻万民；群飞，言乱。”《孟子·滕文公》：“洪水横流，泛滥于天下。”

⑪狼顾鸱张：狼一样顾视，鸱一样张翼，形容凶残狠恶之人。马融《长笛赋》：“鸱视狼顾，拊噪踊跃。”魏收《加齐王九锡册文》：“狼顾鸱张，罔不弹射。”

⑫岳立棋峙：如山岳般耸立，如棋子般对峙。形容局势相峙。

⑬麾：通“挥”，指挥，发令调遣。《后汉书·公孙瓒传》：“谓天下指麾可定。”

⑭壬人：能言巧辩、奸邪佞巧之人。《尔雅释诂》：“壬，佞也。”《汉书·元帝纪》：“是故壬人在位。”服虔曰：“壬人，佞人也。”

⑮剖心：传说比干强谏殷纣王，纣怒，遂剖比干腹，观其心。纣为炮烙之刑，比干谏；纣曰：“吾闻圣人之心七窍。”因剖比干视其心。见《韩诗外传》。

⑯钳齿：战国时魏人范雎，因被怀疑通齐，遭到魏相魏齐笞击，以至

于断肋折齿。《史记·范睢列传》:"魏齐大怒,使舍人笞击睢,折肋折齿。"《索隐》:"打折其肋,而又拉折其齿也。"

⑰直:仅仅,只有。金板:即金版。传说夏桀杀关龙逢后,有金版书出现在地庭中。任彦昇《百辟劝进今上笺》:"金版出地,告龙逢之怨。"李善《注》引《论语阴嬉谶》:"庚子之旦,金版克书,出地庭中,曰臣族虐王禽。"又引宋均曰:"谓杀关龙之后,庚子之旦,庭中地有此版异也。"

⑱大鸟感德:东汉杨震,性公廉,因冤屈而死,大鸟感激他的德行,在葬礼上集体悲鸣。《后汉书》卷八十四:"顺帝即位,樊丰、周广等诛死,震门生虞放、陈翼诣阙追讼震事,朝廷咸称其忠。乃下诏除二子为郎,赠钱百万,以礼改葬于华阴潼亭,远近毕至。先葬十余日,有大鸟高丈余,集震葬前,俯仰悲鸣,泪下沾地。葬毕,乃飞去。"

⑲宸极:北极星。古人认为北极星是最尊贵的星,为众星所拱。用以比喻帝位、君位。《晋书·律历志》:"圣人拟宸极以运璿玑。"

⑳神器:这里借指天子之位。

㉑兆民:成兆的人民,泛指天下百姓。《三国志·魏书·辛毗传》:"十年之中,强壮未老,童龀胜战,兆民知义,将士思奋。"

㉒六军:古代军制。周代,天子有六军,而诸侯国有三军、二军、一军不等。后以此称帝王统率的军队。《周礼·夏官·司马》:"凡军制,万有二千五百人为军。王六军,大国三军,次国二军,小国一军。"

㉓次:古代行军在一地停留超过两宿称"次"。《左传·庄公三年》:"凡师一宿为舍,再宿为信,过信为次。"

㉔生民:《诗·大雅·生民》诗序:"《生民》,尊祖也。后稷生于姜原,文武之功起于后稷,故推以配天焉。"

㉕殷忧:深沉浓郁的忧伤。殷,深,盛。刘琨《劝进表》曰:"或多难

以固邦国，或殷忧以启圣明。”

㉖卷怀：收敛，收起。此处指藏身不露。积载：多年。

㉗括囊：封闭口袋。比喻慎密，不轻易说话，缄口不言。《易·坤》：“六四，括囊无咎，无誉。”《象》：“括囊无咎，慎不害也。”《疏》：“括，结也。囊，所以贮物，以譬心藏知也。闭其知而不用，故曰括囊。”

㉘奥主：国内之主，指天子、国君。《左传·昭公十三》：“共有宠子，国有奥主。”孔《疏》：“奥主，国内之王。”以上四句意虽重，而文气则反转。

㉙历数：本指推算岁时节候的次序，这里指帝王继承的次序。古人迷信，以为帝位相承与天象运行的次序相应。允集：会集。《论语·尧曰》：“咨尔舜，天之历数在尔躬，允执厥中。”《集解》：“历数，谓列次也。”

㉚歌讼同臻(zhēn)：《孟子·万章》：“尧崩，三年之丧毕，舜避尧之子于南河之南。天下诸侯朝觐者不之尧之子而之舜，讼狱者不之尧之子而之舜，讴歌者不讴歌尧之子而讴歌舜，故曰天也。夫然后之中国，践天下位焉。”臻，达到(美好的境地)，来到。《诗·大雅·云汉》：“天降丧乱，饥馑荐臻。”

㉛枢机：指言行。语出《周易·系辞传》：“言行，君子之枢机；枢机之发，荣辱之主也。言行，君子之所以动天地也，可不慎乎?”韩伯《注》：“枢机，制动之主。”

㉜副：相符。伫属：期望，嘱咐。

㉝玺绶：玺即印，绶为系印的丝组(带)，因玺为秦始皇之印的专用名，故玺绶便成了天子印玺的专用名词。

㉞寅：毕恭毕敬。《尚书·舜典》：“夙夜惟寅，直哉惟清。”《尚书·皋陶谟》：“同寅协恭和衷哉!”

㉟允执其中：儒家伦理思想，谓真诚地坚持不偏不倚的正道。《论

语·尧曰》:“天之历数在尔躬,允执其中。”

【译文】

禅让文说:

皇帝问广陵王恭,自从我大魏拥有天下,历代的圣人开拓辅佐,奠定基础,广开事业,覆盖万国,光照四海。所以道超过百王,德遍布四方。自从明帝去世,缺了人神之主。过世的柱国大将军大丞相太原王尔朱荣,地位实在是等同于周公召公,担任外相,忠心于王朝。很怕大业沦落,所以立长乐王子攸来继续事业。但愿九鼎之命日益隆盛,七百之祚天长地久。然而像鸟成群飞动没有安定,像海水横流相互冲击,都如狼的回顾,鸱鸟的注视,山岳的耸立,棋子的对峙,丞相一下决策,海内大为安定;可是子攸不顾祖宗社稷,仇忌功德,招聚轻率的左右,亲近谗佞的小人,于是暴虐程度超过剖心,苦痛就像折断牙齿,岂但金版申诉冤枉,大鸟也在悲鸣感德!于是天下人的敬仰,很快就改变了。私意认为北极星的位置不能长久空缺,天子之位岂能容许没有主人?所以姑且听从众人的意见,暂时统领成兆的百姓。如今六军向南行动,已经驻扎在河浦,观望京城,心生惭愧。自己思量德薄,离开本族又远,岂宜仰望有异于上天的意向,俯首不合于百姓的期望?惟有君王的德行为百姓表率,声望高出万古,过去因为国运可忧,时代遭逢多难,于是收起怀抱多载,寡言噤声几年。现在上天眷顾明德,百姓怀念主子,历数聚集,歌颂同时到达。于是缓缓地发动言语,附和这个属望,敬奉上玉玺和绶带,归居于别邸。王敬践成功的事业,妥当地执掌中正,即使休息也不要休息,一天比一天谨慎,敬重它啊!

恭让曰:“天命至重,历数匪轻,自非德协三才[①],功济四海,无以入选帝图,允当师锡[②]。臣既寡昧,识无先远[③],景命虽降[④],不敢仰承。乞收成旨,以允愚衷。”又曰:"王既德应图箓[⑤],佥属攸归[⑥],便可允执其中,入光大麓[⑦]。不劳挥逊[⑧],致爽人神[⑨]。"凡恭让者三。于是即皇帝位,改号曰普泰。

【注释】

①三才:指天道、地道、人道。《周易·系辞传》:"易之为书也,广大悉备,有天道焉,有人道焉,有地道焉,兼三才而两之。"

②师锡:指众人荐举推许。师,众。锡,予。《尚书·尧典》:"师锡帝曰:有鳏在下,曰虞舜。"孔《传》:"师,众;锡,与也。"意众所共推之也。

③先远:先见远识。

④景命:大命。帝王自称统治权是上天所授予,故称。《诗·大雅·既醉》七章:"君子万年,景命有仆。"

⑤图箓:犹言图识,即天帝所与之符信。张衡《东京赋》:"高祖膺箓受图,顺天行诛,杖朱旗而建大统。"

⑥佥属:众望。攸归:所归。

⑦大麓:指领录天子之事,入帝位。麓,领录。《尚书·舜典》:"纳于大麓,烈风雷雨弗迷。"孔《传》:"麓,录也。纳舜使大录万机之政,阴阳和,风雨时,各以其节,不有迷错愆伏,明舜之德合于天。"

⑧挥逊:逊让,退让。

⑨爽:违背,差失。《诗·卫风·氓》:"女也不爽,士贰其行。"李商隐《为张周封上杨相公启》:"郭汲还州,尚不欺于童子;文侯校猎,宁爽约于虞人?"

【译文】

元恭推让说:"天命最重要,历数不是轻的,倘若不是德行合于三才,功业成就在四海,就无从进入帝王的谱录,受到众人荐举。臣既寡德暗昧，并无先远的见识，大命虽然降下，不敢仰起承担。请收回成命，来符合我愚暗的衷怀。"又说："王既然德应图箓，众人认为天命所归，便可以妥当执掌中正，登上帝位。不用烦劳退让，以致爽失人民和神道。"元恭一共退让三次，于是就皇帝位，改年号为普泰。

黄门侍郎邢子才为赦文[①]，叙述庄帝枉煞太原王之状。广陵王曰："永安手翦强臣[②]，非为失德；直以天未厌乱，故逢成济之祸[③]。"谓左右："将笔来，朕自作之。"直言门下[④]："朕以寡德，运属乐推[⑤]，思与亿兆，同兹大庆。肆眚之科[⑥]，一依恒式[⑦]。"广陵杜口八载，至是始言，海内庶士，咸称圣君。

【注释】

①邢子才：名邵，字子才，河间(今河北任丘北)人。文章典丽，名动衣冠。与温子昇、魏收并称"北地三才"。详见《北齐书》卷三十六。

②永安：庄帝年号，这里代指孝庄帝元子攸。手翦：即俘翦，犹言囚杀。

③成济之祸：指三国魏司马昭同党成济杀魏帝曹髦一事，详见《三国志·魏书》卷四。庄帝被尔朱兆所弑，故称"成济之祸"。

④门下：官署名。门下吏的省称。《通鉴》卷一百五十五胡《注》："魏晋以来，出命皆由门下省，故其发端必曰敕门下。"

⑤乐推：乐意推许拥戴。《老子》："是以圣人处上而民不重，处前而民不为害，是以天下乐推而不厌。"《梁书·武帝纪》："乐推之心，幽显共积。"

⑥肆眚(shěng)：赦免非故意而犯有罪过的人。眚，过。《左传·庄

公二十二年》:“春王正月,肆大眚。”《注》:“赦有罪也。放赦罪人,荡涤众故,以新其心。”

⑦恒式:常式,常规。

【译文】

黄门侍郎邢子才起草了赦罪的文章,叙述庄帝枉杀太原王的情状。广陵王说:“永安亲手灭掉强横的臣子,不是失德;只是因为天还没有厌恶动乱,所以碰到成济似的祸害。”对左右说:“拿笔来,我自己来写。”直接敕门下省:“我缺少德行,遭逢大家推戴的运气,想同众多百姓共同分享这个大庆祝。至于放赦罪人的条令,一切依照常规。”广陵王闭口不说话八年,到这时才开始说话,国内士人和民众,都称他为圣君。

于是封长广为东海王,世隆加仪同三司、尚书令、乐平王,余官如故。赠太原王相国、晋王,加九锡[①],立庙于芒岭首阳[②]。上旧有周公庙,世隆欲以太原王功比周公,故立此庙。庙成,为火所灾。有一柱焚之不尽,后三日雷雨,震电霹雳,击为数段。柱下石及庙瓦皆碎于山下。复命百官议太原王配飨[③]。司直刘季明议云不合[④]。世隆问其故,季明曰:“若配世宗[⑤],于宣武无功;若配孝明,亲害其母;若配庄帝,为臣不终,为庄帝所戮。以此论之,无所配也。”世隆怒曰:“卿亦合死!”季明曰:“下官既为议臣,依礼而言;不合圣心,俘翦惟命[⑥]。”议者咸叹季明不避强御[⑦],莫不叹伏焉。世隆既有忿言,季明终得无患。

【注释】

①“赠太原王”两句:《魏书》卷七十四《尔朱荣传》:“前废帝初,世隆等得志,诏曰:……故假黄钺持节侍中相国、录尚书、都督中外诸军事、天柱大将军、司州牧、太原王荣,……宜循旧典,可追号为晋王,加九锡。”九锡,古代帝王赐给诸侯大臣的九种礼品。《春秋公羊传·庄公元年》:“王使荣叔来,锡桓公命。”何《注》:“礼有九锡:一曰车马,二曰衣服,三曰乐则,四曰朱户,五曰纳陛,六曰虎贲,七曰弓矢,八曰铁钺,九曰秬鬯。皆所以劝善扶不能。”

②首阳:山名。在今河南偃师西北,芒山之高处;日光先照,故得名。《水经注·河水》:“河水南对首阳山,《春秋》所谓首戴也。上有夷齐之庙。”

③配飨(xiǎng):亦称“配享”、“配食”。古代祭祀先祖时,将后辈的神主一起祔祭于先祖庙。《尚书·盘庚》:“兹予大享于先王,而祖其从与享之。”

④司直:官名。北魏始置,隶廷尉,主要掌管刑狱等事。

⑤世宗:北魏宣武帝元恪,庙号世宗。

⑥俘翦:囚杀。《左传·成公十三年》:“俘我王官,翦我羁马。我是以有河曲之战。”

⑦强御:有权有势者。这里指尔朱世隆。

【译文】

于是封长广王为东海王,对尔朱世隆加仪同三司、尚书令、乐平王,别的官职依旧。追赠太原王相国晋王,加九锡,并为他在芒岭首阳山上立庙。山上以前有周公庙,尔朱世隆要把太原王比作周公,所以建立此庙。庙建成了,遭到火灾。有一根柱子烧不完,三天后,打雷下雨震电,柱子被击做几段。柱子下面的基石和庙上的瓦片都被雷击碎在山下。尔朱世隆再命令百官商议太原王配飨。司直刘季明说不合。尔朱世隆问他缘故,刘季明说:“如果配世宗，他对宣武帝无功；如果配肃宗，他亲自害死他的母亲；如果配庄帝，做臣子没有始终，被庄帝所诛。这样说来，是无所配飨的。”尔朱世隆发怒道：“你也该死！”刘季明说：“下官既为议臣，依照礼法来说话；如果不合于圣人的心，是抓是杀只听您的命令。”议论的人都赞叹刘季明不避强权，没有不叹服的。尔朱世隆尽管愤怒，刘季明最终没有遭难。

初，世隆北叛，庄帝遣安东将军史仵龙、平北将军杨文义各领兵三千守太行领[①]，侍中源子恭镇河内。及尔朱兆马首南向，仵龙、文义等率众先降[②]。子恭见仵龙、文义等降，亦望风溃散。兆遂乘胜逐北[③]，直入京师，兵及阙下，矢流王室。至是论功，仵龙、文义，各封一千户。广陵王曰：“仵龙、文义，于王有勋，于国无功。”竟不许。时人称帝刚直。彭城王尔朱仲远[④]，世隆之兄也，镇滑台[⑤]，表用其下都督乙瑗为西兖州刺史[⑥]，先用后表。广陵答曰：“已能近补，何劳远闻？”世隆侍宴，帝每言：“太原王贪天之功以为己力[⑦]，罪亦合死。”世隆等愕然。自是已后，不敢复入朝。辄专擅国权，凶慝滋甚，坐持台省，家总万机[⑧]。事无大小，先至隆第，然后施行。天子拱己南面[⑨]，无所干预。

【注释】

①史仵龙：《魏书·尔朱兆传》、《源子恭传》同，《通鉴》作“仵龙”。杨文义：《魏书·庄帝纪》及《源子恭传》作“羊文义”，与史仵龙同为都督。

②“及尔朱兆”二句：《魏书·尔朱荣传》：“兆与世隆等定谋攻洛，兆遂率众南出，进达太行。大都督源子恭、下都督史仵龙开垒降兆。子恭退走。兆轻兵倍道，从河梁西涉渡，掩袭京邑。”

③逐北：追击战败者。北，败。《汉书·高帝纪》：“乘胜逐北，至楼烦。”

④尔朱仲远：尔朱荣从弟，颇知书计，封彭城王，性最贪纵，后为高欢所败，奔梁。事见《魏书》卷七十五《尔朱彦伯传》。

⑤滑台：地名。在今河南滑县东。南燕慕容德曾建都于此。北魏、南朝宋时为兖州及东郡治，又是北魏河南四镇之一。城池坚固，北临黄河，为东晋南北朝时期军事要地。

⑥乙瑗：“乙”字，如本空格。《集证》云：“按《魏书·列传》有窦瑗、裴瑗二人，未知孰是，未敢臆补。”范本云：“按《通鉴》径作表用其下都督为西兖州刺史，不着姓名，是此上缺文，北宋时已然。”周本云：“按此称西兖州刺史，盖乙瑗也。《魏书》卷四十四乙环曾孙瑗，字雅珍，尚高祖淮阳公主，累迁西兖州刺史。”今依周说。

⑦贪天之功：《左传·僖公二十四年》：“窃人之财，犹谓之盗，况贪天功，以为己力乎？”天功，谓天职。

⑧“凶慝（tè）滋甚”三句：凶慝，凶恶不正的行为。台省，汉时的尚书台被设在称为省中的宫禁中，故名，后台省也借指朝廷的中枢机构。《魏书》卷七十五《尔朱世隆传》：“常使尚书郎宋道游、邢昕在其宅听视事，东西别坐，受纳诉讼，称命施行，其专恣如此。”

⑨拱己南面：指帝王不理朝政。拱，束手。《论语·卫灵公》：“无为而治者，其舜也与！夫何为哉？恭己正南面而已矣。”《汉书·高帝纪赞》：“惠帝拱己。”师古《注》曰：“垂拱而治也。”

【译文】

开始时，尔朱世隆在北方叛乱，庄帝派安东将军史仵龙、平北将军杨文义各自带领三千兵马守住太行岭，派侍中源子恭镇守河内。到尔朱兆向南进兵时,史仵龙、杨文义率领众兵先降。源子恭看见史仵龙、杨文义投降,气势很盛,也望风溃散。尔朱兆随即乘胜追击,追逐败军,直入京城,兵到阙下,箭射到皇宫。到这时论功行赏,史仵龙、杨文义各封一千户。广陵王说:“仵龙、文义对王有功,对国则无功。”终未答应。当时人们称赞皇帝刚强正直。彭城王尔朱仲远,是尔朱世隆的长兄,镇守滑台,上表起用他的下属都督乙瑗做西兖州刺史,先任用后上表。广陵王回答道:“已经能够就近补用,何劳远处上闻!”尔朱世隆陪侍宴会,皇帝每次说:“太原王贪图天功为自己的力量,罪也该死。”尔朱世隆等听了吃惊。从此以后,不敢再入朝。然则总是擅自行使国家的权力,为非作歹更厉害了。坐持台省的要职,在家里总管万种机要的事。事情无论大小,先到尔朱世隆家里,然后再发令施行。天子大权旁落,拱手向南坐着,不能有所干预。

永熙元年,平阳王入纂大业,始造五层塔一所[①]。

平阳王,武穆王少子。

【注释】

①“永熙元年”三句:平阳王元脩,即孝武帝、出帝。广平武穆王元怀第三子。《通鉴》卷一百五十五:高欢入洛时,“时诸王多逃匿,尚书仆射平阳王脩,怀之子也,匿于田舍。欢欲立之,使斛斯椿求之”。“椿从思政见脩;脩变色,谓思政曰:‘得无卖我邪?’曰:‘不也。’曰:‘敢保之乎?’曰:‘变态百端,何可保也!’椿驰报欢;欢以遣四百骑迎脩入毡帐,陈诚,泣下沾襟”,“使斛斯椿奉劝进表”。“脩令思政取表视之,曰:‘便不得不称朕矣’。乃为安定王作诏策而禅位焉”。

【译文】

永熙元年，平阳王入继大业，开始建造五层宝塔一座。

平阳王，是武穆王的少子。

诏中书侍郎魏收等为寺碑文[①]。至二年二月五日土木毕工[②]，帝率百僚作万僧会[③]。其日寺门外有石像无故自动，低头复举，竟日乃止。帝躬来礼拜，怪其诡异。中书舍人卢景宣曰[④]："石立社移[⑤]，上古有此，陛下何怪也？"帝乃还宫。明年七月中，帝为侍中斛斯椿所使，奔于长安。至十月终，而京师迁邺焉[⑥]。

【注释】

①魏收：字伯起，钜鹿下曲阳（今属河北省）人。官魏中书侍郎，入齐，为右仆射。详见《北齐书》卷三十七。

②"至二年二月五日"句：《魏书》卷八十四《李同轨传》："永熙二年，出帝幸平等寺，僧徒讲法，敕同轨论难，音韵闲朗，往复可观。出帝善之。"《北史》卷三十《卢辩传》："永熙二年平等浮图成，孝武会万僧于寺。"

③万僧会：《说郛》作"万人会"，盖佛事之盛大者也。《法显行传》："到竭义国，值其王作般遮越师。般遮越师，汉言五年大会也，时请四方沙门，皆来云集，发愿布施众僧。"按胡太后追念父胡国珍恩德，亦设万人斋，风气所被，由来已渐矣。见《魏书·外戚传》。

④卢景宣：即卢辩，卢景裕弟。晋泰初为中书舍人。见《北史》卷三十《卢辩传》。

⑤社移：代指社坛的陨落。《世说新语·方正》："阮宣子伐社树，有人止之。宣子曰：社而为树，伐树则社亡；树而为社，伐树则社移

矣。"《注》引《春秋传》:"共工氏有子曰勾龙,为后土,后土为社。"《史记·六国年表》周显王三十三年:"宋太丘社亡。"吕祖谦《大事记解题》云:"古者立社,植木以表之,因谓其木为社。所谓太丘社亡者,震风凌雨,此社之树摧陨散落,不见踪迹。"此社移之概也。至于石立事,未有定说,《北堂书钞》卷一百六十引《琐语》及《春秋后传》云云,皆难见信于人,此不赘。

⑥京师迁邺:出帝即入关,高欢乃立清河王元亶世子元善见为帝,迁都于邺,是为东魏孝静帝。

【译文】

诏令中书侍郎魏收等为寺庙撰写碑文。至永熙二年二月五日土木建造完毕,皇帝率领百官举办万僧会。这天,寺门外有石像无缘无故自己动了,头低下去再抬起来,晚上才停止。皇帝亲自来礼拜,不解它的怪异。中书舍人卢景宣说:"石立起来,社稷转移,上古就有这种事,陛下何必以为怪异呢?"皇帝于是回宫。三年七月,皇帝为侍中斛斯椿所逼迫,逃奔到长安。十月底,京都迁到邺地。

景宁寺　宝明寺　归觉寺

【题解】

本节介绍了由北魏孝文帝时太保司徒公杨椿所建立的景宁寺，该寺在青阳门外三里皇家大道南边叫景宁里的地方。此节后半部分详细描写了陈庆之和杨元慎两人的生平故事。本篇中陈庆之与杨元慎的对话，此为南北正统之争，其诋毁南人，卑视吴儿，尤见刻切，亦北人意向之实。亦可与卷三《高阳王寺》下荀子文并读。文中还记叙了殖货里的归觉寺的来历，即屠夫刘胡兄弟放下屠刀，免除杀戮，舍宅为寺，出家为僧，皈依佛门的因缘。又通过记载普泰元年(531)归觉寺内佛像长毛而现不祥征兆，结果就有被谥为节闵帝的元恭被害，再次宣扬了佛教的灵异现象，表现了自己对佛教的敬畏之心。

景宁寺，太保司徒公杨椿所立也[①]。在青阳门外三里御道南，所谓景宁里也。

高祖迁都洛邑[②]，椿创居此里，遂分宅为寺，因以名之。制饰甚美，绮柱朱帘。椿弟慎[③]，冀州刺史；慎弟津[④]，司空[⑤]。并立性宽雅，贵义轻财，四世同居，一门三从[⑥]，朝贵义居，未之有也[⑦]。普泰中，为尔朱世隆所诛[8],后舍宅为建中寺。

【注释】

①杨椿:字延寿,华阴(今陕西华阴东南)人,杨播之弟,自高祖至肃宗时,累为州牧,都督军事。建义元年(528)为司徒公,永安初进位太保、侍中。普泰元年(531)为尔朱世隆所害,年七十七。详见《魏书》卷五十八。

②洛邑:古代都邑名。又作"雒邑",故址在今河南洛阳。

③慎:《魏书》卷五十八本传及《通鉴》一百五十五作"顺",避唐讳。下同。杨顺字延和,庄帝初为平北将军、冀州刺史。

④津:即杨津,字罗汉,庄帝时为司空,普泰元年(531)卒,年六十三。《魏书》卷五十八有传。

⑤司空:官名。金文称"司工"。西周始置,为六卿之一。即《周礼》中六官之一的冬官大司空,掌管工程建筑等事。春秋战国时,各国多沿置。宋国因避武公讳,改名司城。西汉成帝时,改御史大夫为大司空,与大司马、大司徒并称"三公",参议政事。东汉光武帝改称"司空",较之西汉时所主管的事务范围更广,除参议朝政大事,又掌治水利和土木营建,凡营城、起邑、浚沟洫、修坟防之事,则议其利、建其功。

⑥三从(zòng):指从曾祖父、从祖父、从父。《尔雅·释亲》:"父之世父、叔父为从祖祖父,父之从父昆弟为从祖父,兄之子弟之子相谓为从父昆弟。"

⑦"朝贵义居"二句:义居,旧时多指数代同居、以孝义著称的大家庭。《魏书》卷五十八《杨播传》:"播家世纯厚,并敦义让,昆季相事,有如父子。播刚毅,椿、津恭谦。""一家之内,男女百口,缌服同爨,庭无闲言。魏世以来,唯有卢渊兄弟及播昆季,当世莫逮焉。"

⑧为尔朱世隆所诛：永安末，杨椿子杨昱曾率众拒尔朱仲远，普泰元年(531)，尔朱世隆诬杨椿等为逆，杨椿家无论少长皆遇害。见《魏书》卷五十八《杨播传》。

【译文】

景宁寺，是由太保司徒公杨椿所建造。位于青阳门外三里处御路南，就是所说的景宁里。

高祖要迁都洛阳，杨椿就在景宁里修建宅邸，遂即分宅半为寺，因此用“景宁”作寺名。其规格和装饰很完美，柱子上雕刻着绮纹，悬挂朱红色的帘幕。杨椿的弟弟杨顺，时任冀州刺史；杨顺的弟弟杨津，时任司空。三人性情宽厚文雅，看重义气，看轻财利，四世同居，一门三从，朝廷的贵族，为义而同居的，不曾有过。普泰年间，杨椿一家为尔朱世隆所杀害，杨家的住宅后来改建成为建中寺。

出青阳门外三里御道北，有孝义里。里西北角有苏秦冢①，冢旁有宝明寺。

众僧常见秦出入此冢，车马羽仪②，若今宰相也。

【注释】

①苏秦：战国时东周人。苏秦最初劝说秦惠王吞并天下，惠王没有采纳，后便游说燕、赵、韩、魏、齐、楚六国联合抗秦，佩六国相印，为纵约之长。合纵被张仪所破，苏秦到齐国任客卿，被人刺死。《太平寰宇记》三载其冢在北芒山后。卷三《大统寺》利民里，又有苏秦旧宅。

②羽仪：皇家仪仗中用鸟羽做饰的旗帜，泛指仪仗。此处表示地位尊贵。唐元稹《顺宗至德大圣大安孝皇帝挽歌词》之三：“羽仪经巷内，辒辂转城闉。”

【译文】

出青阳门外三里，御路北有孝义里。里的西北角有苏秦墓，墓旁有宝明寺。

众僧经常看见苏秦出进这个墓，车马仪仗，跟当今的宰相差不多。

孝义里东，即是洛阳小市。北有车骑将军张景仁宅。

景仁，会稽山阴人也①。景明年初②，从萧宝夤归化③，拜羽林监，赐宅城南归正里，民间号为吴人坊，南来投化者多居其内④。近伊、洛二水，任其习御⑤。里三千余家，自立巷市。所卖口味，多是水族，时人谓为鱼鳖市也。景仁住此以为耻，遂徙居孝义里焉。

【注释】

①会稽：郡名。故地相当于现在江苏东南部及浙江西部地区，治所为山阴县(今浙江绍兴)。

②景明年初：景明，各本作“正光”，今依范本。云：“按萧宝夤降魏，本书卷三宣阳门内条云景明初，史载在景明二年，考是年梁武帝废齐和帝而自立，故宝夤奔魏，封会稽公，赐宅归正里。景仁随来，当在同年。此正光二字必是景明之讹。”

③萧宝夤(yín)：字智亮，为南朝齐明帝萧鸾第六子，景明二年(502)归向北魏。正光为肃宗年号，景明为世宗年号。详见《魏书》卷五十九。

④投化：投奔，归顺。

⑤习御：学习驾御水势，指南方习于舟楫之人利用自己对水势的掌握便用伊、洛二水。

【译文】

孝义里东面，就是洛阳小市。市场北面有车骑将军张景仁的宅邸。

张景仁，是会稽郡山阴人。景明初年，随同萧宝夤归化，被任命为羽林监，赐予城南归正里的住宅，民间称为“吴人坊”，南方来投化的多住在里边。归正里靠近伊水、洛水，任凭他们驾御水势。这个里有三千多家，自发成立里巷市集，所卖口味，多是水里族类，当时人称“鱼鳖市”。张景仁以住在这里为耻，于是迁居到孝义里。

时朝廷方欲招怀荒服[①]，待吴儿甚厚[②]，褰裳渡于江者[③]，皆居不次之位[④]。景仁无汗马之劳，高官通显。永安二年，萧衍遣主书陈庆之送北海入洛阳僭帝位[⑤]。庆之为侍中。景仁在南之日与庆之有旧[⑥]，遂设酒引邀庆之过宅。司农卿萧彪、尚书右丞张嵩并在其座[⑦]，彪亦是南人，唯有中大夫杨元慎、给事中大夫王眴是中原士族[⑧]。庆之因醉谓萧、张等曰：“魏朝甚盛，犹曰五胡[⑨]，正朔相承[⑩]，当在江左。秦朝玉玺[⑪]，今在梁朝。”元慎正色曰：“江左假息[⑫]，僻居一隅，地多湿垫[⑬]，攒育虫蚁，疆土瘴疠[⑭]，蛙黾共穴[⑮]，人鸟同群。短发之君，无杼首之貌[⑯]；文身之民[⑰]，禀蕞陋之质[⑱]。浮于三江，棹于五湖[⑲]，礼乐所不沾[⑳]，宪章弗能革[㉑]。虽复秦余汉罪[㉒]，杂以华音，复闽楚难言[㉓]，不可改变。虽立君臣，上慢下暴，是以刘劭杀父于前[㉔]，休龙淫母于后[㉕]，见逆人伦，禽兽不异。加以山阴请婿卖夫[㉖]，朋淫于家[㉗]，不顾讥笑。卿沐其遗风，未沾礼化，所谓阳翟之民不知瘿之为丑[㉘]。我魏膺箓受图，定鼎嵩洛[㉙]，五山为镇[㉚]，四海为家。移风易俗之典[31]，与五帝而并迹，礼乐宪章之盛，凌百王而独高[32]。岂卿鱼鳖之徒[33]，慕义来朝，饮我池水，啄我稻粱，何为不逊，以至于此？”庆之等见元慎清词雅句，纵横奔发，杜口流汗，合声不言。

【注释】

①招怀：招抚，安抚。《北齐书·帝纪》：“神武方招怀荒远。”荒服：远方。古时认为离京城二千五百里为荒服，也有说指四千五百里以外的地方。《诗地理考》卷五：“方三千里之内为荒服。”这里指南朝人。

②儿：吴、王、真意本作“人”。

③搴（qiān）裳：撩起衣裳。搴，撩起，揭起。《诗·郑风·搴裳》：“子惠思我，搴裳涉溱。”

④不次：不按寻常次序，相当于说破格提拔。白居易《长庆二年七月自中书舍人》：“老逢不次恩，洗拔出泥滓。”

⑤北海：即北海王元颢。僭帝位：越分篡取帝位。僭，超越本分，旧时指冒用上者的名义、礼仪或器物。《梁书》卷三十二《陈庆之传》：“高祖东下，平建邺，稍为主书。”大通初，魏北海王元颢来降，“求立为魏主。高祖纳之，以庆之为假节飙勇将军，送颢还北”。

⑥有旧：有老交情，老情谊。旧，指故交、旧谊。

⑦司农卿：官名。汉置大司农，其长官为卿，即司农卿。掌管粮食储备、仓廪管理以及京朝官员禄米供应等事务。尚书右丞：官名。东汉始置，为尚书台佐贰官，居尚书左丞下，秩四百石。掌授廪假钱谷，假署印绶，管理尚书台专用文具及诸财用库藏，并与左丞通掌台内庶务，保管文书章奏。魏、晋、南朝为尚书省佐官，位次尚书。

⑧中大夫：官名。秦、汉皆置，掌议论。《汉书·百官公卿表上·郎中令》："郎中令，秦官……武帝太初元年更名光禄勋，属官有大夫……大夫掌议论，有太中大夫、中大夫……太初元年更名中大夫为光禄大夫，秩比二千石。"北魏有中大夫，为从三品上。给事中大夫：官名。在皇帝左右供职的中大夫。士族：即世族，东汉之后在统治阶级内部逐渐形成的世家大族，在政治经济等方面享有特权。

⑨五胡：晋武帝死后，晋室内乱，匈奴、羯、鲜卑、氐、羌这五个北方的少数民族相继建立王朝，旧史称为"五胡"。

⑩正朔："正"为年始，"朔"为月初；古代改朝换代，新王朝为表示"应天承运"，必须重新制定正朔，故正朔一般指帝王新颁的历法。这里指"应天承运"而颁新历法的帝王。

⑪玉玺：皇帝的玉印。秦朝以前称印为玺或钵、鉨，以金、玉、银、铜制成，尊鄙通用。秦始皇统一六国后，唯天子印用玉制，称玉玺。王佐《新增格古要论·玉玺考》引卫宏曰："秦以前以金银方寸玺。秦始皇得楚和氏璧，乃以玉为之，螭兽纽，在六玺之外。李斯书之，其文曰：受命于天，既寿永昌。秦王子婴以献于汉高祖，谓之传国玺。"

⑫假息：苟延残喘，暂且得到安宁。假，暂且，权宜。

⑬湿垫：潮湿。垫，下湿。《释名·释地》云："下湿曰隰；隰，垫也。垫，湿意也。"

⑭瘴疠：旧时指南方山林湿热地区流行的恶性传染疾病。瘴，瘴气，南方湿热蒸郁致人生病之气。疠，瘟疫，疾病。左思《魏都赋》："宅土熇暑，封疆降疠。"张载《注》："吴、蜀皆暑湿，其南皆有瘴气。"

⑮蛙黾：蛙类。黾，金线蛙。这里指几种蛙。左思《魏都赋》："句吴与蛙黾同穴。"《说文》："黾，蛙黾也。"《尔雅·释鱼》："在水者

黾。"《注》:"耿黾也,似青蛙,大腹,一名土鸭。"俗名田鸡是也。

⑯杼首:长头。古人认为长寿之相。《魏都赋》:"巷无杼首,里罕耆耋。"张《注》引《方言》:"《燕记》曰:丰人杼首。杼首,长首也。"

⑰文身:身上刺着花纹。短发:即断发。"文身"与"断发"均为古代吴越的风俗,古时人认为这样就可以避水中蛟龙之害。

⑱蕞(zuì)陋:矮小丑陋。蕞,矮小的样子。《魏都赋》:"宵貌蕞陋。"李善《注》:"《左氏传》曰:蕞尔小国。杜预曰:蕞尔,小貌。"

⑲三江、五湖:《周礼·职方》:"其川三江,其浸五湖。"《史记·河渠书》:"于吴则通渠三江五湖。"《吴郡志》云:"松江东北行七十里得三江口,东北入海为娄江,东南入海为东江,并松江为三江。"

⑳礼乐:中国古代儒家的政治、伦理范畴。礼,指奴隶社会和封建社会的政治制度、道德规范和礼节仪式。《礼记·曲礼》:"夫礼者,所以定亲疏、决嫌疑、别同异、明是非也。"把礼作为区别亲疏、是非的标准,而且强调"道德仁义,非礼不成;教训正俗,非礼不备;分争辩讼,非礼不决;君臣上下,父子兄弟,非礼不定"。"礼也者理也","礼至则不争"。乐,是音乐。《礼记·乐记》:"乐者,通伦理者也"。"乐者,德之华也"。"乐者敦和","乐至者无怨"。

㉑宪章:典章制度。

㉒秦余汉罪:这里指秦汉流放罪人于南方以御魑魅。《魏都赋》:"汉罪流御,秦余徙翇。"刘《注》引《货殖传》:"秦破赵,迁卓氏于蜀。汉时日南、比景、合浦、九真亦皆有徙者,息夫躬、孙宠之属焉。"

㉓难言:难以听懂的方言。

㉔刘劭杀父:刘劭,宋文帝刘义隆之子,宋文帝在元嘉六年(429)立劭为太子,元嘉三十年(453)欲废劭,被劭所弑。

㉕休龙淫母:即宋孝武帝刘骏,字休龙,文帝第三子。《魏书》卷九

十七谓"骏淫乱无度,烝其母路氏,秽污之声,布于瓯越"。《宋书》卷四十一《后妃传》:"民间谊然,咸有丑声;宫掖事秘,莫能辨也。"

㉖山阴请婿卖夫:山阴,即宋废帝刘子业的姐姐山阴公主,名楚玉。山阴公主淫恣过度,她对弟弟废帝说:"我与你虽然男女有别,但均为先帝所生,你宫中的女人数以万计,但我只有附马一个男人,事情怎么不公平到了这种程度呢?"刘子业于是就给她派了三十个男妾。婿,这里指男妾。《宋书》卷七《前废帝纪》有载。

㉗朋淫:公开集体淫乱。

㉘阳翟:郡名。故治在今河南禹县。瘿:颈部生长的囊状瘤子。阳翟人由于水土环境原因,颈部上长瘤习以为常,故说"不知瘿之为丑"。《韵语阳秋》:"汝人多苦瘿。"《说文》:"瘿,颈瘤也。"桂馥《义证》:"《吕氏春秋·尽数篇》:轻水之所,多秃与瘿人。"

㉙定鼎嵩洛:定鼎,指建立国都。传说禹铸九鼎,以象征九州,历商至周,作为传国重器,置于国都。后便称建立国都为定鼎。嵩洛,即洛阳,因为嵩山在其东,故名。

㉚五山:《尔雅·释山》:"河南华,河西岳,河东岱,河北恒,江南衡。"又云:"泰山为东岳,华山为西岳,衡山为南岳,恒山为北岳,嵩高为中岳。"此当是后者,其地在魏境。

㉛典:重要的文献、书籍。三代(夏、商、周)时记述古代帝王政法的文书称典。《尚书·五子之歌》:"有典有则,贻厥子孙。"《后汉书·蔡邕传》:"当续成后史,为一代大典。"

㉜百王:指历代帝王。《荀子·不苟》:"百王之道,后王是也。君子审后王之道,而论于百王之前。"

㉝岂:怎么是,哪里是。鱼鳖之徒:与鱼鳖为伍之人。

【译文】

当时朝廷招抚荒服,对待吴儿很优厚,凡是拉起衣裳渡过长江来投顺的,都安置在不差的官位上。张景仁没有汗马功劳,做高官却通达显耀。永安二年,萧衍派主书陈庆之护送北海王元颢进入洛阳僭称帝位。陈庆之为侍中。张景仁在江南时,与陈庆之有交情,于是置办酒席邀陈庆之到家里来。司农卿萧彪、尚书右丞张嵩都在座,萧彪也是江南人,唯有中大夫杨元慎、给事中大夫王眴是中原士族。陈庆之趁着醉酒对萧、张等说:"魏朝虽然兴盛,依旧说是五胡的一种,至于正统相继,当在江东。秦朝的传国玉玺,如今还收藏在梁朝。"杨元慎正色说:"江东苟且求安,偏僻地处在一边,地势低湿,聚集有虫子蚂蚁,多有瘴气,几种蛙共居一穴,人和鸟成群同住。剪断头发的君主,没有长头发的容貌;纹身的百姓,具有鄙陋的本质。浮游在三江,舟行五湖的生活,不受礼乐的熏陶,不能用法典来改革。虽然是秦国遗留下来的百姓,汉朝发配的罪人,但他们间杂着各族的声音,再加上福建和楚地难懂得的方言,不可改变。虽然建立了君臣制度,但上面欺瞒,下面暴虐,所以有刘劭在前杀父,休龙在后淫母,违反人伦道德,跟禽兽没有不同。加上山阴公主请求人做女婿,出卖丈夫,公开在家里淫乱,不顾人家的讥笑。你沉浸在那样的遗风里,没有受到礼教的熏陶,所谓阳翟人不知道长瘤是丑的。我们魏国受到图策,在嵩山洛水建立京城,以五座山作镇,以四海为家。移风易俗的典范,同五帝相并;礼乐法令的兴盛,胜过百王独自高标。你们这些吃鱼鳖的人,羡慕礼义来朝拜,饮我园池里的水,吃我稻米黄粱,怎么无礼到这个地步?"陈庆之等见杨元慎训斥人也清词丽句,纵横发出,于是堵住口,流下汗,再也说不出一句话。

于后数日,庆之遇病,心上急痛,访人解治。元慎自云能解,庆之遂凭元慎。元慎即口含水噀庆之曰[①]:"吴人之鬼,住居建康[②]。小作冠帽,短制衣裳。自呼阿依、语则阿傍[③]。菰稗为饭[④]，茗饮作浆[⑤]。呷啜莼羹[⑥]，唼嗍蟹黄[⑦]。手把豆蔻[⑧]，口嚼槟榔[⑨]。乍至中土，思忆本乡。急手速去，还尔丹阳[⑩]。若其寒门之鬼，□头犹修[⑪]，网鱼漉鳖，在河之洲，咀嚼菱藕，捃拾鸡头，蛙羹蚌臛，以为膳羞。布袍芒履[⑫]，倒骑水牛。沅湘江汉，鼓棹遨游，随波溯浪，唅喁沉浮[⑬]，白纻起舞[⑭]，扬波发讴。急手速去，还尔扬州。"庆之伏枕曰："杨君见辱深矣。"自此后，吴儿更不敢解语[⑮]。

【注释】

①噀（xùn）：水含在口中而喷出。

②建康：古代都城名。即今南京，晋建兴元年（373）因避愍帝司马邺之"邺"讳，改"建邺"为"建康"。

③阿侬、阿傍：吴语呼人多冠以"阿"字，阿侬等于说"我"。顾炎武《日知录》三十二："《隶释·汉殽坑碑阴》云：其间四十人，皆字其名而系以阿字。如刘兴阿兴，潘京阿京之类，必编户民未尝表其德，书石者欲其整齐，而强加之，犹今闾巷之妇，以阿挈其姓也。《成阳灵台碑阴》有主吏仲东阿东。又云：惟仲阿东年在元冠，幼有中质。又可见其年少而未有字。"《抱朴子》："祢衡游许下，自公卿国士以下，衡初不称其官，皆名之云阿某，或以姓呼之为某儿。"今按：阿者，六朝人称人习语，用于近者亲昵之发声语助词，顾炎武所谓古人慢应声者。

④菰（gū）稗（bài）：菰米稗粒。菰，俗称"茭白"，生于河边潮湿之地，可作蔬菜，果实如米，称"雕胡米"，可以做饭。稗，一年生草本植物，果实像黍米，可用作酿酒或饲料。段玉裁《说文注》引杜预云："稗，草之似谷者。如淳云：细米为稗。"

⑤茗饮:泛指茶和饮茶,亦指渴饮茶汁。陆羽《茶经》:“一曰茶,二曰槚,三曰蔎,四曰茗,五曰荈。”盖以早晚采之而异其名也。六朝人又以茗为茶之通称,故云。浆:奶酪,酪浆。

⑥莼(chún):植物名。又名“水葵”,多生于湖泊河流之中,可以做羹。《世说新语·言语》:“有千里莼羹,但未下盐豉耳。”

⑦唼(shà)嗍(shuò):指吃食。唼,鱼或水鸟吃食。嗍,吮吸。《集韵》入声觉韵为“欶”之或字,音朔。《说文》:“欶,吮也。”此处用以形象表现吮吸蟹黄之声。

⑧豆蔻:多年生草本植物,外形似芭蕉,花淡黄色,果实扁球形,种子像石榴子,有香味。其果实和种子均可入药。详见《南方草木状》。

⑨槟榔:槟榔树,高十余丈,实大如桃李,味苦涩,可下气消积。见《南方草木状》。

⑩“急手速去”二句:急手,时人习语,意为急速着手。卷三《菩提寺》崔畅拒崔涵回家,有“急手速去”,卷四《白马寺》宝公谓赵法和,有“急手作”等语,皆为急速着手之意。急速着手者,相当于今语快点动手。丹阳,郡名。属扬州,治所为建业县(今江苏南京)。

⑪“若其”二句:寒门,魏晋南北朝时一般地主阶级或平民。意为寒微之家,与高门对举。凡显贵之家,世代做高官的为高门。高门与世族相通,寒门与庶族相通。社会地位低下,当时有所谓“上品无寒门,下品无势(世)族”之说。如本“头”上空格,吴、王、真意本并缺“头”字。

⑫布袍芒履:《后汉书·东夷传》:“大率皆魁头、露纷、布袍、草履。”

⑬唅喁:鱼在水面张口呼吸的样子,也借指鱼。左思《魏都赋》:“唅喁浮沉。”《注》:“唅喁,鱼在水中,群出动口貌。”

⑭纻(zhù):苎麻织成的粗布。《诗集》有《晋白纻歌》。《宋书·乐

志》："《白纻舞》，按舞词有巾袍之言，纻本吴地所出，宜是吴舞也。"

⑮解语：原意为会说话。于鹄《送宫人入道归山》："解语老猿开晓户，学飞雏鹤落高松。"这里相当于说放言、放出话。

【译文】

过了几天，陈庆之生病，心上急痛，找人医治。杨元慎自称能治病，陈庆之于是依靠杨元慎。杨元慎就口中含水喷陈庆之说："吴人的鬼，住在建康。戴着小小的帽子，穿着短短的衣裳。自叫阿侬，话则阿傍。菰稗做饭，茶作饭浆。喝的是莼羹，吃的是蟹黄。手把豆蔻，口嚼槟榔。才到中原，又思念故乡。急于回去，回到丹阳。倘是贫家的鬼，头发还是长的，用网捉鱼，漉水捕鳖，在河中小洲上，咬嚼菱藕，拾取鸡头，把蛙蚌作羹，以为膳食。披着布袍，穿着草鞋，倒骑水牛。在沅湘江汉中，摇桨游荡，随着波，溯着浪，上下浮动，穿着白麻白衣起舞，扬起水波发声歌唱。快些回去，回到扬州。"陈庆之伏在枕上说："杨君太侮辱我了。"从此以后，吴儿再不敢放言讲话了。

北海寻伏诛。其庆之还奔萧衍，衍用其为司州刺史①。钦重北人，特异于常。朱异怪复问之②。曰："自晋、宋以来，号洛阳为荒土③，此中谓长江以北尽是夷狄④。昨至洛阳⑤，始知衣冠士族并在中原⑥，礼仪富盛，人物殷阜，目所不识，口不能传。所谓帝京翼翼⑦，四方之则，如登泰山者卑培塿⑧，涉江海者小湘、沅。北人安可不重？"庆之因此羽仪服式悉如魏法，江表士庶，竞相模楷，褒衣博带⑨，被及秣陵⑩。

【注释】

①司州：三国魏都洛阳县，置司隶校尉部，通称司州。西晋始定为正式名称。治洛阳县(今河南洛阳东白马寺东)。《梁书》卷三十二《陈庆之传》："中大通二年，除都督南、北司、西豫、豫四州诸军事，南、北司二州刺史。"按时之南司州治安陆界南义阳，领郡十七；北司州治义阳，领郡六。

②朱异：钱塘(今属浙江省)人。以荐为通事舍人，至侍中，劝纳侯景，遂以亡梁。《梁书》卷三十八、《南史》卷六十二有传。

③荒土：旧称"洛阳"。南北朝时，各朝均以正统自居。江南历代王朝皆建都于建业，因称"洛阳"为"荒土"。也称"荒中"。

④夷狄：古代泛指除中原华夏族以外的各少数民族。古代蔑称东方少数民族为夷，北方少数民族为狄。《汉书》卷八有："圣王之制，施德行礼，先京师而后诸夏，先诸夏而后夷狄。"

⑤昨：过去，指不久之前。陶渊明《归去来兮辞》："实迷途其未远，觉今是而昨非。"王安石《忆昨诗示诸外弟》："忆昨此地相逢时，春入穷谷多芳菲。"

⑥衣冠：古代士以上戴冠，衣冠连称是古代士以上的代称，这里引申为世族、官绅。王维《和贾至舍人早期大明宫》："九天阊阖开宫殿，万国衣冠拜冕旒。"

⑦帝京翼翼：指商王的京邑里人们都礼让恭敬，是四方诸侯之国效法的准则。翼翼，小心恭敬的样子。孔《疏》："翼翼然严正。"《诗·大雅·常武》："绵绵翼翼，不测不克。"又《殷武》："商邑翼翼，四方之极。"

⑧培(pǒu)塿：也作"部娄"，土丘，土包。《左传·襄公二十四年》："部娄无松柏。"杜《注》："部娄，小阜。"

⑨褒衣博带：穿宽服，系阔带。古代儒者的装束，后世用作咏儒生的典故。褒，衣襟宽大。《汉书·隽不疑传》："不疑褒衣博带，盛

服至门上谒。”颜《注》:“褒,大裙也。言着褒大之衣,广博之带也。”

⑩秣(mò)陵:古代县名。公元前210年,秦始皇改金陵置邑。212年,孙权移治于此,改名“建业”,治所在今江苏南京。

【译文】

北海王不久被杀。陈庆之还是投奔了萧衍,萧衍任用他为司州刺史。他尊重北方人,特别不同寻常。朱异感到不解于是问他,他说:“自从晋宋以来,称洛阳叫荒废的土地,认为长江以北都是被胡人占据的。不久前到了洛阳,开始知道穿戴衣冠的士人都在中原,他们很讲礼仪,人多物丰,是从来没有看到过的,无法用语言形容。所谓帝王京城丰富,是四方所效法的,像登上泰山看其他的山都低了,像经过长江大海看湘江、沅江都小了。怎么可以不看重北方人呢?”陈庆之因此衣装式样完全依袭魏国的样子,江南的士人庶民争着模仿,宽衣大带的服饰影响到南京。

元慎,弘农人①,晋冀州刺史峤六世孙。曾祖泰,从宋武入关②,为上洛太守七年③。背伪来朝④,明元帝赐爵临晋侯⑤,广武郡、陈郡太守⑥,赠凉州刺史⑦,谥烈侯⑧。祖抚,明经⑨,为中博士⑩。父辞,自得丘壑⑪,不事王侯。叔父许,河南令、蜀郡太守⑫。世以学行著闻,名高州里⑬。元慎清尚卓逸,少有高操,任心自放,不为时羁。乐山爱水,好游林泽。博识文渊,清言入神⑭,造次应对⑮,莫有称者。读老庄,善言玄理。性嗜酒,饮至一石,神不乱常。慷慨叹不得与阮籍同时生。不愿仕宦,为中散⑯,常辞疾退闲,未常修敬诸贵⑰,亦不庆吊亲知。贵为交友,故时人弗识也。或有人慕其高义,投刺在门[18]，元慎称疾高卧。加以意思深长，善于解梦。孝昌年，广阳王元渊初除仪同三司[19]，总众十万讨葛荣，夜梦著衮衣[20]，倚槐树而立，以为吉征。问于元慎，曰："三公之祥。"渊甚悦之。元慎退还，告人曰："广阳死矣！"槐字是木傍鬼，死后当得三公。广阳果为葛荣所煞，追赠司徒公，终如其言。建义初，阳城太守薛令伯闻太原王诛百官[21]，立庄帝，弃郡东走。忽梦射得雁，以问元慎。元慎曰："卿执羔，大夫执雁[22]，君当得大夫之职。"俄然令伯除为谏议大夫[23]。京兆许超梦盗羊入狱[24]，问于元慎。元慎曰："君当得城阳令[25]。"其后，有功封城阳侯。元慎解梦，义出万途，随意会情，皆有神验。虽令与侯小乖[26]，按令今百里，即是古诸侯。以此论之，亦为妙著。时人譬之周宣[27]。及尔朱兆入洛阳，即弃官与华阴隐士王腾周游上洛山[28]。

【注释】

①弘农：郡名。即今河南陕县。

②宋武：即宋武帝刘裕。其北伐姚泓入关，事在晋安帝义熙十三年(417)八月。

③上洛：郡名。亦作"上雒"，春秋时晋邑。即今陕西商州。七年：北魏明元帝泰常七年(422)，是年宋武帝刘裕卒。

④伪：这里指刘宋，由于杨衒之是北魏人，故这样称呼。

⑤明元帝：即北魏第二代皇帝拓跋嗣，409—423年在位。"元"字，各本无，今补。按晋义熙十三年(417)，即北魏明元帝泰常二年(417)。

⑥广武郡:郡名。十六国前凉置,属凉州。治所在今甘肃永登。辖境约当今甘肃永登。陈郡:郡名。秦置,治所在陈县(今河南淮阳)。西汉改为淮阳国。

⑦赠:封建王朝赐予臣下及其家属爵位名号,生者为"封",死者为"赠"。张溥《五人墓碑记》:"是以蓼州周公,忠义暴于朝廷,赠谥美显,荣于身后。"凉州:州名。辖境相当于现在甘肃、宁夏和青海、内蒙古的一部分。

⑧谥:谥号,古时帝王、后妃、贵族、大臣及名人死后,根据其生平事迹,评定一个表示褒贬的称号。"谥"在这里用作动词。

⑨明经:古代取士科目之一。其意为通明经术者。汉以明经射策取人,武帝诏郡国以四课试士。《汉书·平当传》:"以明经为博士。"

⑩中博士:博士,古代学官名。秦汉初,博士职务为掌管图书,兼备顾问。汉武帝时,设五经博士,置弟子,博士遂成为专门负责儒家经学传授的学官。历代皆设经学博士,或沿用五经博士旧名,或称国子博士、太学博士、四门博士等。至宋时废止。"中博士"史料并无记载。

⑪丘壑:山陵溪谷,常指寄情于山野、隐居乡村或隐逸的生活。《茅先生道院记》:"虽寄迹市朝,而丘壑之念未尝一日忘。"

⑫蜀郡:郡名。属益州,治所位于今四川成都,辖境包括今四川成都以及温江地区大部分县境。

⑬州里:古代两千五百家为州,二十五家为里。本为行政建制,后泛指乡里或本土。《周礼·乡师》:"既役,则受州里之役要。"《论语·卫灵公》:"言不忠信,行不笃敬,虽州里行乎哉?"

⑭清言:清新高雅的言谈议论。

⑮造次:急遽之貌,匆忙,仓促。《论语·里仁》:"造次必于是。"

⑯中散:官名。为"中散大夫"的简称。西汉末年王莽置,东汉沿

置，无固定人数，多时三十人，秩六百石；无固定职事，掌顾问应对。《宋书·百官志》："中散大夫，王莽所置，后汉因之，掌议论。"如晋嵇康世称"嵇中散"。

⑰修敬：整饰礼仪以表示敬意。这里表示巴结奉承。《史记·廉颇蔺相如列传》："于是赵王乃斋戒五日，使臣奉璧，拜送书于庭。何者？严大国之威以修敬也。"

⑱投刺：古代通报姓名以求相见或表示祝贺的一种礼节。《北齐书·杨愔传》："遂投刺辕门，便蒙引见。"刺，指名刺或名帖，因最早以木片削制而成，故名。也就是现代的名片。

⑲广阳王元渊：北魏皇族，封爵广阳王。孝昌二年(526)率军讨鲜于修礼，后被修礼部将葛荣所杀。《北史·魏本纪》有传。葛荣，北魏流民起义领袖，原为鲜于修礼部将。孝昌二年(526)称天子，国号为齐。后被尔朱荣擒杀。

⑳衮衣：古代天子及王公所穿的礼服，因上有龙的图案得名，即所谓龙袍。《说文》："衮，天子享先王，卷龙绣于下常。"

㉑阳城：郡名。汉置，治所为阳城县(今河南登封东南)。太原王诛百官：事见卷一《永宁寺》。

㉒卿执羔，大夫执雁：意指卿拿小羊羔作为见面礼，大夫拿雁作为见面礼。《周礼·春官·大宗伯》："以禽作六挚，以等诸臣。孤执皮帛，卿执羔，大夫执雁。"郑《注》："羔，小羊，取其群而不失其类；雁，取其候时而行。"

㉓谏议大夫：官名。秦始置谏大夫，掌议论，无固定员额，隶属于郎中令。汉沿置，东汉时改称谏议大夫，亦无常员，掌顾问应对及随皇帝诏令所使。

㉔京兆：地名。三辅之一。魏时改称郡。辖境相当于今陕西秦岭以北、西安以东，渭河以南地区。

㉕城阳：县名。战国楚地，治所在今河南泌阳南。

㉖乖：差异，不同。

㉗周宣：字孔和，乐安（今山东博兴北）人，三国曹魏时人，善解梦。《三国志》卷二十九有传，《隋志》有《占梦书》一卷，周宣等撰。

㉘上洛山：在洛州上洛郡上洛县界，位于今陕西商州东南。

【译文】

杨元慎是弘农人，晋朝冀州刺史杨峤的六世孙。曾祖杨泰，跟随宋武帝入关，做上洛太守七年。杨泰背弃氏族，归向魏国，魏明元帝赐爵为临晋侯，先后任命为广武郡、陈郡太守，赠凉州刺史，死后谥烈侯。祖父杨抚，考取明经科，任中博士。父亲杨辞，在山林中自得其乐，不去奉事王侯。叔父杨许，做河南令、蜀郡太守。当世以学识行为著称，名声在乡里很高。杨元慎行为清高特出，年轻时就有高尚的操守，心性追求自由放达，不受当世时局的束缚。爱山水，喜欢游历林泽。广博地识得文辞的渊薮，清正的话深入到神理，随机应对，没有能相比的。读《老子》、《庄子》，善于讲玄妙的道理。爱喝酒，喝到一石，神智不乱。慷慨地感叹，不得与阮籍同时生。不愿做官，所以做中散大夫，经常称病，退下了到处闲游，不曾向众贵人献殷勤，也不向亲戚知交庆吊。对于交友很慎重，所以当时人不知道他。有人羡慕他高尚义气，投进名片在他门内，杨元慎则称病高卧。加上他意思深长，善于解梦。孝昌年间，广阳王元渊开始拜仪同三司，统兵十万向北讨伐葛荣，夜里梦着衮衣，倚槐树而立，以为是吉兆。问杨元慎，杨元慎说："三公的祥兆。"元渊很高兴。杨元慎退还，告诉人说："广阳王要死了！"槐字是木旁鬼，死后当得三公。广阳王果真为葛荣所杀，追赠司徒公，果如他所说。建义初年，阳城太守薛令伯听说太原王诛杀百官，拥立庄帝，弃郡向东逃走。忽然做梦射得雁，问杨元慎。杨元慎说："卿执羔，大夫执雁，您当得大夫的职位。"不久薛令伯拜谏议大夫。京兆人许超梦盗羊入狱，问于杨元慎，杨元慎说："您当得城阳令。"其后许超立了功绩，封城阳侯。杨慎解梦，意义出于万途，随意会合情事，皆有神奇的应验。虽然“令”与“侯”稍异，按照“令”今管百里地方，就是古代的诸侯。以此来看，也是妙解。当时人把他比做周宣。等到尔朱兆攻入洛阳，就弃官与华阳的隐士王腾周一起隐居上洛山了。

孝义里东市北殖货里，里有太常民刘胡兄弟四人[①]，以屠为业。永安年中，胡煞猪，猪忽唱乞命，声及四邻，邻人谓胡兄弟相殴斗而来观之，乃猪也。胡即舍宅为归觉寺，合家人入道焉。普泰元年，此寺金像生毛，眉发悉皆具足。尚书左丞魏季景谓人曰[②]：“张天锡有此事[③]，其国遂灭，此亦不祥之征。”至明年而广陵被废死[④]。

【注释】

①太常民：太常，即太常寺，主管礼乐社稷等的官署，手下有百姓。太常民即隶属太常寺管辖，为礼乐郊庙祭祀等服务的民户。其地位较平民低，高于官奴婢。

②魏季景：魏收的族叔，有文才，与邢子良、邢子才及魏收齐名，洛中号为“两邢二魏”。历大司农卿、魏郡尹。详见《北史》卷五十六。

③张天锡：字纯嘏（gǔ），安定乌氏（今甘肃平凉西北）人，前凉国君张骏少子。汤球《十六国春秋辑补前凉录》：“天锡三年，姑臧北山杨树生松叶，西苑牝鹿生角，东苑铜佛生毛。”后自立为王，并为苻坚所灭。详见《晋书》卷八十六。

④广陵：即广陵王元恭，史称节闵帝，原爵广陵王，普泰元年(531)尔朱世隆拥立其为主，未久遭废黜。《北史·魏本纪》：“普泰二年夏四月辛巳，高欢与废帝（元朗）至芒山，使魏兰根慰喻洛邑，且观帝之为

人。兰根忌帝雅德……废帝于崇训佛寺，而立平阳王脩，是为孝武帝。……五月丙申，帝遇弑，殂于门下外省，时年三十五。”

【译文】

孝义里东市北有殖货里，里内有太常民刘胡兄弟四人，以杀猪为职业。永安年间，刘胡杀猪，猪忽然喊救命，声音传到四邻，邻人以为刘胡兄弟相互殴斗，跑来围观，却见是猪叫。刘胡就捐献住宅建归觉寺，全家人都皈依信奉了佛教。普泰元年，这寺里的金佛像生出毛来，眉毛头发都具备完足。尚书左丞魏季景对人说：“张天锡有过这种事情，他的国家就灭亡了，这也是不祥的预兆。”次年广陵王元恭被高欢废掉帝位而被杀。

卷第三　城南

景明寺

【题解】

本节介绍的景明寺是由北魏宣武帝元恪于景明年间所建造的，也因建造时间而得此寺名。该寺规模浩大，殿宇众多，背靠洛阳城，南面与嵩山太室峰、少室峰相望，蔚为壮观。文中通过国子监祭酒邢子才的文笔，对胡太后在景明寺所造佛塔的奢华奇伟进行了描述，介绍了景明寺的水资源以及寺庙利用自然力的巧思。记叙了当时每年佛像巡游日的盛况，洛阳各大寺庙的佛像都会到该寺驻留一晚，高僧们也会在此讲经论道，由此可见景明寺的特殊性和重要性。通过文中对佛像巡游日盛大的场面描写，我们可以看出北魏佛教弥盛。注文部分介绍了为景明寺撰写碑文的邢子才的生平与经历。通过他在孝明帝元诩、孝庄帝元子攸、孝武帝元脩、孝静帝元善见四朝的宦海生涯，系统地展示了邢子才这一典型人物形象。少负盛名、博学多识且气节高雅，精通礼乐及典章诗赋，一生从事过整理文献、制定法规以及管理议政的事务，且政务清明，为帝王多器重，为人民所敬仰，是北魏不可多得的重臣。

景明寺，宣武皇帝所立也①。

景明年中立，因以为名。

【注释】

①"景明寺"二句：宣武皇帝，即世宗元恪，高祖孝文帝第二子。景明为其第一年号，凡四年(500—503)。《魏书·释老志》："世宗笃好佛理，每年常于禁中亲讲经论，广集名僧，标明义旨，沙门条录为《内起居》焉。上既崇之，下弥企尚，至延昌中，天下州郡僧尼寺积有一万三千七百二十七所，徒侣逾盛。"

【译文】

景明寺是北魏宣武皇帝所修建的。

因为修建于景明年间，因此得名"景明寺"。

在宣阳门外一里御道东。其寺东西南北方五百步①，前望嵩山、少室，却负帝城②。青林垂影，绿水为文，形胜之地，爽垲独美③。山悬堂观，一千余间。复殿重房，交疏对霤④，青台紫阁，浮道相通⑤。虽外有四时⑥，而内无寒暑。房檐之外，皆是山池，松竹兰芷⑦，垂列阶墀，含风团露，流香吐馥⑧。

【注释】

①步：中国旧制长度单位，历代规定不一，周代以八尺为步。秦代以六尺为步。《史记·秦始皇本纪》："以六为纪，符法冠皆六寸，而舆六尺，六尺为步。"《孔丛子》卷上："跬，一举足也，倍跬谓之步。"

②"前望嵩山"二句：嵩山，"五岳"之一，曾称嵩高、崇山、岳山。在河南登封北。少室，即少室山，为嵩山的最西峰。帝城，指洛阳城。《元和志》卷五："河南道登封县北八里，亦名外方山。又云东曰太室，西曰少室，嵩高总名，即中岳也。山高二十里，周回一

百三十里。少室山在县西十里，高十六里，周回三十里，颍水源出焉。”

③爽垲：高朗而干燥，高爽之地。《左传·昭公十七年》：“子之宅近市，湫隘嚣尘，不可以居，请更诸爽垲者。”杜《注》：“爽，明。垲，燥。”

④交疏对霤(liù)：疏，文窗。《古诗》曰：“交疏结绮窗，阿阁三重阶。”霤，屋檐下接水长槽。《释名·释宫室》：“霤，流也；水从屋上流下也。”《礼记·檀弓上》：“池视重霤。”郑《注》：“承霤以木为之，用行水，亦宫之饰也。”

⑤浮道：即复道，指架设于空中的通道。《史记·秦始皇本纪》：“自雍门以东至泾、渭，殿屋复道周阁相属。”

⑥四时：指一年中的春、夏、秋、冬四季。《论语·阳货》：“四时行焉，百物生焉。”欧阳修《醉翁亭记》：“水落石出者，山间之四时也。”

⑦芷：白芷。多年生草本植物，有香气，根可入药。《楚辞·招魂》：“菉蘋齐叶兮白芷生。”范仲淹《岳阳楼记》：“岸芷汀兰，郁郁青青。”

⑧馥：香味，香气。也比喻美名远扬。谢朓《思归赋》：“晨露晞而草馥，微风起而树香。”江淹《后让太傅扬州牧表》：“烈誉馥于一时，茂名郁乎当世者，岂有降今日而莫先哉。”

【译文】

位于宣阳门外一里处御路东面。这座寺庙东西南北五百步见方，前面能望见嵩山和少室山，背负帝城，青翠的树木垂下影子，碧绿的流水荡起涟漪，实为优美之地，凉爽风景独好。倚山建造的堂观光彩壮丽，多达一千多间。佛殿重重，僧房交错，绮窗相接，屋檐相对，青色的台，紫色的阁，有飞道相通。虽则外面有四季的流转，此中却没有寒暑的变化。房檐以外，都是山林池沼。松竹兰芷，挂满阶沿，含着风，聚着露，香气流动。

至正光年中①，太后始造七层浮图一所，去地百仞②。是以邢子才碑文云“俯闻激电，旁属奔星”是也③。

【注释】

①至正光年中：宣武帝景明、正始、永平、延昌。孝明帝熙平、神龟、正光，经凡二十余年。

②仞：古代计量单位，用来测量长度或者深度。周一仞为八尺，汉制为七尺，东汉末为五尺六寸。《列子·汤问》：“太形、王屋二山，方七百里，高万仞。”

③属：通“瞩”，指看、望。奔星：流星。司马相如《上林赋》：“奔星更于闺闼，宛虹拖于楯轩。”

【译文】

到正光年间，太后才开始修造了七层宝塔一座，宝塔距地面有百仞之高。

因此邢子才碑文说“俯身听见猛烈的闪电，旁边看到奔驰的流星”，确实是这样。

妆饰华丽，侔于永宁①。金盘宝铎，焕烂霞表。

【注释】

①侔于永宁：《魏书·释老志》：“永宁寺……佛图九层……景明寺佛图亦其亚也。”侔，齐等，相等，等同。《韩非子·五蠹》：“超五帝侔三王者，必此法也。”

【译文】

宝塔装饰华丽，跟永宁寺不相上下。塔上有金盘，塔旁挂宝铎，光彩映照云霞之外。

寺有三池，萑蒲菱藕[①]，水物生焉。或黄甲紫鳞[②]，出没于蘩藻[③]；或青凫白雁[④]，浮沉于绿水。礛硙舂簸[⑤]，皆用水功。伽蓝之妙，最得称首。

【注释】

①萑(huán)：芦类植物，幼小时叫"蒹"，长成后为"萑"。蒲：指香蒲，一种水生植物。《左传·昭公二十年》："泽中萑蒲，舟鲛守之。"

②黄甲：指龟鳖等甲壳类动物。紫鳞：指鱼类。《蜀都赋》："觞以清醥，鲜以紫鳞。"

③蘩藻：均为水草的名称。《诗·豳风·七月》："春日迟迟，采蘩祁祁。"

④凫：野鸭。形状似家鸭而小，常成群栖息于湖泽，善游泳，能飞，肉味鲜美，毛可制羽绒。《庄子·骈拇》："是故凫胫虽短，续之则忧；鹤胫虽长，断之则悲。"

⑤礛硙(wèi)舂(chōng)簸：礛，字书无此字，或是"砻"字之讹，相当于"磨"。与"硙舂簸"成文。硙，磨子，这里作动词用。舂，用杵臼捣，使谷物去皮或破碎。簸，扬去糠秕和灰尘。

【译文】

寺里有三个水池，芦蒲菱藕，水物生长在这里。时而是黄甲的鳖，紫鳞的鱼，出没在水草里；时而是青的凫，白的雁，沉浮在绿水上下。碾、磨、舂、簸，都靠水力推动。寺的妙用，景明寺最是称首。

时世好崇福①，四月七日，京师诸像，皆来此寺。尚书祠部曹录像凡有一千余躯②。至八日③，以次入宣阳门，向阊阖宫前受皇帝散花④。于时金花映日⑤，宝盖浮云，幡幢若林⑥，香烟似雾；梵乐法音，聒动天地⑦；百戏腾骧⑧，所在骈比。名僧德众，负锡为群⑨；信徒法侣⑩，持花成薮⑪。车骑填咽⑫，繁衍相倾⑬。时有西域胡沙门见此，唱言佛国⑭。

【注释】

①崇福：盛大的祭祀。福，指以祭祀求福。

②祠部曹：官署名。三国时期魏置，掌死丧赠赐等事。录像：登录佛像。

③至八日：《玉烛宝典》卷四载："后人每以二月八日巡城围绕，四月八日行像供养，并其遗化，无废两存。"二月八日为释迦牟尼成佛之日，佛教亦定是日巡城围绕以致庆，四月八日行像，实是主要节目。

④受皇帝散花：散花，向佛像身上撒放花朵或于佛前散置花朵以供养佛。《魏书·释老志》："世祖初即位，亦遵太祖、太宗之业，每引高德沙门与共谈论，于四月八日，舆诸佛像行于广衢，帝亲御门楼临观，散花以致礼敬。"可见魏皇帝向佛散花，由来已久。

⑤金花：指莲座。

⑥幡幢(fān chuáng)：此处泛指各种旌旗。顾况《宿湖边山寺》诗："香透经窗笼桧柏，云生梵宇湿幡幢。"幡，长方且下垂的旗帜。幢，古时用作仪仗的一种旗帜。

⑦聒：喧扰，声音嘈杂。

⑧百戏：是杂技、歌舞及民间各种音乐技艺的总称。秦汉时已有，汉代又称"角觝戏"，在汉宫廷和贵戚之家颇为流行。腾骧

(xiāng):指马戏。

⑨锡:指禅杖。《释氏要览》中:"梵云隙弃罗,此云锡杖,由振时作锡锡声故。"

⑩法侣:僧侣,和尚。皇甫冉《庐山歌送至弘法师兼呈薛江州》:"政成人野皆不扰,逐令法侣性安闲。"

⑪薮(sǒu):水少而草木茂盛的湖泽。《国语·周语中》:"薮有圃草,囿有林池。"

⑫填咽:即阗噎,充满盈溢。左思《吴都赋》:"冠盖云荫,闾阎阗噎。"刘达《注》:"阗噎,言人物遍满之貌。"

⑬相倾:互相挤轧。

⑭唱言佛国:称叹这里好像就是佛祖出生之地。唱言,感叹,称叹。佛国,佛出生之地,指印度。

【译文】

时世崇尚敬佛祈福,四月初七,京都众佛像都聚集到景明寺里,据尚书祠部曹记录佛像一共有一千多尊。到初八日,这些佛像按次序进入宣阳门,到阊阖宫前接受皇帝散花致礼。这时金花映照日光,宝盖浮在云里,幡幢如林,香烟似雾;梵地的音乐,震动天地;散乐杂技奔跃起来,所有的都融为一体。有名望的僧人和有德行的人们,背着锡杖结队到来;信徒僧侣,拿了花成群前往。车和马拥堵道路,多得互相倾轧。这时有西域的和尚看见这种情形,赞说就像佛国。

至永熙年中,始诏国子祭酒邢子才为寺碑文[①]。

子才,河间人也[②]。志性通敏[③],风情雅润[④],下帷覃思[⑤],温故知新。文宗学府[⑥],腾班、马而孤上[⑦],英规胜范[⑧],凌许、郭而独高[⑨]。是以衣冠之士[⑩],辐辏其门[⑪],怀道之宾[⑫],去来满室。升其堂者,若登孔氏之门[13];沾其赏者,犹听东吴之句。籍盛当时[14],声驰遐迩。

【注释】

①国子祭酒:学官。汉置博士祭酒,掌领太学、国子学,或国子监所属各学。邢子才:名邵,后以字行,十岁能属文,与时名彦专以山水游宴为娱,文章典丽,既赡且速,年未二十便已名动衣冠。其才性简素,内行修谨,反佛甚切。《北齐书》卷三十六有传。为寺碑文:《艺文类聚》卷七十七节录景明寺碑文云:"九土殊方,四生舛类,昏识异受,修短共时。德表生民,不救泰山之朽壤,义同列辟,岂涉栾水之沦胥。漂卤倒戈之势,浮江架海之力,孰不旷息相催,飞驰共尽?泡沫不足成喻,风电讵可为言。而皆迁延爱欲,驰逐生死,眷彼深尘,迷兹大夜。坐积薪于火宅,负沉石于苦海。结习靡倦,忧畏延长;身世其犹梦想,荣名譬诸幻化。未能照彼因缘,体兹空假,祛洗累惑,摈落尘埃。苦器易雕,危城难久。自发迹有生,会道无上,劫代缅邈,眹迹遐长,草木不能况,尘沙莫之比。及日咎停流,星光辍运,香雨旁注,甘露上悬。降灵迦卫,拥迹忍土。智出须弥,德逾大地,道尊世上,义重天中。铭曰:大道何名,至功不器。理有罔适,法无殊致。能以托生,降体凡位。正觉如远,一念斯至。德尊三界,神感四天。川流自断,火室不燃。衣生宝树,座涌芳莲。智固有极,道畅无边。"此铭无邢子才"俯闻激电,旁属奔星"二句,可能为节录之文。

②河间:汉高帝置郡,文帝改国,其后或为郡,或为国。治所在乐城(今河北献县东南)。

③通敏:通达敏悟。《本草纲目·火部》:"以陈无择之通敏,犹以暖温为君火,日用之火为相火,无怪乎后人之聋瞽也。"

④风情:风采和神情。《晋书·庾亮传》:"风情都雅,过于所望,甚器重之。"

⑤下帷：放下帷幕。用作治学严谨或闭门攻读之典。覃：深。

⑥文宗：受众人敬仰的文学大家。《后汉书·崔骃传》："崔为文宗，世禅雕龙。"《晋书·陆机陆云传》："百代文宗，一人而已。"学府：学问的府库，比喻学问渊博。

⑦班、马：班指班固，马指司马迁。班固作《汉书》，司马迁作《史记》，两人对历史学都有重要贡献，并且均为汉代著名的文章大家。

⑧规：校正圆形的工具。范：模子。

⑨许、郭：即东汉时许劭与郭泰，两人均以善于品题人物著称；通过品题人物，实际上也就显示了为人的规矩和模范。这两句意思是，邢子才在品题人物方面比许、郭还高明。

⑩衣冠：古代士以上戴冠，衣冠则是指士以上所穿着的服装。这里也借指世族、士绅。

⑪辐辏（còu）：车辐由四面八方向中心的轴聚集。比喻人和物聚集一处。《战国策·魏策一》："诸侯四通，条达辐辏，无有名山大川之阻。"辐，车轮中凑集于中心毂上的直木。

⑫怀道之宾：指有学问有德行的宾客。

⑬孔氏之门：《论语·先进》："子曰：由之瑟，奚为于丘之门？门人不敬子路。子曰：由也升堂矣，未入于室也。"《法言·吾子》："诗人之赋丽以则，辞人之赋丽以淫。如孔氏之门人用赋也，则贾谊升堂，相如入室矣。"

⑭籍盛：盛大，盛多。这里指声名显赫。

【译文】

到永熙年间，北魏皇帝才下诏命国子祭酒邢子才为寺庙撰写碑文。

邢子才，河间人。志向和性格通达聪敏，风采和性情雅正温润，垂下书帷深思，温故知新。文章受众人宗仰，学问渊博，超过班固、司马迁而独立向上；优良的准则，美好的典范，胜过许劭、郭泰而独自高标。因此着衣戴冠的士子，聚集到他的门下，有志向的宾客，来来往往，常常高朋满座。到他堂上的，就有如登孔氏之门；承受他赞赏的，好似听东吴之句。他在当时名声很盛，声誉传遍四方。

正光末，解褐为世宗挽郎、奉朝请①，寻进中书侍郎、黄门侍郎。子才洽闻博见，无所不通，军国制度，罔不访及②。自王室不靖③，虎门业废④，后迁国子祭酒，谟训上庠⑤。子才罚惰赏勤，专心劝诱，青领之生⑥，竞怀雅术，洙、泗之风⑦，兹焉复盛。永熙年末，以母老辞，帝不许之。子才恪请恳至⑧，涕泪俱下，帝乃许之。诏以光禄大夫归养私庭⑨，所在之处，给事力五人⑩，岁一朝以备顾问。王侯祖道⑪，若汉朝之送二疏⑫。

【注释】

①解褐：脱去布衣（平民服装）而换上官服，意指入仕。褐，贱者之服，未仕前所服，相当于今天的短衣。《北齐书·邢邵传》："释巾为魏宣武挽郎，除奉朝请，迁著作佐郎，深为领军元乂所礼。乂新除迁尚书令，……令邵作谢表，须臾便成。"元乂为尚书令，当时为孝明帝孝昌元年，邢子才之奉朝请，在正光末。挽郎：即挽车郎，牵引灵柩而唱挽歌的人。《晋书·礼志》："汉魏故事，大丧及大臣之丧，执绋者挽歌，以为挽歌出于汉武帝役人之劳，歌声哀切，遂以为送终之礼。"又："成帝咸康七年，皇后杜氏崩"，"有司又奏依旧选公卿以下六品子弟六十人为挽郎"。《初学记·礼部》："干宝《搜神记》曰：挽歌者，丧家之乐，执绋者相和之声也。挽歌辞有《薤露》、《蒿里》二章，出田横门人。横自杀，门人伤而悲歌。

言人如薤上露，易晞灭也。亦谓人死精魂归于蒿里，故有二章。至李延年乃分为二曲，《薤露》送王公贵人，《蒿里》送士大夫庶人，使挽者歌之。”

②罔不访及：没有不向他征求意见的。罔，同“无”。访，请教，咨询。《北齐书·邢邵传》：“博览坟籍，无不通晓。晚年尤以五经章句为意，穷其指要，吉凶礼仪，公私谘禀，质疑去惑，为世指南。每公卿会议，事关典故，邵援笔立成，证引该洽。帝命朝章，取定俄顷。”

③靖：安逸，安定。《三国志·蜀书·先主传》：“不能扫除寇难，靖匡王室。”《广雅·释诂》一：“靖，安也。”

④虎门：原指路寝之门，即古代天子、诸侯的正室，因为门外画虎而得名。此处是指国子学而言。《后汉书·章帝纪》：“于是下太常将大夫博士、议郎、郎官及诸生诸儒会白虎观，讲议五经同异。使五官中郎将魏应承制问，侍中淳于恭奏，帝亲称制临决，如孝宣甘露石渠故事。”

⑤谟(mó)：谋划，策划。《孟子·万章上》：“象曰：谟盖都君，咸我绩。”训：引导。上庠：古代指太学、国子监。庠，学校。《礼记·王制》：“有虞氏养国老于上庠，养庶老于下庠。”

⑥青领：即青衿。古时学士之服为青领，因称学子、士子为青领。《诗·郑风·子衿》：“青青子衿。”《毛传》：“青衿，青领也；学子之所服。”

⑦洙、泗之风：代指儒家的礼乐教化。洙、泗为鲁国两条河流的名称，孔子曾讲学于此。《礼记·檀弓上》：“吾与女事夫子于洙、泗之间。”《史记·孔子世家》：“孔子设教于洙、泗之上，修《诗》、《书》、《礼》、《乐》，弟子弥至。”

⑧恪：谨慎而恭敬的样子。《三国志·吴书·士燮传》：“刺史丁宫征还京都，壹侍送勤恪。”《国语·晋语五》：“恪于德以临事，其何

不济。”

⑨光禄大夫：官名。掌顾问应对，汉代始置。魏晋以后先为加官官号，后为官阶名，一直沿用至清代。

⑩事力：亦称“国秩吏力”、“禄力”、“力人”、“恤史”等。东晋南朝封建政府配给官吏个人役使的吏，作为俸力的一部分。《通典·职官》载北齐官制云：“自一品以下至流外勋品各给事力，一品至三十人，下流外勋品或以五人为等，或以四人、三人、二人、一人为等。”

⑪祖道：古代为出行者祭祀路神和设宴送行的礼仪。祖，指出行时祭祀路神，以求出行者一路平安。《诗·大雅·烝民》：“仲山甫出祖。”郑《注》：“祖者，行犯軷之祭也。”

⑫二疏：指疏广、疏受。疏广，西汉东海兰陵（今山东枣庄东南）人，少年好学，精通《春秋》。在家开设学堂，很远的人都前来就学。后征为博士，宣帝时任太子太傅。其侄疏受同样以贤良起家，官至少傅。在任五年，两人均称病还乡，临行时，公卿、士大夫、故人、学生都设帐于东都门外为他们饯行，送行的车子多达几百辆。

【译文】

正光末年，邢子才官做到魏世宗挽郎，奉朝请。不久晋升中书侍郎、黄门侍郎。邢子才见闻广博，几乎无所不通，统军治国的制度，没有不知道的。自从朝廷不安定，国学的学业荒废，就升他做国子祭酒，教授国学。邢子才责罚懒惰的，赞赏勤学的，劝诱学生学习，国学的生徒，争着归向雅正的道术。孔子在洙水泗水的礼教风气，在这里复兴。永熙末年，因母亲年老辞官，皇帝不允许。邢子才坚决请求辞官的话极为恳切，鼻涕眼泪俱下，皇帝这才同意了。下诏以光禄大夫的身份回家养母，所在的地方，给予五名听差，一年一次上朝，以备皇上询问。王和侯为他饯送，相送的场面像汉朝送别二疏。

暨皇居徙邺[①],民讼殷繁,前革后沿[②],自相与夺[③],法吏疑狱[④],簿领成山[⑤]。乃敕子才与散骑常侍温子昇撰《麟趾新制》十五篇[⑥],省府以之决疑[⑦],州郡用为治本。武定中,除骠骑大将军、西兖州刺史。为政清静,吏民安之[⑧]。后征为中书令。时戎马在郊,朝廷多事[⑨],国礼朝仪,咸自子才出。所制诗、赋、诏、策、章表、碑颂、赞记五百篇[⑩],皆传于世。邻国钦其模楷[⑪],朝野以为美谈也。

【注释】

①皇居:帝王的宫室。这里指京城。

②前革后沿:《魏书·刑罚志》:"天平后,迁移草创,百司多不奉法。"

③自相与夺:此处是说刑法条款前后相互矛盾,奖励和惩罚的标准不相一致。与夺,给予和剥夺,奖励和惩罚。

④法吏:执法之吏,亦指狱吏。《汉书·司马迁传》:"身非木石,独与法吏为伍,深幽囹圄之中,谁可告愬者!"疑狱:疑难的案件。

⑤簿领:在官府的簿籍上作记录。指办理公务,也指作登记用的文簿。《文选》刘桢《杂诗》:"沉迷簿领书,回回自昏乱。"李《注》:"簿领,谓文簿而记录之。司马彪《庄子注》:领,录也。"

⑥"乃敕子才"句:温子昇,见卷二《秦太上君寺》注释。《麟趾新制》,《通鉴》卷一百五十八:梁武帝大同七年,"东魏诏群官于麟趾阁议定法制,谓之《麟趾格》。冬十月甲寅,颁行之"。

⑦省府:这里指中央政府机构。省,官署名。指尚书省、中书省、门下省等,也有说指宫禁中。府,大臣宰执办公的地方。

⑧"武定中"四句:《北史·邢邵传》:"后除骠骑、西兖州刺史,在州

有善政，桴鼓不鸣。吏人奸伏，守令长短，无不知之。”“吏民为立生祠，并勒碑颂德。及代，吏人父老及媪妪皆远相攀追，号泣不绝。”武定，东魏孝静帝元善见年号（543—550）。西兖州，州名。治所为定陶（今山东定陶），后更为左城（今河北安平一带）。清静，佛教名词。《俱舍论》十六曰：“暂永远离一切恶行烦恼垢故，名为清静。”

⑨多事：多变故，多患难。《史记·秦始皇本纪》：“天下多事，吏弗能纪。”《庄子·天地》：“多男子则多惧，富则多事，寿则多辱。”

⑩诗、赋、诏、策、章、表、碑、颂、赞、记：均为古代文体的名称。

⑪邻国钦其模楷：《北史·邢邵传》：“于时与梁和，妙简聘使，邵与魏收及从子子明被征入朝，当时文人，皆邵之下。但以不持威仪，名高难副，朝廷不令出境。南人曾问宾司：邢子才故应是北间第一才士，为何不作聘使？答云：子才文辞实无所愧，但官位已高，恐非复行限。南人曰：郑伯猷护军犹得将命，国子祭酒何为不可？”

【译文】

迁都于邺后，民间诉讼案繁多，法律有改革的，有措袭的，自相矛盾，法吏无法断案，案卷堆积成山。于是令邢子才同散骑常侍温子昇编订《麟趾新制》十五篇。省府用它来解决疑案，州郡用它来作为治理的依据。武定年间，拜为骠骑大将军、西兖州刺史，邢子才为政主张无为之治，吏民安于他的治理。后来启用他做中书令。当时国家外临战事，朝廷多遭事故，国家的礼节，朝廷上的仪制，都由邢子才制定执行。他创作的诗赋、诏策、章表、碑颂、赞记五百篇，都流传于世上。邻国人敬佩他作为模范，朝野传颂他视为美谈。

大统寺　招福寺　秦太上公寺

【题解】

本节在介绍洛阳城南著名的大统寺时，引出了寺南的三公令史高显略的府邸发生的奇闻秩事，即红光显瑞，掘地得金，一并出土的石碑上刻有“苏秦家金，得者为吾造功德”等字，高显略遵嘱建立了招福寺。据此可知此地乃是战国著名纵横家苏秦旧宅。另外，文中高显略直接把“功德”理解成建寺弘法，显然是受到了当时深厚的佛教信仰氛围的影响。

大统寺，在景明寺西，即所谓利民里。寺南有三公令史高显略宅①。

每夜见赤光行于堂前，如此者非一。向光明所掘地丈余，得黄金百斤，铭云：“苏秦家金，得者为吾造功德②。”显略遂造招福寺。人谓此地是苏秦旧宅。当时元乂秉政，闻其得金，就洛索之，以二十斤与之。衒之按：苏秦时未有佛法，功德者不必是寺，应是碑铭之类，颂其声绩也。

【注释】

①令史:官名。掌文书案牍。秦、汉设县令令史、兰台令史、尚书令史等,为郎下属官。限满可迁官郎、丞、尉。《通典·职官》:“令史,汉官也。后汉尚书令史十八人,曹有三人主书,后增剧曹三人,合二十一人,皆选于兰台符节简练有吏能者为之。”

②功德:佛教指念佛、诵经、布施等善事,以及据说因此可得到的报应。《大乘义章》、《天台仁王经疏》等说法不同,但大致“功”指行善,“德”指归己福报。《胜鬘经宝窟》称:“恶尽言功,善满曰德。又,德者得也,修功所得,故名功德也。”

【译文】

大统寺,在景明寺西面,就是所谓的利民里。寺南有三公令史高显略的宅邸。

晚上常见红光在堂前出现,不止一次。从闪光的地方向下挖掘百丈,得黄金百斤,铭文上说:“苏秦家的黄金,得到的人请帮我造功德。”高显略于是造招福的寺庙,人称此地是苏秦旧宅。当时元乂掌权,听闻挖得黄金,就向他索取,给了他二十斤。杨衒之按:苏秦时未有佛法,不必造寺庙以求功德,应该是碑铭之类,歌颂自己的声望功绩。

秦太上公寺

【题解】

秦太上公寺分西寺和东寺两座寺庙，分别由胡太后和其妹妹出资修建，所以又称双女寺。前文卷二《秦太上君寺》是胡太后为其母祈福所修建，而本寺则是为其父祈福所修建。两寺面临洛水河，大门并排而立，各建有一座五层佛塔，与景明寺相仿。每逢月初八、十四、十五、二十三、二十六、三十日这六个斋戒奉佛日，宫中都会派来宦官检查寺庙设施，并布施寺庙。我们可从文中看出，由皇家出资修建用于祈福的寺庙，其所享受的待遇是洛阳城其他寺庙都不能比拟的。

文中还记叙了孝明帝孝昌元年(525)，虎贲中郎将骆子渊托明堂队的军士樊元宝送信回乡，樊元宝所经历的一段奇遇，指明传奇人物骆子渊即是洛水之神的传闻。

东有秦太上公二寺，在景明南一里。西寺，太后所立；东寺，皇姨所建①。并为父追福，因以名之。时人号为双女寺。并门邻洛水，林木扶疏，布叶垂阴。各有五层浮图一所，高五十丈。素采画工，比于景明。至于六斋②，常有中黄门一人监护③，僧舍衬施供具④，诸寺莫及焉。

【注释】

①皇姨：元乂妻，胡太后妹，封新平郡君，后迁冯翊郡君，拜女侍中。详见《魏书·元乂传》。

②六斋：即六日斋。每月之八、十四、十五、二十三、二十六、三十日皆戒斋沐浴，严事奉佛。《大智度论》中有完整的论述。

③中黄门：官名。属少府，由宦者担任，没有固定人数。《汉书·百官公卿表》颜师古注："中黄门，谓阉人居禁中，在黄门之内给事者也。"是加给某些宦者的头衔之一，以表示亲信，东汉时食俸由百石增至三百石。

④衬施：施舍，布施。《释氏要览》："衬钱，梵语达衬拏，此云财施。今略达拏，但云衬。"《五五律》云："食后施衣物，名达衬。"供具：亦称"供物"，供养佛菩萨的物品。有六种：花、涂香、水、烧香、饭食和长明灯，依次表示布施、持戒、忍辱、精进、禅定、智慧等"六度"。后随着佛教的发展，供具也不仅限于这六种。

【译文】

东面有秦太上公东西二寺，位于景明寺南一里处。西寺，是由灵太后所建；东寺，是由灵太后的妹妹所建。二寺都是为父亲追祈冥福建造的，于是用父亲的封号取名，当时人称为双女寺。寺门并立，都邻接洛水，寺内树木扶疏，树叶布满，树阴垂下。各有五层宝塔一座，高五十丈，素采画工，可比景明寺。至于六斋，经常有中黄门一人监督守护，僧房内布施的供应品，许多寺都是比不上的。

寺东有灵台一所[①]，基址虽颓[②]，犹高五丈余，即是汉光武所立者。灵台东有辟雍[③]，是魏武所立者[④]。至我正光中造明堂于辟雍之西南[⑤]，上圆下方，八窗四闼。汝南王复造砖浮图于灵台之上。

【注释】

①灵台：望气之台。《诗·大雅·灵台》："经始灵台，经之营之。"郑《笺》："天子之有灵台者，所以观祲象察气之夭祥也。"《水经注·谷水》："谷水又径灵台北，望云物也。汉光武所筑，高六丈，方二十步。世祖尝宴于此台。"据实地勘探，灵台遗址范围约四万多平方米，周围有墙，中心有高八米土台，南北约长四十一米，东西约长三十一米。

②颓：坍塌，败坏。此处指下陷。

③辟雍：即太学，形圆而四面环以水，职责为行礼乐，宣教化。《礼记·王制》："大学在郊，天子曰辟雍，诸侯曰頖宫。"《注》："辟，明也；雍，和也。所以明和天下也。"《白虎通·辟雍》："天子之立辟雍者，所以行礼乐，宣教化也。辟者，璧也；象璧圆，又以法天。于雍水侧，象教化流行也。"陆机《洛阳记》："灵台在洛阳南，去城三里。辟雍在灵台东，相去一里，俱魏所徙。"

④魏武：即魏武帝，是曹丕称帝后追封曹操的谥号。

⑤明堂：古时天子宣明政教之所，凡朝会、祭祀、庆赏、选士等都于其中举行，五室九阶，四户八窗。封轨《明堂辟雍议》："明堂者，布政之宫，在国之阳，所以严父配天，听朝设教。"又："四户者，达四时，八窗者，通八风。""若其上圆下方，以则天地，通水环宫，以节观者。"详见《魏书》卷三十二。

【译文】

寺的东面有灵台一座，基址虽颓废了，仍有五丈多高，是汉光武帝所建造的。灵台东面有辟雍，是魏武帝所建造的。到了我朝正光年间造明堂于辟雍的西南，上圆下方，八窗四门。汝南王又在灵台上造了一座砖宝塔。

孝昌初[①]，妖贼四侵[②]，州郡失据。朝廷设募征格于堂之北[3]，从戎者拜旷掖将军、偏将军、裨将军[4]。当时甲胄之士，号明堂队。时有虎贲骆子渊者，自云洛阳人。昔孝昌年戍在彭城[5]，其同营人樊元宝得假还京师，子渊附书一封，令达其家。云："宅在灵台南，近洛河，卿但至彼，家人自出相看。"元宝如其言，至灵台南，了无人家可问。徙倚欲去[6]，忽见一老翁来，问从何而来，徬徨于此。元宝具向道之。老翁云："是吾儿也。"取书引元宝入，遂见馆阁崇宽，屋宇佳丽。既坐，命婢取酒。须臾见婢抱一死小儿而过，元宝初甚怪之。俄而酒至，色甚红，香美异常。兼设珍羞，海陆具备。饮讫，辞还，老翁送元宝出云："后会难期[7]，以为凄恨！"别甚殷勤[8]。

【注释】

①孝昌：北魏孝明帝年号(525—527)。

②妖贼四侵：《魏书·肃宗纪》："孝昌元年春正月庚申，徐州刺史元法僧据城反，自称宋王。""二月，齐州郡民贾结聚众反。""三月，齐州清河民崔畜杀太守董遵，广川民傅推执太守刘莽反。""八月，柔玄镇人杜洛周率众反于上谷，号年真王。""十二月，山胡刘蠡升反，自称天子。""二年春正月，五原降户鲜于修礼反于定州，号鲁兴元年。""二月，西部敕勒斛律洛阳反于桑乾。""四月，朔州人鲜于阿胡、库狄丰乐据城反。""六月，绛蜀陈双炽聚众反，自号始建王。""八月，贼帅元洪业斩鲜于修礼，请降，为贼党葛荣所杀。""九月，荣自称天子，号曰齐。""闰月，齐州平原民刘树、刘苍生聚众反。"此皆妖贼四侵之实。

③募征格：招募人才的赏格。《魏书·肃宗纪》：孝昌元年十二月壬

午诏曰:“其有失律亡军,兵戎逃叛,盗贼劫掠,伏窜山泽者,免其往咎,录其后效,别立募格,听其自新。”

④旷掖将军:《集证》有“按《魏书·百官志》第九品有旷野将军,从第九品有偏将军,裨将军。此旷掖二字,疑是旷野之讹也”。

⑤戍:驻防。彭城:地名。即今江苏徐州。

⑥徙倚:徘徊,流连不去。《楚辞·哀时命》:“然隐悯而不达兮,独徙倚而彷徉。”《注》:“徙倚,犹低佪也。”《论衡·变动》:“盗贼之人,见物而取,睹敌而杀,皆在徙倚漏刻之间。”

⑦后会难期:以后不能再见面了。难期,即难以再相见。

⑧殷勤:情意恳切而深厚。白居易《贺雨》:“遂下罪己诏,殷勤告万邦。”

【译文】

孝昌初年,妖贼四面侵扰,州郡失去据守。朝廷在朝堂的北面设立募征格,从事作战的将领被封为旷野将军、偏将军、裨将军。当时从军的士兵,称为明堂队。当时有虎贲军的骆子渊,自称洛阳人氏。孝昌年间在彭城守卫,他的同营人樊元宝休假返回京城,骆子渊附了一封家信,让樊元宝带到家中。说:“住宅在灵台南,靠近洛河,你只要到了那里,家里人自然出来相见。”樊元宝照他说的,来到灵台南,完全没有人家可以询问。徘徊将要离去,忽见一个老翁走来,问他从哪里来,为什么在这里彷徨。樊元宝便一一相告。老翁说:“是我的儿子啊。”拿了信引樊元宝进屋,就看见馆阁宽大,房屋华丽美观。坐定之后,老翁令婢女拿酒来。一会儿见婢女抱着一个死去的小儿走过,樊元宝起初很惊奇。不久酒来了,颜色很红,香美异乎平常。并摆上珍贵的食物,海味陆味都具备。喝完了,辞别回去。老翁送樊元宝出门说:“再见很难了,很是遗憾。”分别时依依不舍。

老翁还入，元宝不复见其门巷。但见高岸对水，绿波东倾。唯见一童子，可年十五，新溺死，鼻中出血，方知所饮酒是其血也。及还彭城，子渊已失矣。元宝与子渊同戍三年，不知是洛水之神也。

【译文】

老翁刚进去，樊元宝不再看见门屋，只见高的河岸对着河水，绿波向东流去。一个童子，大概十五岁，刚溺水死去，鼻子里还流着血，方才知道所饮的是他的血。等他回到彭城，骆子渊已经不见了。樊元宝与骆子渊共同戍守三年，却不知他就是洛水之神。

报德寺　大觉寺　三宝寺　宁远寺　承光寺

【题解】

本节所介绍的报德寺是北魏孝文帝元宏为祖母冯太后祈福修建的。其所在的开阳门外皇家大道以东是汉代的国子学堂。堂前树有刻着《春秋》、《尚书》、《周易》、《尚书》、《公羊》、《礼记》等内容的石碑。

东汉和曹魏时所刻的碑石经书，为中国历史上最早的官定儒家经本。汉石经又名《熹平石经》、《一体石经》；魏石经又名《正始石经》、《三体石经》。汉魏石经原并立于洛阳故城南郊太学讲堂的东西两侧。汉魏之后，石经迭遭严重破坏，原碑现已不存。文中也交代了孝静帝武定四年(546)，大将军高澄将这些石刻经典搬迁到邺都的史实，乃是东魏朝廷守护传统文化的一次举措。从汉魏石经的兴废，侧面反映了洛阳城的变迁。

报德寺，高祖孝文皇帝所立也。为冯太后追福①。

【注释】

①冯太后：北魏文成帝皇后。长乐信都(今河北冀县)人。献文帝

时，杀专权大臣乙浑，临朝听政。孝文帝时继续执政。执政二十五年，死后谥文明太皇太后。《魏书》卷十三《皇后列传》曰："高祖诏曰：朕以虚寡，幼纂宝历，仰恃慈明，缉宁四海，欲报之德，正觉是凭。诸鸷鸟伤生之类，宜放之山林，其以此地为太皇太后经始灵塔。于是罢鹰师曹，以其地为报德佛寺。"又《释老志》："太和四年春，诏以鹰师为报德寺。"

【译文】

报德寺，由高祖孝文皇帝所建。

是为了给冯太后追福修建的。

在开阳门外三里。

【译文】

位于开阳门外三里处。

开阳门御道东有汉国子学堂①。堂前有三种字石经二十五碑②，表里刻之；写《春秋》、《尚书》二部，作篆、科斗、隶三种字，汉右中郎将蔡邕笔之遗迹也③。犹有十八碑，余皆残毁。

【注释】

①有汉国子学堂：《文选·闲居赋·注》引郭缘生《述征记》："国学在辟雍东北五里，大学在国学东二百步。"《河南志》有载："太学，光武建武五年起，陆机《洛阳记》曰：在开阳门外，去宫八里。讲堂长十丈，广三丈。灵帝召诸儒正定五经，刊石于是。"

②堂前有三种字石经二十五碑：《水经注·谷水》："东汉灵帝光和六年，刻石镂碑载五经，立于太学讲堂前，悉在东侧。……碑南

面刻颂，表里镂字，犹存不破。《石经》沦缺，存半毁几，驾言永久，谅用抚焉。”《太平御览》卷五百八十九《西征记》：“国子堂前有列碑，南北行，三十五枚，刻之表里，书《春秋经》、《尚书》二部，大篆、隶、科斗三种字。碑长八尺，今有十八枚存，余皆崩。太学堂前石碑四十枚，亦表里隶书《尚书》、《周易》、《公羊传》、《礼记》四部，本石塘相连，多崩败。……有魏文帝《典论》六碑，今四存二败。”各书所列碑数虽或不同，而一字石经及三字石经则分别了然。三字石经者，先列古文（科斗），次列篆文，再次列隶书，魏正始年间立，书石者不可考，其与一字石经不同。一字石经，仅为隶书，书石者为汉熹平中蔡邕等人，世或称《熹平石经》。前者或称《魏石经》。今杨衒之以“魏三字石经”为蔡邕遗墨，大概殆其记忆有误；或此“汉右中郎将蔡邕笔之遗迹也”句，在下“《礼记》四部”句下。刻者误入，亦未可知。

③蔡邕：字伯喈，东汉陈留（今河南杞县）人。灵帝时拜郎中，与杨赐等奏呈《六经》文字，立碑太学门外。应董卓征召，官至中郎将。后以卓党被捕，死于狱中。

【译文】

开阳门御路东有汉代的国子学堂。堂前有三种字体的石经二十五碑，里外都刻有文字，刻写的是《春秋》、《尚书》二部，用了篆、科斗、隶三种字体，是汉右中郎将蔡邕书写的笔迹。还留存十八块碑，其余的都已残毁。

复有石碑四十八枚，亦表里隶书，写《周易》、《尚书》、《公羊》、《礼记》四部[①]。又《赞学碑》一所，并在堂前。魏文帝作《典论》六碑[②]，至太和十七年，犹有四存。高祖题为劝学里。

武定四年，大将军迁石经于邺[③]。

【注释】

①“复有石碑”三句：《公羊》，即《春秋公羊传》，春秋三传之一。据传为战国时公羊高所撰。按此为汉熹平一字石经，汉灵帝熹平四年(175)奏定，至光和六年(183)刻成。有《周易》、《尚书》、《鲁诗》、《仪礼》、《春秋》及《公羊传》、《论语》等书，今所见残碑中，《礼记碑》有马日磾、蔡邕等名，则一字石经为蔡邕等书无疑。别详张国淦《历代石经考》。

②魏文帝作《典论》六碑：《三国·魏书·明帝纪》：“太和四年二月戊子，以文帝《典论》刻石立于朝门之外。”魏文帝，即曹丕。《典论》，书名，为曹丕所撰，后散佚。

③大将军迁石经于邺：《石经考》：“武定四年八月，迁洛阳汉魏《石经》于邺。”大将军，指高欢长子高澄，字子惠，渤海蓨(今河北景县)人。少时敏悟过人，神情俊爽。武定七年(549)，遇刺身亡，时年二十九。

【译文】

另有石碑四十八块，里外都用隶书，刻写《周易》、《尚书》、《公羊》、《礼记》四部经书。又有《赞学碑》一座，都在国子学堂前。魏文帝所作《典论》的六块碑，到太和十七年尚存四块碑。高祖将此题名为劝学里。

武定四年，大将军把石经迁到邺地。

里有大觉、三宝、宁远三寺。周回有园，珍果出焉。有大谷梨，承光之柰[①]。承光寺亦多果木，柰味甚美，冠于京师。

【注释】

①大谷：地名。即太谷，在今河南偃师西南。东汉灵帝中平元年（184）置关于此，以产梨闻名。潘岳《闲居赋》："张公大谷之梨。"李《注》："《广志》曰：洛阳北芒山有张公夏梨甚甘，海内惟有一树。大谷未详。"张衡《东京赋》："盟津达其后，太谷通其前。"薛综《注》："太谷在辅氏北，洛阳西也。《洛阳记》曰：'太谷，洛城南五十里，旧名通谷。'"

【译文】

里内有大觉、三宝、宁远三寺。周围有园林，珍奇的果物出产在这里，有太谷梨、承光柰。承光寺也多果树，柰的味道很美，为京师洛阳之冠。

正觉寺

【题解】

本节介绍的是北魏孝文帝朝尚书令王肃出资修建的正觉寺。文中不仅描述了正觉寺的由来，更是罕见地再现了北魏人物的情感经历。王肃帮助孝文帝重建典章制度，建设布局都城，既表现了王肃的学养丰厚，学识渊博，又表现了孝文帝对人才的器重，以及南方人才大量归顺的史实。王肃与江南时的妻子谢氏和北魏的妻子彭城公主之间的一段故事，侧面反映了当时女子的才情、心智以及气魄胸襟。

王肃从南齐投奔到北魏之后饮食上的不同，不习惯北方的羊肉羊奶，仍然习惯南方的鱼汤和茶酒，以致有“水厄”的趣典。但是当孝文帝宫廷宴请时问王肃南北饮食孰高孰低时，王肃却已对北方饮食推崇备至，这些记载说明了当时南北生活习性上的不同，以及在北方朝廷效命的南来士人生活上的改变，但是，更重要和更深层面的其实是心理上的调适。

劝学里东有延贤里，里内有正觉寺，尚书令王肃所立也。

肃字恭懿，琅琊人也[①]。伪齐雍州刺史奂之子也[②]。赡学多通，才辞美茂，为齐秘书丞[③]，太和十八年，背逆归顺④。时高祖新营洛邑，多所造制，肃博识旧事，大有裨益⑤，高祖甚重之，常呼王生⑥。延贤之名，因肃立之。

【注释】

①琅琊：郡名。即沂州，属河南道，州治临沂县，即今山东临沂。

②奂：王奂，字彦孙，齐永明年间为镇北将军、雍州刺史，后为州司马黄瑶所杀。详见《南齐书》卷四十九《王奂传》。

③秘书丞：官名。东汉末年曹操为魏王时，始置秘书丞，晋沿其制，为秘书令或监之副，掌管图书文籍。

④背逆归顺：指背叛齐国而投降北魏。因杨衒之是魏人，故称齐为“逆“，魏为“顺”。《魏书》卷六十三《王肃传》：“父奂及兄弟并为齐武帝所杀。太和十七年，肃自建业来奔。”《南史》卷二十三《王奂传》：“出为雍州刺史加都督，与宁蛮长史刘兴祖不睦，……司马黄瑶起，宁蛮长史裴叔业于城内起兵攻奂。奂闻兵，入礼佛，未及起，军人斩之。子彪及弟爽、弼、殷叡皆伏诛。长子太子中庶子融、融弟司徒从事中郎琛于都弃市，琛弟肃、秉并奔魏。”

⑤“肃博识”二句：旧事，指先前朝代的典章文物。《北史》卷四十二《王肃传》：“自晋氏丧乱，礼乐崩亡，孝文虽厘革制度，变更风俗，其间朴略，未能淳也。肃明练旧事，虚心受委，朝仪国典，咸自肃出。”《南齐书·魏虏传》：“王肃为虏制官品，百司皆如中国，凡九品，品各有二。”

⑥“高祖”二句：《魏书·王肃传》：高祖“器重礼遇，日有加焉。亲贵旧臣，莫能间也。或屏左右，相对谈说，至夜分不罢。肃亦尽忠输诚，无所隐避，自谓君臣之际，犹玄德之与孔明也”。

【译文】

劝学里东面有延贤里，里内有正觉寺，是尚书令王肃所建造的。

王肃字恭懿，琅琊人。是伪齐雍州刺史王奂的儿子。博学多识，才华丰富，任齐国的秘书丞，太和十八年背逆归向魏国。这时高祖正营造新都洛阳，很多典章制度都要重建，王肃广博地了解旧制度，提出不少有用的建议。高祖很看重他，经常叫他王生。延贤的名称，就是因王肃才取的。

肃在江南之日，聘谢氏女为妻①，及至京师，复尚公主②。谢作五言诗以赠之。其诗曰："本为箔上蚕③，今作机上丝。得路逐胜去④，颇忆缠绵时⑤。"公主代肃答谢云："针是贯线物，目中恒任丝。得帛缝新去，何能纳故时⑥。"肃甚有愧谢之色，遂造正觉寺以憩之⑦。

【注释】

①谢氏女：指陈郡（今河南淮阳）谢庄之女。王肃子《王绍墓志》称肃妻"陈郡谢氏，父庄，右光禄大夫，宪侯"。

②公主：这里指陈留长公主，高祖元宏妹。《魏书·王肃传》："诏肃尚陈留长公主，本刘昶子妇彭城公主也。"《南齐书·魏虏传》："肃初奔虏，自说其家被诛事状，（元）宏为之垂涕，以第六妹伪彭城公主妻之，封肃平原郡公，为宅舍，以香涂壁，遂见信用。"

③箔：蚕帘，养蚕用的竹筛、竹席之类。《农桑辑要》卷四："比至再眠，常须三箔，中箔上安蚕。"《注》："下箔障土气，上箔防尘埃。"

④胜：妇女的首饰。《释名·释首饰》："华象草木华也，胜言人形容正等，一人着之则胜也，蔽发前为饰也。"《荆楚岁时记》："正月七日镂金箔为人胜，以贴屏风，亦戴之头鬓。"一说，"胜"为织机上持经线的器具，这里是语意双关，用"络"和"胜"比公主，表明王肃弃旧攀新。

⑤颇：疑词，相当于说"可"。缠绵：紧紧缠绕，难以解开，比喻情意

深厚，也是一语双关的用法。

⑥纳：字面解作“缝”，这里也是双关用法，暗指“容纳”、“接纳”。《新方言·释器》：“今淮南吴越谓刺绣为纳绣，直隶谓缝曰纳。”

⑦“肃甚有”二句：憩，休息，此处指安置。《魏书·王肃传》：“子绍，肃前妻谢生也。肃临薨，谢始携二女及绍至寿春。”盖其时肃之任所在寿春。肃女《王普贤墓志》：“考昔钟家耻，投诚象魏。夫人痛皋鱼之晚悟，感树静之莫因，遂乘险就夷，庶恬方寸。惟道冥昧，仍罹极罚，茹荼泣血，哀深乎礼。”王肃子《王绍墓志》：“考司空深侔伍氏之概，必誓异天之节，乃鹄立象魏，志雪冤耻。……天道茫茫，俄钟极罚，婴号茹血，哀瘠过礼。”

【译文】

王肃在江南的时候，娶谢家女为妻，叛逃到北魏后，又娶了公主。谢家女写了一首五言诗给王肃。诗上说：“本来是箔上蚕，今天做机上丝。得到机会追求富贵，我仍然回忆缠绵时。”公主代王肃答谢女说：“针是贯线用的，针眼总是带着线。得到布帛缝新衣，怎能仍去补旧装。”王肃对谢女感到很羞愧，于是建造正觉寺来安宁心绪。

肃忆父非理受祸，常有子胥报楚之意[①]，卑身素服，不听音乐，时人以此称之。

【注释】

①子胥报楚：伍员字子胥，春秋时吴国大夫，楚大夫伍奢次子。伍奢与长子伍尚均被楚平王杀害。伍子胥逃到吴国，帮助阖闾刺杀吴王僚，夺取王位，又佐阖闾伐楚，攻占郢都，掘平王墓，鞭尸三百。“子胥报楚”即指其事。详见《史记》卷六十六《伍子胥列传》。

【译文】

王肃想到父亲不是因为犯法而受祸，常有子胥报楚的心意，身处卑位，穿白服，不听音乐，时人因此称美他的骨气。

肃初入国，不食羊肉及酪浆等物①，常饭鲫鱼羹，渴饮茗汁。京师士子见肃一饮一斗②，号为漏卮。经数年已后，肃与高祖殿会，食羊肉酪粥甚多。高祖怪之，谓肃曰："卿中国之味也，羊肉何如鱼羹？茗饮何如酪浆？"肃对曰："羊者是陆产之最，鱼者乃水族之长。所好不同，并各称珍。以味言之，甚是优劣。羊比齐、鲁大邦，鱼比邾、莒小国③，唯茗不中，与酪作奴。"高祖大笑，因举酒曰："三三横，两两纵，谁能辨之赐金钟④。"御史中尉李彪曰："沽酒老妪瓮注瓨，屠儿割肉与秤同⑤。"尚书右丞甄琛曰⑥："吴人浮水自云工，妓儿掷绳在虚空⑦。"彭城王勰曰："臣始解此字是'习'字。"高祖即以金钟赐彪⑧。朝廷服彪聪明有智，甄琛和之亦速。彭城王谓肃曰："卿不重齐、鲁大邦，而爱邾、莒小国？"肃对曰："乡曲所美⑨，不得不好。"彭城王重谓曰："卿明日顾我，为卿设邾、莒之食，亦有酪奴。"因此复号茗饮为酪奴。

【注释】

①羊肉及酪浆：《汉书·西域传》："以肉为食兮酪为浆。"李陵《答苏武书》："膻肉酪浆，以充饥渴。"

②斗：和下文的"卮"均为古代酒器。《诗·大雅·行苇》："酌以大

斗。”《淮南子·泛论训》：“今夫霤水足以溢壶榼，而江河不能实漏卮，故人心犹是也。”

③邾、莒(jǔ)：二者均为春秋时临近齐、鲁的小国，后被楚所灭。

④“三三”三句：是个字谜，谜底是“习”字。后面则是说猜中后的奖赏。赵翼《陔余丛考》二十二：“谜者古之隐语，始自《左传》。刘歆《七略》有《隐书》十八篇，今不传。或谓谜者始自曹魏，则引此文为证。”钟，酒器。

⑤“沽酒”两句：这两句意思是说沽酒老妪与屠儿的本领都是长时间练习而成。李彪说此二句，即表示他已猜出“习”字。妪，老妇人。瓨(hóng)：瓦制的器，即长颈罂，口小腹大。《说文》：“瓨，罌，长颈，受十升；读若洪，从瓦，工声。此与上下句协韵也。”

⑥甄琛：字思伯，北魏中山无极(今河北无极西)人。颇学经史，而有刀笔。太和初，拜中书博士，迁谏议大夫。世宗时，曾随高肇伐蜀。正光间，为车骑将军。赠尚书左仆射。《魏书》卷六十八有传。

⑦“吴人”二句：是说吴人善于游泳和妓儿能掷绳空中也是长时间练习而成的。吴人，指江南人。云，相当于说“然”。

⑧高祖即以金钟赐彪：《通鉴》卷一百四十：魏高祖“好贤乐善，情如饥渴。所与游接，常寄以布素之意，如李冲、李彪、高闾、王肃、郭祚、宋弁、刘芳、崔光、邢峦之徒，皆以文雅见亲，贵显用事”。金钟，金制的酒器。

⑨乡曲：老家，家乡。《汉书·司马迁传》：“仆少负不羁之才，长无乡曲之誉。”

【译文】

王肃初到魏国，不吃羊肉和酪浆等物，常常用鲫鱼羹下饭，渴了饮茶。京城的士人传说王肃一次饮一斗，赠他一个漏卮的雅号。过了几年以后，王肃同高祖在殿上聚会，吃了很多羊肉酪粥。高祖觉得奇怪，问他说："您是吃过中原各种风味的，羊肉比鱼羹怎样？喝茶比酪浆怎样？"王肃回答道："羊是陆产中最好的，鱼是水族中第一。人们的爱好不同罢了，其实都是珍馐。拿味道讲，大有优劣的差别。羊好比是齐、鲁大邦，鱼好比是邾、莒小国，唯独茶可以作酪的奴。"高祖大笑，于是举起酒杯说："三三横，两两纵，谁能猜出便赐金钟。"御史中尉李彪说："卖酒的老妇用瓦器把酒从大口瓮注入小口瓮，屠儿割肉与秤同。"尚书右丞甄琛说："吴人浮水自说工，妓儿掷绳在虚空。"彭城王元勰说："臣现在猜出这个字是习字。"高祖于是赐给李彪金钟。朝廷上也佩服李彪聪明有智慧，甄琛和得也快。彭城王对王肃说："您不看重齐、鲁大邦，却爱邾、莒小国。"王肃对答说："因为是故乡的魅力，不得不爱好。"彭城王又说："您明天来看我，我为您置办邾、莒的食品，也有酪奴。"因此人们又叫茶做"酪奴"。

时给事中刘缟慕肃之风，专习茗饮。彭城王谓缟曰："卿不慕王侯八珍[①]，好苍头水厄[②]。海上有逐臭之夫[③]，里内有学颦之妇[④]，以卿言之，即是也。"其彭城王家有吴奴，以此言戏之。自是朝贵宴会虽设茗饮，皆耻不复食，唯江表残民远来降者好之[⑤]。后萧衍子西丰侯萧正德归降[⑥]，时元乂欲为之设茗，先问："卿于水厄多少？"正德不晓乂意，答曰："下官虽生于水乡，而立身以来，未遭阳侯之难[⑦]。"元乂与举坐之客皆笑焉。

【注释】

①八珍：指八种珍贵的食物，具体食物说法不尽相同。后世一般以龙肝、凤髓、豹胎、鲤尾、鸮(xiāo)炙、猩唇、熊掌、酥酪蝉为八珍。这里泛指各种珍馐美味。《周礼·天官·膳夫》："凡王之馈，食

用六谷，膳用六牲，饮用六清，羞用百有二十品，珍用八物。”郑《注》：“珍谓淳熬、淳母、炮豚、炮牂、捣珍、渍、熬、肝膋也。”《辍耕录》：“所谓迤北八珍，则醍醐、麆吭、野驼蹄、鹿唇、驼乳糜、天鹅炙、紫玉浆、玄玉浆也。”

②水厄：对嗜茶的戏称。魏晋南北朝之际，南方士人喜爱饮茶，北方少数民族不习惯饮茶。时已有以茶待客之俗。《说郛》：“（濛）好饮茶，客至辄饮，士大夫甚以为苦，每饮候濛，必云今日有水厄。”

③逐臭：这里是比喻嗜好的怪癖。《吕氏春秋·孝行览》：“人有大臭者，其亲戚兄弟妻妾知识无能与居者，自苦而居海上。海上人有说其臭者，昼夜随之而弗能去。”曹植《与杨德祖书》：“兰茝荃蕙之芳，众人之所好，而海畔有逐臭之夫。”

④学颦（pín）：学皱眉。指丑妇效西施捧心皱眉的故事，意思是说不配仿效而仿效，适足以见其丑。颦，皱眉。《庄子·天运篇》：“西施病心而矉，其里之丑人见而美之，归亦捧心而矉，其里之富人见之，坚闭门而不出。贫人见之，挈妻子而去之走。”矉、颦通用。

⑤残民：从南朝政权的角度来看，自南朝来投奔北朝的人都是叛逆，应该刑处。所以，他们是在应该杀戮的人中侥幸存活下来的，故称“残民”。残，残留，残存。

⑥萧正德：梁萧宏第三子，起初梁武帝萧衍无子，养萧正德为己子；后太子萧统出生，萧正德仍归萧宏，封西丰侯，正德因此心中不满，奔魏。《通鉴》卷一百四十九：“初太子统之未生也，上养临川王宏之子正德为子。及太子统生，正德还本，赐爵西丰侯。正德怏怏不满意，常蓄异谋。顷之，奔魏，自称废太子，避祸而来。”“明年复自魏逃归，上泣而诲之，复其封爵。”

⑦阳侯之难：即是指溺水之难。阳侯，古代传说中的水神名。《淮南子·览冥训》：“武王伐纣，渡于孟津，阳侯之波，逆流而击。”《注》：“阳侯，陵阳国侯也。其国近水，溺死于水，其神为大波，有

所伤害，因谓之阳侯之波也。”

【译文】

当时给事中刘缟仰慕王肃的风度，专门学习饮茶。彭城王对刘缟说：“您不羡慕王侯用的八珍，却爱好苍头的水厄。海上有追逐臭味的人，里内有效仿西施皱眉的妇人，用您来比附，就是这样的人了。”彭城王家里的吴奴，就用这话来嘲戏他。从此以后，朝廷上贵族宴会，虽然设了茗饮，都以为耻，不再饮用，只有长江以外远来投降的人才爱好喝茶。后来萧衍的儿子西丰侯萧正德来投降，当时元乂要为他设置茗饮，先问：“您曾受过水灾多少？”萧正德不晓得元乂的意思，回答道：“下官虽生在水乡，自从自立以来，没有遭受过水灾。”元乂同座上的客人都笑了。

龙华寺　追圣寺　归正寺

【题解】

龙华寺由广陵王所建造，追圣寺由北海王所建造，都是在报德寺的东面。两寺僧房的数量以及举行佛教法会的数量都与前文的秦太上公寺相当。两寺在北魏的故实并不多，但对洛阳城百姓的佛教生活影响颇大。

归正寺位于归正里，是由萧正德捐宅修建的。归正里为南朝归顺而来的人聚居之处，建寺的萧正德就是南梁西丰侯，梁武帝萧衍的养子，也是南来归顺之人。北魏对各方归顺者实行优抚政策，结果导致各国来归，外民云集，国家也呈现出经济发达，文化繁荣的景象。文中还记载了有关外邦敬献的白象、狮子等奇兽的趣闻，更进一步说明了中外文化交流的繁盛。

龙华寺，广陵王所立也①。追圣寺，北海王所立也②。并在报德寺之东。法事僧房③，比秦太上公。京师寺皆种杂果，而此三寺，园林茂盛，莫之与争。

【注释】

①广陵王：指元羽，字叔翻，为献文帝拓跋弘之子，节闵帝元恭之

父，太和年间封广陵王。

②北海王：指元祥，亦是献文帝拓跋弘之子，元颢之父。宣武帝元恪时位至侍中、大将军、录尚书事。《金石萃编》卷二十七有比丘法生为北海王母子造像记，云："为孝文皇帝并北海王母子造。"又龙门古阳洞有北海王太妃高氏造像，见《龙门石窟之研究》。皆证元祥信佛之笃。

③法事：也称"佛事"。佛教指念经、供佛、施僧、拜忏、为人追福等宗教仪式。《高僧传》卷七《释法珍》："吴兴沈演之特相器重，请还吴兴武康小山寺，首尾十有九年，自非祈请法事，未尝出门。"

【译文】

龙华寺，由广陵王所建造。追圣寺，由北海王所建造。都在报德寺的东面。做法事的殿堂和僧房，可比秦太上公寺。京城里的寺庙都种杂果，可这三个寺里园林茂盛，没有能与它们相比的。

宣阳门外四里至洛水上作浮桥①，所谓永桥也②。神龟中③，常景为《汭颂》。

【注释】

①浮桥：古时用舟船来代替桥墩，故有"浮航"、"浮桁"、"舟桥"之称，属于临时性桥梁。

②永桥：《水经注·谷水》："谷水又东径宣阳门南，故苑门也。皇都迁洛，移置于此。对阊阖门南，直洛水浮桁。故《东京赋》曰：泝洛背河，左伊右瀍者也。"《魏书·成淹传》："于时宫殿初构，经始务广，兵民运才，日有万计，淹遂启求敕都水造浮航，高祖容纳之。"则此桥为魏高祖迁都初所建。

③神龟中：《魏书》卷八十二《常景传》："既而萧综降附，徐州清复，遣景兼尚书持节驰与行台都督观机部分。景经洛汭，乃作铭

焉。”按萧综降魏，时在孝昌元年，前后相隔七八年，这里说神龟，可能是作者意误。

【译文】

从宣阳门外四里处，直到洛水上造了座浮桥，就是所谓的永桥。神龟年间，常景作《洛汭颂》。

其辞曰：

浩浩大川，泱泱清洛①。导源熊耳②，控流巨壑。纳谷吐伊③，贯周淹亳④。近达河宗⑤，远朝海若⑥。兆唯洛食，实曰土中⑦。上应张、柳⑧，下据河、嵩⑨。寒暑攸叶⑩，日月载融。帝世光宅，函夏同风⑪。前临少室，却负太行⑫。制岩东邑⑬，峭峘西疆⑭。四险之地⑮，六达之庄⑯。恃德则固，失道则亡⑰。详观古列，考见丘坟。乃禅乃革⑱，或质或文⑲。周余九裂⑳，汉季三分㉑。魏风衰晚，晋景雕曛㉒。天地发辉，图书受命。皇建有极㉓，神功无竞㉔。魏箓仰天，玄符握镜㉕。玺运会昌㉖，龙图受命。乃睠书轨㉗，永怀保定㉘。敷兹景迹㉙，流美洪模㉚。袭我冠冕，正我神枢㉛。水陆兼会，周、郑交衢㉜。爰勒洛、汭㉝，敢告中区㉞。

【注释】

①泱泱：形容水深广貌。《诗·小雅·瞻彼洛矣》：“瞻彼洛矣，维水泱泱。”毛《传》：“泱泱，深广貌。”

②熊耳：山名。位于今河南宜阳西南、卢氏东南，洛水在其北。《尚书·禹贡》：“导洛自熊耳。”孔《传》：“在宜阳之西。”《水经

注·洛水》："洛水又东径熊耳山北，《禹贡》所谓导洛自熊耳。《博物志》曰：洛出熊耳。盖开其源者是也。"

③纳谷吐伊：谷，指谷水；伊，伊水。谷水、伊水都是洛水上游支流，故曰"纳谷吐伊"。《水经注·洛水》："又东过洛阳县南，伊水从西来，注之。"又："又东北至洛阳县南，北入于洛。"谷水源于渑池谷阳谷，伊水源于卢氏熊耳山，皆入洛水。

④贯周淹亳：周，指周公所营成周，即洛邑；亳，指商朝旧都西亳，位于今河南偃师西。二地均为洛水流经之处，故曰"贯周淹亳"。

⑤河宗：古代以黄河为"四渎"之宗，所以称黄河为"河宗"。也有说指黄河之神。《穆天子传》卷一载："甲辰，天子猎于渗泽，于是得白狐、玄貉焉，以祭于河宗。"

⑥海若：传说中的北海神，后泛指海神。《庄子·秋水》："于是焉河伯始旋其面目，望洋向若而叹。"《释文》引司马云："若，海神。"

⑦土中：指四方土地的中心。也是北魏对新都洛阳的称呼，在今河南洛阳东北汉魏故城。《尚书·召诰》："王来绍上帝，自服于土中。"蔡《传》："洛邑，天地之中，故谓土中。"《汉书·地理志》："昔周公营雒邑，以为在于土中；诸侯藩屏四方，故立京师。"

⑧上应张、柳：是说洛阳地处二十八宿中的张宿、柳宿的分野。《汉书·地理志》："周地，柳七星、张之分野也。今河南雒阳、谷城、平阴、偃师、巩、缑氏，是其分也。"

⑨河、嵩：即黄河、嵩山。

⑩攸：助词，无意义。叶（xié）：和谐，融洽。《新五代史·梁家人传》："中外叶力，期于小康。"

⑪函夏：诸夏，泛指全国。《汉书·扬雄传》："以函夏之大汉兮，彼曾何足与比功。"《注》："服虔曰：函夏，函诸夏也。师古曰：函，包容也；函，读与含同。"《晋书·后妃传》："函夏同庆。"风：风俗习惯。

⑫却负太行:太行山起河南永济,北入山西,在洛阳之北,所以说“却负太行”。负,背对,背靠着。太行,指太行山。

⑬制岩东邑:是说洛阳东面有制这样险峻的城邑。制,古邑名。西周属虢,春秋属郑,后入晋。位于今河南荥阳汜水镇,地形险要。因其在故洛阳城东面,所以称东邑。岩,险峻。《尔雅·释山》:“岩,巉岩;山貌也。成皋四面皆山,故曰岩邑。”《左传·隐公五年》:“而不虞制人。”杜《注》:“北制,郑邑;今河南成皋县也。一名虎牢。”

⑭崤:崤山,位于河南洛宁西北,西北接陕县界,东北接渑池界。山分为东西二崤。东崤险峻陡峭,车不得并行。据传周文王曾避风雨于此。西崤多石板,险绝不异东崤,据传为夏桀之祖皋墓地所在。峘:大山。《尔雅·释山》:“峘,小山岌大山。”《疏》:“小山与大山相并,而小山高过大山者名峘。”

⑮四险:四周地势险要。

⑯六达之庄:六达,指六道旁出。庄,四通八达的道路。《尔雅·释宫》:“六达谓之庄。”郝《疏》:“按庄之言壮,壮亦大也。”《玉篇》:“六达道曰庄。”

⑰“恃德”二句:意思是依照德行国家才能治理得好,违背道义国家就会灭亡。恃,依照,倚仗。失道,失去准则,违背道义。

⑱乃禅乃革:历史上朝代的更替或是以禅让的方式进行的,或是用革命的方式进行的。禅,禅让,指以帝位让于贤者。革,变化。古时认为帝王受命于天,改朝换代是实施变革以应天命,所以称朝代更替、以武力夺取政权为革命。

⑲或质或文:是说历史政事有的提倡质治,有的推崇文治。这两句意指时代应当如此转变。质,质朴。文,文治,指以礼乐教化治民。

⑳周余九裂:指周朝末年分裂成为很多国家。九,泛指多数,很多。

㉑汉季三分：指东汉末年蜀、魏、吴三国分立。

㉒晋景雕曛：指晋朝衰乱，如同夕阳的凋残一样。景，同“影”。曛，太阳落山时的余晖。

㉓皇建有极：指帝王所制定的统治天下的准则。《尚书·洪范》：“五，皇极，皇建其有极。”孔《传》：“皇，大也；极，中也。凡立事当用大中之道。大立其有中，谓行九畴之义。”

㉔无竟：没有可以相比拟的。

㉕玄符：天符，符命。指上天显示的祥瑞征兆。扬雄《剧秦美新》：“玄符灵契。”李《注》：“玄符，天符也。”握镜：执持明镜。比喻帝王受天命而怀明道。《后汉书·班固传》：“荣镜宇宙。”《注》：“镜，犹光明也。”梁元帝《玄览赋》：“粤我皇之握镜，实乃神而乃圣。”

㉖玺运：指帝运。会昌：谓会当兴隆昌盛。左思《蜀都赋》：“天帝运朝而会昌。”李《注》：“昌，庆也。”

㉗乃睠书轨：意思是眷顾天下统一。睠，同“眷”，眷顾，眷恋。书轨，指“书同文，车同轨”，即天下统一的意思。《礼记·中庸》：“今天下车同轨，书同文，行同伦。”

㉘保定：指稳固地保有。《诗·小雅·天保》：“天保定耳，亦孔之固。”

㉙敷：铺陈，叙述。刘勰《文心雕龙·镕裁》：“善敷者辞殊而义显。”储光羲《贻丁主簿仙芝别》：“敛衽归故山，敷言播天壤。”

㉚洪模：大法，规模。

㉛神枢：天枢，即北斗星座第一星。这里比喻北魏都城洛阳。

㉜周、郑交衢：春秋时洛阳是东周都城，和郑国相邻，所以说“周郑交衢”。衢，四通八达的道路。

㉝爰：于是。勒：刻。洛、汭：指洛水进入黄河的地方，位于今河南巩县境。汭，河流会合或弯曲处。

㉞中区：即指中国。《后汉书·蔡邕传》："纳元策于圣德，宣太平于中区。"

【译文】

文辞如下：

浩荡的大水，深广清澈的洛河。发源于熊耳山，流注于巨壑中。接纳谷水，吞吐伊水。流通成周，滋润亳县。就近到达黄河，远处朝见海神。洛阳得到吉兆，其实是土地的中心。上同张宿柳宿相应，下据黄河和嵩山。寒暑协和，日月融洽。皇室世代光荣地以为住宅，华夏同沐风化。前靠少室山，背负太行山。东有制邑的险峻，西有崤岿做屏障。四面都是危险的地方，又有六面都通达的大路。靠德来治理便稳固，失去道义便灭亡。详观古昔，考察典籍。朝代有禅让有变革，制度或者质朴，或者文华。周朝末年九州分裂，汉朝末年天下三分。魏国晚年风气衰败，晋国的光景凋残昏暗。如今天地发出光芒，河图洛书接受天命。魏帝建国有准则，所创功德无以伦比。魏的符箓仰望天赐，握了符同握了镜一样。国运定当昌盛，顺承龙图天命。是眷念国家的统一，长久思念保持安定。敷陈这个光明的业绩，流传伟大的教规。穿戴我的冠冕，端正我的政权。水路陆路都会合，朝廷诸侯相往来。因此刻铭在洛汭，敢告中央。

南北两岸有华表①，举高二十丈。华表上作凤凰似欲冲天势。

【注释】

①华表：古时设置在桥梁、宫殿、城垣或陵墓前用作标志和装饰的大柱。《古今注》："程雅问曰：尧设诽谤之木，何也？答曰：今之华表木也。以横木交柱头状若花也。形似桔槔。大路交衢悉施

焉。或谓之表木，以表王者纳谏也。亦以表识衢路也。秦乃除之，汉始复修焉。今西京谓之交午也。”

【译文】

南北两岸有华表，高二十丈，华表上的凤凰双翅展开，作冲天欲飞之势。

永桥以南，圜丘以北[①]，伊、洛之间，夹御道。东有四夷馆[②]，一曰金陵，二曰燕然[③]，三曰扶桑[④]，四曰崦嵫[⑤]。道西有四夷里，一曰归正，二曰归德，三曰慕化，四曰慕义。

【注释】

①圜丘：古代帝王祭天的祭坛。《周礼·春官·大司乐》：“冬日至，于地上之圜丘奏之。”《疏》：“土之高者曰丘。圜者，象天圜也；因高以事天，故于地上。”《魏书·世宗纪》：“（景明二年十一月）壬寅，改筑圜丘于伊水之阳。”

②四夷馆：《通鉴》卷一百四十九：“时魏方强盛，于洛水桥南御道东作四馆，道西立四里。有自江南来降者，处之金陵馆，三年之后，赐宅归正里。自北夷降者，处燕然馆，赐宅于归德里。自东夷降者，处扶桑馆，赐宅于慕化里。自西夷降者，处崦嵫馆，赐宅于慕义里。”胡《注》：“四馆皆因四方之地为名。金陵在江南，燕然在漠北，扶桑在东，日所出；崦嵫在西，日所入。”

③燕然：本为山名，燕然山位于今蒙古人民共和国境内。东汉窦宪破北单于，曾登燕然山刻石记功而还。由于馆舍安置北人，故取“燕然”为名。

④扶桑：木名。上古神话传说以为日出于扶桑，于是后人称东海以外的为扶桑，扶桑馆的名字因此而来。

⑤崦嵫（yān zī）：山名。上古神话传说日落于崦嵫。崦嵫山位于甘

肃天水西。故安置西方来归之人的叫崦嵫馆。

【译文】

永桥以南，圜丘以北，在伊水洛水中间，夹着御路。御路东面有四夷馆：一叫金陵，二叫燕然，三叫扶桑，四叫崦嵫。路西有四夷里：一叫归正，二叫归德，三叫慕化，四叫慕义。

吴人投国者，处金陵馆，三年已后，赐宅归正里。

景明初，伪齐建安王萧宝夤来降，封会稽公，为筑宅于归正里，后进爵为齐王，尚南阳长公主①。宝夤耻与夷人同列，令公主启世宗②，求入城内，世宗从之，赐宅永安里。正光四年中，萧衍子西丰侯萧正德来降，处金陵馆，为筑宅归正里，正德舍宅为归正寺。

【注释】

①尚南阳长公主：《魏书·萧宝夤传》："寻尚南阳长公主，赐帛一千匹，并给礼具。公主有妇德，事宝夤尽肃雍之礼。"

②启：奏启，臣下言于皇帝的一种文书。启的功能与奏、表近似，但有开导、启发之意。《文心雕龙·奏启》："启者，开也。高宗云：'启乃心，沃朕心。'"

【译文】

吴人投奔魏国的，安置在金陵馆，三年以后，在归正里赐给住宅。

景明初年，伪齐建安王萧宝夤来投降，封会稽公，为他在归正里建造住宅。后进爵位为齐王，娶南阳长公主。萧宝夤耻于与夷人住在一处，让公主告诉世宗，请求住进城内，世宗依从他，赐住宅于永安里。肃宗正光四年，萧衍的儿子西丰侯萧正德来投降，安置在金陵馆，为他在归正里修筑住宅，后来萧正德捐献住宅改为归正寺。

北夷来附者，处燕然馆，三年已后，赐宅归德里。

正光元年，蠕蠕主郁久闾阿那肱来朝①，执事者莫知所处。中书舍人常景议云："咸宁中②，单于来朝③，晋世处之王公特进之下④，可班那肱蕃王仪同之间⑤。"朝廷从其议，又处之燕然馆，赐宅归德里。北夷酋长遣子入侍者，常秋来春去，避中国之热，时人谓之雁臣。

【注释】

①蠕蠕：即柔然。我国古代族名，居于漠北。蠕蠕为北魏太武帝对柔然的蔑称。《魏书·蠕蠕传》："蠕蠕，东胡之苗裔也。姓郁久闾氏。""世祖以其无知，状类于虫，故改其号为蠕蠕。"《魏书·肃宗纪》载：正光元年壬寅，蠕蠕主阿那瓌来奔。十一月，封朔方郡开国公。十二月，诏送北归。

②咸宁：晋武帝司马炎年号(275—280)。

③单于：匈奴最高首领的称号。《魏书·常景传》："(正光元年)九月，蠕蠕主阿那瓌归阙，朝廷疑其位次。高阳王雍访景，景曰：'昔咸宁中，南单于来朝，晋世处之王公特进之下。今日为班，宜在蕃王、仪同、三司之间。雍从之。'"

④特进：官名。西汉末期始置，授给列侯中地位较特殊者，得自辟僚属。东汉至南北朝为加官，无实职。《后汉书·百官志》："中兴以来，唯以功德赐位特进者，次车骑将军。"

⑤蕃王：即藩王，指国内受封诸王和周边少数民族之王。《后汉书·祭祀志》："汉宾二王之后在位，孔子之后褒成侯，序在东后，蕃王十二，咸来助祭。"

【译文】

从北夷来归附的，安置在燕然馆，三年以后，在归德里赐住宅。

正光元年，蠕蠕主郁久闾阿那肱来朝，管事的官员不知怎样安置他。中书舍人常景建议说："咸宁年间，单于来朝，晋朝安排他在王公特进的下面，可安排郁久闾阿那肱在藩王与仪同之间接待。"朝廷听从他的建议，也将郁久闾阿那肱安置在燕然馆，在归德里赐给他住宅。北夷首长派儿子来侍候的，经常是秋天来，春天去，避开中国的炎热，时人叫他们是雁臣。

东夷来附者，处扶桑馆，赐宅慕化里。西夷来附者，处崦嵫馆，赐宅慕义里。自葱岭已西①，至于大秦②，百国千城，莫不款服③。商胡贩客④，日奔塞下。所谓尽天地之区已。乐中国土风因而宅者⑤，不可胜数。是以附化之民，万有余家。门巷修整，閭阖填列⑥。青槐荫陌，绿柳垂庭。天下难得之货，咸悉在焉。

别立市于洛水南，号曰四通市，民间谓永桥市。伊洛之鱼，多于此卖，士庶须脍⑦，皆诣取之。鱼味甚美。京师语曰："洛鲤伊魴，贵于牛羊。"

【注释】

①葱岭：中国自汉迄清对天山、昆仑山、喀喇昆仑山和兴都库什山交汇形成的巨大山结之总称。或称"极疑山"。在敦煌西八千里，山高大，上生葱，是通西域之要道也。《魏书・西域传》："西域本有二道，后更为四出。……从莎车西行一百里至葱岭，葱岭西一千三百里至伽倍为一道。自莎车西南五百里，葱岭西南一千三百里至波路为一道焉。"

②大秦：即古东罗马帝国。《魏书・西域传》："大秦国，一名黎轩，都安都城，……地方六千里，居两海之间，……其地平正，其人端

正长大，衣服车骑，拟仪中国，故外域谓之大秦。其土宜五谷桑麻，人务蚕田。”

③款服：指诚心归服。《文馆词林·策动令》：“今九疑既宾，三湘款服。”

④商胡：古代称到中国经商的胡人，多指粟特、大食商人。杜甫《解闷》之二：“商胡离别下扬州，忆上西陵故驿楼。”

⑤土风：地方固有的风俗习惯。晋陆机《关趋行》：“山泽多戴育，土风清且喜。”李白《古风》：“情性有所习，土风固其然。”

⑥阊阖：指阊阖门。填列：充溢，密集。

⑦脍（kuài）：细切的鱼肉，特指用以生食的鱼片。《礼记·少仪》：“牛与羊，鱼之腥，聂而切之为脍。”

【译文】

从东夷来朝的人，安置于扶桑馆，赐于慕化里住宅。从西夷来朝的人，安置于崦嵫馆，赐于慕义里住宅。从葱岭以西到大秦，其间百国千城，无不诚心归附。每天都有胡商涌向我国境内。正是所谓以天地之大作为区域的国度。乐于接受中国的风俗而居于境内的人，数不胜数。因而归化的外国人达一万多户。门巷整齐，宫门紧连。青槐荫蔽着巷陌，绿柳垂枝于庭院。天下珍奇难得的货物，全都聚集在此。

另外在洛水南面设立市集，叫四通市，民间称它为永桥市。伊水洛水中的鱼，多在这里出售，士人庶民要吃鱼肉，都到这里来购买。鱼的味道很好，京城里有种说法：“洛水的鲤鱼，伊水的鲂鱼，价钱比牛羊肉贵。”

永桥南道东有白象、狮子二坊[①]。

白象者，永平二年乾陀罗国胡王所献[②]。背设五采屏风、七宝坐床[③]，容数人，真是异物。常养象于乘黄曹，象常坏屋败墙，走出于外。逢树即拔，遇墙亦倒。

百姓惊怖,奔走交驰。太后遂徙象于此坊[4]。

【注释】

①坊:古时对城镇中街道里巷的通称。《北史·魏诸宗室传》:"淮南人相率投附者三千余家,置之城东汝水之侧,名曰归义坊。"

②永平:宣武帝元恪年号(508—512)。乾陀罗:国名。亦作"健驮罗"、"犍佗罗",即今巴基斯坦之白沙瓦及毗连的阿富汗东部一带。

③五采:即青、黄、赤、白、黑五种色彩。泛指多种颜色。《史记·项羽本纪》:"吾令人望其气,皆为龙虎,成五采。"

④太后:此处指胡太后。

【译文】

永桥南面路东有白象、狮子二坊。

白象是永平二年,乾陀罗国的国王所进献的。象背上设立五彩屏风、七宝坐床,可以容纳几个人,人们都没见过这种珍奇的动物。曾经将象养在乘黄曹,象曾经破屋坏门,走到外面。碰到树就将树拔起,遇到墙就将墙撞倒。百姓惊惶恐怖,慌乱逃窜。太后就把象移到这坊内驯养。

狮子者,波斯国胡王所献也[1]。

为逆贼万俟丑奴所获[2],留于寇中。永安末,丑奴破灭,始达京师[3]。庄帝谓侍中李彧曰[4]:"朕闻虎见狮子必伏,可觅试之。"于是诏近山郡县捕虎以送。巩县、山阳并送二虎一豹[5]。帝在华林园观之。于是虎豹见狮子,悉皆瞑目,不敢仰视。园中素有一盲熊,性甚驯,帝令取试之。虞人牵盲熊至[6],闻狮子气,惊怖跳踉[7],

曳锁而走。帝大笑。普泰元年，广陵王即位，诏曰：“禽兽囚之则违其性，宜放还山林。”狮子亦令送归本国。送狮子者以波斯道远，不可送达，遂在路杀狮子而返。有司纠劾⑧，罪以违旨论⑨。广陵王曰：“岂以狮子而罪人也?”遂赦之。

【注释】

①波斯国胡王所献：《魏书·西域传》：“波斯国，都宿利城，古条支国也。去代二万四千二百二十八里。城方十里，户十余万。”“出名马、大驴及驼。”“又出白象狮子。”神龟年间，其国遣使上书贡物。”又云：“(吠哒国)于正光末(524)遣使贡狮子一，至高平，遇万俟丑奴反，因留之。丑奴平，送京师。”吠哒国为大月氏种，在于阗西，距长安一万百里，都拔庭延。当时国势正强，波斯为其附庸，《魏书·西域传》名异而实同，唯《通鉴》载此事于梁大通二年(582)，时间稍有不同。

②万俟(mò qí)丑奴：高平镇(今甘肃固原)人，是北魏末关陇各族起义军的首领，鲜卑族。永安三年(530)为魏军所败，被俘而死。详见《魏书》卷七十五《尔朱天光传》。

③“永安末”三句：《魏书·孝庄纪》：永安三年四月“丁卯，雍州刺史尔朱天光讨丑奴、萧宝夤于安定，破禽之，囚送京师”。

④李彧：字子文，李延寔长子。娶庄帝姊。庄帝时，位至侍中、中书监、开府仪同三司。好交接豪侠，庄帝谋诛尔朱荣，李彧为帝纠集武勇之士。东魏初，被处死。详见《魏书》卷八十三《李延寔传》。

⑤巩县：魏时属北豫州成皋郡，即今河南巩县。山阳：魏时属司州汲郡，位于今河南修武北。

⑥虞人：官名。春秋时周王室与鲁国设置，即西周金文中的“吴”，

掌管山林川泽。《礼记·王制》:“獭祭鱼,然后虞人入泽梁。”《孟子·滕文公》:“招虞人以旌,不至,将杀之。”朱子《注》:“虞人,守苑囿之吏也。”

⑦跳踉(liáng):跳起,腾跃。唐刘禹锡《平蔡州》:“四人归业闾里闲,小儿跳踉健儿舞。”

⑧有司:官吏。古代设官分职,各有专司,故称官吏为“有司”。《尚书·大禹谟》:“好生之德,洽于民心,兹用不犯于有司。”

⑨论:定罪,判罪。《汉书·天文志》:“钜鹿都尉谢君男诈为神人,论死,父免官。”

【译文】

狮子是波斯国的胡王进献的。

被逆贼万俟丑奴中途劫获,留于贼营中。永安末,万俟丑奴破灭,这才送达京城。庄帝对侍中李彧说:“我听说老虎看见狮子一定会低头顺从,可以找老虎来试试它。”因此下诏命靠近山的郡县捕捉老虎进献朝廷。巩县、山阳县一起送来二虎一豹。庄帝在华林园观看。虎豹看见狮子,都闭拢眼睛,不敢抬头。园中本来有一头盲熊,性子很驯服,庄帝令牵来一试。虞人牵盲熊过来,一闻到狮子的气味,就惊恐跳动,拉起锁链向外逃走。庄帝大笑。普泰元年,广陵王接替了帝位,下诏说:“禽兽拘囚它,就违反它的本性,应该放还山林。”狮子也下令送还本国。送狮子的人认为波斯国路途遥远,不可能送到,于是在路上杀了狮子回来。有关官员追究他,按照违反圣旨论罪。广陵王说:“哪有因狮子而判人罪的?”于是赦免了送狮子的人。

菩提寺

【题解】

本节介绍的菩提寺处于西域前来归附之人集中安置的居住区慕义里，菩提寺也正是西域人修建的，这是菩提寺的特殊性质和特色。文中介绍了达多和尚拆墓取砖发现一个已经死去十五年叫崔涵的，但是家人不敢相认，他的行为特征也十分诡异。鬼怕桃树的说法即是从本篇崔涵的故事开始流传至今的；我们还可看出，做棺木用柏木不用桑木这一习俗源于北魏。

菩提寺，西域胡人所立也，在慕义里。

沙门达多发冢取砖，得一人以进。时太后与明帝在华林都堂，以为妖异，谓黄门侍郎徐纥曰："上古以来，颇有此事否？"纥曰："昔魏时发冢，得霍光女婿范明友家奴[①]，说汉朝废立[②]，与史书相符。此不足为异也。"后令纥问其姓名，死来几年，何所饮食。死者曰："臣姓崔名涵，字子洪，博陵安平人也[③]。父名畅，母姓魏，家在城西阜财里。死时年十五，今满二十七，在地下十有二年，常似醉卧，无所食也。时复游行，或遇饭食，如似梦中，不甚辨了④。”

【注释】

①范明友：汉霍光女婿，官未央卫尉。家奴：封建社会私家拥有的奴仆。《博物志》卷二：“汉末发汉明友冢，奴犹活。明友，霍光女婿。说光家事，废立之际，多与《汉书》同。此奴常游走于民间，无止住处，今不知所在。或云尚在。余闻之于人，可信，而目不可见也。”

②汉朝废立：这里指霍光废昌邑王刘贺、立汉宣帝事。

③博陵：郡名。治所位于今河北安平。

④辨了：分辨地清楚明白。

【译文】

菩提寺，是西域的胡人所建造的，在慕义里。

和尚达多掘坟取砖，挖得了一个活人，前来进献。当时太后与明帝都在华林园的都堂内，认为是妖异，于是问黄门侍郎徐纥说：“上古以来，也有这种事情吗？”徐纥说：“从前魏时掘坟，得到霍光女婿范明友家奴，讲汉朝废立的事，与史书相符合。这种事情不足以为怪。”太后令徐纥询问那人的姓名，死了几年，怎么吃喝。那人说：“臣姓崔，名涵，字子洪，博陵安平人。父名畅，母姓魏，家住在城西阜财里。死的时候十五岁，现在满二十七岁，在地下十二年了，常常像喝醉了躺着，什么也不吃。时常漫游，有时碰见饭食，像在梦里，记得不很清楚。”

后即遣门下录事张雋诣阜财里访涵父母①。果得崔畅，其妻魏氏。雋问畅曰：“卿有儿死否？”畅曰：“有息子洪②，年十五而死。”雋曰：“为人所发，今日苏活，在华林园中，主上故遣我来相问。"畅闻惊怖曰："实无此儿，向者谬言。"

【注释】

①门下：即门下省，和尚书省、中书省并立，均为中央政权机构。录事：官名。西汉郡县置录事掾史，简称"录事"，掌文书等事。三国魏晋将军府和郡县置录事，北魏、北齐、隋、唐皆置。

②息子：即儿子的意思。唐李翱《叔氏墓志》："翱始生时，叔氏弃殁，爰殡于野，年周四甲；岂无诸亲，生故或迫，亦有息子，旅宦京国。"

【译文】

太后就派门下录事张儁到阜财里访问崔涵的父母，果真找到崔畅和他的妻子魏氏。张儁问崔畅道："您有一个死去的儿子吗？"崔畅说："有个儿子叫子洪，十五岁时就死去了。"张儁说："他被人所发掘，现在苏醒复活了，正在华林园里，主人家所以派我来相问。"崔畅吃惊恐惧地说："我实际上没有这个儿子，刚才说的是瞎话。"

儁还，具以实陈闻。后遣儁送涵回家。畅闻涵至，门前起火，手持刀，魏氏把桃枝[①]，谓曰："汝不须来，吾非汝父，汝非吾子，急手速去，可得无殃。"

【注释】

①桃枝：古代认为桃枝可以袪除灾异。《周礼·夏官·戎右》："赞牛耳，桃茢。"郑《注》："尸盟者割牛耳取血，助为之，及血在敦中，以桃茢拂之，又助之也。"《左传·昭公四年》："桃弧棘矢，以除其灾。"《事类赋》引《典术》："桃者，五木之精，其精生鬼门，制百鬼，

故今作桃人着门以压邪。”

【译文】

张隽回朝，如实地向太后陈说了所闻，太后派张隽送崔涵回家。崔畅听说崔涵到来，就在门前点火，手里拿刀，魏氏把握着桃枝，说道：“你不用来！我不是你父亲，你也不是我儿子，快快离开，可以不受伤害！”

涵遂舍去。游于京师，常宿寺门下。汝南王赐黄衣一具。涵性畏日，不敢仰视，又畏水火及兵刃之属。常走于逵路，遇疲则止，不徐行也。时人犹谓是鬼。

【译文】

崔涵于是离去，在京城里游荡，常常睡在寺门下。汝南王赐给他黄衣一件。崔涵害怕太阳，不敢仰看，又怕水火兵刃一类的东西。常在大路上奔跑，疲倦了就停下来，从不慢走。当时人认为他是鬼。

洛阳大市北有奉终里，里内之人，多卖送死人之具及诸棺椁。涵谓曰：“作柏木棺①，勿以桑木为欀②。”人问其故，涵曰：“吾在地下见发鬼兵，有一鬼诉称：‘是柏棺，应免。’主兵吏曰：‘尔虽柏棺，桑木为欀。’遂不免。”京师闻此，柏木踊贵③。人疑卖棺者货涵发此等之言也④。

【注释】

①柏木棺：《酉阳杂俎·尸穸》：“后魏俗竞厚葬，棺厚高大，多用柏

木,两边作大铜环纽,不问公私贵贱……打虏鼓。”

②櫬:指棺材里面。

③踊贵:相当于说物价上涨。《后汉书·曹褒传》:“时春夏大旱,粮谷踊贵。”

④货:贿赂。《左传·僖公二十八年》:“曹伯之竖侯獳货筮史。”《后汉书·黄琼传》:“诛税民受货者九人。”

【译文】

洛阳大市北面有奉终里,里内的人,多出售送死人的用品及各种棺材。崔涵对人说:“做柏木棺,不要用桑木做衬里。”人们问他缘故,崔涵说:“我在地下时遇见征集鬼兵,有一个鬼说:‘我是柏棺的,应该免去征兵。’主管征鬼兵的官说:‘你虽是柏棺,却用桑木做衬里。’于是未能免征。”京城里的人听说后,柏木价飞涨。人们疑心是卖棺的人买通崔涵散发这些言论由此抬高柏木棺材价格的。

高阳王寺

【题解】

本节介绍了位于洛阳城南津阳门外，高阳王元雍住宅改建的高阳王寺。元雍被尔朱荣害死，元雍的家人舍弃元雍城外的住宅作为寺。正光中，元雍做丞相，是人臣中极贵的，富有山海般的珍宝；住的房屋，可以和皇宫匹配。元雍嗜好美味，奉养极其丰富，吃一顿饭一定以数万钱为限。高阳王元雍的奢靡生活，尚书令李崇的吝啬，描绘了北魏的权贵群像。元雍死后，家妓都出家为尼，高阳王的美人徐月华，善弹箜篌，永安中，嫁给卫将军原士康做妾。通过徐月华涉及到修容、艳姿两位美人，以及她们所擅的《绿水》、《火凤》曲，令人想见当年风华。此处关于元雍的记载可以说是对正史的一个补充。"贵极人臣"这一成语就源于本篇。文中通过对高阳王寺的记叙介绍了北魏政权的更替，朝廷的杀戮，政治图景的变幻。文中言颍川荀子文与李才对话一事，可与卷二《景宁寺》下陈庆之、杨元慎对话并读，知时人南北歧视之深。

高阳王寺，高阳王雍之宅也[1]。在津阳门外三里御道西。雍为尔朱荣所害也，舍宅以为寺。

正光中[2]，雍为丞相，给羽葆鼓吹、虎贲班剑百人[3]，贵极人臣，富兼山海。居止第宅，匹于帝宫。白壁丹楹，窈窕连亘，飞檐反宇④，轇轕周通⑤。僮仆六千，妓女五百⑥，隋珠照日⑦，罗衣从风。自汉晋以来，诸王豪侈未之有也。出则鸣驺御道⑧，文物成行⑨，铙吹响发⑩，笳声哀转⑪。入则歌姬舞女，击筑吹笙⑫，丝管迭奏⑬，连宵尽日。其竹林鱼池，侔于禁苑⑭，芳草如积，珍木连阴。

【注释】

①高阳王雍：即元雍，字思穆，北魏皇族。孝明帝元诩时官至丞相，以生活豪奢著名。建义元年(528)尔朱荣入洛阳，元雍遇害于河阴。

②正光：孝明帝元诩年号(520—525)。《魏书·肃宗纪》：正光元年九月“戊戌，以太师高阳王雍为丞相，加后部羽葆鼓吹班剑四十八人”，又《献文六王传》载“总摄内外，与元乂同决庶政，岁录万余，粟至四方，伎侍盈房，诸子珰冕、荣贵之盛，昆弟莫及焉”。

③羽葆：帝王仪仗中以鸟羽联缀为饰的华盖。《礼记·杂记》：“匠人执羽葆御柩。”《疏》：“羽葆者，以鸟羽注于柄头如盖，谓之羽葆，葆谓盖也。”《汉书·韩延寿传注》：“羽葆者，聚翟尾为之，亦今之纛之类也。”鼓吹：是汉魏六朝时期流行的一种以打击乐器和吹奏乐器为主的演奏形式，用鼓、钲、箫、笳等乐器合奏的乐曲，此处指演奏鼓吹乐的乐队。《后汉书·百官志》：“赐官骑三十人，及鼓吹。”虎贲班剑百人：佩带班剑的随从一百人。虎贲，古时称勇士为虎贲。这里指随从。《尚书·牧誓序》：“武王戎车三百辆，虎贲三千人。”《疏》：“若虎贲兽，言其猛也。”班剑，饰有花纹的木剑。王俭《褚渊碑》：“兼授尚书中军将军，给班剑二千人。”《注》引良曰：“班剑，谓执剑而从行者也。”鼓吹、虎贲、班剑，

这里都是指代仪仗。

④反宇：指屋边瓦头向上翻卷、仰起。张衡《西京赋》："反宇业业，飞檐辙辙。"薛综《注》："凡屋宇皆垂下向而好，大屋飞边头瓦皆更微使反上，其形业业然，檐板承落也。"

⑤轇轕（jiāo gé）：形容纵横交错的样子。张衡《东京赋》："阖戟轇轕。"薛综《注》："轇轕，参差纵横也。"王延寿《鲁灵光殿赋》："洞轇轕兮其无垠也。"李《注》："旷远深邃貌。"

⑥妓女：此处指歌姬舞女。慧苑《华严音义》上引《切韵》："妓，女乐也。"又引《埤苍》："妓，美女也。"

⑦隋珠：古代传说中的明珠。相传隋侯曾救活一条受伤的大蛇，后蛇于大江中衔来明月宝珠作为报答，后世称之为"隋珠"。此处是指明月珠。《淮南子·览冥训》："譬如隋侯之珠，和氏之璧，得之者富，失之者贫。"高诱《注》："隋侯见大蛇伤断，以药傅之。后蛇于江中，衔大珠以报之，因曰隋侯之珠，盖明月珠也。"

⑧鸣驺（zōu）：古代显贵出行，有骑卒在前喝道称"鸣驺"，后因用以喻指贵官出行。驺，驺从，即随从前后的骑卒。鸣，喝道声。

⑨文物：这里是指仪仗而言。《左传·桓公二年》："文物以纪之，声明以发之。"

⑩铙（náo）吹：即铙歌。军中乐歌，为鼓吹的一部，又称"铙歌"、"骑吹"。汉代即有铙歌二十二曲，后佚四曲存十八曲。用以激励士气；亦用于大驾出行和宴享功臣等。所用乐器有笛、觱篥（bì lì）、箫、笳、铙、鼓等。

⑪笳：即胡笳，古时的一种管乐器。相传汉时张骞从西域传入，其音悲凉。《太平御览》卷五百八十一载："笳者，胡人卷芦叶吹之以作乐也，故谓曰胡笳。"

⑫筑：古时的一种击弦乐器，形状类似于筝，用竹尺敲击丝弦而发出声音。《汉书·高帝纪》应劭注："状似琴而大，头安弦，以竹击

之，故名曰筑。”

⑬丝管：弦乐器与管乐器。代指音乐。杜甫《赠花卿》：“锦城丝管日纷纷，半入江风半入云。”迭：轮流，更替。

⑭禁苑：皇帝的园囿。《史记・平准书》：“是时，禁苑有白鹿。”张衡《西京赋》：“上林禁苑，跨谷弥阜。”

【译文】

高阳王寺，是高阳王元雍的宅邸。在津阳门外三里处的御路西面。元雍被尔朱荣害死，元雍的家人捐出元雍城外的住宅改造为寺。

正光年间，元雍做丞相，赐给他鸟羽为旗的鼓吹，虎贲队拿着木剑的战士百人，是人臣中极显贵的，富有山海般的珍宝。居住的宅邸，可以和皇宫匹敌。白的墙，红的柱，房屋相连，檐头像飞，屋瓦高出，房屋纵横，周遍交通。有仆僮六千，家妓五百，隋侯的珠子照耀日光，绸衣在风中舞动。自从汉晋以来，诸王的豪华侈丽，也未尝有过。外出有从骑开道，仪仗排成行列，铙歌响亮，胡笳的声音哀鸣动听。入家便歌姬舞女击筑吹笙，用丝和管交替奏乐，夜以继日。他的竹林鱼池，和帝王苑囿相似。园内的奇珍异木、香草珠兰更是数不胜数。

雍嗜口味，厚自奉养，一食必以数万钱为限。海陆珍羞，方丈于前[①]。陈留侯李崇谓人曰：“高阳一食，敌我千日。”崇为尚书令，仪同三司，亦富倾天下，僮仆千人。而性多俭悋[②]，恶衣粗食，食常无肉，止有韭茹、韭菹[③]。崇客李元祐语人云：“李令公一食十八种[④]。”人问其故，元祐曰：“二韭一十八。”闻者大笑，世人即以此为讥骂。

【注释】

①海陆珍羞，方丈于前：《孟子·尽心》："食前方丈，侍妾数百人。"赵《注》："极五味之馔食，列于前，方一丈。"

②俭悋(lìn)：勤俭吝啬。悋，同"吝"。《魏书》卷六十六《李崇传》："性好财货，贩肆聚敛，家资巨万，营求不息，子世哲为相州刺史，亦无清白状，邺洛市鄽收擅其利，为时论所鄙。"

③韭茹：韭菜。茹，菜。枚乘《七发》李《注》："茹，菜之总名也。"韭菹(zū)：即切碎的腌韭菜。菹，腌菜。《周礼·天官·醢人》郑《注》："七菹，韭、菁、茆、葵、芹、菭、笋菹。凡醢酱所和……"《南齐书·庾杲之传》："食鲑唯有韭菹……食常有二十七种。"

④李令公：即李崇。李崇为尚书令，故尊称令公。令公，时人习语，遍见《世说新语》，但为近尊者用之，如王公、谢公等。

【译文】

元雍嗜好美味，奉养极其丰富，吃一顿饭一定以数万钱为限。山珍海味珍贵的菜，摆满一丈见方的桌前。陈留侯李崇对人说："高阳王吃一顿饭，足以供我吃一千天。"李崇做尚书令，仪同三司，也是可倾天下的巨富。有僮仆千人。但性情俭朴吝啬，穿粗衣，吃粗饭，经常没有肉，只有韭菜、韭菹。李崇家的门客李元祐对人说："李令公一顿吃十八种。"人问他原故，李元祐说："二韭一十八。"听的人大笑，世人就用此来讥笑和嘲讽李崇。

及雍薨后①，诸妓悉令入道②，或有嫁者。美人徐月华善弹箜篌③，能为《明妃出塞》之歌④，闻者莫不动容。永安中，与卫将军原士康为侧室，宅近青阳门。徐鼓箜篌而歌⑤，哀声入云，行路听者，俄而成市⑥。徐常语士康曰⑦："王有二美姬⑧，一名修容，一名艳姿，并蛾眉皓齿，洁貌倾城[⑨]。修容亦能为《绿水歌》[⑩]，艳姿尤善《火凤舞》；并爱倾后室，宠冠诸姬。”士康闻此，遂常令徐歌《绿水》、《火凤》之曲焉。

【注释】

①薨（hōng）：死的别称。自周代始，人之死亡有尊卑之分，“薨”以称帝王诸侯之死。

②入道：皈依宗教而出家做僧尼或道士。《宝积经》：“以净信心于佛法中，出家入道。”此指出家做尼姑。

③箜篌（kōng hóu）：中国古老的拨弦乐器。相传是师延所作，为空国之侯所保存，亦称“空侯”；又因其音坎坎应节奏，故也称“坎侯”。

④《明妃出塞》之歌：讲述王昭君遣嫁匈奴之事的歌曲。相传为晋太康年间石崇所作，音调凄凉哀怨。明妃即昭君，晋人为避司马昭讳，改称为“明君”或“明妃”。《乐府诗集》卷二十九载：“《古今乐录》曰：《明君歌舞》者，晋太康中，季伦所作也。王明君本名昭君，以触文帝讳，故晋人谓之明君。匈奴盛，请婚于汉，元帝以后宫良家女明君配焉。初，武帝以江都王建女细君为公主，嫁乌孙王昆莫，命琵琶马上奏乐，以慰其道路之思，送明君亦然也，其新造之曲，多哀怨之声。晋宋以来，《明君》止以弦隶，少许为上舞而已。梁天监中，斯宣达为乐府，令与诸乐工以清商两相间弦为《明君上舞》，传之至今。”

⑤鼓：这里是弹奏的意思。《诗·唐风·山有枢》：“子有钟鼓，弗鼓弗考。”

⑥俄而成市：是说路过此地停下来听的人很快汇聚得如同集市里一样。

⑦常：通“尝”，曾经。《荀子·天论》：“夫日月之有蚀，风雨之不时，

怪星之党见，是无世不常有之。”

⑧王有二美姬：《魏书·献文六王传》：高阳王“延昌以后，多幸妓侍，近百许人，而疏弃崔氏，别房幽禁，不得关豫内政，仅给衣食而已”。

⑨倾城：多用来形容女子容貌美丽至极。也指美女。三国魏阮籍《咏怀诗》：“倾城迷下蔡，容好结中肠。”

⑩《绿水歌》：《乐府诗集》：“《五弄》、《游春》、《绿水》、《幽居》、《坐愁》、《秋思》，并宫调，蔡邕所作也。《琴书》曰：邕性沉厚，雅好琴道。嘉平初，入青溪访鬼谷先生。所居山有五曲，一曲制一弄，山之东曲常有仙人游，故作《游春》；南曲有涧，冬夏常绿，故作《绿水》；……”

【译文】

到元雍死后，下令家妓都出家为尼，其中也有出嫁的。美人徐月华，善于弹箜篌，能够弹《明妃出塞》的歌曲，听的人没有不动容的。永安年间，嫁给卫将军原士康做妾，住宅靠近青阳门。徐氏边弹箜篌边唱歌，哀怨的声音传入云里，走路的驻足倾听，一会儿就聚集成为市集。徐氏曾经对原士康说：“高阳王有两个美姬，一叫修容，一叫艳姿，都是细眉白齿，貌美倾城。修容还能够作《绿水歌》，艳姿善作《火凤舞》，都为王所爱，倾动后房，在众姬中是最得宠的。”原士康听了这话，于是经常让徐氏弹《绿水》、《火凤》曲。

高阳宅北有中甘里。

里内颍川荀子文，年十三，幼而聪辨，神情卓异，虽黄琬、文举，无以加之①。正光初，广宗潘崇和讲《服氏春秋》于东昭义里②，子文摄齐北面③，就和受道。时赵郡李才问子文曰④：“荀生住在何处？”子文对曰：“仆住在中甘里[5]。”才曰：“何为住城南？”城南有四夷馆，才以此讥之。子文对曰：“国阳胜地[6]，卿何怪也？若言川涧，伊洛峥嵘。语其旧事[7]，灵台石经。招提之美，报德、景明。当世富贵，高阳、广平[8]。四方风俗，万国千城。若论人物，有我无卿！”才无以对之。崇和曰：“汝、颍之士利如锥，燕、赵之士钝如锤[9]，信非虚言也。”举学皆笑焉。

【注释】

①黄琬：字子琰，东汉时人，幼年聪慧，七岁时即有“日食之余，如月之初”的妙喻。后因用为咏童子聪慧的典故。《后汉书》卷九十一《黄琬传》：“琬字子琰，少失父，早而辩慧。祖父琼，初为魏郡太守。建和元年正月日食，京师不见，而琼以状闻，太后诏问所食多少，琼思其对，而未知其所况。琬年七岁，在傍曰：何不言日食之余，如月之初，琼大惊。”文举：即孔融，字文举，鲁国（今山东曲阜）人，少亦聪慧。后也用以借指少年才子。《孔融传》：“融字文举，鲁国人，孔子二十世孙也。”“幼有异才，年十岁，随父诣京师。时河南尹李膺以简重自居，不妄接士宾客，敕外自非当世名人及与通家，皆不得白。融欲观之，故造膺门。语门者曰：‘我是李君通家子弟。’门者言之，膺请融，问曰：‘高明祖父，当与仆有恩旧乎？’融曰：‘然。先君孔子与君先人李老君同德比义，而相师友，则融与君累世通家。’众坐莫不叹息。”

②广宗：郡名。治所位于今河北威县东。服氏：指服虔，汉荥阳（今属河南省）人，东汉经学家。初名重，又名祇，字子慎，官至九江太守。著有《春秋左氏传解谊》，后逐渐失传。

③摄齐（zī）北面：摄齐，提起衣服下摆。齐，通“斋”，指衣裳下边的

缝。古时升堂时为防跌倒要轻轻提起长袍下摆，也表示恭敬有礼。北面，古代臣子拜见君主或卑幼拜见尊长，都须面朝北行礼，因而居臣下、晚辈之位称“北面”。此处是指拜人为师时，行弟子敬师之礼。《论语·乡党》：“摄齐升堂，鞠躬如也。”《集解》：“衣下曰齐，摄齐者，抠衣也。”

④赵郡：郡名。北魏时治所为平棘（今河北赵县）。

⑤仆：古人对自己一种谦逊的称法。柳宗元《贺进士王参元失火书》：“仆始闻而骇，中而疑，终乃大喜。”

⑥国阳：国都的南面。国，京城，国都。阳，古代称山的南面为阳。《史记·货殖列传》：“泰山之阳则鲁，其阴则齐。”

⑦旧事：这里是指文物、古迹。事，物件，东西。《史记·货殖列传》：“工不出则乏其事。”

⑧高阳、平广：即高阳王元雍与广平王元怀。

⑨“汝颍”二句：汝、颍、燕、赵都是地名。汝是汝州，北魏改汝北郡，治所位于今梁县；颍即颍川郡，见前注。汝、颍均属于今河南省。燕即古燕国地，位于今河北省北部和辽宁西部；赵，即古赵国地，位于今河北南部、山西北部。《太平御览》卷四百六十六引裴启《语林》：“祖士言与钟雅相调，钟语祖曰：‘我汝颍之士利如锥，卿燕代之士钝如槌。’”

【译文】

高阳王宅邸的北面有中甘里。

里内有颍川荀子文，年十三，年幼却聪明，神表卓出特异，即使是黄琬、孔文举也无从胜过他。正光初年，广宗潘崇和在城东昭义里讲服氏注的《春秋》时，荀子文提起下裳，面朝北面，接受潘崇和的教导。这时赵郡李才问荀子文说：“荀生住在何处？”荀子文对答道：“鄙人住在中甘里。”李才问：“为什么住在城南？”因为城南有四夷馆，李才因此讥笑荀子文人住在夷人处。荀子文对答道：“国都南面是好地方,您何必奇怪呢?倘说河流,伊水洛水不平凡。讲它的旧事,则有灵台、石经。讲寺庙的美,则有报德、景明二寺。讲当代的富贵人,则有高阳王、广平王。四方风俗,有万国千城的气象。倘论人物,有我没你!”李才没法对答他。潘崇和说:“汝颍的士子犀利得像锥子,燕赵的士子迟钝得像秤砣。这确不是虚言。”所有的学者都笑了。

崇虚寺

【题解】

本文主要介绍了洛阳城南最西边崇虚寺的来历，追溯了崇虚寺源自汉代濯龙园的历史。濯龙园本为汉代宫苑名，在今河南洛阳东北汉魏故城西北隅。《后汉书·马皇后纪》记载："明帝幸濯龙中。"延熹九年(166)，桓帝祠老子于濯龙园。《后汉书·桓帝纪》曰："延熹九年七月庚午，祠黄老于濯龙宫。"高祖孝文帝迁都洛阳之初，把这里的土地赐给百姓，老百姓报告经常看见妖怪，为镇伏妖怪，朝廷御史出资修建寺庙，崇虚寺便由此而落成。表明朝廷修建崇虚寺用以镇妖、安定百姓的初衷，"宝塔镇河妖"，崇虚寺的来历对此风俗作了最为实际的说明。

崇虚寺，在城西①，即汉之濯龙园也②。

延熹九年，桓帝祠老子于濯龙园③，设华盖之坐④，用郊天之乐⑤，此其地也。高祖迁京之始，以地给民，憩者多见妖怪，是以人皆去之，遂立寺焉。

【注释】

①崇虚寺，在城西：崇虚寺在城西，诸本皆然，而其文则编入城南之末，据考汉之濯龙园在城内西北隅，遂认为"城西"或是"城内"之

讹。今按诸刻及文字皆不误，杨衒之云在城西者，盖继城南之后，先作题引，令全书前后连贯，而有线索可循。此地理为书之义例，读者可勿疑。至于濯龙园在城内何处，或是杨衒之记忆有误，或是实在其地，则又另当别论。然则，崇虚寺之在城西，当是无疑。《魏书·释老志》：太和十五年秋诏曰“自有汉以来，置立坛祠，先朝以其至顺可归，用立寺宇。昔京城之内，居舍尚希。今者里宅栉比，人神猥凑，非所以祗崇至法，清敬神道。可移于都南桑乾之阴，岳山之阳，永置其所，……仍名为崇虚寺”。

②濯龙园：汉代宫苑名。在今河南洛阳东北汉魏故城西北隅。《后汉书·马皇后纪》：“明帝幸濯龙中。”

③“延熹九年”二句：延熹，东汉桓帝刘志年号(158—167)。延熹九年，即 166 年。《后汉书·桓帝纪》：延熹九年七月庚午，“祠黄老于濯龙宫”。

④华盖：古代传说黄帝与蚩尤战于涿鹿，帝有五色云气、金枝玉叶、如花状之物出现在黄帝头顶上，称作“华盖”。后世帝王用伞，别称“华盖”。《古今注·舆服》：“华盖，黄帝所作也。与蚩尤战于涿鹿之野，常有五色云气，金枝玉叶，止于帝上，有花葩之象，故因而作华盖也。”

⑤郊天之乐：即祭天的音乐。《周礼·春官·大司乐》：“乃奏黄钟，歌大吕、舞云门，以祀天神。”《汉书·礼乐志》：“至武帝定郊祀之礼，祠太一于甘泉，祭后土于汾阴。乃立乐府，采诗夜诵，有赵、代、秦、楚之讴，以李延年为协律都尉，多举司马相如等数十人造为诗赋，略论律吕，以合八音之调，作《十九章》之歌。”《后汉书·祭祀志》：“桓帝即位十八年，好神仙事，延熹八年初，使中常侍之陈国苦县祠老子。九年，亲祠老子于濯龙，文罽坛饰，淳金扣器，设华盖之坐，用郊天乐也。”郊天，祭天，古时人们在郊外祭祀天地，南郊祭天称为郊，北郊祭地称为祀，郊为大祀，祀为群祀。

《礼记·郊特牲》:“郊之祭也,大报天而主日也。”郑《注》:“大犹遍也。天之神,日为尊。”

【译文】

崇虚寺,在城西,就是汉代的濯龙园。

延熹九年,桓帝在濯龙园祭祀老子时,设立华盖的坐席,使用祭天的音乐,就是这个地方。高祖孝文帝迁都洛阳之初,把这里的土地赐给百姓,在这停留栖息的人大多见过妖异,因此人们都逃离此地,于是在这里建了崇虚寺。

卷第四　城西

冲觉寺

【题解】

本节介绍了孝明帝元诩朝的太傅清河王元怿"舍宅为寺"而建的冲觉寺，位于西明门外一里御路北面。元怿曾同高阳王元雍、广平王元怀一起受命辅助年幼的孝明皇帝，其名望与德行俱隆，又是宗亲，处事公正，被认为"明德茂亲，体道居正"。元怿又雅号延揽宾客，看重文辞，海内才子，无不来投。正光初，元乂掌握政权，囚禁太后于后宫，元怿也被害死在门下省。文中通过冲觉寺的来历记叙了元怿的一生，颇为推崇；但元怿后来死于非命，结局惨淡，揭示了纷乱的北魏朝政局。

冲觉寺，太傅清河王怿舍宅所立也。在西明门外一里御道北。

怿，亲王之中，最有名行，世宗爱之，特隆诸弟。延昌四年[①]，世宗崩，怿与高阳王雍、广平王怀并受遗诏，辅翼孝明[②]。时帝始年六岁，太后代总万机，以怿明德茂亲[③]，体道居正，事无大小，多谘询之。是以熙平、神龟之际[④]，势倾人主，第宅丰大，逾于高阳[⑤]。西北有楼，出陵云台，俯临朝市，目极京师，古诗所谓"西北有高楼，上与浮云齐”者也。楼下有儒林馆、延宾堂，形制并如清暑殿。土山钓池，冠于当世。斜峰入牖[6]，曲沼环堂[7]，树响飞嘤[8]，阶丛花药[9]。

【注释】

①延昌：北魏宣武帝元恪年号(512—515)。

②辅翼孝明：《魏书·肃宗纪》载：孝明帝延昌四年春正月丁巳夜，即皇帝位。二月癸未，太保高阳王元雍进位太傅，领太尉，司空清河王元怿为司徒、骠骑大将军，广平王元怀为司空，遵遗诏共同辅佐孝明帝。

③明德：昭彰道德。《尚书·康诰》：“丕显考文王，克明德慎罚。”茂亲：有美德的亲属。此处指皇室宗亲。茂，美丽繁盛的样子。

④熙平、神龟：北魏孝明帝元诩年号。熙平516—518年，神龟518—520年。

⑤高阳：指高阳王元雍。高阳王的宅邸在城南，见卷三《高阳王寺》。

⑥牖(yǒu)：木窗。指穿壁并以木条横竖相交而成的窗。后泛指窗。《说文》：“牖，穿壁以木为交窗也。”

⑦曲沼：迂回而曲折的池塘。

⑧飞嘤(yīng)：指飞鸟的和鸣声。《诗·小雅·伐木》：“鸟鸣嘤嘤。”郑《笺》：“嘤嘤，两鸟声也。”

⑨花药：即芍药。

【译文】

冲觉寺，是太傅清河王元怿捐献住宅所建造的。在西明门外一里处的御路北面。

元怿，在亲王中间最有名望品行，世宗宠爱他，胜过了他的各位弟弟。延昌四年，世宗去世，元怿同高阳王元雍、广平王元怀一起接受遗诏，辅助孝明皇帝。此时孝明帝才六岁，由胡太后总揽万机，因为元怿有名望德行，又是宗亲，体察道理处理公正，所以事情不论大小，多征询他。因此熙平、神龟年间，他的势力倾动人主，宅第广大，超过了高阳王元雍。西北有楼，高出陵云台，俯临朝廷市集，眼睛尽望京城，正是古诗所记载的“西北有高楼，上与浮云齐”。楼下有儒林馆、延宾堂，形式制作都像清暑殿，土山钓池，在当世称首。斜出的山峰伸入窗口，曲折的池沼环绕庙堂，婆娑的树林中传来嘤嘤的鸟鸣，阶石上丛生着芍药花。

怿爱宾客，重文藻，海内才子，莫不辐辏①。府僚臣佐，并选隽民②。至于清晨明景，骋望南台，珍羞具设，琴笙并奏，芳醴盈罍③，嘉宾满席。使梁王愧兔园之游④，陈思惭雀台之燕⑤。

【注释】

①辐辏(fú còu)：原意为车轮的辐集中于车毂上，此处引申为会合、聚集。

②隽民：同“俊民”，贤士，德才之人。

③醴(lǐ)：一种汁渣混合的浊酒，其味甘甜，较醪稍薄。这里泛指酒。罍(léi)：流行于商晚期至春秋中期的青铜制盛器，用以盛酒或水。形如大尊，大肚小口，上有盖，两旁各有环耳。

④梁王：即梁孝王刘武，汉文帝之子。兔园：梁孝王刘武的园囿，后来也称“梁园”，故址位于今河南商丘东。《史记·梁孝王世家》：“孝王筑东苑，方三百余里。”《西京杂记》：“梁孝王好营宫室苑囿之乐，作曜华之宫，筑兔园。园中有百灵山，山有肤寸石、落猿岩、栖龙岫。又有雁池，池间有鹤洲、凫渚。其诸宫观相连，延亘

数十里，奇果异树，瑰禽怪兽必备，王日与官人宾客弋钓其中。”兔园，在今河南商丘。汉枚乘有《梁王兔园赋》歌咏之。

⑤陈思：即曹植，曾封陈王，谥号思，世称陈思王。雀台：即铜雀台，汉建安时曹操所筑，故址位于今河南临漳西南邺城内。《三国志·魏书·陈思王传》：“时邺铜爵台新成，太祖悉将诸子登台，使各为赋。植援笔立成，可观，太祖甚异之。”

【译文】

元怿喜爱宾客，看重文辞，海内才子，无不集中在他的门下。府里的臣子属官，都从俊秀的人中选出。到了早晨，沉醉于明丽的景色中，纵望南台，珍贵的菜肴具备，琴和笙一并弹奏，芳香的酒满杯，尊贵的宾客坐满席位。这些都会使得梁孝王对兔园的游赏感到惭愧，陈思王对铜雀台的宴会感到羞赧。

正光初，元乂秉权，闭太后于后宫，薨怿于下省。孝昌元年，太后还总万机，追赠怿太子太师、大将军都督中外诸军事，假黄钺①。给九旒、鸾辂、黄屋、左纛、辒辌车、前后部羽葆鼓吹、虎贲班剑百人、挽歌二部②，葬礼依晋安平王孚故事③，谥曰文献。图怿像于建始殿。拔清河国郎中令韩子熙为黄门侍郎④，徙王国三卿为执戟者⑤，近代所无也。

【注释】

①黄钺（yuè）：一种饰以黄金的斧子，用作帝王的仪仗。有时也赐给出征或封赠的大臣，以示威重。《古今注》：“《舆服篇》：金斧，黄钺也。黄钺，乘舆建之，以钝金为饰。”

②九旒（liú）：古时一种镶有九条丝织垂饰的旌旗。九旒多为帝王

所用。这里赐给九旒等物表示一种很高的礼遇。《周礼·秋官·大行人》:"上公之礼,建常九旒。"郑《注》:"常,旌旗也。"鸾辂:皇帝乘用车名,其车画鸾鸟,故名。《吕氏春秋·孟春纪》:"乘鸾辂,驾苍龙。"《周礼·春官·冢人》:"及葬,言鸾车象人。"郑《注》:"鸾车巾车,所饰遣车也,亦设鸾旗。"贾《疏》:"亦设鸾旗者,以其遣车有鸾和之铃,兼有旌旗。"黄屋:古代天子车制,以黄缯为车盖里,称"黄屋"。左纛(dào):古代帝王乘车上用牛尾制成的装饰物,设在车衡的左方,故名。《汉书·高帝纪》:"纪信乃乘王车,黄屋左纛。"《注》引李斐曰:"天子车以黄缯为盖里。纛,毛羽幢也,在乘舆车衡左方上注之……或在骓头,或在衡。"辒辌(wēn liáng)车:原是古代一种可用来卧息的车子,后用作丧车。《史记·李斯传》:"置始皇居辒辌车中。"《集解》引孟康曰:"如衣车,有窗牖,闭之则温,开之则凉,故名之辒辌车也。如淳曰:辒辌车,其形广大,有羽饰也。"

③晋安平王孚:即司马孚,字叔达,晋宣帝司马懿次弟,封安平王。故事:先例,旧例。《晋书》卷三十七:"泰始八年薨,时年九十三。帝于太极东堂举哀三日,诏曰:……其以东园温明秘器,朝服一具,衣一袭,绯练百匹,绢布各五百匹,钱百万,谷千斛,以供丧事,诸所施行,皆依汉东平献王苍故事。……帝再临丧,亲拜尽哀。及葬,又幸都亭,望柩而拜,哀动左右。给銮辂轻车,介士武贲百人,吉凶导从二千余人,前后鼓吹,配飨太庙。"

④韩子熙:字元雍,韩麒麟之孙,昌黎棘城(今辽宁义县西南)人。曾为清河王元怿常侍,迁郎中令。历任中书舍人、黄门侍郎、侍读、国子祭酒等职。《魏书》卷六十:"少自修整,颇有学识。弱冠未能自通,侍中崔光举子熙为清河王怿常侍,迁郎中令。……及元乂害怿,久不得葬,子熙为之忧悴,屏处田野,每言王若不得复封,以礼迁葬,誓以终身不仕。后灵太后返政,以元乂为尚书令,

解其领军。子熙与怿中大夫刘定兴、学官令傅灵摽、宾客张子慎伏阙上书；……书奏，太后义之，乃引子熙为中书舍人。后遂剖腾棺，赐乂死。”

⑤三卿：周制，以司徒、司马、司空为三卿。清河国为元怿封地，故也设有三卿。执戟：宫廷侍卫官，因值勤时手持戟得名。

【译文】

正光初年，元乂掌握政权，囚禁太后于后宫，害死元怿在门下省。孝昌元年，太后恢复总管万机，追赠元怿为太子太师、大将军、都督中外诸军事，假黄钺。赐予九旒、鸾辂、黄屋、左纛、辒辌车，给前后部羽葆鼓吹、虎贲班剑百人、挽歌二部，葬礼依原晋朝葬安平王司马孚的先例举行，谥称文献。在建始殿画元怿像。选拔清河国的郎中令韩子熙做黄门侍郎，迁王国三个卿做皇宫的侍臣，这是近代所没有的。

为文献追福，建五层浮图一所，工作与瑶光寺相似也①。

【注释】

①工作：此处指工程、制作等。《后汉书·后纪》：“以连遭大忧，百姓苦役，殇帝康陵方中秘藏，及诸工作，事事减约。”《水经注·谷水》：“圃中有古玉井，井悉以珉玉为之，以缁石为口，工作精密。”

【译文】

为了给文献追祈冥福，造五层宝塔一座，土木营造与瑶光寺的宝塔相似。

宣忠寺

【题解】

本节介绍的是侍中司州牧城阳王元徽用自己的府邸所建立的宣忠寺，它的来历与北魏朝廷的命运十分相关。

永安中，北海王元颢进入洛阳篡位，孝庄帝北退，朝野万马齐喑，袖手观望，只有元徽旗帜鲜明，跟随庄帝。元徽许愿若能重回洛阳，就舍宅建寺。后在尔朱荣的帮助下，庄帝恢复帝位。元徽实践建寺诺言，这就是宣忠寺的由来。其后元徽又协助庄帝以太子出生为借口杀死尔朱荣。文中赞扬了元徽的心智计谋和心理素质。但是好景不长，尔朱兆攻克洛阳，吊死庄帝。元徽逃亡，投奔曾受惠于自己的寇祖仁，却被出卖，遭到砍头的厄运。《魏书》记载元徽："至故吏寇弥宅。弥外虽容纳，内不自安。乃怖徽云：官捕将至。令其避他所，使人于路邀害，送尸于尔朱兆。"但是后来寇祖仁亦被元徽的阴魂托梦设计陷害，被尔朱兆处死。文中通过元徽和寇祖仁两个形象，一正一反，一忠一奸，形成鲜明对比，颂扬忠孝节义，行善积德，正所谓"崇善之家，必有余庆；积祸之门，殃所毕集"，宣扬了因果报应的思想。

宣忠寺，侍中司州牧城阳王徽所立也[①]，在西阳门外一里御道南。

【注释】

①司州:州名。北魏太和十七年(493)改洛州置,治所为义阳县(今河南洛阳东北)。城阳王徽:即元鸾之子元徽,字显顺,袭封城阳王。孝庄帝时累官至太保,总统内外。

【译文】

宣忠寺,是侍中司州牧城阳王元徽所建造的,在西阳门外一里处的御道南面。

永安中,北海王入洛,庄帝北巡,自余诸王,各怀二望[①],唯徽独从庄帝至长子城。大兵阻河,雌雄未决,徽愿入洛阳[②],舍宅为寺。及北海败散,国道重晖,遂舍宅焉。

永安末,庄帝谋杀尔朱荣,恐事不果,请计于徽。徽曰:"以生太子为辞[③],荣必入朝,因以毙之。"庄帝曰:"后怀孕未十月,今始九月,可尔已不[④]?"徽曰:"妇人生产,有延月者,有少月者,不足为怪。"

【注释】

①二望:作两种准备,观望。

②愿:愿心,祈福许愿,向神佛祈祷时许下的酬谢心愿。

③辞:不接受,推脱的借口。

④不(fǒu):同"否"。

【译文】

永安年间,北海王元颢攻入洛阳,庄帝北退,其余众王,各人心怀两望,只有元徽独自跟随庄帝来到长子城。大兵为黄河阻隔,胜负未分,元徽希望能回洛阳,就舍弃住宅建成了寺庙。等到北海王失败,国家重获光明,于是把住宅捐献了出来。

永安末年，庄帝谋划诛杀尔朱荣，怕事情失败，请元徽设计。元徽说："用太子出生作借口，尔朱荣一定入朝，趁这个机会杀死他。"庄帝说："皇后怀孕不到十个月，现在才九个月，可以这样说吗？"元徽说："妇人生产，有延长月份的，有减少月份的，这不足为怪。"

帝纳其谋，遂唱生太子①，遣徽特至太原王第，告云皇储诞育②。值荣与上党王天穆博戏③，徽脱荣帽，欢舞盘旋。徽素大度量，喜怒不形于色，绕殿内外欢叫，荣遂信之，与穆并入朝。庄帝闻荣来，不觉失色。中书舍人温子昇曰："陛下色变。"④帝连索酒饮之，然后行事。荣、穆既诛，拜徽太师、司马，余官如故，典统禁兵⑤，偏被委任⑥。

【注释】

①唱：倡。《荀子·非十二子》："子思唱之，孟轲和之。"

②皇储：确定为继承皇位的人，皇太子。陆机《汉高祖功臣颂》："马烦辔殆，不释拥树；皇储时义，平城有谋。"

③博戏：此处指古代博戏中的六博棋戏。六博，两人用十二只棋子相博，黑棋白棋各半，分胜负输赢。《汉宫少年行》："分曹六博快一掷，迎欢先意笑语喧。"

④"中书舍人"二句：《魏书》卷八十五《温子昇传》："及帝杀尔朱荣也，子昇预谋。当时赦诏，子昇词也。荣入内，遇子昇把诏书，问是何文书？子昇颜色不变，曰：'敕。'荣不视之。"温子昇，见卷一。

⑤典统：掌管，统领。禁兵：皇帝的近卫兵。《后汉书·阴兴传》：

“故侍中卫尉关内侯兴典领禁兵，从平天下，当以军功显受封爵。”

⑥偏：原本指不公正对待，《出师表》：“不宜偏私，使内外异法也。”此处是说庄帝对元徽的待遇超过众人。

【译文】

庄帝采纳了他的计划，于是就宣布生了太子，派元徽特地到太原王府上，告诉皇子生下来了。正碰上尔朱荣同上党王元天穆在玩博戏，元徽摘掉尔朱荣的帽子，拿着帽子欢舞旋转，元徽平素有大的度量，喜怒不在脸色上表现出来，此时绕着殿堂内外欢呼，尔朱荣即相信了他的话，同元天穆一起入朝参贺。庄帝听说尔朱荣已来，不自觉变了脸色。中书舍人温子昇说：“陛下脸色变了。”庄帝连连索取酒来喝，然后动手。杀死尔朱荣和元天穆以后，封元徽做太师、司马，其余的官职照旧，统率宫中的禁兵，特别受到任用。

及尔朱兆擒庄帝，徽投前洛阳令寇祖仁①。祖仁一门刺史②，皆是徽之将校，以有旧恩，故往投之。祖仁谓子弟等曰：“时闻尔朱兆募城阳王甚重，擒获者千户侯。今日富贵至矣！”遂斩送之③。徽初投祖仁家，赍金一百斤、马五十匹，祖仁利其财货，故行此事。所得金马，緦亲之内均分之④。所谓“匹夫无罪，怀璧其罪⑤”，信矣！

【注释】

①寇祖仁：即寇弥，字祖仁，上谷（今北京延庆）人。《魏书》卷四十二作“寇弥”，云：“为城阳王徽所亲待，永安末，徽避尔朱兆，脱身南走，归命于弥；弥不纳，遣人加害，时论深责之。后没关西。”

②一门刺史：《法苑珠林》卷八十四引作“祖仁父叔兄弟三人为刺

史”。寇弥父寇臻、兄寇治、长子朏之、侄寇遵贵都任刺史，所以说“一门刺史”。

③遂斩送之：《魏书》卷十九：“及尔朱兆之入，禁卫奔散，庄帝步出云龙门。徽乘马奔度，帝频呼之。徽不顾而去，遂走山南。至故吏寇弥宅。弥外虽容纳，内不自安。乃怖徽云：‘官捕将至。’令其避他所，使人于路邀害，送尸于尔朱兆。”

④缌(sī)亲之内：即五服之内。缌，古代丧服名，为五种丧服之最轻者。《礼记·大传》：“四世而缌，服之穷也。”

⑤“匹夫”二句：意思是别人如果要图谋他的玉璧，就会加以罪名而害他。《左传·桓公十年》：“匹夫无罪，怀璧其罪。”杜《注》：“人利其璧，以璧为罪。”又《左传·襄公十五年》：“小人怀璧，不可以越乡。”

【译文】

等到尔朱兆将庄帝囚禁后，元徽投靠以前的洛阳令寇祖仁。寇祖仁一门刺史，都是元徽的将校，因为有旧恩，所以去投靠他。寇祖仁对子弟们说：“听说尔朱兆悬赏捉拿城阳王的赏格很高，捉到的人即封千户侯。今天富贵到了！”于是斩了元徽的头送给尔朱兆。元徽当初投奔寇祖仁时，带了金子一百斤，马五十匹。寇祖仁想得到他的财货，才做这种事的。他所得到的金子马匹，五服以内的亲族平均分配，所说“匹夫无罪，怀有璧玉是他的罪”，确实是这样啊。

兆得徽首，亦不勋赏祖仁。兆忽梦徽云：“我有黄金二百斤、马一百匹在祖仁家，卿可取之。”兆悟觉，即自思量：“城阳禄位隆重，未闻清贫，常自入其家采掠，本无金银，此梦或真①。”至晓，掩祖仁②，征其金马。祖仁谓人密告，望风款服，云实得金一百斤，马五十匹。兆疑其藏隐，依梦征之。祖仁诸房素有金三十斤③，马三十疋，尽送致兆，犹不充数。兆乃发怒，捉祖仁，悬首高树，大石坠足，鞭捶之以及于死。时人以为交报④。

【注释】

①“此梦或真”句：采掠，搜查捉拿。《法苑珠林·怨苦篇》曰：“及兆得徽首，亦不赏侯。兆乃梦，徽曰：我金二百斤，马百匹，在祖仁家，卿可取也。兆觉曰：城阳家本巨富，昨令收捕，全无金银，此梦或实。”

②掩：乘人不备而进袭或抓捕。《史记·魏豹彭越列传》：“于是上使使掩梁王。”敦煌本《伍子胥变文》：“虑恐有人相掩，潜身伏在芦中。”

③房：指家族的分支。《新唐书·宰相世系表》：“载李氏分陇西、赵郡二支，陇西有四房，赵郡有六房。”素：原先，先前。

④交报：佛教语。交互受报应，即种善因得善果，种恶因得恶果。

【译文】

尔朱兆得到元徽的首级，也不赏赐寇祖仁。尔朱兆忽然做梦，梦见元徽说：“我有黄金二百斤，马一百匹，放在寇祖仁家里，您可以去取。”尔朱兆醒来，就自己想：“城阳王禄位很显贵，没听说清贫，自己曾到他家抢夺，根本没有金银，这个梦或许是真实的。”到天亮时捉住寇祖仁，征收他的金子马匹。寇祖仁认为有人告密，立即承认说实际得到金子一百斤、马五十匹。尔朱兆怀疑他有隐瞒，依照梦中数目征收。寇祖仁众房向来有金子三十斤，马三十匹，完全送给尔朱兆，数目还不够。尔朱兆于是发怒，捉住寇祖仁，把他的头吊在高树上，用大石拴在脚上往下拉，用鞭子打他，直到他死。当时人认为那是交相报应。

杨衒之曰："崇善之家，必有余庆；积祸之门，殃所毕集[①]。祖仁负恩反噬，贪货杀徽，徽即托梦增金马，假手于兆，还以毙之。使祖仁备经楚挞[②]，穷其涂炭，虽魏其侯之笞田蚡[③]，秦主之刺姚苌[④]，以此论之，不能加也！"

【注释】

①"崇善"四句：语出《易·坤》。意思为不断做善事的人家后代一定能享受到先人的遗泽，而屡做坏事的人家，灾祸会全都集中在他那里。崇，汇聚，聚积。余庆，先代的遗泽。

②楚挞（tà）：用荆杖拷打，责打。楚，荆杖。

③笞（chī）：我国古代用小竹板或小荆条击打犯人的刑罚。封建制五刑之末，源于《尚书·舜典》："扑作教刑。"秦汉以后称笞。魏侯：魏其侯窦婴。田蚡：汉孝景后同母弟，封武安侯。窦婴与灌夫善，而灌夫隙丞相田蚡。田蚡为丞相，妻燕王女，窦婴与灌夫往贺，饮酒不欢，灌夫驾坐。田蚡缚灌夫，劾论以死罪。窦婴力救之，又为劾矫景帝诏，论弃市。而田蚡亦病死。田蚡疾笃，一身尽痛，若有击者，呼服谢罪。上使视鬼者瞻之，曰：魏其侯与灌夫共守笞，欲杀之。详见《史记·魏其武安侯列传》。

④秦主之刺姚苌：秦主即为前秦皇帝苻坚。姚苌，十六国时期后秦的建立者，384—393 年在位。姚苌原为羌人首领，是前秦皇帝苻坚的部下，战功累累。公元 383 年苻坚在淝水之战大败。次年，姚苌率羌人独立并称秦王，进据北地。不久，擒杀苻坚。姚苌称帝后，又掘苻坚墓，并把尸体剥去衣服放在荆棘上。相传后来姚苌得病，梦苻坚率领天官使者与鬼兵几百人冲入宫里。宫人举枪刺鬼，却误中姚苌而死。详见《晋书》卷一百十六。

【译文】

杨衒之说："崇尚善事的人家，一定有多余的喜庆；积累灾祸的人家，灾祸完全聚集。寇祖仁背恩反咬，贪财杀了元徽，元徽就托梦增加金子马匹的数目，借尔朱兆的手来杀害寇祖仁。使得寇祖仁备受鞭打，受尽苦难，尽管有魏侯鞭笞田蚡、秦主刺杀姚苌的事情，可是与此相比，也不见得更厉害！"

王典御寺

【题解】

王温主管皇帝出行车马，宫中官职为典御，此寺即以其官职为名，此为一大特色。又北魏当时，由于宦官丧失男性功能，故而建寺皆为尼寺。唯王温所建王典御寺为和尚寺，其目的显然是要扬眉吐气，得到舆论公平对待，也折射出其内在的一些特殊心理。王温改变自身宦官的身份限制，有所作为，打破定制，其行为被世人称道。

宣忠寺东王典御寺，阉官王桃汤所立也①。

时阉官伽蓝皆为尼寺，唯桃汤独造僧寺，世人称之英雄。

【注释】

①王桃汤：即王温，字桃汤，赵郡栾城（今属河北省）人。由于父王冀坐事被诛，王桃汤与兄王继叔俱充宦官。后宣武帝元恪驾崩，王桃汤于卧中起孝明帝，与保母扶抱其入践帝位。官至侍中、车骑将军、左光禄大夫、光禄勋卿，封武阳县开国侯。建义初年于河阴遇害，年六十六。见《魏书》卷九十四。

【译文】

宣忠寺的东面是王典御寺，是宦官王桃汤所建造的。

当时宦官立寺都是尼姑寺，唯独王桃汤独自建造了和尚寺，世人称他是有非凡作为的人。

门有三层浮屠一所，工逾昭仪[①]。宦者招提，最为入室[②]。至于六斋，常击鼓歌舞也。

【注释】

①昭仪：即昭仪尼寺，为阉官等所立。见卷一《昭仪尼寺》。

②入室：比喻学问或技艺得到师传，达到精深之地。《论语·先进》："由也升堂矣，未入室也。"这里指佛寺的建筑工艺达到相当高的水平。

【译文】

门口有三层宝塔一座，工艺超过昭仪尼寺。在宦官的寺院中最为精致。每到六斋日，这里常常击鼓唱歌跳舞。

白马寺

【题解】

本节所介绍的汉明帝所立之白马寺，传为佛教传入中国的第一站。佛教入华，果在何时？传说纷歧，实难确定。但是汉明帝永平中，遣使往西域求法，是为我国向所公认佛教传入中国之始。文中交代了白马寺的由来，还介绍了中国佛寺建塔的缘起。记载了白马寺的特产果品由于“味并殊美，冠于中京”而成为皇室专供，表明统治阶级的特权以及白马寺浓厚的官方色彩。本节还记载了宝公和尚的事迹，未卜先知，预示福祸，宣扬了灵异思想，侧面表达了作者对佛教的敬畏和尊崇之情。

白马寺①，汉明帝所立也②。佛教入中国之始。

【注释】

①白马寺：《水经注·谷水》：“谷水又南径白马寺东，昔汉明帝梦见大人金色，项佩白光，以问群臣。或对曰：西方有神名曰佛，形如陛下所梦，得无是乎？于是发使天竺，写致经像，始以榆椟盛经，白马负图，表之中夏，故以白马为寺名。此榆椟后移在城内愍怀太子浮图中，近世复迁此寺。然金光流照，法轮东转，创自此

矣。"又见《高传摄摩腾传》、《魏书·释老志》、南齐王琰《冥祥记》及《牟子理惑论》。汤用彤《佛教史》曰:"按白马之名,始见于西晋竺法护译经诸记中。太康十年四月,译文殊师利《净律经》,十二月,出《魔逆经》,均在洛阳白马寺。永熙元年,译《正法华》,亦在洛阳白马寺,上距汉永平之世已二百余年。又竺法护译经,常于长安青门内白马寺。东晋时支道林常在建业白马寺。则汉晋间寺名白马,或实不少。"

②汉明帝:即东汉皇帝刘庄。字严,庙号显宗。57—75年在位。白马寺初建于东汉明帝永平十一年(68),时帝梦金人项有日光,乃遣郎中蔡愔、博士弟子秦景出使西域天竺求经,还偕其高僧摄摩腾、竺法兰前来中土,帝隆礼之,特造此寺以憩之。二僧圆寂,并葬寺侧。见《魏书·释老志》。

【译文】

白马寺,是汉明帝所建造的。

是佛教传入中国的开始。

寺在西阳门外三里御道南。帝梦金神,长丈六,项背日月光明。胡人号曰佛,遣使向西域求之,乃得经像焉。时以白马负经而来,因以为名。明帝崩,起祇洹于陵上①。自此以后,百姓冢上或作浮图焉。寺上经函②,至今犹存。常烧香供养之③,经函时放光明,耀于堂宇。是以道俗礼敬之,如仰真容④。

【注释】

①祇洹:即精舍。僧人修炼居住或讲道说法的场所。陵:即陵墓。《牟子理惑论》:"明帝存时,预修造寿陵,陵曰显节。亦于其上作

佛图像。”

②经函：用榆榄木制函以盛经。

③供养：亦作“供施”、“供给”等。佛教用语。一般指以香花、灯明、饮食、衣服等供佛、菩萨及亡灵，也指斋僧尼。

④如仰真容：如同瞻仰真佛一样。真容，肖像。王建《宫中词》：“看着中元斋日到，自盘金线绣真容。”这里指佛。

【译文】

寺在西阳门外三里处御路南面。明帝做梦梦见金神，高一丈六尺，头背后有日月光明。胡人称做佛，派遣使臣向西域求佛，于是得到经和像。当时因白马负经而来，因以白马为寺名。明帝驾崩，在陵墓上建起精舍。从此以后，百姓坟上有造宝塔的。寺里的经函，至今还保存着。经常烧香来供奉它。经函时时放出光明，照耀在堂屋上。因此僧徒、俗人礼敬它，如同仰望佛的真像。

浮图前荼林蒲萄异于余处[①]，枝叶繁衍，子实甚大。荼林实重七斤，蒲萄实伟于枣，味并殊美，冠于中京[②]。帝至熟时，常诣取之。或复赐宫人，宫人得之，转饷亲戚[③]，以为奇味。得者不敢辄食，乃历数家。京师语曰：“白马甜榴，一实直牛[④]。”

【注释】

①荼林：果名。即石榴，亦名“途林”。《太平御览》卷九百七十：“途林，安石榴也。”

②中京：河南洛阳的别称。东晋、南朝称西晋故都洛阳为中京，一直沿用到初唐、盛唐，后遂以“中京”为洛阳别称。《南齐书·明帝纪》：“昔中京沦覆，鼎玉东迁。”

③饷：补给，赠送。《世说新语·雅量》："饷米千斛。"

④直：同"值"，即值得。《战国策·齐策》："象床之直千金。"韩翃《寄上田仆射》："金装昼出罗千骑，玉案晨餐直万钱。"

【译文】

宝塔前的茶林、蒲萄和别处不同，枝叶繁茂，果实很大。茶林果子重七斤，蒲萄果子比枣还大，味道都特别美，为京城第一。皇帝到果子熟时，经常亲自去采。或再赐给宫人，宫人得到了，转送亲戚，以为奇特的味道。得到的不敢马上吃，要展览给几家看。京城里说："白马寺甜榴，一个值一头牛。"

有沙门宝公者，不知何处人也。形貌丑陋，心识通达①，过去未来，预睹三世②。发言似谶③，不可得解，事过之后，始验其实。胡太后闻之，问以世事。宝公曰："把粟与鸡呼朱朱④。"时人莫之能解。建义元年，后为尔朱荣所害，始验其言。时亦有洛阳人赵法和请占早晚当有爵否。宝公曰："大竹箭，不须羽；东厢屋，急手作。"时人不晓其意。经十余日，法和父丧。大竹箭者，苴杖⑤；东厢屋者，倚庐⑥。造《十二辰歌》，终其言也⑦。

【注释】

①心识：指心智、才智。

②三世：亦称"三际"、"三生"。佛教名词。是业报轮回说的理论依据之一。《宝积经》卷九十四："云何过去世？若法生已灭，是名过去世。云何未来世？若法未生未起，是名未来世。云何现在世？若法生已未灭，是名现在世。"

③谶（chèn）：谶语，指日后会得到应验的言语或兆头。《说文》："谶，

验也。"《经义考》:"谶,纤也。其义纤微也。"《一切经音义》三:"谶,秘密书,出河洛。"

④"把粟"句:朱朱,唤鸡声。"朱朱"即是二朱,"二"与"尔"音近,隐指尔朱荣。这句话是说,胡太后要被尔朱荣所害,就如同粟要被鸡吃掉一样。《酉阳杂俎·贝编篇》:"后魏胡太后尝问沙门宝志国祚,且言把粟与鸡呼朱朱。盖尔朱也。"

⑤苴(jū)杖:粗糙的竹杖,为古代居父丧时所用。《荀子·礼论》:"齐衰苴杖,居庐食粥,席薪枕块。"《丧服传》:"苴杖,竹也。"

⑥倚庐:古人守丧时所住的房子。倚木搭建,门向北开,用草木等材料盖成。《礼记·丧服大记》:"父母之丧,居倚庐,不涂。"

⑦造《十二辰歌》,终其言:意思是宝公和尚又创作《十二辰歌》,将他的预言全都包括在里面。《敦煌零拾》有《禅门十二时》,分十二时为歌。即夜半子、鸡鸣丑、平旦寅、日出卯、食时辰、隅中巳、正南午、日昃未、晡时申、日入酉、黄昏戌、人定亥。《十二辰歌》现已失传,形式大概类似于敦煌石窟发现的《禅门十二时》,全歌共由十二段组成,每一段分别和一个时辰相联系。终,尽。

【译文】

有个叫宝公的和尚,不知道是哪里人。形貌丑陋,但知识通达,过去、未来,可以看到三世。说出的话像谶语,不可得解,事过之后,开始验证他的话。胡太后听了,问他当世的事情。宝公和尚说:"把粟给鸡呼朱朱。"当时人不能明白什么意思。建义元年,太后为尔朱荣杀害,验证了他的话。也有洛阳人赵法和占问多晚有爵位。宝公和尚说:"大竹箭,不须羽;东厢屋,急手作。"当时人不懂得他的意思。过了十多天,赵法和的父亲死了。原来"大竹箭"是指丧礼所用的竹杖;"东厢屋"是指服丧者的住处。所作的"十二辰歌",是他一生最后的文辞。

宝光寺

【题解】

本节通过记叙西阳门外御路北面的宝光寺，描写了宣武帝和孝明帝时代的隐士赵逸的事迹，通过赵逸所言“晋朝石塔寺，今为宝光寺也”而引出宝光寺的历史渊源和变迁。赵逸说：“晋朝三十二寺，尽皆湮灭，唯此寺独存。”通过赵逸之口，作者慨叹世事无常，时代变迁。最后又记载了战乱之时，宝光寺受到侵扰，大门崩塌，出现不祥之兆，最终乱军战败，表达了作者对战乱的憎恶之情。

宝光寺，在西阳门外御道北。有三层浮图一所，以石为基，形制甚古，画工雕刻。

隐士赵逸见而叹曰：“晋朝石塔寺，今为宝光寺也！”人问其故，逸曰：“晋朝三十二寺，尽皆烟灭，唯此寺独存。”指园中一处曰：“此是浴堂[①]。前五步，应有一井。”众僧掘之，果得屋及井焉。井虽填塞，砖口如初，浴堂下犹有石数十枚。当时园地平衍[②]，果菜葱青，莫不叹息焉。园中有一海，号咸池。葭菼被岸[③]，菱荷覆水，青松翠竹，罗生其旁。京邑士子，至于良辰美日，休沐告归④，征友命朋，来游此寺。雷车接轸⑤，羽盖成阴⑥。或置酒林泉，题诗花圃，折藕浮瓜⑦，以为兴适。

【注释】

①“此是浴堂”句：《南海寄归内法传》云：“那烂陀寺，有十余所大池，每至晨时，寺鸣健椎，令僧徒洗浴。世尊教为浴室，或作露地砖池，或作去病药汤，或令油遍涂体。夜夜油恒揩足，朝朝头上涂油。明目去风，深为利益。”是说佛寺浴室，应该是仿照印度的样式。

②平衍：形容地面平坦宽广。

③葭菼(jiā tǎn)：即芦与荻，均为水生植物。《诗·卫风·硕人》：“葭菼揭揭。”《传》：“葭，芦；菼，乱也。”《集传》：“菼，乱也，亦谓之荻。”

④休沐：古代官吏的例假。汉代按照朝廷规定：中朝官五日休假一天，称为休沐。《通鉴》卷二十三曰：“(霍)光每休沐出。”胡《注》：“汉制：中朝官五日一下里舍休沐，三署诸郎亦然。”《初学记》：“汉律，吏五日得一休沐，言休息以洗沐也。”告：官吏因病或特许休假称为“告”。告分为“予告”与“赐告”两种。

⑤雷车：形容车声如雷。《庄子·达生》：“其为物也，恶闻雷车之声。”班固《东都赋》：“千乘雷起。”左思《蜀都赋》：“车声雷骇。”接轸：车辆相衔接而行，形容车乘数量之多。轸，车后横木。《说文》：“轸，车后横木也。”张衡《西京赋》：“方辕接轸。”

⑥羽盖成阴：亦形容车乘数量之多。

⑦浮瓜：意指以清泉洗瓜果解渴。曹丕《与朝歌令吴质书》：“浮甘瓜于清泉，沉朱李于寒水。”后常用来代指消夏乐事。

【译文】

宝光寺，在西阳门外御路北面。有一座三层宝塔，以石头做地基，形式造型很古老，画工雕刻。

隐士赵逸看见了感叹道："晋朝的石塔寺，今为宝光寺！"人问缘故，赵逸说："晋朝三十二寺都毁灭了，只这寺独自存在。"指园中一处说："这是浴堂。前走五步，应该有一口井。"众僧挖掘，果真掘得屋子和井。井虽然填塞，砖口还和以前造的时候一样。浴堂下面还有几十块石头。当时园中地面平坦，果子菜叶都是葱青的，看的人没有不叹息的。园中有一个湖泊，叫咸池。芦苇遮盖湖岸，菱荷覆盖水面，青松翠竹，罗列生长在池边。京城里的士子，到了良辰美日，休假就约了朋友，到这寺来游览。发出雷声的车子鱼贯不断，羽毛做的车盖遮成阴影。有人在树林泉水旁摆酒水，有人在花圃里作诗，有人折藕浮瓜，来助兴。

普泰末，雍州刺史陇西王尔朱天光总士马于此寺①。寺门无何都崩②，天光见而恶之。其年天光战败，斩于东市也。

【注释】

①雍州：即今山西永济东南。尔朱天光：尔朱荣从祖兄子。骁勇而善骑射，历官侍中、金紫光禄大夫、北秀容第一领民酋长、左卫将军、雍州刺史，后为高欢所杀。详见《魏书》卷七十九《尔朱天光传》。

②无何：不多时，没多久。《史记·越王勾践世家》："居无何，则致资累巨万。"《汉书·曹参传》："居无何，使者果召参。"

【译文】

普泰末年，雍州刺史陇西王尔朱天光总率士兵马匹驻扎在这寺里。寺门不知道为何突然崩裂，尔朱天光看了，感到厌恶。这年尔朱天光与高欢作战，尔朱天光战败，被斩于东市。

法云寺　灵仙寺

【题解】

本节所记载的法云寺，其最大的特色乃是为外国僧人所建立。建立者为西域乌苌国和尚昙摩罗。《水经注·河水》云："乌苌国，即北天竺。"位于今巴基斯坦北部斯瓦特河上游一带地方。昙摩罗根性明利，通晓北魏语言和文字。他所建的这座寺院，工艺精细，带有强烈的西域风格，这也是法云寺的一大特色。

由寺北的侍中、尚书令、临淮王元彧的宅邸说起，作者生动刻画了元彧的仪表风采和人格魅力。通晓典籍，能辨是非，广交朋友，爱惜人才，但是身逢乱世，最后也是不得善终，令人唏嘘感叹。

本节还重点介绍了出西阳门外四里御路南面的洛阳大市。提及了市集南面的灵仙寺，为和尚道恒在汉灵帝皇女台上所建。作者首先介绍了洛阳大市里商贩匠屠所聚居的通商里、达货里，讲述了刘宝的经商头脑和投机行径。其次介绍了乐器制作者和艺人聚居的调音里和乐律里。里内的人，多会弹琴、吹笛、唱歌，天下高妙的技手多出在这里。记载了乐师田僧超与大将崔延伯相知的感人故事。接着记叙了退酤里、治觞里的酿酒业以及刘白堕所酿造的名酒；以棺材业闻名的慈孝里和奉终里以及孙岩狐妻的传闻；富贵之人多住其中的阜财里和金肆里，夸富斗奢之风盛行，以至于引起朝廷的干涉。文中介绍的洛阳大市的情况反映了北魏里坊制度的面貌，其中的传闻轶事都具有一定的代表性，是社会现象的真实映照。

法云寺，西域乌场国胡沙门昙摩罗所立也[①]。在宝光寺西，隔墙并门。

摩罗聪慧利根[②]，学穷释氏。至中国，即晓魏言隶书，凡所闻见，无不通解，是以道俗贵贱，咸归仰之[③]。作祇洹寺一所，工制甚精。

【注释】

①乌场：《魏书·西域传》称为“乌苌国”，《水经注·河水》：“乌苌国，即北天竺。”位于今巴基斯坦北部斯瓦特河上游一带地方。详见卷五。

②利根：梵文 Tiksa－indriya 的意译。谓能敏锐地理解佛法，并能圆满地达到解脱的根机。“利”(Tiksa)，谓锐利或疾速；“根”为根机、根性，指受教修道的先天素质。《法华经·方便品》：“有佛子心净，柔软亦利根，无量诸佛所，而行深妙道。”

③咸：全，都。归仰：归依，敬仰。

【译文】

法云寺，是西域乌场国的和尚昙摩罗所建造的。在宝光寺西面，与宝光寺一墙之隔，两座寺庙的门相并立。

昙摩罗聪明智慧，根性明利，穷尽了释氏的学问。来到中国，便通晓北魏的语言和隶书，凡是听到的看到的，没有令他困惑的，因此无论佛教徒还是俗人、地位高贵还是低贱，大家都仰慕他。他作祇洹寺一座，工艺精致。

佛殿僧房，皆为胡饰。丹素炫彩，金玉垂辉。摹写真容，似丈六之见鹿苑①；神光壮丽，若金刚之在双林②。伽蓝之内，花果蔚茂，芳草蔓合，嘉木被庭③。京师沙门好胡法者，皆就摩罗受持之④。戒行真苦⑤，难可揄扬⑥。秘咒神验，阎浮所无。咒枯树能生枝叶，咒人变为驴马，见之莫不忻怖⑦。西域所赍舍利骨及佛牙经像皆在此寺⑧。

【注释】

①丈六：代指佛身。根据《佛说十二经》："佛身长度为一丈六尺。"《后汉纪·明帝纪下》："佛身长一丈六尺，黄金色，项中佩日月光，变化无方，无所不入。"鹿苑：又名"鹿野苑"。在中天竺波罗奈国。佛教传说释迦牟尼得道后，曾在此演说四谛，度憍陈如等五比丘。此地因多鹿而得名。《续高僧传》释玄奘《大唐三藏圣教序》："双林八水，味道飡风；鹿苑鹫峰，瞻奇仰异。"

②金刚：宝石名。这里借指佛之法身，说明佛身的不可朽坏。《翻译名义集·七宝篇》："《西域记》云：伐罗阇，此云金刚。《起居注》云：晋武帝十三年，敦煌有人献金刚宝，生于金中，色如紫石英，状如荞菱，百炼不消，可以切玉如泥。"双林：指娑罗双树，是佛涅槃的地方，在今印度北部。《大般涅槃经》："一时佛在拘施那城，力士生地，阿利罗跋提河边，婆罗双树间。二月十五日，大觉世尊将欲涅槃。"

③被（pī）：披，覆盖在肩背上。《左传·襄公十四年》："乃祖吾离，被苫盖，蒙荆棘，以来归我先君。"

④受持：来源于佛教语。指用心记忆，持久不忘，思想上接受相关的戒律，并坚持身体力行。

⑤戒行：佛教名词。指随顺戒体，在身、语、意三方面遵守戒律的行

为。《四分律行事钞》卷中一："戒行，谓方便修成，顺本受体。"真：确实付诸实施。

⑥揄扬：宣传，宣传。曹植《与杨德祖书》："辞赋小道，固未足以揄扬大义，彰示来世也。"班固《两都赋》："雍容揄扬，著于后嗣。"李《注》："《说文》曰：揄，引也。孔安国《尚书传》：扬，举也。"

⑦忻(xīn)怖：既高兴又害怕。忻，喜悦，高兴。《史记·周本纪》："姜原出野，见巨人迹，心忻然说，欲践之。"

⑧舍利：即佛骨，出自梵语设利罗，也称"舍利"、"舍利子"。释迦牟尼逝世后，其尸体用香木火化，灵骨分碎，大小如颗粒，击之不坏，烧之不燋，经常有光明神验。佛教徒奉其为珍宝，予以供奉。佛牙：据传释迦牟尼死后，曾留下四颗牙齿，也被佛徒当珍宝供奉。

【译文】

佛殿僧房，都是胡国装饰。红的白的，炫曜光彩，金和玉，闪烁光辉。摹写的佛像，像是看见在鹿野苑说法的丈六佛陀；佛的神光壮丽，又像是在双树前涅槃的佛像法身。寺庙里，花果茂盛，芳草滋蔓，佳树遮住庭院。京城和尚爱好胡国佛法的，都到昙摩罗那里受戒。戒行的苦痛，难以宣扬。秘密咒语有神奇的效验，是五天竺所没有的。咒枯树能生树叶，咒人能变成驴马，看见的没有不欢喜恐怖。西域所带来的舍利骨及佛牙、佛经、佛像，都安置在这座寺里。

寺北有侍中尚书令临淮王彧宅①。

彧博通典籍，辨慧清悟②，风仪详审，容止可观。至三元肇庆③，万国齐臻④，金蝉曜首⑤，宝玉鸣腰⑥，负荷执笏，逶迤复道⑦，观者忘疲，莫不叹服。彧性爱林泉，又重宾客。至于春风扇扬⑧，花树如锦，晨食南馆⑨，夜游后园，僚宷成群[10]，俊民满席。丝桐发响[11]，羽觞流行[12]，诗赋并陈，清言乍起[13]，莫不领其玄奥，忘其褊悋焉[14]。是以入彧室者，谓登仙也。荆州秀才张斐常为五言，有清拔之句云[15]："异林花共色，别树鸟同声。"彧以蛟龙锦赐之，亦有得绯紬紫绫者[16]。唯河东裴子明为诗不工[17]，罚酒一石。子明饮八斗而醉眠，时人譬之山涛[18]。及尔朱兆入京师，彧为乱兵所害[19]，朝野痛惜焉。

【注释】

①临淮王彧：即元彧，北魏时期的皇族，被封为临淮王，史称少有才学，与从兄安丰王元延明、中山王元熙并以宗室博古文学齐名。肃宗时，累迁侍中、卫将军、兼尚书左仆射。尔朱兆入洛时被害。

②辨慧：聪明同时拥有雄辩之才。清悟：清虚善悟。

③三元：阴历正月初一是新年的年、月、日三者的开始。《通鉴》齐明帝建武三年胡《注》引《玉烛宝典》："正月为端月，其一日为上日，亦云三元，谓岁之元、月之元、时之元也。"肇庆：开始举行庆典。肇，开始。

④万国：形容很多的国家。班固《东都赋》："春王三朝，会同汉京，是日也，天子受四海之图籍，膺万国之贡珍，内抚诸夏，外绥百蛮。"

⑤金蝉曜（yào）首：头上的冠饰明亮闪烁，十分耀眼。金蝉，古代的一种冠饰。曜首，即曜于首。《汉官仪》："侍中金蝉左貂。金取坚刚，百炼不耗；蝉居高食洁，口在腋下。"

⑥宝玉鸣腰：玉佩在腰间铿锵作响。宝玉，即玉佩。

⑦逶迤（yǐ lí）：形容道路、山脉、河流等曲折行进的样子。也作"委蛇"。《登楼赋》："路逶迤而修迥兮，川既漾而济深。"

⑧扇扬:传播,宣扬。柳宗元《国子司业阳城遗爱碣》:“昔公之来,仁风扇扬。”风起时曰“扇”。

⑨馆:客舍。其后成为一种公共建筑物的称呼。

⑩僚寀(cǎi):又写作“寮寀”。僚指同僚、同官、同事;寀是官属。《晋书·王戎传》“虽立总鼎司,而委事僚寀”。《尔雅释诂》:“寀寮,官也。”郭《注》:“官地为寀,同官为寮。”

⑪丝桐:用桐木做成的琴,以丝为弦,所以称琴作“丝桐”。王粲《七哀诗》:“丝桐感人情,为我发悲音。”李《注》:“邹忌以鼓瑟见齐威王,王曰:夫治国家,何为丝桐之间乎?”

⑫羽觞流行:相互传递喝酒的杯子。羽觞,古代饮酒用的耳杯。流行,周流传递。《汉书·班倢伃传》:“酌羽觞兮销忧。”《注》引孟康曰:“羽觞,爵也,作生爵形,有头尾羽翼。”张衡《西京赋》:“羽觞行而无算。”《注》:“羽觞,杯上缀羽,以速饮也。”

⑬清言:魏晋南北朝时期以老子、庄子学说和《易经》为依据而辨析名理的言谈。乍:骤然,忽然。

⑭褊(biǎn)吝:即褊狭鄙吝的意思。《广雅释诂》:“褊,狭也。”

⑮清拔:清妙而脱俗。《梁书·文学传》:“均文体清拔,有古气,好事者或效之,谓为‘吴均体’。”

⑯绯紬:绛色的绸子。

⑰河东:地名。指山西境内黄河以东地区。工:精细巧妙。

⑱山涛:“竹林七贤”之一,字巨源,西晋河内怀县(今河南武陟西)人。官至司徒,《晋书》本传称他“饮酒至八斗方醉”。详见《晋书》卷四十三《山涛传》。

⑲彧为乱兵所害:《魏书·彧传》:“尔朱世隆率部北叛,诏彧防河阴,及尔朱兆率众奄至,彧出东掖门,为贼所获,见兆,辞色不屈,为群胡所殴,薨。”

【译文】

寺北有侍中尚书令临淮王元彧的宅邸。

元彧通晓典籍，能辨别是非，仪表堂堂，举止可观。元旦庆贺，万国一同欢聚时，他所戴金子装饰的帽子在头部闪耀，佩带的宝玉在腰部鸣响，拿着朝版，从容地在宫中的复道上走过，观看的人忘记疲劳，没有不赞叹的。元彧天性爱林泉，又看重宾客。每当春风拂动，花树锦绣时，他便早上到南馆里吃东西，夜里去游后园，属官成群，才俊的人士坐满坐席。琴弦弹奏，酒杯流转，作诗作赋的都有，清美的话一说出口，没有人不领受他的深奥旨意，而忘记他的偏袒吝啬的。因此进入元彧房室的，称为登仙。荆州秀才张斐曾作五言诗，有清秀的句子道："异林花共色，别树鸟同声。"元彧把绣蛟龙锦赐给他，也有得到绛绸紫绫的。只有河东裴子明不善作诗，被罚酒一石。裴子明喝了八斗就醉眠过去，当时人把他比作山涛。等到尔朱兆攻入京师，元彧为乱兵害死，朝野上下感到很痛惜。

出西阳门外四里御道南，有洛阳大市，周回八里①。市南有皇女台②，汉大将军梁冀所造③，犹高五丈余。景明中比丘道恒立灵仙寺于其上。台西有河阳县，台东有侍中侯刚宅④。市西北有土山鱼池，亦冀之所造。

即《汉书》所谓："采土筑山，十里九坂，以象二崤"者⑤。

【注释】

①周回：即周围，四周。《后汉书·陶谦传》："大起浮屠寺，上累金盘，下为重楼，又堂阁周回，可容三千许人。"

②皇女台：《水经注·谷水》："谷水又南径平乐观东，……华峤《后

汉书》曰：灵帝于平乐观下起大坛，上建十二重五采华盖，高十丈，……今于上西门外无他基观，惟西明门外独有此台，巍然广秀，疑即平乐观也。又言皇女稚殇，埋于台侧，故复名之曰皇女台。”

③梁冀：字伯卓，东汉安定乌氏（今宁夏固原东南）人。他的两个妹妹分别是汉顺帝、汉桓帝的皇后。其父梁商死后，梁冀继承他父亲的官职，被拜为大将军，曾独断朝政近二十年。后汉桓帝与宦官单超定计杀了梁氏一门，梁冀自杀。

④侯刚：字乾之，上谷（今北京延庆）人。官至侍中、左卫将军。《本传》说：本出寒微，以善于鼎俎进。与元乂为姻党，进为侍中，左卫将军。又《侯刚墓志铭》：“以魏孝昌二年三月十一日寝疾，薨于洛阳中练里第。”

⑤“亦冀所造”句：《后汉书·梁冀传》：“大起第宅，又广开园囿，采土筑山，十里九坂，深林绝涧，有若自然。奇禽驯兽，飞走其间。”崤山，在今河南洛宁北六十里。崤有二陵，故称“二崤”。

【译文】

位于西阳门外四里处的御路南面，有洛阳大市，周围有八里。市集南面有皇女台，由汉大将军梁冀所造，高五丈多。景明年间和尚道恒在它的上面建造了灵仙寺。台西有河阳县府，台东有侍中侯刚的住宅。市西北有土山鱼池，也是梁冀所修造的。

即《汉书》所说的：“采土筑山，十里路筑九坂，以象两个崤山。”

市东有通商、达货二里。里内之人，尽皆工巧、屠贩为生，资财巨万。

有刘宝者，最为富室。州郡都会之处皆立一宅，各养马十匹，至于盐粟贵贱，市价高下，所在一例[①]。舟车所通，足迹所履，莫不商贩焉。是以海内之货，咸萃其庭，产匹铜山，家藏金穴[②]。宅宇逾制[③]，楼观出云，车马服饰，拟于王者。

【注释】

①一例：一样的，同等的。

②"产匹"二句：说明极其富有。匹，可比，相当。金穴，藏金的洞穴。《史记·佞幸列传》记载，汉文帝曾赐邓通蜀严道铜山，得自铸钱，邓氏钱布天下。

③逾制：超越规格、规制。古代每个等级的人，其屋宇、车马、服饰等都有一定的规格，超出规格，称为逾制。

【译文】

市东有通商、达货二里。里内的人都善于杀猪贩卖做生计，积累资财巨万。

有个叫刘宝的，最是富贵。凡是州郡的都会，都建有一个宅邸，各处养马十匹，至于盐和粟的贵贱，市价的高低，他所控制的地方都是统一的。凡是舟车所通，或足迹所到的地方，没有不设立商贩生意的。因此海内的货物，都聚集在他的庭院里，他的产业像铜山，家里藏有金穴。宅邸规模超过制度，楼堂台观高耸入云，车马服饰，跟王侯相似。

市南有调音、乐律二里。里内之人，丝竹讴歌，天下妙伎出焉。

有田僧超者，善吹笳，能为《壮士歌》、《项羽吟》[①]，征西将军崔延伯甚爱之[②]。正光末，高平失据[③]，虎吏充斥。贼帅万俟丑奴寇暴泾、岐之间[④]，朝廷为之旰食[⑤]，诏延伯总步骑五万讨之。延伯出师于洛阳城西张方桥，即汉之夕阳亭也[⑥]。时公卿祖道，车骑成列。延伯危冠长剑耀武于前[⑦]，僧超吹《壮士》笛曲于后。闻之者懦夫成勇，剑客思奋[⑧]。延伯胆略不群，威名早著，为国展力二十余年[⑨]，攻无全城，战无横阵[⑩]，是以朝廷倾心送之。延伯每临阵，常令僧超为壮士声，甲胄之士莫不踊跃[⑪]。延伯单马入阵，旁若无人，勇冠三军，威镇戎竖[⑫]。二年之间，献捷相继[⑬]。丑奴募善射者射僧超，亡，延伯悲惜哀恸，左右谓伯牙之失钟子期不能过也[⑭]。后延伯为流矢所中，卒于军中。于是五万之师，一时溃散。

【注释】

①《壮士歌》：即《陇上歌》，战国末年，荆轲刺秦王，与燕太子丹诀别于易水，作歌曰："风萧萧兮易水寒，壮士一去兮不复还。"《项羽吟》：即《拔山吟》。《乐府诗集力拔山操解题》："《汉书》曰：项羽壁垓下，军少食尽……虞兮虞兮奈若何？"

②崔延伯：博陵（今河北安平）人。史称崔延伯勇猛兼有谋略，所在征讨，多有战功。《魏书》卷七十三《崔延伯传》称：胆气绝人，兼有谋略，所在征讨，咸立战功。正光五年秋，莫折天生寇岐州，征西将军元志被擒，朝廷以延伯为使，持节征西将军、西道都督，与萧宝夤讨天生，大破之。后又讨万俟丑奴，战死。

③高平：镇名。治所位于今宁夏固原，为北魏西部的军事重镇之一。《通鉴》卷一百五十：梁武帝普通五年（即魏孝明正光五年）夏四月，"高平镇民赫连恩等反，推敕勒酋长胡琛为高平王，攻高平镇"。十一月，高平人改杀卜胡，共迎胡琛。

④寇暴：残暴地侵夺劫掠。《通鉴》卷一百五十：梁武帝普通六年四月，“胡琛据高平，遣其大将万俟丑奴、宿勤明达等寇魏泾州”。泾、岐：泾指泾州，位于今甘肃东部泾川一带。岐是岐州，辖境相当于今陕西周至、麟游、陇县、宝鸡、太白等地。

⑤朝廷：这里指皇帝。旰(gàn)食：指心忧事忙而不能按时吃饭。《左传·昭公二十年》：“奢闻员不来，曰：楚君大夫其旰食乎?”杜《注》：“将有吴忧，不得早食。”

⑥夕阳亭：在今河南洛阳西，为汉晋时饯别之所，诗文中常用作洛阳的标志。《后汉书》卷八十四《杨震传》：“震行至城西夕阳亭……因饮鸩而卒。”

⑦危冠：高的帽子，形似雄鸡，冠之以示勇武。《庄子·盗跖》：“使子路去其危冠，解其长剑，而受教于子。”

⑧剑客：精通剑术的侠客。《汉书·东方朔传》：“剑客辐凑。”《汉书·李广苏建传》：“臣所将屯边者，皆荆楚勇士，奇材剑客也。”《后汉书·马援传》：“吴王好剑客，百姓多创瘢。楚王好细腰，宫中多饿死。”奋：奋起，振作。

⑨展力：相当于说效力，效劳。《三国志·魏书·杜畿传附杜恕》：“方今二贼未灭，戎车亟驾，此自熊虎之士展力之秋也。”

⑩攻无全城，战无横阵：没有他攻不下来的城邑，没有他冲不破的横排阵势。全城，完城。

⑪甲胄(zhòu)之士：身披铠甲的将士、武士。甲胄，亦称“介胄”。古代将士之护身服装。踊跃：形容情绪亢奋，争先恐后。

⑫戎竖：古代对西方边境上的少数民族的鄙称。竖，对人的鄙称。《史记·留侯世家》：“汉王辍食吐哺，骂曰：‘竖儒，几败而公事！’”

⑬献捷：古代军礼之一。天子命诸侯征伐异族，于战后至周举行一定的礼仪，将所获人员物品献给天子，以告战功。诸夏间战争不

得向王献捷，亦不得向其他诸侯献捷，否则谓之非礼。《魏书·崔延伯传》载：萧宝夤大悦，谓官署说："崔公，古之关张。"秦贼劲强，诸将所惮。朝廷动议遣将，咸云：非延伯无以定之。果能克敌。"

⑭伯牙、钟子期：皆为春秋时人，以精于琴艺而著名。据传伯牙善鼓琴，只有钟子期能理解，伯牙意在高山流水，钟子期都能凭琴音知道。后来钟子期死了，伯牙认为世上再无知音之人，于是终身不复鼓琴。

【译文】

市集的南面有调音、乐律二里。里内的人会弹琴、吹笛、唱歌，天下高妙的技手出在这里。

有个叫田僧超的人，笳吹得好，能吹《壮士歌》、《项羽吟》，征西将军崔延伯很欣赏他。正光末年，高平失守，如虎一样的凶恶官吏到处可见。贼帅万俟丑奴在泾水岐山之间抢夺劫掠，朝廷为此忧虑不安，下诏命崔延伯统率步兵骑兵五万讨伐万俟丑奴。崔延伯从洛阳城西的张方桥出发，此地即是汉朝的夕阳亭。当时公卿饯行，车骑排成行列。崔延伯头戴高帽，手持长剑，威武地走在前面，田僧超吹奏《壮士歌》走在后面。听了歌，懦夫也成为勇士，剑客更想奋起。崔延伯的胆量和战略超群，威名早已显著，为国家效力二十多年，进攻没有敌人能保全城池的，作战没有敌人能抵御的，因此朝廷尽心送他出征。崔延伯每次到阵上作战都命田僧超吹奏雄壮战士的曲调，穿甲戴胄的战士没有不踊跃作战的。崔延伯单骑闯入阵地，旁边像没有敌人，勇敢为三军首，威名震慑敌人。两年间，战胜的捷报，相继献上。万俟丑奴招募了一位善于射箭的人射死了田僧超，崔延伯悲惜恸哭，旁边的人说，从前伯牙失去钟子期的悲痛也不能超过他。后来崔延伯为流矢射中，死在军中。于是五万军队一时间溃败解散了。

市西有延酤、治觞二里。里内之人多酝酒为业。

河东人刘白堕善能酿酒。季夏六月,时暑赫晞[1],以罂贮酒[2],暴于日中,经一旬,其酒味不动[3]。饮之香美,醉而经月不醒。京师朝贵多出郡登藩,远相饷馈,逾于千里,以其远至,号曰鹤觞,亦名骑驴酒。永熙年中,南青州刺史毛鸿宾赍酒之藩[4],路逢贼盗,饮之即醉,皆被擒获,因此复名擒奸酒。游侠语曰[5]:"不畏张弓拔刀,唯畏白堕春醪[6]。"

【注释】

①赫晞:亦作"赫义",形容十分炎热的样子。

②罂(yīng):古代容器,盛酒和水,大腹小口,比缶大,一般用陶制,也有木制。《玉篇》:"罂,瓦器也。"

③不动:这里指不变味。《齐民要术·笨曲饼酒篇》:"河东颐白酒法,六月七月作。用笨曲,陈者弥佳,划治细剉,曲一斗,熟水三斗,黍米七斗,曲杀多少,各随门法。"

④南青州:北魏太和二十二年(498)改东徐州为南青州,治所为今山东沂水。毛鸿宾:北地三原(今属陕西省)人,官至北雍州刺史,萧宝夤之叛,与其兄毛遐纠率乡义讨之;萧宝夤遣其大将军卢祖迁等击毛遐,为毛遐所杀。后高欢平潼关,擒捉毛鸿宾,因忧虑而卒。之,往,到。

⑤游侠:古时指好交游、轻生重义、勇于救人急难的人。《韩非子·五蠹》:"废敬上畏法之民,而养游侠私剑之属。"

⑥春醪:即春酒(冬天酿制,及春而成)。晋代陶潜《和刘柴桑》诗云:"谷风转凄薄,春醪解饥劬。"醪,醇酒。

【译文】

市西有延酤、治觞二里。里内的人多以酿酒为业。

河东人刘白堕擅长酿酒。夏季六月，这时暑气正盛，他用长口瓮贮藏酒，在太阳下暴晒，经过十天，瓮中的酒味也不会变。饮用它香而醇美，喝醉了过一个月也醒不过来。京城中的朝廷贵人，多派出去赴郡府藩封，携带着酒相赠远方，行程有超过千里的。因它来自远方，所以叫鹤觞，也称骑驴酒。永熙年间，南青州刺史毛鸿宾携带酒前赴藩封，路上碰见盗贼，喝了这种酒，随即醉倒，都被擒拿，因此这种酒又叫擒奸酒。游侠说："不怕张弓拔刀，只怕白堕春醪。"

市北有慈孝、奉终二里。里内之人以卖棺椁为业，赁辆车为事[①]。

有挽歌孙岩，娶妻三年，妻不脱衣而卧。岩因怪之，伺其睡，阴解其衣，有毛长三尺，似野狐尾。岩惧而出之[②]。妻临去，将刀截岩发而走，邻人逐之，变成一狐，追之不得。其后京邑被截发者，一百三十余人。初变妇人，衣服靓妆[③]，行于道路，人见而悦近之，皆被截发。当时有妇人着彩衣者，人皆指为狐魅。熙平二年四月有此，至秋乃止[④]。

【注释】

①辆(ér)车：特指古代载运棺柩的车。《说文》："丧车也。"《释名·释丧制》："舆棺之车曰辆。"

②出：出妻，即休妻，指古代社会中丈夫遗弃妻子。在封建社会中，男尊女卑，丈夫可以无理由地休弃妻子。《孟子·离娄》："出妻屏子，终身不养焉。"

③靓(jìng)妆:也作“靓庄”,指女子美丽的妆饰。亦用作美女的代称。司马相如《上林赋》有:“靓妆刻饰。”李《注》:“郭璞曰:靓妆,粉白黛黑也。”

④“当时有妇人”四句:狐魅,亦称“狐媚”,即狐精作祟。《魏书》卷一百一十二《灵征志》:“太和元年五月辛亥,有狐魅截人发,时文明太后临朝,行多不正之征也。肃宗熙平二年春,京师有狐魅截人发,人相惊恐。六月壬辰,灵太后召诸截发者,使崇训卫尉刘腾鞭之于千秋门外,事同太和也。”

【译文】

市北有慈孝、奉终二里。里内的人以出售棺材、出租丧车为业。

有唱挽歌的孙岩,娶了妻子三年,妻子从不脱衣睡觉。孙岩对此感到奇怪,等她睡着了,暗中解脱她的衣服,发现有毛长三尺,像野地里的狐狸尾巴。孙岩害怕赶走了她。妻子临走,用刀割断孙岩的头发跑掉,邻里的人追她,她变成了一只狐狸,没有追到她。后来京城被剪断头发的有一百三十多人。开始时狐狸变成一个妇人,衣服穿得很漂亮,行走在道路上,看见了亲近取悦她的人,都被剪断头发。以致当时有妇人穿着彩衣的,人们都指为狐狸要迷惑人。这是熙平二年四月的事,到秋天才停止。

别有阜财、金肆二里,富人在焉。

【译文】

另有阜财里和金肆里,有钱的人家都住在其中。

凡此十里,多诸工商货殖之民[①]。千金比屋[②],层楼对出[③],重门启扇,阁道交通,迭相临望。金银锦绣,奴婢缇衣④,五味八珍,仆隶毕口⑤。神龟年中,以工商上僭⑥,议不听衣金银锦绣⑦。虽立此制,竟不施行。

【注释】

①货殖:居积财货,经营生利。《论语·先进》:"赐不受命,而货殖焉;亿则屡中。"《抱朴子·安贫》:"货殖营生,累万金之赀。"

②千金比屋:常形容富人居住的房子众多。千金,富豪人家。比屋,屋舍相邻,形容众多。

③层楼:由三个基本部分台基、屋身、屋顶叠垒而成。台基采取平坐形式,周围绕着栏杆。各层屋顶都采取"腰檐"形式。这里指相互重叠的高楼。

④缇(tí)衣:指色彩鲜明的服饰。缇,黄色的帛丹。《史记·滑稽列传》:"张缇降帷。"《正义》曰:"顾野王:黄赤色也。又音啼,厚缯也。"

⑤毕口:意指皆可口尝,谓仆隶皆可食五味八珍之物。《礼记·郊特牲》:"唯为社田,国人毕作。"

⑥上僭:逾越规制,指擅自使用高于自己身份的名义、礼仪或器物等。《诗·邶风·绿衣》序:"妾上僭,夫人失位而作是诗也。"

⑦听:听随,听任。《魏书·高阳王雍传》:"雍表诸王公以下贱妾,悉不听用织成锦绣,金玉珠玑,违者以违旨论。奴婢悉不得衣绫绮缬,止于缦缯而已。奴则布服,并不得以金银为钗带,犯者鞭一百,太后从之,而不能久行也。"

【译文】

以上一共是十个里,里内居住的多数是工商买卖人。豪富的房屋栉比,高高的楼阁林立;大门重重开启,阁道相通往来;彼此可以登临眺望。金银锦绣,也穿在奴婢的身上;山珍海味,也吃进仆人的口中。神龟年间,因为这些工商人家的享用超过了规制,朝廷作出决议,不准他们穿戴金银首饰、锦绣衣服。虽然立下了这项禁令,可是最终没能实施。

开善寺

【题解】

本文记载的是位于阜财里内的开善寺，原为京兆人韦英的住宅。据说韦英早死，其妻子梁氏不办丧事就改嫁，并仍住在韦英之宅。后韦英之魂回来寻其妻梁氏。梁氏害怕，弃宅立寺。通过对这段建寺因缘的描述，作者旨在颂扬妇女坚贞的德行，抨击轻浮不贞、感情不专的女性。

文中还记载了南阳人侯庆发愿黄金装裹佛像，却没有兑现，而遭到丧子的报应，宣扬了因果报应理论，表达了自己崇佛敬佛的思想。

阜财里内有开善寺，京兆人韦英宅也。英早卒，其妻梁氏不治丧而嫁，更纳河内人向子集为夫，虽云改嫁，仍居英宅。英闻梁氏嫁，白日来归，乘马将数人至于庭前，呼曰："阿梁！卿忘我也？"子集惊怖，张弓射之，应弦而倒，即变为桃人①，所骑之马亦变为茅马，从者数人尽化为蒲人。梁氏惶惧，舍宅为寺。

【注释】

①桃人：用桃木做的俑。古时候迷信，认为鬼害怕桃树，故削桃木

为人形，用来驱鬼辟邪。

【译文】

阜财里内有开善寺，本是京兆人韦英的住宅。韦英早死，他的妻子梁氏不办丧事就改嫁了，招赘河内人向子集做丈夫。虽说改嫁，仍旧住在韦英的住宅里。韦英的鬼魂听说梁氏改嫁，白天回来，骑马带了几个人来到庭院前，喊道："阿梁！你忘记我了吗？"向子集吃惊恐惧，拉开弓来射他，韦英应箭跌倒，立即变成桃木人，他所骑的马变作茅草马，几位跟从的人都化作蒲草人。梁氏害怕，于是捐献住宅作寺。

南阳人侯庆有铜像一躯，可高尺余。庆有牛一头，拟货为金色，遇事急，遂以牛他用之。经二年，庆妻马氏忽梦此像谓之曰："卿夫妇负我金色，久而不偿，今取卿儿丑多以偿金色焉。"马氏悟觉，心不遑安。至晓，丑多得病而亡。庆年五十，唯有一子，悲哀之声，感于行路。丑多亡日，像自有金色，光照四邻。一里之内，咸闻香气。僧俗长幼，皆来观睹。尚书左仆射元顺闻里内频有怪异①，遂改阜财里为齐谐里也。

【注释】

①元顺：字子和，任城王元澄子。见《魏书》卷十九。

【译文】

南阳人侯庆有一尊铜像，约高一尺多。侯庆有一头牛，打算卖了牛来给佛像涂金色。碰上急用，于是把卖牛的钱作了他用。两年后，侯庆妻子马氏忽然梦见这佛像对她说："你夫妇欠我涂金那么长时间还没有兑现，今取你儿丑多来偿还欠我们涂金。"马氏醒来，心里不安。到天亮，丑多得病死去。侯庆年纪五十，只有一个儿子，悲哀的声音打动了过路的行人。丑多死的那天,佛像自具金色,光彩照耀四邻。整个里内,都闻到香气。僧人俗人,年长的年幼的,都来观看。尚书左仆射元顺听说里内多次发生怪异的事,于是改阜财里为齐谐里。

寿丘里　河间寺

【题解】

寿丘里，多为皇族聚居，民间称作王子坊。本节通过描写河间王元琛与高阳王元雍斗富的事情，刻画了北魏皇族追慕奢华，心灵空虚的生活状态。也间接记载了北魏的乐器和舞曲，具有一定的史料价值。特别提到了朝云，其所吹奏乐曲，技艺精湛，以情动人，富于感染力。另外，还介绍了寿丘里内，排列的佛寺相望，祇洹聚起，宝塔高耸。四月初八日，京城里的士子妇女多到河间寺，看它的廊房绮丽，石磴曲折，红荷绿萍，高树出云，无不令人赞叹。

自延酤以西①，张方沟以东②，南临洛水，北达芒山，其间东西二里，南北十五里，并名为寿丘里，皇宗所居也③，民间号为王子坊④。

当时四海晏清⑤，八荒率职⑥，缥囊纪庆⑦，玉烛调辰⑧。百姓殷阜，年登俗乐⑨。鳏寡不闻犬豕之食⑩，茕独不见牛马之衣⑪。于是帝族王侯，外戚公主，擅山海之富，居川林之饶，争修园宅，互相夸竞。崇门丰室，洞户连房⑫，飞馆生风，重楼起雾⑬。高台芳榭，家家而筑；

花林曲池，园园而有。莫不桃李夏绿，竹柏冬青。

【注释】

①延酤：洛阳城西里弄名。

②张方沟：沟渎名，位于洛阳城西，上有石桥，名张方桥。

③皇宗：指皇帝的亲属宗族。《魏书·阳平王传》："衍弟钦，字思若，……少好学，早有令誉，时人语曰：'皇宗略略，寿安思若。'"

④坊：古代为严格管理城市居民，于城内规定的区划。每个坊周围均筑有高墙，四面有门，并设里司专门管理。坊中设坊正，掌管检查户口、督催赋税、摊派徭役，防止百姓逃亡或闹事。

⑤晏清：原指天空晴朗无云。这里比喻天下太平。

⑥八荒：八方边远的地方。荒，边远的地方。率职：遵循职守。指周边极远之地都归顺臣服。《说苑·辨物篇》："八荒之内有四海，四海之内有九州，天子处中州而制八荒耳。"

⑦缥囊：古代装书的淡青色口袋。这里用以泛指文史著作。萧统《文选序》："词人才子，则名溢于缥囊。"《注》："缥，青白色。囊，有底袋也，用以盛书。"缥，青白色的丝织品，也指淡青色。纪庆：是说文献著作记载着国家的吉庆幸福。

⑧玉烛调辰：指四季气候调顺宜人。古人认为，君主德美如玉，可致四时祥和之气。辰，时，季节。《尔雅·释天》："四气和谓之玉烛。"邢昺《疏》："烛于玉烛，饮于礼泉，畅于永风。四时和，正光照，此之谓玉烛。"

⑨年登：庄稼丰收。年，收成。《新唐书·宋务光传》："水旱为灾，不谓年登。"俗乐：民众欢乐。俗，百姓，民众。

⑩鳏(guān)寡：老而无妻称为"鳏"，老而无夫称为"寡"。

⑪茕(qióng)独：指无依无靠的人。牛马之衣：即牛衣马衣，一种用麻绳编织的披在牛马身上的粗糙织物。《汉书·食货志》："故贫

民常衣牛马之衣，而食犬彘之食。”又《王章传》颜《注》曰：“牛衣，编乱麻为之，今俗呼为龙具者。”

⑫洞户：室与室之间相通的门户。洞，通。《后汉书·梁冀传》：“堂寝皆有阴阳奥室，连房洞户。”李贤注：“洞，通也，谓相当也。”

⑬“飞馆”二句：指建筑物高耸入云，风雾像是从它们中间发生、兴起一般。飞、重，都是形容建筑物的高峻。

【译文】

自延酤以西，张方沟以东，南面靠近洛水，北面到达芒山，中间东西长二里，南北长十五里，都称寿丘里，是皇族居住的地方，民间称作王子坊。

当时四海清平，八方臣民各尽其职，书囊记录庆典，四季和顺，气候宜人。百姓富有，年丰俗乐。鳏夫寡妇不吃狗猪之食，无依无靠的人不穿牛马的草衣。这里的帝族王侯，外戚公主，占有山海的财富，据有川林的优利，争修园林住宅，互相夸耀攀比。高门广室，洞开的门，连接的房，高耸的馆阁好像生出风来，重叠的楼屋笼罩在雾气里。高台芳榭，家家筑起；花林曲池，园园都有。没有一家不是桃李夏天浓绿成荫，竹柏冬天青翠卷劲的。

而河间王琛最为豪首①。常与高阳争衡②，造文柏堂，形如徽音殿③。置玉井金罐，以五色缋为绳④。妓女三百人，尽皆国色。有婢朝云，善吹篪⑤，能为《团扇歌》、《陇上声》⑥。琛为秦州刺史⑦，诸羌外叛⑧，屡讨之不降。琛令朝云假为贫妪，吹篪而乞。诸羌闻之，悉皆流涕，迭相谓曰：“何为弃坟井⑨，在山谷为寇也？”即相率归降。秦民语曰：“快马健儿⑩，不如老妪吹篪。”

【注释】

①河间王琛(chēn):即元琛,字昙宝,北魏皇族,封爵河间王。《魏书》卷二十《河间王传》:"幼而敏慧,高祖爱之。世宗时拜定州刺史。琛妃,世宗舅女,高皇后妹。琛凭恃内外,多所受纳,贪惏之极。"后出为秦州刺史,聚敛无厌,百姓患害,有甚狼虎。进讨氐羌,大败。后讨汾晋胡、蜀,卒于军。豪首:指居豪奢之首。

②高阳:即高阳王元雍。争衡:争强斗胜,较量高低。

③徽音殿:北魏时期洛阳宫殿名。徽音,犹德音,指佳德美誉。《诗·大雅·思齐》:"大姒嗣徽音,则百斯男。"东汉郑玄笺:"徽,美也。嗣大任之美音,谓续行其善教令。"

④缋:即丝带、丝绳一类的长条状织物。

⑤篪(chí):古管乐器。管身木制,单管横吹,专用于雅乐。《诗·小雅·何人斯》:"伯氏吹埙,仲氏吹篪。"《尔雅·释乐》:"大篪谓之沂。"《注》:"篪,以竹为之,长尺四寸,围三寸,一孔上出,寸三分,名翘,横吹之,小者尺二寸。《广雅》云八孔。"《周礼·春官·笙师注》:"篪,七孔。"

⑥《团扇歌》:乐府歌曲名。《吴声歌》之一。又称《团扇郎》。今存歌辞六首,皆写男女欢爱之情。《乐府诗集·团扇郎》解题云:"《古今乐录》曰:《团扇郎歌》者,晋中书令王珉捉白团扇与嫂婢谢芳姿有爱,情好甚笃。嫂捶挞婢过苦,王东亭闻而止之。芳姿素善歌,嫂令歌一曲,当赦之,应声歌曰:'白团扇,辛苦且流连,是郎眼所见。'珉闻,更问云:汝歌何遗?芳姿即改云:'白团扇,憔悴非昔容,羞与郎相见。'后人因即歌之。"

⑦秦州:州名。晋泰始五年(269)建,故治位于今甘肃天水。原为羌、狄、戎所居。《魏书》卷二十《河间王传》:"出为秦州刺史,在州聚敛,求欲无厌,百姓吁嗟。属东益、南秦二州氐反,诏琛为行台,仍充都督,还摄州事。琛性贪暴,既总军省,求欲无厌,百姓

患害，有甚狼虎，进讨氐羌，大被摧破，士卒死者千数，卒众走还。”

⑧羌：中国古代西方民族的名称。早在商朝即已形成，原来居住在今陕西的西部和甘肃的东部，半农半牧。汉以后，甘肃东部是羌人聚居的地区之一。

⑨坟井：家乡，故土。

⑩健儿：古代对军中勇士的称谓。《乐府诗集·折杨柳歌辞》：“健儿须快马，快马须健儿，跸跋黄尘下，然后别雌雄。”《三国志·吴书·甘宁传》：“轻财敬士，能厚养健儿，健儿亦乐为用命。”

【译文】

其中河间王元琛最是豪家的首选。他经常同高阳王元雍争高低，造文柏堂，形制像徽音殿，放置玉井金罐，用五色绦做绳。有家妓三百人，都是国中极美的。有婢女叫朝云，很会吹篪，能作《团扇歌》、《陇上声》。元琛任秦州刺史时，众羌叛乱，屡次讨伐都不投降。元琛让朝云装扮贫苦的老妇，吹着篪行乞。众羌人听了，都流下眼泪，互相说道：“为什么要抛弃坟墓和水井，在山谷中为贼寇呢？”随即相继前来归顺投降。因此秦州百姓中流传这样的话：“快马健儿，比不上老妪吹篪。”

琛在秦州，多无政绩，遣使向西域求名马，远至波斯国。得千里马，号曰追风赤骥。次有七百里者十余匹，皆有名字。以银为槽，金为环锁，诸王服其豪富。琛常语人云：“晋室石崇①，乃是庶姓②，犹能雉头狐腋③，画卵雕薪④，况我大魏天王，不为华侈？”造迎风馆于后园，窗户之上，列钱青琐，玉凤衔铃，金龙吐佩。素柰朱李，枝条入檐，伎女楼上，坐而摘食。

【注释】

①晋室石崇:《晋书》卷三十三《石崇传》:"财产丰积,室宇宏丽,后房百数,皆曳纨绣,珥金翠。丝竹尽当时之选,庖膳穷水陆之珍。与贵戚王恺、羊琇之徒以奢靡相尚。恺以粭澳釜,崇以腊代薪。恺作紫丝布步障四十里,崇作锦步障五十里以敌之。崇涂屋以椒,恺用赤石脂。崇、恺争豪如此。"

②庶姓:指与天子或诸侯国君异姓且无亲属关系者。《诗·小雅·伐木》:"笾豆有践,兄弟无远。"唐孔颖达疏:"《礼》有同姓、异姓、庶姓。同姓王之同宗,是父之党也;异姓,王舅之亲;庶姓,与王无亲者。"

③雉头狐腋:用雉头之羽、狐腋之毛制成的裘衣。形容生活上追求奢侈。

④画卵雕薪:并列在鸡蛋、薪木上雕画图案。形容生活穷奢极侈。《管子·侈靡》:"雕卵然后沦之,雕橑然后爨之。"《注》:"此皆富者所为,橑,薪也。"

【译文】

元琛在秦州时,没有什么政绩,他派遣使者向西域寻求好马,最远到达波斯国。得到一匹千里马,取名叫追风赤骥。其次有日行七百里的马十多匹,都有名字。用银做马槽,用金做环锁,诸王佩服他的富豪。元琛经常对人说:"晋朝石崇,是庶民的姓,尚且能够用野鸡毛、狐腋皮做衣裳,吃的蛋上画图案,烧的柴上雕花纹,何况我大魏天王,怎能不华奢呢?"他在后园造迎风馆,门窗上面列着青钱形状的金饰,有玉雕刻着的青色花纹,凤衔铃,金龙吐着佩带。素柰朱李的枝条伸入屋檐,歌妓在楼上坐着可以摘果子来吃。

琛常会宗室,陈诸宝器。金瓶银瓮百余口,瓯、檠、盘、盒称是[①]。自余酒器,有水晶钵、玛瑙琉璃碗、赤玉卮数十枚[②]。作工奇妙,中土所无,皆从西域而来。又陈女乐及诸名马。复引诸王按行府库[③],锦罽珠玑[④],冰罗雾縠[⑤],充积其内,绣、缬、䌷、绫、丝、彩、越、葛、钱、绢等[⑥],不可数计。琛忽谓章武王融曰[⑦]:“不恨我不见石崇,恨石崇不见我!”

【注释】

①瓯:古器具。饮茶用,形为敞口小碗式。《说文》:“瓯,小盆也。”檠(qíng):古代一种盘碟之类有脚的器皿。《汉书·地理志下》:“其民饮食以笾豆。”颜师古注:“以竹曰笾,以木曰豆,若今之檠也。”

②卮(zhī):古代盛酒的杯子,用木片卷曲而成。其形状为圆筒形,上有可进一手指的鋬。《汉书·高祖纪》:“上奉玉卮为太上皇寿。”

③按行:巡逻,来回视察。《世说新语·赏誉下》:“丞相治扬州廨舍,按行而言。”

④罽(jì):古代中国、中亚各地及阿富汗、伊朗、印度出产的一种毛织物,类似于毡子。《尔雅·释言》:“牦,罽也。”郭《注》:“毛牦所以为罽。”玑:不圆的珠子。

⑤冰罗雾縠(hú):罗与縠都是丝织品,轻软而有稀孔。《说文》:“縠,细缚也。”段《注》:“缚之细者也。今之绉纱,古之縠也。”“冰”与“雾”用来比喻罗与縠的轻薄、透明。

⑥绣:在丝帛上刺上花纹图案的丝织品。早在周朝时中国即已掌握其工艺。到了汉朝,即被皇室视为珍品。缬(xié):印染有花纹的丝织品。越:古时一种轻薄漂亮的纤维织物,产于越地。葛:提花纺织品,用丝做经,用棉麻等做纬。绢:平纹或以平纹变化

组织为底组织的色织丝织物。特点是质地紧密挺爽、光泽柔和。

⑦章武王融:即元融,北魏皇族,字永兴,封章武王。贪婪凶残,好聚敛财富。《魏书》卷十九《章武王传》载:融字永兴,世宗时,为征虏将军、并州刺史。肃宗时,除散骑常侍、青州刺史。还为秘书监,迁中护军,领河南尹。性尤贪残,恣情聚敛,为中尉纠弹,削除官爵。后讨鲜于修礼失利,葛荣击融,融殁于阵。

【译文】

元琛经常会聚宗族,陈列众宝器。金瓶银瓮百多个,瓯、檠、盘、盒数目相似。其余酒器,有水晶钵、玛瑙琉璃碗、赤玉卮数十个。做工奇妙,中土没有,都是来自于西域。又陈列女乐及众名马。再引众王巡视库府,库里堆满了织锦、毛织品、珠子、雪白的罗、像雾的薄纱,还有绣花的绸子、绸绫、丝彩、越葛、钱纹的绢等,不可计数。元琛有一天突然对章武王元融说:"不遗憾我不见石崇,遗憾石崇不见我。"

融立性贪暴,志欲无限,见之惋叹,不觉生疾,还家卧三日不起。江阳王继来省疾①,谓曰:"卿之财产,应得抗衡,何为叹羡,以至于此?"融曰:"常谓高阳一人宝货多于融,谁知河间,瞻之在前②!"继笑曰:"卿欲作袁术之在淮南,不知世间复有刘备也③。"融乃蹶起④,置酒作乐。

【注释】

①江阳王继:即元乂之父元继,北魏皇族,封江阳王。肃宗时位至太尉公、侍中、太师、录尚书事。生性残暴,好聚敛财富。《魏书》卷十六载:高祖时,曾安辑高车四镇有功。元继贪婪聚敛无已,牧

守令长新除赴官，无不受纳货贿。永安二年卒。

②瞻之在前：出自《论语·子罕》："瞻之在前，忽焉在后。"原本是指孔子学问高深莫测，元融引用此句的意思是说没想到河间王的财富也超过了自己。

③"卿欲"二句：袁术与刘备对峙于淮水一带，袁术想联合吕布打刘备，就写信给吕布，信中有"术生年以来，不闻天下有刘备"的话。元继在这里引用这个故事提醒元融，要尊重事实。他不知道元琛财富超过他时，元琛的财富事实上还是超过他的，正如袁术不知刘备时刘备仍然存在一样。既然是事实，为什么要因知道了事实而不愉快呢？

④蹶起：蹶然而起，形容很突然，动作迅速。

【译文】

元融天性贪暴，意志欲望无限，见了元琛的财富惋叹不已，不觉生了病。返家后卧床三天不起。江阳王元继来探望他的病，对他说："您的财产，应该可以与元琛抗衡，为什么叹美羡慕，以至于这样？"元融说："过去以为只有高阳王的财宝比我多，哪里知道看见河间王的一切，却突然发觉自己落在了后面。"元继笑说："您要做在淮南称帝的袁术，却不知道世间还有刘备。"元融急忙起来，设酒作乐。

于时国家殷富，库藏盈溢，钱绢露积于廊者，不可较数。及太后赐百官负绢，任意自取，朝臣莫不称力而去[①]。唯融与陈留侯李崇负绢过任，蹶倒伤踝[②]。太后即不与之，令其空出，时人笑焉。侍中崔光止取两匹，太后问："侍中何少？"对曰："臣有两手，唯堪两匹[③]，所获多矣。"朝贵服其清廉。

【注释】

①称力:根据自己的力量。称,符合。《魏书·食货志》:"神龟、正光之际,府藏盈溢,灵太后曾令公卿已下,任力负物而取之。"

②蹶倒:突然跌倒。踝(huán):即踝骨,人体小腿下连接脚跟两旁突起的部分。

③堪:这里是拿得了的意思。

【译文】

那时国家富裕,库藏富足,铜钱绢帛露积在走廊的,不可计数。等到太后赐给百官织绢,各人任意取用,朝廷臣子没有不量力取绢的。只有元融与陈留侯李崇背绢超过自己的力量,跌倒在地,使足踝受伤。太后就没给他们,让他们空手出去,当时人都嘲笑他俩。侍中崔光只拿了两匹绢锦,太后问道:"侍中为什么拿那么少?"崔光对答道:"臣有两只手,只能拿两匹。所获的足够了。"朝贵佩服他的清廉。

经河阴之役,诸元歼尽,王侯第宅,多题为寺[①]。寿丘里闾[②],列刹相望,祗洹郁起[③],宝塔高凌。四月初八日,京师士女多至河间寺[④]。观其廊庑绮丽,无不叹息,以为蓬莱仙室亦不是过。入其后园,见沟渎蹇产[⑤],石磴礁峣[⑥],朱荷出池,绿萍浮水,飞梁跨阁[⑦],高树出云,咸皆唧唧[⑧],虽梁王兔苑想之不如也[⑨]。

【注释】

①多题为寺:大多题上匾额,成为佛寺。题,在匾额上题写寺院的名字。《魏书·释老志》:"河阴之酷,朝士死者,其家多舍居宅以施僧尼。京邑第宅,略为寺矣。"

②里闾(lǘ):古时二十五家为里,亦称闾。

③郁起:发展迅速,蓬勃兴起。

④河间寺:即由河间王元琛住宅而改成的佛寺。

⑤沟渎(dú):沟渠,田间通水道,用以防旱除涝。《汉书·沟洫志》:“通沟渎,畜陂泽,所以备旱也。”蹇(jiǎn)产:蜿蜒曲折的样子。司马相如《上林赋》:“蹇产沟渎。”《注》:“蹇产,诘曲也。”

⑥石蹬:石头台阶。嶕峣(jiāo yáo):陡峭而高耸的样子。张衡《西京赋》:“阊阖之内,别风嶕峣。”《说文》:“嶕峣,山貌。”

⑦飞梁:凌空架设的桥梁。汉扬雄《甘泉赋》:“历倒景而绝飞梁兮,浮蠛蠓而撇天。”《后汉书·梁冀列传》冀大起第舍:“台阁周通,更相临望,飞梁石磴,陵跨水道。”注:“架虚为桥若飞也。”

⑧唧唧:象声词,叹息的声音。白居易《琵琶行》:“我闻琵琶已叹息,又闻此语重唧唧。”

⑨兔苑:亦称“梁园”,故址位于今河南商丘东。为汉文帝儿子梁孝王所筑的园圃,供游乐和招纳宾客之用,建造极为奢华。后以喻指美好的园林,又指文人雅士会聚宴饮的庭园。

【译文】

经过河阴一役,元姓的皇族被歼灭尽了,王侯的宅邸,多数改作佛寺。寿丘里内,排列的佛寺相望,祇洹聚起,宝塔高耸。四月初八日,京城里的士子妇女多到河间寺。看它的廊房绮丽,没有不赞叹的,认为蓬莱仙室也不过是这样。进入后园,看到沟渎曲折,石磴陡高,红荷出池,绿萍浮水,飞空的桥梁跨越楼阁,高大的树木直冲云霄,人们都唧唧嗟叹,即使梁王的兔苑,料想也比不上它。

追先寺

【题解】

本节介绍侍中尚书东平王元略的儿子元景式舍宅建寺，为纪念其父，名为追先寺。通过介绍寺名的缘起，记叙了元略的生平，刻画了其生动的人物形象。元略挺秀俊茂，博览群书。曾秘同兄长，起兵讨伐独揽大权的元乂。失败之后只身逃往江东，投奔南朝萧衍。后矢志回国，报效朝廷。《元略墓志》亦云："以孝昌元年，旋轴象魏。孝明皇帝以君往滥家难，归阙诚深，封东平王，食邑二千。即授侍中、左卫将军、寻迁骠骑大将军、仪同三司、领国子祭酒、俄除尚书令，吐纳两圣之言，总裁百揆之职。"文中塑造了元略出身名门，家风忠烈，道德高尚，见义忘家的形象，其人品德行着实令人感佩。

追先寺，在寿丘里，侍中尚书令东平王略之宅也①。

略生而岐嶷②，幼则老成。博洽群书③，好道不倦。神龟中为黄门侍郎。元乂专政，虐加宰辅④。略密与其兄相州刺史中山王熙欲起义兵⑤，问罪君侧⑥。雄规不就，衅起同谋⑦。略兄弟四人并罹涂炭⑧。唯略一身逃命江左。

【注释】

①东平王略：元略，字俊兴，中山王元英子，南安王元桢孙。为散骑常侍、冠军将军、给事黄门郎。及其兄元熙起兵，欲诛元乂，事败，潜梁。孝昌元年(525)返魏，封东平王。又党郑俨、徐纥等人。荣入洛，并见害河阴。详见《魏书》卷十九下《元略传》。

②岐嶷(nì)：原指出生不久就能举踵站立，后多指幼年聪慧。《诗·大雅·生民》："克岐克嶷。"李颀《送刘四》："爱君少岐嶷，高视白云乡。"

③博洽：通晓、精通的意思。《元略墓志铭》曰：元略"游志儒林，宅心仁苑；礼穷训则，义周物轨"。

④虐加宰辅：指杀清河王元怿一事。宰辅，辅佐皇帝的大臣，多指宰相或三公。《后汉书·袁术传》孙策与术书："使君五世相承，为汉宰辅。"

⑤相州：州名。故治位于今河南临漳西。中山王熙：即元熙，字真兴，袭封中山王。神龟初为安东将军，相州刺使，元乂杀清河王元怿后起兵。事败，元熙及三子同时遇害。详见《魏书》卷十九。

⑥君侧：原指君主的旁侧，借指近侍之臣。《春秋公羊传·定公十三年》："荀寅与士吉射者曷为者也？君侧之恶人也。"这里指元乂。

⑦衅起同谋：同谋者之间产生了裂痕。衅，争端，缝隙，这里指感情上的裂痕。《魏书》卷十九下："熙兵起甫十日，为其长史柳元章、别驾游荆、魏郡太守李孝怡率诸城人鼓噪而入，杀熙左右四十余人。执熙置之高楼，并其子弟。"

⑧并罹涂炭：《魏书》卷十九下："乂遣尚书左丞卢同斩之于邺街，传首京师。……长子景献、次仲献、次叔献，并见熙同被害。"又熙弟《诱传》云："出为右将军南秦州刺史，乂斩之于岐州。"又熙弟《纂传》云："为司徒祭酒，……与熙俱死。"

【译文】

追先寺，位于寿丘里，是侍中尚书令东平王元略的宅邸。

元略生来挺秀俊茂，幼年就很老成。博览群书，爱好学问不知疲倦。肃宗神龟年间做黄门侍郎。当时元义掌握政权，虐害到宰辅，元略秘密同其兄长相州刺史中山王元熙商量要起义兵，向在君主旁边的元义问罪。宏大的规划没有成功，同谋的人却起了矛盾。元略兄弟四人都遭到毒害，只有元略一人逃到江东。

萧衍素闻略名，见其器度宽雅，文学优赡①，甚敬重之。谓曰："洛中如王者几人？"略对曰："臣在本朝之日，承乏摄官②。至于宗庙之美③，百官之富，鸳鸾接翼④，杞梓成阴⑤。如臣之比，赵咨所云，'车载斗量，不可数尽⑥'。"衍大笑。乃封略为中山王，食邑千户⑦，仪比王子⑧。又除宣城太守⑨，给鼓吹一部，剑卒千人。略为政清肃，甚有治声⑩。江东朝贵⑪，侈于矜尚⑫，见略入朝，莫不惮其进止。寻迁信武将军，衡州刺史⑬。

【注释】

①文学：此处是学问的意思。优赡：丰富。

②承乏摄官：旧时官吏所用的谦辞，是指所任职位一时缺人，暂时由自己代理。摄，兼任、代领的意思。《左传·成公二年》："摄官承乏。"杜《注》："摄承空乏。"

③宗庙：古代帝王、诸侯或大夫、士祭祀祖宗的处所，也代指朝廷和国家政权。美：指人才之美。

④鸳鸾：鸳与鸾均为凤凰之类的鸟。此处用来比喻贤能的人。

⑤杞梓：杞木与梓木都是良材，后用来比喻优秀有特殊才能的人。

《国语·楚语》:“其大夫皆卿才也,若杞梓皮革焉。”韦昭《注》:“杞梓,良材也。”阴、荫通用。

⑥“赵咨”句:赵咨,字德度,汉末南阳(今属河南省)人,仕吴为都尉。为人博闻多识,应对辩捷。《通鉴》卷六十九引:“帝曰:‘吴可征不?’对曰:‘大国有征伐之兵,小国有备御之固。’又曰:‘吴难魏不?’对曰:‘带甲百万,江汉为池,何难之有!’又曰:‘吴如大夫者几人?’咨曰:‘聪明特达者八九十人,如臣之比,车载斗量,不可胜数。’”

⑦食邑:受封者所享有的封地,收其租税而食,故名。《史记·曹相国世家》:“赐食邑于宁秦。”

⑧仪比:官制用语。汉制,指获准享有高于本职的仪制待遇。《汉书·张汤传》:“放为侍中、中郎将,监平乐屯兵,置幕府,仪比将军。”

⑨宣城:郡名。汉置,属丹阳郡,东汉废。故城在今安徽宣城东。

⑩治声:为政做出成绩而获得的声誉。

⑪江东:一名“江左”。江东之称始于汉初。《史记·项羽本纪》:“籍与江东子弟八千人渡江而西,今无一人还,纵江东父兄怜而王我,我何面目见之?”指今芜湖、南京间长江河段以东地区。这里指梁朝。

⑫矜尚:这里指自尊自大自负。

⑬衡州:州名。南朝梁天监六年(507)置,治所在含洭县(今广东英德西北)。南朝陈改为西衡州。

【译文】

萧衍以前听说过元略的名望,看见他度量宽雅,文才优良,很敬重他,对他说:“洛阳像您这样的还有几人?”元略对答道:“臣在本朝的日子,承蒙代理缺官。至于宗庙之美,百官之富,好比鸳鸾羽翼相接;杞树和梓树,绿叶成荫。像臣这样的人,用赵咨所说的形容，即是‘用车来载，用斗来量，不可以数尽’。”萧衍大笑。于是封元略为中山王，赏食邑千户，规格和王子一样。又任命元略做宣城太守，给他鼓吹一部，剑卒千人。元略办理政事主张清净严明，很有治理的名声。江东的朝廷贵臣，崇尚自夸，看见元略上朝，没有不怕他的举动。不久，升他做信武将军，衡州刺史。

孝昌元年，明帝宥吴人江革[①]，请略归国。江革者，萧衍之大将也。萧衍谓曰：“朕宁失江革，不得无王。”略曰：“臣遭家祸难，白骨未收，乞还本朝，叙录存没[②]。”因即悲泣[③]，衍哀而遣之。乃赐钱五百万，金二百斤，银五百斤，锦绣宝玩之物，不可称数。亲帅百官送于江上，作五言诗赠者百余人。凡见礼敬如此[④]。

【注释】

①宥：赦免、释放的意思。江革：字休映，济阳考城（今河南考城东南）人，仕梁为豫章王长史，镇守彭城。彭城失守被俘，后还朝。仕至光禄大夫，领部兵校尉，南北兖二州大中正。大同元年（536）卒。《梁书》卷三十六有传。

②叙录：本指叙录体提要。因我国古代图书目录的提要大多采用叙录体，故亦称提要为叙录。存没：活着的人与死去的人。

③因即悲泣：《元略墓志铭》：“伪主萧氏，雅相器尚，等秩亲枝，齐赏密席。而庄舄之念，虽荣原本；渭阳之恋，偏楚心目。”

④凡见礼敬如此：《魏书·元略传》：“略之将还，衍为置酒饯别，赐金银百斤，衍之百官悉送别江上，遣其右卫徐確率百余人送至京师。”

【译文】

魏肃宗孝昌元年，肃宗明帝赦宥吴人江革，作为交换要求放元略返魏。江革是萧衍的大将。萧衍对人说："我宁可失掉江革，不可以没有元略。"元略说："臣子一家遭受祸难，白骨没有埋葬，请求回到本朝，活着的死去的都得到叙录。"因此悲伤哭泣，萧衍哀怜他，放他回去。赐给他钱五百万，金子二百斤，银子五百斤，锦绣宝玩的东西多到不可以称名和计数。亲自率领百官送到长江上，作五言诗相赠送的有百多人。种种礼节，如此恭敬。

比略始济淮，明帝拜略侍中、义阳王，食邑千户①。略至阙，诏曰："昔刘苍好善②，利建东平；曹植能文，大启陈国③。是用声彪盘石④，义郁维城⑤。侍中义阳王略，体自藩华⑥，门勋夙著⑦，内润外朗，兄弟伟如⑧。既见义忘家，捐生殉国，永言忠烈，何日忘之？往虽弛担为梁⑨，今便言旋阙下⑩，有志有节，能始能终。方传美丹青⑪，悬诸日月，略前未至之日，即心立称，故封义阳。然国既边地，寓食他邑。求之二三，未为尽善。宜比德均封⑫，追芳曩烈⑬。可改封东平王，户数如前。"寻进尚书令，仪同三司，领国子祭酒，侍中如故⑭。

【注释】

①"略始济淮"三句：《魏书》卷十九："肃宗诏光禄大夫刁双境首劳问，又敕徐州赐绢布各一千匹，除略侍中、义阳王、食邑一千户。还达石人驿亭，诏宗室亲党内外百官先相识者听迎之。近郊，赐帛三千匹、宅一区、粟五千石、奴婢三十人。……其略所至，一餐一宿之处，无不沾赏。"

②刘苍：汉光武帝刘秀第八子，封东平王。《后汉书》卷七十二《光武十王列传》说，东平宪王苍，建武十五年封东平公，十七年进爵为王。苍少好经书，雅有智思，为人美须髯，要带十围。明帝时为骠骑将军。永平年间，与公卿共定南北郊冠冕车服制度。后上疏归藩，明帝问：处家何者最荣？王言为善最荣。章帝时卒。

③大启陈国：《三国志·魏书·陈思王传》："曹植字子建，年十岁余，诵读诗论及辞赋数十万言，善属文。……（黄初）六年正月，以陈四县封植为陈王，邑三千五百户。"

④是用：因此，所以。彪：彰显，著名。盘石：同"磐石"。此处借指封藩的宗室。《史记·孝文本纪》："高帝封王子弟地，犬牙相制，此所谓磐石之宗也。"《索隐》："言其固如磐石。"

⑤维城：《诗经》有"宗子维城"。郑《笺》："宗子，谓王之适子也。"谓帝王的德政乃是保护宗子的坚城。后因以"维城"为咏宗室子的典故。

⑥体自藩华：出身于宗藩华族。藩，封建王朝分封的诸侯国。《汉书·哀帝纪》："臣幸得继父守藩，为诸侯王。"华，即高门贵族。

⑦门勋夙著：家中先代有卓越的功勋。夙，早。《尔雅·释诂》："夙，早也。"《诗·齐风·东方未明》："不能辰夜，不夙则莫。"

⑧伟如：卓越超群的样子。

⑨弛担：卸下负担和责任。《左传·庄公二十二年》："弛于负担。"杜《注》："弛，去离也。"为梁：指在梁朝任官职。

⑩言旋：返回，归来。言，语气助词，无实义。

⑪丹青：指史册。古代丹册纪勋，青史纪事，故以"丹青"泛指史籍。

⑫比德均封：参照德行给予合理的封赐。比，参照，比照。均，公平，合理。

⑬曩（nǎng）烈：先人或先贤的功业。指汉刘苍而言。曩，以往，过去。《楚辞·九歌·惜诵》："欲释阶而登天兮，犹有曩之态也。"

烈，美。

⑭“寻进尚书令”四句：《元略墓志》有载：以孝昌元年(525)，旋轴象魏。孝明皇帝以君往滥家难，归阙诚深，封东平王，食邑二千。即授侍中、左卫将军、寻迁骠骑大将军、仪同三司、领国子祭酒、俄除尚书令，吐纳两圣之言，总裁百揆之职。

【译文】

元略刚渡过淮河，魏孝明帝就封元略为侍中、义阳王，赏食邑千户。元略到达宫阙，皇帝下诏说：“从前刘苍爱好做善事，有利于建设东平郡；曹植能做文章，大大发扬了陈国的声望。因此声望像磐石，意义像城池。侍中义阳王元略是出身皇族的精英，门第功勋卓越显著，内心滋润，对外开朗，兄弟俊伟。既见义不顾家庭，又为国捐身，不朽的忠烈，哪一天忘了呢？过去虽然在梁国任职，现在已回到朝廷，有志有节，能始能终。应当用史书记载美德，像悬挂的日月一样不可磨灭。元略未到的日子，心里就确立了名声，所以封为义阳王。可是封地不仅边远，而且俸禄需靠其他郡邑提供。考虑过另外二、三处地方，都不如意。应该比照德行选相称的封国，追美过去的事。可以改封东平王，奖赐食邑的户数如前。”不久，进封尚书令，仪制同于三公，领国子祭酒，侍中的职位照旧。

略从容闲雅①，本自天资，出南入北，转复高迈。言论动止，朝野师模。建义元年薨于河阴，赠太保，谥曰文贞。嗣王景式舍宅为此寺②。

【注释】

①闲雅：意谓安详文雅。《史记·司马相如传》：“相如之临邛，从车骑，雍容闲雅甚都。”《吕氏春秋·士容》：“趋翔闲雅。”

②景式：即元略世子元顼，字景式。

【译文】

元略从容闲雅，本来出自天性，他从南方离开回到北方，年事又高。言论动静，为朝廷和民间的楷模。建义元年死在河阴，赠太保，谥文贞。嗣王元景式捐献元略的宅邸建为追先寺。

融觉寺

【题解】

本节记载的是清河文献王元怿所建立的融觉寺，在阊阖门外御路的南面。融觉寺之名是由于其一直致力弘扬佛教禅学。住持昙谟和尚善讲《涅槃经》、《华严经》，僧徒千人，影响深远，以至于天竺和尚菩提流支亦对他礼敬有加，称其为菩萨。其所讲佛教义理深微巧妙，显示出极高的佛学修为，其研究成果被译介到天竺，深受礼敬，《续高僧传》卷二十三《昙无最传》记载："天竺沙门菩提留支见而礼之，号为东土菩萨。尝读最之所撰《大乘义章》，每弹指唱善，翻为梵言，寄传大夏。彼方读者，皆东向礼之为圣人矣。"由此可见昙谟和尚所具有的学术影响。

融觉寺，清河文献王怿所立也。在阊阖门外御道南。有五层浮图一所，与冲觉寺齐等。佛殿僧房，充溢三里。比丘昙谟最善于禅学[①]，讲《涅槃》、《华严》，僧徒千人。天竺国胡沙门菩提流支见而礼之[②]，号为菩萨。

流支解佛义，知名西土，诸夷号为罗汉[③]。晓魏言及隶书，翻《十地》、《楞伽》及诸经论二十三部[④]，虽石室之写金言[⑤]，草堂之传真教[⑥]，不能过也。

【注释】

①昙谟最:见卷二《崇真寺》注。禅学:指佛学。

②菩提流支:北天竺人,魏永平初(508)来到中国。流支精通佛理,对于三藏都通,懂中文,从永平二年(509)至天平年(534—537)二十余年间,在洛阳、邺城翻译佛经著作,为中国佛教的发展作出了贡献。《续高僧传·菩提流支传》:"菩提流支,魏言道希,北天竺人也。遍通三藏,妙入总持,志在弘法,广流视听,遂挟道宵征,远莅葱左。以魏永平之初来游东夏。宣武皇帝下敕引劳,供拟殷华。处之永宁大寺,四事将给,七百梵僧,敕以流支为译经之元匠也。"

③夷:我国古代对外国或四方少数民族的泛称。罗汉:佛教语,梵语 Arhat(阿罗汉)的省称。是小乘佛教的最高"果位",称为"无学果"。指已断尽烦恼,超出三界轮回,应受人天供养的尊者。《翻译名义集·三乘通号篇》:"《大论》云:阿罗名贼,汉名破;一切烦恼贼破。复次,阿罗汉,一切漏尽故,应得一切世间诸天人供养。又阿名不,罗汉名生,后世中更不生,是名阿罗汉。《法华疏》云:《阿飏经》云应真,《瑞应》云真人。悉是无生释罗汉也。或言无翻,名含三义。无明穅脱,后世田中,不受生死果报,故云不生。九十八使烦恼尽,故名杀贼。具智断功德,堪为人天福田,故言应供。含此三义,故存梵名。"

④《十地》:佛经名。即《十地论》,或译为"十住"。主旨是讲菩萨修行渐近于佛的十个阶段。十地的名目分别为:欢喜地、离垢地、发光地、焰慧地、难胜地、现前地、远行地、不动地、善慧地、法云地。《续高僧传·菩提流支传》云:"三藏流支自洛及邺,爰至天平,二十余年,凡所出经三十九部,一百二十七卷,即《佛名》、《楞伽》、《法集》、《深密》等经;《胜思惟》、《大宝积》、《法华》、《涅槃》等论是也。并沙门僧朗、道湛及侍中崔光等笔受,具列唐贞观

《内殿录》。"《楞伽》:佛经名。楞伽,也作"迦"、"楞迦",为古师子国(今斯里兰卡)山名,相传佛在此山说法,故得名。《楞伽经》主旨在于提出五法(名、相、妄想、正智、如如)、三性(遍计、依他、圆成)、八识(眼、耳、鼻、舌、身、意、末那、阿赖耶)等,述说宇宙一切事物皆自心所见,虚假不实,第八识(即"心")是认识世界的一切根本。否认客观世界的真实性,归结到建立一个虚幻的不生不灭的涅槃境界。是佛教中禅宗、法相宗、法性宗的理论依据。

⑤"虽石室"句:石室,为古代国家藏图书文献之处。金言,珍贵之言,这里是指佛的教言。《牟子理惑论》:"明帝遣使于大月支写佛经四十二章,藏在兰台石室第十四间。"

⑥草堂:指草堂寺。真教:指佛教,佛法。《魏志·释老志》:"鸠摩罗什为姚兴所敬,于长安草堂寺集义学八百人,重译经本。罗什聪辨有渊思,达东西方言。时沙门道彤、僧略、道恒、道剽、僧肇、昙影等与罗什共相提絜,发明幽致,诸深大经论十有余部,更定章句,辞义通名,至今沙门共所祖习。"

【译文】

融觉寺,是清河文献王元怿所建造的。位于阊阖门外御路的南面。有五层宝塔一座,规模与冲觉寺差不多。佛殿僧房,布满方圆三里。和尚昙谟最精于佛学,讲诵《涅槃经》、《华严经》,僧徒千人。天竺国的和尚菩提流支看见他向他行礼,称他做菩萨。

普提流支了解佛的意义,在印度知名,众夷称他为罗汉。他通晓魏国话和隶书,翻译《十地经》、《楞伽经》及众经论二十三部,即使是在石室里译写金言的竺摩腾,在草堂寺传佛教的鸠摩罗什,也不能胜过他。

流支读昙谟最《大乘义章》,每弹指赞叹,唱言微妙。即为胡书写之[1],传之于西域。西域沙门常东向遥礼之,号昙谟最为东方圣人②。

【注释】

①胡书：指胡人的文字，外文。北齐颜之推《颜氏家训·省事》："天文、画绘、棋博、鲜卑语、胡书、煎胡桃油，炼锡为银，如此之类，略得梗概，皆不通熟。"

②东方圣人：《续高僧传》卷二十三《昙无最传》："天竺沙门菩提留支见而礼之，号为东土菩萨。尝读最之所撰《大乘义章》，每弹指唱善，翻为梵言，寄传大夏。彼方读者，皆东向礼之为圣人矣。"《魏书·释老志》载罗什称释道安为东方圣人，已在昙无最之前。

【译文】

普提流支读昙谟最讲解佛教的《大乘义章》，每次弹指赞叹，说讲得深微巧妙。就用天竺文来翻译它，传到天竺去。天竺和尚经常向东遥远地敬礼，称昙谟最是东方圣人。

大觉寺

【题解】

本节记载了广平王元怀舍宅而建的大觉寺。面水背山，左朝右市，地理位置颇佳。文中记载了大觉寺正殿供奉有七佛像。七佛为佛教语，指释迦牟尼及其先出世的六佛，即过去劫中的毗婆尸、尸弃、毗舍浮和现在劫中的拘留孙、拘那含、迦叶、释迦牟尼。永熙年中，平阳王元脩即魏帝位，在大觉寺造砖宝塔一座，诏中书舍人温子昇作《大觉寺碑》文，记载了皇家崇佛德心迹。

大觉寺，广平王怀舍宅立也。在融觉寺西一里许。北瞻芒岭，南眺洛汭，东望宫阙，西顾旗亭。禅皋显敞[①]，实为胜地。是以温子昇碑云“面水背山，左朝右市”是也[②]。怀所居之堂，上置七佛[③]。林池飞阁，比之景明。至于春风动树，则兰开紫叶；秋霜降草，则菊吐黄花。名僧大德，寂以遣烦。永熙年中，平阳王即位，造砖浮图一所。是土石之工，穷精极丽。诏中书舍人温子昇以为文也。

【注释】

①皋：水边的高地。

②温子昇碑：指温子昇所撰的大觉寺碑文。

③七佛：佛教语，指释迦牟尼及其先出世的六佛。即过去劫中的毗婆尸、尸弃、毗舍浮和现在劫中的拘留孙、拘那含、迦叶、释迦牟尼。诸经中七佛名号微异，故不列出。《法苑珠林》卷十三《七佛部》："如《长阿含经》云：过去九十一劫有佛出世，名毗婆尸，人寿八万岁。复过去三十一劫有佛出世，名尸弃，人寿七万岁。复过去三十一劫有佛出世，名毗舍浮，人寿六万岁。复过去此贤劫中有佛出世，名拘留孙，人寿五万岁。又贤劫中有佛出世，名拘那含，人寿四万岁。又贤劫中有佛出世，名迦叶，人寿二万岁。我今出世，人寿百岁，少出多减。依《智度》、《迦延论》，据释迦人寿一万岁，世时合出，为观众生一万岁已来，无机可度，乃至百岁。众生见苦敦逼，劫欲将末，故出乎世。故《论》云：劫末佛兴。"

【译文】

大觉寺，是广平王元怀捐献住宅所建造的。位于融觉寺西一里左右。北望芒岭，南临洛汭，东望宫阙，西顾旗亭。寺的高地显明宽敞，实在是好地方。因此温子昇碑文说"面对洛水，背对芒山，左面是朝廷，右面是市集"，的确是这样。元怀所住的厅堂，安放七尊佛像。寺里有林池，有飞阁，可以和景明寺相比。当春风吹树，兰草就开出紫叶；当秋霜降草，菊丛就吐出黄花。名僧大德，来这里静修，以排遣烦扰。永熙年间，平阳王即魏帝位后，建造了砖宝塔一座。土石的工巧，极尽精丽。诏令中书舍人温子昇撰写了大觉寺碑文。

永明寺

【题解】

本节记载了魏世宗宣武皇帝所建立的永明寺，专供异国僧侣聚集休息，由此可见当时洛阳佛教之兴盛以及交流之频繁。文中通过永明寺居住的一位外国僧人菩提拔陁，记叙了从南方歌营国来洛阳的行历，介绍了南方诸国的风土人情。

文中还介绍了陈留王元景皓和奉朝请孟仲晖两人对佛教的护持。元景皓早具佛学修养，曾舍弃一半住宅安顿佛教徒，宣扬大乘教。并且引进京城中大德僧超、慧光、智睉、道荣四位法师，三藏外国和尚菩提流支都前来讲经论道。孟仲晖天赋聪慧，对佛教学研究颇深，且见解独到。曾出资为永明寺塑造佛像，并曾出现神迹，招引了更多的信众皈依佛门。

永明寺，宣武皇帝所立也①，在大觉寺东。时佛法经像，盛于洛阳，异国沙门，咸来辐辏，负锡持经②，适兹乐土③。世宗故立此寺以憩之④。房庑连亘⑤，一千余间。庭列修竹，檐拂高松，奇花异草，骈阗阶砌⑥。百国沙门，三千余人。

西域远者，乃至大秦国⑦，尽天地之西垂⑧。耕耘绩纺,百姓野居,邑屋相望;衣服车马,拟仪中国⑨。

【注释】

①宣武皇帝:即魏世宗元恪。

②锡:僧人所用锡杖的简称。

③乐土:安乐祥和的地方。《诗·魏风·硕鼠》:"适彼乐土。"

④世宗故立此寺以憩之:《通鉴》卷一百四十七:"时佛教盛于洛阳,沙门之外,自西域来者三千余人。魏主别为之立永明寺千余间以处之。"

⑤庑:堂的廊屋,此处与房连用泛指房屋。《楚辞·九歌·湘夫人》:"合百草兮实庭,建芳馨兮庑门。"

⑥骈阗:亦作"骈田"或"骈填",形容密集而又连续不断。张衡《西京赋》:"麀鹿麌麌,骈田逼仄。"薛综曰:"骈田逼仄,会聚之意。"

⑦大秦国:北魏称古罗马帝国为大秦。《后汉书·西域传》:"大秦国,一名犁鞬,以在海西,亦云海西国。地方数千里,有四百余城。"

⑧垂:通"陲",边境,边疆。

⑨拟仪:意思是模仿其仪式。

【译文】

永明寺,是魏世宗宣武皇帝所建造的,在大觉寺东面。当时的佛法佛经佛像,在洛阳极为昌盛,异国的和尚,都会聚这里,背着锡杖,拿着佛经,来到这片乐土。世宗因此建立这寺来让他们休息。僧房连接一千多间。庭院里长竹成排,檐宇上有高的松树拂动,奇花异草,布满阶石。百国和尚,来的有三千多人。

西域路远的,要数大秦国,在天地的最西边。耕种纺织,百姓在野地里居住,房屋错落相望,他们的衣服、车马跟中国相似。

南中有歌营国[①]，去京师甚远，风土隔绝[②]，世不与中国交通，虽二汉及魏[③]，亦未曾至也。今始有沙门菩提拔陁至焉。自云："北行一月，至句稚国[④]；北行十一日，至典孙国[⑤]；从典孙国北行三十日，至扶南国[⑥]，方五千里，南夷之国，最为强大。民户殷多，出明珠金玉及水精珍异[⑦]，饶槟榔。从扶南国北行一月，至林邑国[⑧]。出林邑，入萧衍国[⑨]。"拔陁至杨州岁余[⑩]，随杨州比丘法融来至京师。京师沙门问其南方风俗，拔陁云："古有奴调国[⑪]，乘四轮马为车。斯调国出火浣布[⑫]，以树皮为之，其树入火不燃。凡南方诸国，皆因城郭而居，多饶珍丽[⑬]，民俗淳善，质直好义，亦与西域、大秦、安息、身毒诸国交通往来[⑭]。或三方四方，浮浪乘风，百日便至。率奉佛教，好生恶煞。"

【注释】

①南中：古地域名。三国、魏晋时特有名称。相当于今四川大渡河以南和云南、贵州两省地，此处泛指南部地区、南方。歌营国：古国名。位于今马来半岛南部。《太平御览》卷三百五十九引康泰《吴时外国传》："加营国王好马，月支贾人常以舶载马到加营国，国王悉为售之。若于路失羁绊，但将头皮示王，王亦售其半价。"苏继庼《加营国考》："南印有古国曰恭瞿奄，今加因八多及南部莎楞一带，为太米耳族所建诸国之一。当其盛时，没来海岸地多隶属之。窃意《吴时外国传》与《扶南土俗传》著录之加营国，《南州异物志》与《洛阳伽蓝记》著录之歌营国，殆即Koyam(Padi)或Koyam(Muturu)之省译也。"

②风土：习惯风俗以及地理环境。隔绝：相隔很远，相去甚远。《后

汉书·卫飒传》："民居深山、滨溪谷，莫不习其风土。"《晋书·阮籍传》："籍平生曾游东平，乐其风土。"

③二汉：指西汉和东汉。

④句稚国：古国名。位于今马来半岛西岸一带的地方。《太平御览》卷七百九十引《南州异物志》："句稚国去典游八百里，有江口西南向，东北行极大崎头，出涨海中，浅而多磁石。"苏继庼《加营国考》："《南州异物志》与《洛阳伽蓝记》均以句稚为自歌营国来中国之中途要站。按句稚为马来半岛西岸北纬十度泊沾河一带地方。"

⑤典孙国：典孙，或作"典逊"、"顿逊"，位于今马来半岛。《梁书·扶南国传》："其南界三千余里，有顿逊国，在海崎上，地方千里。……顿逊之东界通交州，其西界接天竺、安息徼外诸国，往还交市。"

⑥扶南：中南半岛古国。扶南系高棉语译音，意为"山"，全称为"山之王"，是中国东汉时期对该国的称呼。一世纪建国，位今柬埔寨。《梁书·扶南国传》："扶南国在日南郡之南海西大湾中。去日南可七千里，在林邑西南三千余里。城去海五百里，有大江，广十里，西北流，东入于海。其国轮广三千余里。"

⑦水精：西域宝石名。又称石英、水玉。《广雅》："水精谓之石英。"《山海经·南山经》："堂庭之山多水玉。"郭注："水玉，今水精也。"

⑧林邑国：古国名。亦称"占城"、"占婆"，位于今越南中南部。《梁书·林邑国传》："林邑国者，本汉日南郡象林县，古越裳之界也。伏波将军马援开汉南境置此县。其地纵广可六百里。城去海百二十里，去日南界四百余里，北接九德郡，其南界水，步道二百余里有西国夷。"

⑨萧衍国：即南朝梁国。

⑩扬州:州名。梁朝时扬州区域很广,治所建康(即今江苏南京),领丹阳、吴、会稽、吴兴、新宁、临海、建安等八郡。

⑪奴调国:史书并无记载,可能位于南洋群岛中。

⑫斯调国:国名。见于北魏、宋朝史籍记载。故地一说在今斯里兰卡,一说在今印度尼西亚爪哇岛东南。《册府元龟》卷九百六十:"斯调国,海中洲名也。在歌营东南可三千里。上有王国,城市街巷,土地沃美。"火浣布:即石棉。《三国志》注引《异物志》:"斯调国有火洲,在南海中,其上有野火春夏自生,秋冬自死,而有木生于其中而不消也,枝皮夏活秋冬死,则皆枝瘁,其俗常冬采其皮以为布,色小青黑。若尘垢污之,便投火中,则更鲜明也。"

⑬珍丽:这里指珠玉而言。

⑭安息:西亚古国。汉武帝时,领有全部伊朗高原及两河流域。《魏书·西域传》:"安息国在葱领西,都蔚搜城。北与康居、西与波斯相接。在大月氏西北,去代二万一千五百里。"身(yuān)毒:印度河流域古国名。始见于《史记》,为我国对印度的最早译名。《后汉书·西域传》:"身毒有别城数百,城置长。别国数十,国置王。"

【译文】

南方的夷国中有歌营国,离京城很远,风土隔绝,历代不与中国互通,即使是两汉与魏,也未曾来访过。如今才有和尚菩提拔陁的到来。据他自己说:"向北走一个月,到达句雅国;再向北行十一日,到达典孙国;从典孙国向北行三十日,到达扶南国,方圆五千里,在南夷国中,最为强大。民户殷实众多,出产明珠金玉及水精珍异,盛产槟榔。从扶南国向北行一个月,到达林邑国。出林邑国,就进入了萧衍的国家。"菩提拔陁到扬州一年多,跟随扬州和尚法融来到京城。京城和尚问他南方风俗,普提拔陁说:"古时有奴调国,乘四轮马车。又有斯调国出产火浣布,是用树皮做成的,这种树投入火中却不燃烧。凡是南方各国，都居住在城郭之下，多富有珍宝珠玉，民风质朴，爱好义气，也同西域、大秦、安息、身毒诸国交通往来。或三方四方，浮浪乘风，只需百天，便可到达。大抵信仰佛教，爱好生，讨厌杀。”

寺西有宜年里，里内有陈留王景皓、侍中安定公胡元吉等二宅①。

景皓者，河州刺史陈留庄王祚之子②。立性虚豁，少有大度，爱人好士，待物无遗。夙善玄言道家之业③，遂舍半宅安置佛徒，演唱大乘数部④。并进京师大德超、光、𧾷延、荣四法师⑤，三藏胡沙门菩提流支等咸预其席⑥。诸方伎术之士⑦，莫不归赴。时有奉朝请孟仲晖者，武威人也⑧。父宾，金城太守⑨。晖志性聪明，学兼释氏，四谛之义⑩，穷其旨归。恒来造第，与沙门论议，时号为玄宗先生。晖遂造人中夹纻像一躯⑪，相好端严⑫，希世所有⑬。置皓前厅，须臾弥宝坐⑭。永安二年中，此像每夜行绕其坐，四面脚迹，隐地成文。于是士庶异之，咸来观瞩。由是发心者⑮，亦复无量⑯。永熙三年秋，忽然自去，莫知所之。其年冬，而京师迁邺。武定五年，晖为洛州开府长史⑰，重加采访，寥无影迹。

【注释】

①陈留王景皓：即元祚之子元景皓，北魏皇族，陈留王元虔之后。元景皓袭陈留王爵，北齐天保时为高洋所诛。胡元吉：名祥，字元吉。胡国珍之子，胡太后异母弟，袭封安定郡公。历位殿中尚

书、中书监、侍中。详见《魏书》卷八十三。

②河州:州名。治所位于今甘肃临夏。陈留庄王祚:即元祚,字龙寿,官终河州刺史,节闵帝时赠侍中、尚书、仆射。详见《北史》卷十五《魏诸宗室传》。

③道家:即佛家,时人亦称和尚为道人,《世说新语》中多见之,愍度道人、一伦道人及林道人、高坐道人等是。

④演唱:指念诵经文。大乘:佛教名词。公元1世纪逐渐形成的佛教派别。"大乘"强调利他,普度一切众生,提倡以"六度"为主的"菩萨行",比喻修行法门如发大心者所乘的大车,所以称"大乘"。《华严经》、《涅槃经》、《法华经》均为大乘经典。

⑤大德:佛教对僧人的尊称。梵语为"婆檀陀"。《翻译名义集·释氏从名》:"婆檀陀,《大论》:秦言大德。《毗柰耶律》云:佛言今日后,小下苾蒭,于长宿处,应唤大德。"

⑥三藏:"三藏法师"的简称。"三藏"原本是指佛教经典的总集。佛教以经、律、论为三藏。经,总说根本教义,论,是经义的解释,律,记戒律。后来把通晓三藏的僧人称为"三藏法师",简称"三藏"。

⑦伎术:泛指占卜、术数、道教、佛教的法术等。伎,同"技"。《鬼谷子·中经》:"摄心者,谓逢好学伎术者,则为之称远。"汉荀悦《汉纪·平帝纪》:"传募有伎术者,待以不次之位。"

⑧武威:郡名。古称凉州,又名姑臧,治所位于姑藏县(今甘肃武威)。

⑨金城:古代郡名。治所在今甘肃永靖西北。东汉时设置,晋时迁治所至今甘肃兰州东。

⑩四谛:佛教以苦、集、灭、道为四谛,亦名"四圣谛"、"四真谛"。所谓苦,就是生老病死;集,为聚集骨肉财帛;灭,为灭惑业而离生死之苦;道,为八正道,以能通对涅槃。《大般涅槃经》:"所谓四

圣谛，苦、集、灭、道，是名四圣谛。”又云：“苦能见四谛，则得断生死。”

⑪人中：是“人中尊”的略称，人中尊为佛的德号，意思是人世间最尊贵者。这里代称佛。夹纻：亦作“夹纾”、“挟纻”，是一种漆塑像的方法。

⑫相好：佛家语。相，指佛身各部之相状；好，指相之细微者。佛经称，佛之化身有三十二种相，八十种好。

⑬希世：世间所稀有的。

⑭须臾弥宝座：一会儿就入了佛座。须臾，片刻，一会儿。弥，通“眯”，意思为入、安。

⑮发心：佛教术语。指为达到佛果之心，在修行之前，便发菩提之心，以求修成正果。是一种佛教修炼功夫。《涅槃经》卷三十八说：“发心毕竟二不别，如是二心前心难。”《华严经》说：“初发心时，便成正觉。”

⑯无量：形容数量多到无法计算。

⑰洛州：北魏改司州置，治所位于洛阳县（今河南洛阳东北）。开府长史：官名。南北朝时，凡是州刺史带将军称号开府者，其幕府设长史，以总理幕府。

【译文】

寺西有宜年里，里内有陈留王元景皓、侍中安定公胡元吉二人的宅邸。

元景皓，是河州刺史陈留庄王元祚的儿子。他的秉性豁达，年轻时就度量大，爱惜百姓喜欢士子，待人接物十分周到。早就具有对玄妙的佛学的修养，于是捐献一半住宅安顿佛教徒，讲诵大乘教数部。并且延请京城中大德僧超、慧光、智睚、道荣四位法师，以及三藏外国和尚菩提流支参与法席位。四方伎术之士，没有不来归附的。当时有奉朝郎孟仲晖，是武威人。父孟宾，金城太守。孟仲晖性情聪明，兼通佛学，四谛的意义完全了解。他常常来访，与和尚议论佛学，当时人称他为玄宗先生。孟仲晖于是造了一尊夹纻佛像，相貌端庄严肃，为世间所少有。安放在元景皓的前厅，一会儿佛像充满宝座。永安二年中，此像每夜绕它的宝座行走，四面的脚印隐约地留在地上成为纹路。于是士人和庶民觉得奇异，都来观看。因此发愿的，也是无数。永熙三年秋，佛像忽然自己离去，谁也不知道它去了哪里。这年冬天，京城迁到了邺地。武定五年，孟仲晖任洛州开府长史，重新加以查访，但没有踪迹。

出阊阖门城外七里，有长分桥①。

中朝时以谷水浚急，注于城下，多坏民家，立石桥以限之。长则分流入洛，故名曰长分桥。或云：晋河间王在长安遣张方征长沙王②，营军于此，因名为张方桥也。未知孰是。今民间讹语，号为张夫人桥。

朝士送迎，多在此处。

【注释】

①长(zhàng)：指河水的涨溢。

②河间王：即司马颙，字文载，晋安平王司马孚之孙。张方：以材勇得幸于司马颙，官至中领军、录尚书事，领京兆太守。长沙王：即司马乂，字士度，晋武帝之子。详见《晋书》卷五十九《河间王颙传》。

【译文】

出阊阖门城外七里，有长分桥。

晋中朝时因谷水深急，流到城下，经常冲坏民家，因此建造石桥来阻止它。水涨便分水流入洛河，所以叫长分桥。又有说：晋朝河间王在长安派张方征讨长沙王，驻军在此，因此叫张方桥。不知哪种说法是对的。今民间错讹，号为张夫人桥。

朝廷士人迎来送往，多在这里。

长分桥西有千金堰①。

计其水利，日益千金，因以为名。

昔都水使者陈勰所造②，令备夫一千，岁恒修之。

【注释】

①千金堰：即千金堨。在今河南洛阳东北。沈约《三月三日率尔成篇》李善《注》引杨佺期《洛阳记》曰："千金堰在洛阳城西，去城二十五里。堰上有谷水坞。"《水经注·谷水》："《河南十二县境簿》曰：河南县城东十五里有千金堨。《洛阳记》曰：千金堨旧堰谷水，魏时更修此堰，谓之千金堨。……堨是都水使者陈勰所造。《语林》曰：陈勰数进阮步兵酒。后晋文王欲修九龙堰，阮举勰，文王用之。……水历堨东注，谓之千金渠。……后张方入洛，破千金堨。永嘉初，汝阴太守李矩、汝南太守袁孚修之，以利漕运，公私赖之。"

②都水使者：官名。汉武帝时始设，为总领各都水长之官。《汉书·百官公卿表》王先谦补注："都，总也，谓总治水之工，故曰都水。"晋以后为都水台的主官，隋以后改都水台为都水监，唐代的都水监犹以都水使者为其主官。陈勰：西晋人，与阮籍同时代。

【译文】

长分桥西有千金堰。

计算它的水利，每天增益千金，因此才如此命名。

从前是都水使者陈勰所造，配备劳力一千人，常年加以修缮。

卷第五　城北

禅虚寺

【题解】

本节主要介绍了位于大夏门外御道西的禅虚寺。洛阳城北寺院为数不多，主要即为禅虚寺和凝玄寺。禅虚寺与众不同之处在于寺前有练兵场，历朝皇帝都在此检阅军队，阅兵通常在每年岁末农隙时举行，农隙即农事闲暇时。《左传·隐公五年》云："故春蒐、夏苗、秋狝、冬狩，皆于农隙以讲事也。"当年甲士演武，千乘万骑，冲锋向前，喊声震天，已是盛况，蔚为壮观！北魏宣武帝和孝明帝时代，皇家演武场改设他处，禅虚寺广场变更为光风园。北魏后朝，战乱频仍，禅虚寺遍生苜蓿，满目野草，已然荒废！作者通过禅虚寺广场前后盛衰的鲜明对比，表达了历史变迁的慨叹。

禅虚寺在大夏门外御道西。寺前有阅武场，岁终农隙[①]，甲士习战，千乘万骑，常在于此。

有羽林马僧相善角觝戏[②]，掷戟与百尺树齐等，虎贲张车渠掷刀出楼一丈[③]。帝亦观戏在楼，恒令二人对为角戏。

【注释】

①农隙：农事闲暇的时候。《左传·隐公五年》："故春蒐、夏苗、秋狝、冬狩，皆于农隙以讲事也。"杜《注》："各随时事之闲。"

②角觝(dǐ)戏：即角抵戏。我国古代起源于战国的一种技艺表演，名称始于秦汉。《汉书·武帝纪》："(元封)三年春，作角抵戏，三百里内皆观。"文颖《注》："名此乐为角抵者，两两相当，角力，角技，艺，射，御，故名角抵。盖杂技乐也。巴俞戏鱼龙蔓延之属也。"晋以后亦称为"相扑"、"争交"，类似于现代的摔跤。也有说角抵戏是包括角力在内的各种舞乐杂技的总称。

③"虎贲"句：张车渠事迹，见《魏书·胡后传》、《北史·后妃胡皇后传》。元乂、刘腾幽胡太后于北宫，太后从子都统僧敬与备身左右张车渠等数十人谋杀元乂，复奉太后临朝，事不克，僧敬坐徙边，张车渠等死。

【译文】

禅虚寺，在大夏门外御道西。寺前有练兵场，岁终农闲时，兵士训练作战，千乘万骑的，常常聚集在这里。

有羽林军马僧相善于作角抵戏，抛掷戟与百尺树等高。有虎贲军张车渠，抛掷刀高出楼屋一丈。皇帝也在楼上观看，经常令二人相对作角抵戏的表演。

中朝时，宣武场在大夏门东北①，今为光风园，苜蓿生焉②。

【注释】

①宣武场：在宣武观之北。《河南志》卷二引《晋宫阁簿》："宣武观在大夏门内东北。"《水经注·谷水》："讲习武事的场所，其一水自大夏门东径宣武观，凭城结构，不更层墉，左右夹列步廊，参差

翼跂，南望天渊池，北瞩宣武场。”曹魏以来，其地即为讲武之所。明帝曾经于场上为栏，纵虎与搏。王戎七岁凭栏而观，虎吼神色不异。详见《世说新语》。

②苜蓿：植物名。豆科一年生或多年生草本植物。又名“木粟”、“牧宿”、“怀风”、“光风草”、“连枝草”。原产自西域，汉武帝时从大宛传入中国，作为马牛等的饲料以及绿肥作物，亦可入药。《史记·大宛列传》：“俗嗜酒，马嗜苜蓿。汉使取其实来，于是天子始种苜蓿、蒲陶肥饶地。”

【译文】

西晋时，宣武场位于大夏门东北，现在为光风园，里面生长着苜蓿。

凝玄寺

【题解】

本节所介绍的是由宦官济州刺史贾璨所建立的凝玄寺，位处广莫门外一里御路东永平里。其建造属于“舍宅为寺”的性质。孝文帝迁都洛阳之始，贾璨便建房于此，后遭逢其母去世，于是捐出府邸，改建成寺庙。文中描绘了凝玄寺建筑精致，遍植树木，蔚然成林，且深有宁静，适合息心修行，引得公卿士人前来游观，题诗唱和，不可数计，表明了凝玄寺优美的园林环境和浓厚的文化气息。

文中还提及了洛阳城东北的闻义里，原名上商里，是殷商遗族被迁后来到洛阳定居的地方。朝廷士人聚居于此，遭到“因伤顽民”的讥讽，纷纷搬迁，后演变为专烧砖瓦陶瓮的所在。当时有歌谣言道：“洛城东北上商里，殷之顽民昔所止。今日百姓造瓮子，人皆弃去住者耻。”本节还记叙了郭春风斗嘴李元谦的故事，生动刻画北魏时普通女性的机智聪慧以及泼辣率真的形象。

凝玄寺，阉官济州刺史贾璨所立也[①]。在广莫门外一里御道东，所谓永平里也。

即汉太上王庙处。迁京之初，创居此里，值母亡，舍以为寺。

【注释】

①济州:州名。北魏泰常八年(423)置,治所位于今山东茌平西南。贾璨(càn):字季宣,酒泉(今属甘肃省)人。《魏书》卷九十四《阉官传》云:太和中,贾璨坐事腐刑,颇涉书记。世宗末,渐被知识,得充内侍,迁光禄大夫。灵太后之废,贾璨与元乂、刘腾等伺帝动静,幽闭太后于宣光殿。太后反政,不久,派遣刁宣杀了他。璨,魏书卷九十四作"粲"。

【译文】

凝玄寺,是宦官济州刺史贾璨所建造的。在广莫门外一里处御路东面,就是所谓的永平里。

寺即汉太上王庙处。迁都初期,贾璨在这里修建房屋居住,碰上母亲死了,捐献住宅作寺。

地形高显,下临城阙,房庑精丽,竹柏成林,实是净行息心之所也[①]。王公卿士来游观为五言者,不可胜数。

【注释】

①净行:佛家语。意思是清静修行。息心:梵语"沙门"的意译。谓勤修善法,息灭恶行。袁宏《后汉书·明帝纪上》:"沙门者,汉言息心,盖息意去欲,而归于无为也。"

【译文】

这里地形高显,下面靠着宫城,房屋精美宏丽,竹子柏树成林,实在是修静心思的处所。王公卿士前来游观,写五言诗的不可计数。

洛阳城东北有上商里[①],殷之顽民所居处也[②]。高祖名闻义里。

迁京之始，朝士住其中，迭相讥刺，竟皆去之。惟有造瓦者止其内[③]，京师瓦器出焉。世人歌曰："洛城东北上商里，殷之顽民昔所止。今日百姓造瓮子，人皆弃去住者耻。"唯冠军将军郭文远游憩其中，堂宇园林匹于邦君。时陇西李元谦乐双声语[④]，常经文远宅前过，见其门阀华美[⑤]，乃曰："是谁第宅？过佳！"婢春风出曰："郭冠军家。"元谦曰："凡婢双声。"春风曰："伫奴慢骂。"元谦服婢之能，于是京邑翕然传之[⑥]。

【注释】

①上商里：《后汉书》卷五十九《鲍永传》："赐永洛阳商里宅。"《注》云："《东观记》曰：赐洛阳上商里宅。陆机《洛阳记》曰：上商里在洛阳东北，本殷顽人所居，故曰上商里宅也。"

②顽民：不服从统治的人。此处是指亡国后不服从新朝统治的殷遗民。《尚书·多士序》："成周既成，迁殷顽民。"孔《传》："殷大夫士心不则德义之经，故徙近王都教诲之。"《水经注·谷水》："昔周迁殷民于洛邑。城隍逼狭，卑陋之所耳。晋故城成周以居敬王，秦又广之，以封不韦。"

③止：栖息，居住。《诗·商颂·玄鸟》："邦畿千里，维民所止。"《徐霞客游记·游黄山记》："止文殊院。"

④双声语：双声，指二字声母相同；双声语即指每句话都是用双声字遣词造句。《南史》卷二十《谢庄传》："王玄谟问庄：何者为双声？何者为叠韵？答曰：玄谟为双声，磝碻为叠韵。"南北朝人声韵学发达，故云。

⑤门阀：门第阀阅的省称。阀阅，古代仕宦人家大门外的左右柱，用以榜贴功状。后因此称有功勋的世家为"阀阅"。

⑥“是谁”几句：元谦与女奴春风二人对话均是用双声语，按照当时读音，“是”与“谁”，“过佳”与“郭冠军家”，“凡”与“婢”，“双”与“声”，“伫”与“奴”，“慢”与“骂”，“第”与“宅”，均分别为双声字。以双声语互相嘲戏，是一时文士之习尚，南北皆然，所以当时之奴婢亦尤能为之。伫奴，劣奴。慢骂，侮慢詈骂。

【译文】

洛阳城东北有上商里，是殷的顽民所聚居的地方。高祖取名叫闻义里。

迁都的最初，朝廷上的士人住在这个里中，相互讥讽，竟都走了。只有造瓦的工匠留下来，京城的瓦器都从这里出产。世人作歌说：“洛城东北上商里，殷之顽民昔所止。如今百姓烧瓦工，人皆弃去住者耻。”只有冠军将军郭文远游憩其间，堂屋园林，可与王侯相比。这时陇西李元谦喜欢双声语，曾从郭文远的宅邸前经过，看见他的门华美，于是说：“是谁的宅第？过佳！”婢女春风出来说：“郭冠军家。”李元谦说：“凡婢双声！”春风说：“俸奴慢骂！”李元谦佩服婢女的才能，于是京城里很快地传了出去。

闻义里

【题解】

本节介绍了闻义里，此处有敦煌人宋云住宅，而宋云与惠生都曾远赴西域取经。《魏书·西域·嚈哒传》记载："熙平中，肃宗遣王伏子统宋云、沙门法力等使西域，访求佛经。时有沙门惠生者，亦与俱行，正光中还。惠生所经诸国，不能知其本末及山川里数，盖举其略云。"文中对其沿途所经赤岭、流沙、吐谷浑国、鄯善城、左末城、捍麽城、于阗国、朱驹波国、汉盘陀国、葱岭山、钵盂城、钵和国、嚈哒国、波知国、赊弥国、乌场国、乾陀罗国、佛沙伏城等地的地理环境、风土民情都作了记叙，其中还记叙了与某些具体人物的交往及所见的具体的寺院胜迹，如乾陀罗城东南七里的雀离宝塔。据《北史》卷九十七记载："乾陀罗所都城东南七里有佛塔，高七十丈，周三百步，即雀离浮图也。"《玄奘记》："在城东南八九里名曰雀离者，或云具有异采之义也。即《道荣传》云以文石为阶砌栌栱者。"作者对这座佛教中著名的塔，特加书记。还记载了许多佛教典故和灵异现象，非常有趣并具有珍贵的史料价值。

本文问题与卷四《永明寺》所记相类，这段文字应是作者根据《惠生行记》、《道荣传》、《宋云家记》等诸多典籍汇总记录而成，歧出赘文，节目繁琐，需要细细研读，脉络方显。

闻义里有敦煌人宋云宅[①]，云与惠生俱使西域也[②]。神龟元年十一月冬[③]，太后遣崇立寺比丘惠生向西域取经，凡得一百七十部[④]，皆是大乘妙典。

【注释】

①敦煌：郡名。亦作“燉煌”，治所为敦煌县（今甘肃敦煌西），位于党河南岸，是古代与西域往来的要道。阎文儒《敦煌史地杂考》：“敦煌县城在党河东，故城在党河西，相隔约半里。城垣已圮，遗址尚存，东西长近二里，南北仅见残垣数段。”

②“云与”句：《魏书·西域传》：“熙平中，肃宗遣王伏子统宋云、沙门法力等使西域，访求佛经。时有沙门慧生者，亦与俱行，正光中还。慧生所经诸国，不能知其本末及山川里数，盖举其略云。”慧生，又作“惠生”。

③神龟元年：即518年。

④凡：表示对人、事物、情况的数量的总计，一共，总。

【译文】

闻义里有敦煌人宋云的住宅，宋云与惠生都出使过西域。神龟元年十一月冬，太后派崇立寺惠生和尚前往西域取经，共得一百七十部，都是大乘妙典。

初发京师，西行四十日，至赤岭[①]，即国之西疆也。皇魏关防[②]，正在于此。

赤岭者，不生草木，因以为名。其山有鸟鼠同穴[③]。异种共类，鸟雄鼠雌，共为阴阳[④]，即所谓鸟鼠同穴。

【注释】

①赤岭：山名。位于今青海湟源西，即今日月山，是古代中原与西南和西域的交通要道。“赤”含有虚空无物的意思。由于当时此山寸草不生，故名为赤岭。

②关防：驻兵防守的关口，也有防守防备的意思。

③鸟鼠同穴：古山名。在今甘肃渭源西，是渭河的发源地。“鸟鼠同穴，其鸟为鵌，其鼠为鼵。”语出《尔雅·释鸟》。在其他古书里也有关于“鸟鼠同穴”的记载。

④阴阳：古时人们以阴阳解释万物化生，凡天地、日月、男女等皆分属阴阳。此处是指雌雄交配。

【译文】

从京城出发，向西行四十天后，到达赤岭，就是国家的西部边疆。大魏的关防，正设在这里。

赤岭，不生长草木，因此得名。它的山有鸟和鼠同在一个穴内的现象。异种相异，却同为一类，鸟是雄，鼠是雌，共成阴阳，就是所谓的鸟鼠同穴。

发赤岭，西行二十三日，渡流沙①，至吐谷浑国②。路中甚寒，多饶风雪，飞沙走砾，举目皆满，唯土谷浑城左右暖于余处③。其国有文字，况同魏④。风俗政治，多为夷法。

【注释】

①流沙：在敦煌西，古曰沙州，亦称“沙河”，以其风沙流漫得名。夏则炎热，冬则寒苦。《高僧传》卷三《法显传》有：“敦煌太守李浩供给渡沙河，沙河中多有恶鬼热风，遇则皆死，无全者。上无飞鸟，下无走兽，遍望极目，莫知所拟，惟以死人枯骨为标识耳。”

②吐谷(yù)浑：为我国古代鲜卑族所建立的王朝。原定居于辽东，

魏晋时西迁，负阴山而居。晋末又西度陇，在位于今青海北部和新疆东南部地区居住。

③吐谷浑城：即伏埃城。土谷浑国都，位于今青海共和西北黑马镇东北。

④况：比似，类似。

【译文】

从赤岭出发，向西行二十三日，渡过流沙，到达吐谷浑国。路上很冷，多风雪，飞沙走石，抬眼看满眼都是这样，只有吐谷浑城旁边比别处暖些。该国有文字，和魏国相同。风俗政治，多是夷族的风俗政治。

从吐谷浑西行三千五百里，至鄯善城[①]。其城自立王，为土谷浑所吞。今城是土谷浑第二息宁西将军[②]，总部落三千，以御西胡。

【注释】

①鄯善：古西域国名。原名楼兰，汉昭帝元凤四年(77)更名为鄯善，后被风沙所吞，现只剩遗址。故址位于今新疆罗布泊南岸若羌县境。鄯善故都扜泥城，即今若羌县治卡克里克。《魏书》卷一百○二《西域传》："鄯善国都扜泥城，古楼兰国也。去代七千六百里，所都城方一里，地多沙卤，少水草，北即白龙堆路。"张《注》："鄯善在罗布泊南岸。"

②息：即亲生儿子。宁西将军：官号。为魏所封。北魏《吐谷浑玑墓志》："父丰承袭，显著魏邦，除宁西将军，长安镇将。"时吐谷浑王伏连筹服事魏朝，故其子亦受魏封。

【译文】

从吐谷浑向西行三千五百里，到达鄯善城。原来是占城为王的，后来被吐谷浑所吞并。现在的城主是吐谷浑第二儿子宁西将军，统率部落三千人，以防守西面的外国人。

从鄯善西行一千六百四十里，至左末城[①]。城中居民可有百家。土地无雨，决水种麦，不知用牛，耒耜而田[②]。城中图佛与菩萨，乃无胡貌，访古老[③]，云是吕光伐胡时所作[④]。

【注释】

①左末城：即今新疆且末县治车尔城。左末，亦作“且末”、“沮沫”、“沮末”，皆同义。《魏书·西域传》：“且末国都且末城，在鄯善西，去代八千三百二十里。”

②耒耜(lěi sì)：我国较早使用的农业生产工具，商代时这种工具已经出现。来源于原始社会的尖头木棒，后经过改造，耒柄由直变成弯曲，尖头由一个变为两个。后也泛指农具。

③古老：年近古稀的老人。郦道元《水经注·资水》：“水南十里有井数百口……古老相传，昔人以杖撞地，辄便成井。”

④吕光伐胡：吕光，字世明，氐人，前秦骁骑将军。建元十八年(382)，苻坚遣吕光征西域，伐龟兹(qiū cí)、乌耆诸国，获鸠摩罗什。后兵还，听说前秦灭亡，在梁州建后凉国。《魏书》卷九十五有传。

【译文】

从鄯善城往西行一千六百四十里，到达左末城。城中居民大约有一百家。这个地方没有雨水，靠挖水引水来种植麦子，不懂得使用牛，靠人力用农具种田。城中画的佛像与菩萨像，没有胡人的面貌，访问老人，说是吕光伐胡时所作的。

从左末城西行一千二百七十五里，至末城[①]。城傍花果似洛阳，惟土屋平头为异也。

【注释】

①末城：他书未载。一说位于今尼雅之于阗附近。

【译文】

从左末城向西行一千二百七十五里，到达末城。城边种的花果和洛阳的相似，只是土屋平顶是不同的。

从末城西行二十二里至捍麼城①。城南十五里有一大寺，三百余众僧。有金像一躯，举高丈六，仪容超绝，相好炳然②，面恒东立，不肯西顾。父老传云③："此像本从南方腾空而来，于阗国王亲见礼拜④，载像归，中路夜宿，忽然不见。遣人寻之，还来本处。王即起塔，封四百户以供洒扫。户人有患，以金箔贴像所患处⑤，即得阴愈⑥。"后人于此像边造丈六像者及诸像塔⑦，乃至数千，悬彩幡盖⑧，亦有万计。魏国之幡过半矣。幡上隶书，多云"太和十九年、景明二年、延昌二年⑨"，唯有一幡，观其年号是姚兴时幡⑩。

【注释】

①捍麼(mó)城：即扜弥城。扜弥，古国名。治扜弥城，大约在于阗西三百九十里。《水经注·河水》："南河又东北径扜弥国北，治扜弥城，西去于阗三百九十里。"

②炳然：光明显耀、光彩夺目的样子。北宋苏轼《谢孙舍人启》："穆如清风，草木皆靡；炳然白日，霰雪自消。"

③父老：对老年人的敬称。晋陶潜《饮酒》诗之九："深感父老言，禀气寡所谐。"

④于阗：古西域国名。亦名"于寘"，位于今新疆和田一带。

⑤金箔：涂金粉的纸片或用金子捶薄而成的片状物，多用于包佛像

或装饰器物的外表。

⑥即得阴愈:《大唐西域记》卷十二:"媲摩城有雕檀立佛,像高二丈余,甚多灵应,时烛光明,凡有疾病,随其痛处,金箔贴像,即时痊复。虚心请愿,多亦遂求。"

⑦丈六像:即释迦牟尼佛像。《方广大庄严经》:"时频婆娑罗王久闻菩萨得成佛道,巨身丈六紫磨金色,三十二相八十种好,十号具足,已得知见,成就五眼,证获六通,梵释四王皆悉奉事。"

⑧幡盖:旌旗、华盖一类条形旗帜。岑参《登千福寺楚金禅师法华》:"焚香如云屯,幡盖珊珊垂。"

⑨太和十九年:即495年。景明二年:即501年。延昌二年:即513年。

⑩姚兴:字子略,姚苌之子,十六国时期后秦国君,394—415年在位。沙《笺》:"后秦三主,三八四至三九三年为姚苌,三九四至四一五年为姚兴,四一六至四一七年为姚泓。法显西遇即在姚兴之时,宋云所见姚兴时幡,得为法显所建也。"

【译文】

从末城向西行二十二里,到达捍麼城。城南十五里有一座大寺,有三百多僧众。有金色佛像一尊,高一丈六尺,仪态容貌超凡脱尘,貌相光彩焕发,总是面向东方立着,不朝西看。父老相传说:"这像本来是从南方腾空而来的,于阗国王亲眼看见,礼拜佛像,载这个像回来,在半路上夜里睡觉,像却忽然不见了,派人去寻它,像又回到原来的地方。国王即在那里造塔,封了那里四百户人家专供洒扫。这四百户人家如果有人患病,用金箔贴在像身上的病患处,病就会痊愈。"后人在像旁边又造了丈六像及众像塔,数量达到数千,悬挂的彩色幡盖,也要用万来计数。魏国的幡超过一半。幡的隶书,多说"太和十九年、景明二年、延昌二年",只有一幡,从幡上所写的年号看,是姚兴时的幡。

从捍麽城西行八百七十八里，至于阗国。王头著金冠，似鸡帻[①]，头后垂二尺生绢，广五寸[②]，以为饰。威仪有鼓角金钲[③]，弓箭一具，戟二枝，槊五张[④]。左右带刀，不过百人。其俗妇人袴衫束带[⑤]，乘马驰走，与丈夫无异。死者以火焚烧，收骨葬之，上起浮图。居丧者剪发剺面[⑥]，以为哀戚。发长四寸，即就平常。唯王死不烧，置之棺中，远葬于野，立庙祭祀，以时思之[⑦]。

【注释】

①鸡帻（zé）：即鸡冠。宋梅尧臣《鸡冠》："乃有秋花实，全如鸡帻丹。"

②广：宽，面积宽阔。《计篇》："地者，远近、险易、广狭、死生也。"

③威仪：仪仗。金钲：古代乐器名。以金属制成，形状狭长似钟，有长柄，用时口朝上，以槌敲击。用以行军时节止步伐。

④槊（shuò）：亦作"矟"。古代兵器，即柄较长的矛。《说文·新附》："槊，矛也。"

⑤袴（kù）：同"裤"。衫：古代指短袖单衣。古代的单衣为深衣制，上古时称长衣为深衣，短者称中单。秦始皇时开始称中单为衫。

⑥剺（lí）面：用刀划面，以表悲戚或者诚心和决心。剺，割，划。《说文》："剺，划也。"《说文解字系传》："史匈奴剺面不哀。"《新唐书·郭云振传》："召为太仆卿，将行，安西酋长有剺面哭送者。"

⑦唯王死不烧：《梁书》卷五十四《诸夷传》："于阗国，西域之属也。……其地多水潦沙石。气温，宜稻麦蒲桃，有水出玉，名曰玉河。国人善铸铜器，其治曰西山城，有屋室市井，果蓏菜蔬，与中国等。尤敬佛法。王所居室，加以朱画，王冠金帻，如今胡公帽，与妻并坐接客。国中妇人皆辫发，衣裘袴。其人恭，相见则

跪。其跪则一膝至地。书则以木为笔札，以玉为印。国人得书，戴于首而后开札。”时，时节，季节。思，缅怀，追思。

【译文】

从捍麽城向西行八百七十八里，到达于阗国。国王头戴金冠，形似鸡冠，头后垂挂二尺的生绢，宽五寸，用以作装饰。他威武的仪仗队有鼓角金钲，弓箭一副，戟两枝，槊五张。左右带刀的不超过百人。这里的风俗是妇人穿裤衫束带，骑马奔走，同男人一样。人死后用火焚烧，收集骨来埋葬，上面造宝塔。居丧的人，剪掉头发，用刀划面，表示哀痛。头发长到四寸，就恢复平常。只有国王死了不烧，安放在棺内，远葬在野地里，立庙祭祀，按时追思。

于阗王不信佛法，有商胡将一比丘名毗卢旃在城南杏树下①，向王伏罪云：“今辄将异国沙门来在城南杏树下②。”王闻忽怒，即往看毗卢旃。旃语王曰：“如来遣我来③，令王造覆盆浮图一所④，使王祚永隆⑤。”王言：“令我见佛，当即从命。”毗卢旃鸣钟告佛，即遣罗睺罗变形为佛⑥，从空而现真容。王五体投地⑦，即于杏树下置立寺舍，画作罗睺罗像。忽然自灭，于阗王更作精舍笼之。今覆瓫之影恒出屋外⑧，见之者无不回向⑨。其中有辟支佛靴⑩，于今不烂，非皮非彩，莫能审之。

案于阗国境，东西不过三千余里。

【注释】

①将：率领，带领。《淮南子·人间训》：“将胡骏马而归。”

②辄：即专辄，意指专断，擅自裁决。《广韵》：“辄，专辄也。”《韵会》：“辄，遇事既然也。皆倚恃妄作之意。”《三国志》卷九：“臣辄

敕主者及黄门令罢爽羲训吏兵。”

③如来：佛的别称，梵文Tathagata（多陀阿伽陀）的意译，为释迦牟尼的十种称号之一。如，即如实；如来，指从如实之道而来开示真理的人。《翻译名义集·十种通号篇》：“多陀阿伽陀，亦云怛闼阿竭，后秦翻为如来。《金刚经》云：无所从来，亦无所去，故名如来。此以法身释。《转法轮论》：第一义谛名如，正觉名来。此以报身释。《成宝论》：乘如实道，来成正觉，故名如来。此以应身释。

④覆盆浮图：指所建宝塔圆拱顶好似覆置的盆一样。

⑤祚：皇位，国统。《史记·秦楚之际月表序》：“拨乱诛暴，平定海内，卒践帝祚，成于汉家。”隆：繁荣兴盛。

⑥罗睺(hóu)罗：佛教传说人名，梵文Rahula的音译。相传公元前6世纪至5世纪生于古印度北部伽毗罗卫国(今尼泊尔境内)，是释迦牟尼的儿子。罗睺罗十五岁出家，在佛的十大弟子中密行第一。《翻译名义集·十大弟子篇》：“罗睺罗，什曰：阿攸罗食月时名罗睺罗，秦言覆障，谓障月明也。罗睺罗六年处母胎，所覆障故，因以为名。《西域记》云：旧曰罗睺罗，又曰罗云，皆讹略也。此云执日。《净名疏》曰：有翻宫生，太子出家，太妃在宫，何得有娠？佛共净饭王于后证是太子之子，亲是宫之所生，因名宫生。”

⑦五体投地：佛教用语。即用双肘、双膝及头顶着地的行礼仪式，为佛教中最敬重的礼节。《翻译名义集·众善行法篇》：“《大论》云：礼有三种，一者口礼；二者屈膝，头不至地；三者头至地，是为上礼。头至地者，即五体投地。故《大论》云：人之一身，头为最上，足为最下，以头礼足，恭敬之至。”

⑧覆瓫(pén)之影：指宝塔的影子，因前所说宝塔圆顶好似覆置的盆子一样。瓫，同“盆”。

⑨回向：佛家语。回，回转；向，趋向。意思是回转自己所修之功

德，而趋向于所期望的。其回转己之种种功德专向于求成佛果，称作回向佛果，也称作菩提回向；回己所修功德，施予一切众生，期其共成佛道，则称作回向众生。

⑩辟支佛：梵语音译名词。也作“辟支迦佛”，全称“避支迦佛陀”，意为“缘觉”，亦作“独觉”。佛教以车乘喻佛法，依据学者能力，分声闻乘、缘觉乘、菩萨乘等。不逢佛世，独自观十二因缘而悟道为缘觉乘，也称“辟支佛乘”。《翻译名义集·三乘通号篇》：“孤山云：此翻缘觉，观十二缘而悟道故。亦翻独觉，出无佛世，无师自悟故。”《法门名义集》：“此云缘觉。辟支者，此言缘；佛者，此缘觉。一者出无佛世，犹悟非常思惟，得道，名为缘觉辟支。二者值佛为说十二因缘之法，观因缘之理，而得悟道，名为声闻辟支。于三乘之中，此为中乘。”

【译文】

于阗王不信佛法，有外国商人将一个名叫毗卢旃的和尚带在城南杏树下，向国王请罪说：“今特将外国和尚带到城南杏树下。”国王听了忽然发怒，马上去看毗卢旃。毗卢旃对国王说：“如来派我来，命令王造圆顶宝塔一座，使王的国运永远昌隆。”国王说：“如果让我看见佛，我会马上听从命令。”毗卢旃鸣钟告佛，佛即派罗睺罗变形为佛像，从空中现出佛的真容。国王即五体投地拜佛，就在杏树下设立寺舍，描画罗睺罗像。画像却忽然自己消失了，于阗王又作精舍来笼罩它。如今圆顶的塔影，恒久地伸出于屋外，看见的人没有不回心向佛的。它的中间有辟支佛靴，至今不烂，非皮非彩，没有人能够了解其中的奥秘。

按于阗国境，东西不过三千多里。

神龟二年七月二十九日入朱驹波国①。人民山居，五谷甚丰，食则面麦，不立屠煞。食肉者，以自死肉。风俗言音与于阗相似，文字与婆罗门同②。其国疆界可五日行遍。

【注释】

①朱驹波：古国名。史料所载名目不一，亦作“朱居波”、“朱俱波”、“朱俱槃”、“斫句迦”等，皆为同义。国都原在呼犍谷（今新疆叶城西南），后迁今叶城。丁《考》：“朱驹波《魏书》作朱居波，又作悉居半。《西域记》作斫句迦。汉西夜国地，在今叶尔羌西南绰洛克朗吉尔台迤西山麓间。自此溯泽普勒善河西上葱领，皆当时汉盘陀国境。”

②婆罗门：梵语音译，意译为“净行”、“净裔”、“外意”、“承息”、“静胤”等。原是古印度四种姓之一，自称梵天后裔，世代以祭祀、诵经、传教为业，享受特权。此处指古印度国。《大唐西域记》卷二：“印度种姓，族类群分，而婆罗门特为清贵；从其雅称，传以成俗，无云经界之别，总谓婆罗门国焉。”

【译文】

神龟二年七月二十九日入朱驹波国。百姓住在山中，五谷很丰盛，吃的是麦面，不设立屠杀。食肉者吃自然死去的牲畜肉。风俗语音与于阗相似，文字与婆罗门相同。其国疆界五日可以走遍。

八月初入汉盘陀国界①。西行六日，登葱岭山。复西行三日，至钵盂城②。三日至不可依山③，其处甚寒，冬夏积雪。山中有池，毒龙居之。昔有三百商人止宿池侧，值龙忿怒，泛杀商人④。盘陀王闻之，舍位与子，向乌场国学婆罗门咒⑤，四年之中，尽得其术。还复王位，就池咒龙。龙变为人，悔过向王。王即徙之葱岭山，去此池二千余里。今日国王十三世祖也。

【注释】

①汉盘陀：古西域国名。国都位于今塔什库尔干塔吉克自治县。

②钵盂城：史料无记载，一说其地位于今博勒根回庄处。

③不可依山：古山名。在今格尔山峰西北布伦口一带。

④泛：水漫溢横流，水涨溢。《汉书·武帝纪》："河水决濮阳，泛郡十六。"

⑤婆罗门咒：古代印度的一种宗教咒语。

【译文】

八月初，入汉盘陀国界。向西行六日，登葱岭山。又西行三日，到达钵盂城。三日，至不可依山，这个地方非常寒冷，冬夏都有积雪。山中有池，有毒龙居于其中。从前有三百个商人停留住宿在池旁，碰上毒龙发怒，用水来淹杀商人。盘陀王听了，放弃皇位给儿子，则前往乌场国学习婆罗门咒，四年中完全学得了它的法术。回来恢复国王的位置，对着池上施咒于龙。龙变成人，向国王悔过。国王便把他迁到葱岭山，距离这个池有二千多里。这位国王是如今王的十三代世祖。

自此以西，山路欹侧①，长阪千里，悬崖万仞，极天之阻，实在于斯。太行、孟门②，匹兹非险③；崤关、陇阪④，方此则夷⑤。自发葱岭，步步渐高，如此四日，乃得至岭。依约中下⑥，实半天矣！汉盘陀国正在山顶⑦。自葱岭已西，水皆西流，世人云是天地之中。人民决水以种，闻中国田待雨而种，笑曰："天何由可共期也⑧？"城东有孟津河⑨，东北流向沙勒⑩。葱岭高峻，不生草木。是时八月，天气已冷，北风驱雁，飞雪千里。

【注释】

①攲侧:倾斜不平,歪斜。周邦彦《六丑·蔷薇谢后作》:"终不似,一朵钗头颤袅,向人攲侧。"

②太行、孟门:均为山名。太行山跨山西、河北、河南三省间;孟门山位于河南辉县西部,在太行山东面。二山都是以险峻著称。《吕氏春秋·离俗览》:"通乎德之情,则孟门太行不为险矣。"

③匹兹非险:与此相比,不能算险峻。匹,相比,类比。

④崤(xiáo)关:即崤山,因其在函谷关东端而得名。位于河南洛宁北,山分东西两座,中有谷道,坂坡峻陡,险绝异常。《元和郡县志》卷六:"二崤山又名嵚崟山,在县北二十八里。……自东崤至西崤三十五里,东崤长坂数里,峻阜绝涧,车不得方轨。西崤全是石坂,十二里,险绝不异东崤。"陇坂:即萨山,亦名"陇坻",六盘山南段的别称。位于今陕西陇县至甘肃平凉一带,为陕甘要塞。

⑤方此则夷:与此相比,则很平坦。方,对比,比较。夷,平坦。

⑥依约:仿佛,隐约。郑渥《洛阳道》:"顷刻知音几存殁,半回依约认轮蹄。"

⑦汉盘陀国正在山顶:《新唐书》卷二百二十一云:"渴盘陀距瓜洲四千五百里,直朱俱波西,南距悬度山,北抵疏勒,西护密,西北判汗国。治葱岭中,都城负徒多河。"

⑧"天何"句:怎么能跟天一起约定下雨的日子呢?由于当地人不知道中国季节变化的规律,以为只有跟天约定下雨的日期,才会在人们需要耕种时下雨,所以有这样的疑问。期,期约,约定。

⑨孟津河:今新疆塔什库尔干塔吉克自治县境内之塔什库尔干河,又称塔克墩巴什河。为叶尔羌河上源支流河之一。

⑩沙勒:古西域国名。《汉书》称"疏勒",国都为疏勒城(今新疆喀什)。

【译文】

从此往西，山路倾斜不平，长坡千里，悬空的山崖有万仞高，像碰到天的阻碍，正在这里。太行山、孟门山，和这些山比就不是险要的山了；崤山、陇坂，和这里比就算是平地了。从葱岭出发，一步步逐渐升高，这样行走四天，才能攀到岭上。仿佛还不到山腰，其实到了半天了！汉盘陀国正位于山顶上。从葱岭以西，水都向西流，世人说这里是天地的中心。民众引水来种田，听说中国的田等待天下雨才种，便笑道："天怎么可以让你期待下雨呢？"城的东面有孟津河，东北流到沙勒。葱岭很高，不长草木。这里的八月，天气已冷，北风驱赶飞雁，千里飞雪。

九月中旬入钵和国[①]。高山深谷，险道如常。国王所住，因此为城。人民服饰，惟有毡衣。地土甚寒，窟穴而居。风雪劲切，人畜相依。国之南界有大雪山，朝融夕结，望若玉峰。

【注释】

①钵和国：古西域国名。古籍中也称"镬侃"、"护密"或"达摩悉铁帝"。据考证，其地位于今和罕南山间一带，其王城即为今之伊塞迦审。《北史》卷九十七："钵和国，在渴槃陀西，其土尤寒，人畜同居，穴地而处。又有大雪山，望若银峰。其人唯食饼麨，饮麦酒，服毡裘。有二道：一道西行向哌哒，一道西南趋乌苌。亦为哌哒所统。"

【译文】

九月中旬入钵和国。高山深谷，险道如常。国王所居住的地方，依山为城。百姓穿着的衣服，只有毡衣。气候寒冷，于是打地洞居住。风雪逼切，人和畜相互依靠取暖。国的南面边界上有大雪山，白天融化，晚上结冰，远远望过去像玉峰。

十月之初，至呎哒国①。土田庶衍，山泽弥望②。居无城郭，游军而治③。以毡为屋，随逐水草，夏则迁凉，冬则就温。乡土不识，文字礼教俱阙④。阴阳运转⑤，莫知其度。年无盈闰⑥，月无大小，用十二月为一岁。受诸国贡献。南至牒罗⑦，北尽敕勒⑧，东被于阗，西及波斯，四十余国皆来朝贡。王居大毡帐，方四十步，周回以氍毹为壁⑨。王著锦衣，坐金床⑩，以四金凤凰为床脚。见大魏使人，再拜跪受诏书。至于设会，一人唱⑪，则客前，后唱，则罢会。唯有此法，不见音乐。

【注释】

①呎哒：古国名。呎哒为大月氏的后裔，一说是高车的别种。5世纪中分布于今阿姆河之南，西史称为白匈奴。建都拔底延城（在今阿富汗北部），势力曾覆盖康居、安息、疏勒、于阗等地区。后被突厥所破，部落分散。《魏书·西域传》云："呎哒国，大月氏之种类也，亦曰高车之别种，其原出于塞北。自金山而南，在于阗之西，都乌浒河南二百余里，去长安一万一百里，其王都拔底延城，盖王舍城也。……风俗与突厥略同，……其语与蠕蠕、高车及诸胡不同。"

②弥望：满眼，充满视野。弥，满。汉王褒《洞箫赋》："弥望傥莽，联延旷荡，又足乐乎，其敞闲也？"

③游军而治：是指治理房屋要依照方向不定临机应变的军队那样的办法。游军，方向不定随机应变的军队。治，治理。这里指治理房屋。

④阙：同"缺"，缺少，不足。

⑤阴阳：日月运转之学。《后汉书·张衡传》："衡善机巧，尤致思于

天文、阴阳、历筭。”韩愈《襄阳卢丞墓志铭》:“阴阳星历,近世儒莫学。”

⑥年无盈闰:意思是说没有平年与闰年之分,指的便是伊斯兰教历。盈,通“赢”,有余,多出。闰,指闰年,即有闰月的年。

⑦牒罗:此国古籍没有记载,一说牒罗即为铁拉布克梯(Tirabhukti),为福力基族(北方月氏人)的旧壤。张《注》:“牒罗,比尔谓即铁拉布克梯,今谓之铁尔胡忒,福力基族之旧壤也。福力基族似为北方月氏人。尝南侵印度至恒河下流之巴德拿城。㘓哒人后亦步尘而南下至巴德拿,西至马拉瓦。”

⑧敕勒:我国古代北方民族名,亦称“铁勒”。沙《笺》:“其地东起嗢昆河,西抵罗马帝国。”其部族多乘高轮车,因此北魏时又称“高车部”。敕勒为匈奴后裔,后被突厥所并。

⑨氍毹(qú shū):产于古代西域的毛或毛麻混织的布、地毯之类。《风俗通》:“织毛褥谓之氍毹。”《魏略·西戎传》谓大秦所织氍毹“其色又鲜于海东诸国”。

⑩床:这里指坐榻。《孔雀东南飞》:“阿母得闻之,槌床便大怒。”

⑪唱:长声高呼,喊叫。

【译文】

十月初,到达㘓哒国。土田广阔又平坦,山泽充满视野。百姓不筑城居住,以流动军队的方式来治理国家。用毡做屋,追逐水草迁移,夏天迁居凉地,冬天就到温暖处。没有什么乡土的意识,也没有文字礼教。随日月的运动转换,却不知道它的度数。一年中没有盈闰,月没有大小,过十二月为一年。接受众国的贡献。南到牒罗,北尽敕勒,东到于阗,西及波斯,四十多国都来朝贡。国王住的是大毡帐,四十步见方,周围用毛布做壁。国王穿锦衣,坐金饰的床,以四个金饰的凤凰做床脚。会见大魏的使者,行两次拜礼跪着接受诏书。至于设置聚会,一人歌唱,宾客陆续唱和,唱完就结束宴会。只有这种表演法,未见有音乐。

呎哒国王妃亦着锦衣，长八尺奇，垂地三尺，使人擎之；头带一角①，奇长三尺②，以玫瑰五色珠装饰其上③。王妃出则舆之④，入坐金床，以六牙白象四狮子为床⑤。自余大臣妻皆随，伞头亦似有角，团圆下垂，状似宝盖⑥。

【注释】

①角：呎哒妇人头带角帽，依《魏书·西域传》云："其俗兄弟共一妻，夫无兄弟者，其妻戴一角帽，若有兄弟者，依其多少之数，更加角焉。衣服类加以璎珞，头皆剪发。"玄奘《大唐西域记》卷十二：呬摩呾罗国"妇人首冠木角，高三尺余，前有两岐，表夫父母，上岐表父，下岐表母，随先丧亡，除去一岐。舅姑俱殁，角冠全弃。其先强国，王释种也。葱领之西，多见臣伏。境邻突厥，遂染其俗"。

②奇长三尺："奇"与"袤"通。《广雅释诂疏》："南北曰袤，东西曰广。对文则横长谓之广，从长谓之袤。散文则横长谓之袤，周长亦谓之袤。"

③五色：指青、黄、赤、白、黑五种色彩，后也泛指多种颜色。《魏书·西域传》：波斯国"妇女服大衫，披大帔，其发前为髻，彼披之，饰以金银花，仍贯五色珠，落之于膊"。

④舆：轿子，这里作动词用，即用轿子抬的意思。

⑤以六牙白象四狮子为床：即坐榻雕刻成六牙白象的形状，四只脚雕刻成四只狮子。六牙白象与狮子经常出现于佛事装饰中。《大唐西域记》卷二云：印度黎庶"坐止咸用绳床，王族大人士庶豪右装饰有殊，规矩无异。君王朝坐，弥复高广，珠玑间错，谓狮子床。"

⑥宝盖：佛教用语。即用七宝装饰的伞盖，悬于佛、菩萨及讲师的高座之上。《广弘明集》南朝梁简文帝《菩提树颂》："五百宝盖，

胜光自合；十千璎珞，悬空下坠。”

【译文】

嚈哒国的王妃也穿锦衣，长度超过八尺，拖垂在地有三尺，需要让人托着；头带角帽，角有三尺高，上面缀饰着玫瑰和五色珠宝。王妃外出则乘舆，回宫则坐金床，她的金床是用长着六颗牙的白象和四头狮子装饰成的。其他大臣的妻子都随侍左右，罩在金床上的伞形顶部也有角，由角向四周垂下，形状类似于宝盖。

观其贵贱，亦有服章①。四夷之中，最为强大。不信佛法，多事外神②。杀生血食③，器用七宝④。诸国奉献，甚饶珍异。

按嚈哒国去京师二万余里。

【注释】

①服章：古代表示官阶身份的服饰。这里指服饰上下有别。《左传·宣公十二年》：“楚国之令典，……君子小人，物有服章。”

②外神：指火神、天神之类，火神即拜火教，天神即大自在天。《魏书·西域传》云：“俗事火神、天神。”

③血食：祭祀须杀牲取血，因名宗庙、社稷之神主享受牺牲为血食。《左传·庄公六年》：“若不从三臣，抑社稷实不血食，而君焉取余。”

④七宝：《翻译名义集·七宝篇》：“凡有二种：一者七种珍宝，二者七种王宝。七种珍宝，《佛地论》云：一金，二银，三吠琉璃，四颇胝迦，五牟呼婆羯洛婆，当砗磲也。六遏湿摩婆，当玛瑙。七赤真珠。七种王宝者，晋译《华严经》云：王得道时，于其正殿，婇女围绕，七宝自至。一金轮宝，名胜自在；二象宝，名曰青山；三绀

马宝，名曰勇疾风；四神珠宝，名光藏云；五主藏臣宝，名曰大财；六玉女宝，名净妙德；七主兵宝，名离垢眼。得是七宝于阎浮提作转轮王。”

【译文】

从服饰上能反映身份的贵贱。这个国家在四周的少数民族中，最为强大。不信佛教，大多崇奉异教之神。杀生吃肉，使用七宝器皿。各国的贡品中，珍奇的东西非常多。

按哌哒国距京城两万多里远。

十一月初入波知国①。境土甚狭，七日行过。人民山居，资业穷煎②，风俗凶慢，见王无礼。国王出入，从者数人。其国有水，昔日甚浅，后山崩截流，变为二池。毒龙居之，多有灾异。夏喜暴雨，冬则积雪，行人由之，多致艰难。雪有白光，照耀人眼，令人闭目，茫然无见。祭祀龙王，然后平复。

【注释】

①波知国：古西域国名。位于钵和国西南，土地贫瘠，罕有人烟。沙《笺》：“按此国非西亚之波斯，而为 Zebak 与 chitral 间之一小国。此在《北史》中名波知。其卷九十七云：波知国在钵和西南，土狭人贫，依托山谷，其王不能总摄。有三池，传云大池有龙王，次者有龙妇，小者有龙子。行人经之，设祭乃得过；不祭，多遇风雪之困。”

②穷煎：指极其贫穷匮乏。煎，尽。

【译文】

十一月初入波知国。领土非常狭小，七天时间就能走到尽头。国民住在山上，生活极为穷困，风俗野蛮，与国王会见也没有礼仪。国王出入，随从只有几个人而已。境内有河流，以前很浅，后来因山崩截断水流，变成两个池塘。毒龙游息于其中，因而常常发生灾祸。夏天总是暴雨连天，冬天则是积雪满地，行人通过这里，多感艰难。雪的白光射出耀眼的光芒，令人睁不开眼，茫茫然什么也看不清。自从祭祀龙王以后，也就相安无事了。

十一月中旬入赊弥国[①]。此国渐出葱岭，土田峣崅[②]，民多贫困。峻路危道，人马仅通。一直一道，从钵卢勒国向乌场国[③]，铁锁为桥，悬虚而渡，下不见底，旁无挽捉，倏忽之间，投躯万仞，是以行者望风谢路耳[④]！

【注释】

①赊弥国：古西域国名，亦作“商弥国”。其地位于波知南，赊弥国人依山而居，不信佛法，专事诸神。沙《笺》：“按赊弥国既在葱领之南，(大雪山东部)只能为 chitral 矣。《北史》卷九十七云：赊弥国在波知之南，山居，不信佛法，专事诸神，亦附哌哒。东有钵卢勒国。路险，悬铁锁而渡，下不见底。熙平中宋云等竟不能达。”

②峣崅(yáo què)：指土地瘠薄、贫瘠。

③钵卢勒：古国名。古籍中亦作钵露罗、波路、小勃律。其地位于大云山间，即今印度河上游流域。范本：“钵卢勒，即《玄奘记》中之钵露罗国，《魏书》称为波路，《唐书》称小勃律。其国在大雪山间，东西长，南北狭。在今 Yassin 河与 Gilgit 流域。依《玄奘记》，自此至乌场境约五百余里。”

④望风谢路：意思是望见那气势就止步不前了。望风，观察风头、气势。谢，拒绝，停止。

【译文】

十一月中旬进入赊弥国。这个国家渐渐远离葱岭山脉，土地干硬，居民中大多生活贫困。道路险峻，仅容人马通行。直线似的一条路从钵卢勒国通向乌场国，途中凌空悬起铁桥，下不见底，旁边没有扶栏，一个闪失，就将投身于万丈深渊。因此行人闻风丧胆，纷纷退却，不敢前行。

十二月初入乌场国。北接葱岭，南连天竺，土气和暖，地方数千里①。民物殷阜，匹临淄之神州②，原田膴膴③，等咸阳之上土④。鞞罗施儿之所⑤，萨埵投身之地⑥，旧俗虽远，土风犹存。国王精进⑦，菜食长斋⑧，晨夜礼佛，击鼓吹贝⑨，琵琶箜篌，笙箫备有。日中已后⑩，始治国事。假有死罪，不立杀刑，唯徙空山⑪，任其饮啄。事涉疑似，以药服之，清浊则验⑫。随事轻重，当时即决。土地肥美，人物丰饶，五谷尽登⑬，百果繁熟。夜闻钟声，遍满世界⑭。土饶异花，冬夏相接，道俗采之，上佛供养。

【注释】

①方：见方。

②匹临淄之神州：意思是可媲美于临淄那样的中原地区。临淄，古邑名。故址位于今山东淄博东北。周初封吕尚于齐，在此建都。物产丰富，手工业发达，商业繁盛，为古代经济、文化发达地区。《史记·苏秦传》："临淄甚富而实，其民无不吹竽鼓瑟，弹琴击筑，……家殷人足，志高气扬。"

③原田膴膴（wǔ）：原野上的田地肥沃美丽。膴膴，肥美的样子。《诗·大雅·绵》："周原膴膴。"郑《笺》："膴膴然肥美。"

④咸阳:地名。故址位于今陕西长安西渭城故城。秦孝公十二年(前350)筑城,并将国都自栎阳迁此,因置咸阳县。上土:上等优质的土地。

⑤鞞(bǐng)罗施儿:鞞罗,叶波国太子,名省译,亦作“须大拏(ná)”、“苏达拏”等,皆为同义。据佛经载,往昔不可计劫时,有大国名叶波,王太子名须大拏,好布施,常把国王珍宝放置四门之外,任人去取。妃名嫚坻,生一男一女。一次太子把国王善斗的大白象施给了敌国,被国王赶出了国都,居住在檀特山十二年。有鸠罗国婆罗门来乞讨太子儿女做奴婢,太子也就给了他。后来那婆罗门携太子儿女去叶波国沿街叫卖,被人辨认出来,报告了国王。国王迎孙男孙女入宫,并派人接回太子与嫚坻,敌国也交还了白象。太子回来后,布施不休,而自致得佛。这须大拏太子就是释迦牟尼前身。详见《须大拏经》。

⑥萨埵(duǒ)投身:萨埵,即是“菩提萨埵”的省称,通称则作“菩萨”,其位次于佛。这里是指未成佛时的释迦牟尼。投身,即是“投身饲饿虎”。根据佛经载,过去无量世时,国王大宝有三子。一天,三子共入山林,看见一只老虎刚产下几只小虎,无暇求食。大王子摩诃波罗认为,母虎饥困交迫,一定得吃了小虎才能活下去;二王子摩诃提婆认为,除非给它们吃新鲜血肉,否则不能得救。但是他们都撒手不管就离开了。三王子摩诃萨埵看到这种情况就想:我的身体虚弃败坏,对世人没一点好处,为什么不舍弃它来救济众生永离忧苦呢?于是他合手投身岩下,用干竹刺颈出血。老虎吃了后,母子都活了下来。这摩诃萨埵即佛前身。详见《金光明经》卷四。

⑦精进:佛教“六度”之一。佛教以布施、持戒、忍辱、精进、禅定、智慧为成佛的基本功,称“六度”。能持善道,不自放逸,为“精进”。汤用彤《佛教史》云:“《伽蓝记》谓惠生等住乌场二年,并载其国

王奉佛甚详。此王当即《续高僧传·那连提黎耶舍传》中之乌场国主。"《续高传》:"耶舍北背雪山,南穷师子,历览圣迹,仍旋旧壤,乃睹乌场国主,真大士焉。"

⑧长斋:佛家用语。过午不食曰斋,长时如此曰长斋。也泛指长期素食。

⑨贝:一种乐器,即法螺。

⑩已:通"以"。

⑪徙:古代称流放的刑罚。《汉书·陈汤传》:"汤前有讨郅支单于功,其免汤为庶人,徙边。"

⑫清浊则验:是清白无辜亦或是确有罪过就可以验证清楚。清,指清白,无罪。浊,指有罪。

⑬五谷:说法不一。一般指稻、黍、稷、麦、豆五种粮食。最早见于《论语·微子》的"五谷不分"。登:丰收。百果:亦作"五果",《翻译名义集·五果篇》:"律明五果:一核果,如枣杏等;二肤果,如梨、柰皮肤之果;三壳果,如椰子、胡桃、石榴等;四桧果(《字书》:空外皮,麄糠皮谓之桧。),如松柏子;五角果,如大小豆。"

⑭世界:佛教用语。世即指时间,界即指空间,世界即宇宙。《楞严经》卷四:"何名为众生世界?世为迁流,界为方位。汝今当知,东、西、南、北、东南、西南、东北、西北、上、下为界,过去、未来、现在为世。"

【译文】

十二月初进入乌场国。北接葱岭,南连天竺,气候温和,土地方圆有数千平方里。人口多,物资丰富,可以与古都临淄匹敌。田野肥沃,不差于咸阳的上等土壤。这里是鞞罗将亲子用作施舍、菩提萨埵投身虎口的地方,旧俗虽然久远,土风依然存在。国王能持善道而有上进心,素食洁斋,在早晚向佛礼拜的仪式中,击鼓吹贝,琵琶、箜篌、笙箫等乐器也应有尽有。中午以后,开始处理国事。对于罪该偿命的人,不实行死刑的处罚，只是流放到荒山中，任其生死。断案如遇真伪难辨时，让当事人服药，谁是谁非就可验出。不论事务轻重，都是当下作出决断。土地肥沃，人口众多，物产富饶，五谷丰登，百果繁熟。夜间梵钟传响，在天地之间悠然回荡。这里的土质适宜许多奇花异卉的生长，冬天和夏天相接开放，和尚和俗人采花，供养在佛像前。

国王见宋云，云大魏使来，膜拜受诏书[①]。闻太后崇奉佛法，即面东合掌，遥心顶礼[②]。遣解魏语人问宋云曰："卿是日出人也？"宋云答曰："我国东界有大海水，日出其中[③]，实如来旨[④]。"王又问曰："彼国出圣人否？"宋云具说周、孔、庄、老之德[⑤]；次序蓬莱山上银阙金堂[⑥]，神仙圣人并在其上；说管辂善卜[⑦]，华陀治病，左慈方术。如此之事，分别说之。王曰："若如卿言，即是佛国。我当命终，愿生彼国。"

【注释】

①膜拜：古代的拜礼，举手加额，长跪而拜。后用来指极端恭敬和畏服的行礼仪式。《穆天子传》："吾乃膜拜而受。"郭璞曰："今之胡人礼佛，举手加头，称南膜拜者，即此类也。膜音模。"

②顶礼：佛教徒拜佛最尊敬的礼节。原指以头、手、足五体俯伏在菩萨足下叩拜。后也泛指表示敬礼、致敬的意思。

③日出：指东方。《楼炭经》云："葱河以东，名为震旦；以日初出，耀于东隅，故得名也。"

④来旨：来示之旨趣。指国王所言"卿是日出人"。

⑤周、孔、庄、老：即周公、孔子、庄子、老子。周公名姬旦，周文王子，辅佐武王灭纣，武王死，成王年幼，周公摄政。相传周代的礼乐制度均为周公所制订。孔子名丘，字仲尼，儒家学派的创始

人。庄子名周，战国时期宋国人，老子学说的继承者。老子名聃，春秋时楚国人，道家学派的创始者。

⑥序：通“叙”，叙述，述说。蓬莱山上银阙金堂：蓬莱山，神山名。传说中仙人所居之处。银阙金堂，传说中仙人所居住的以金银筑成的宫室。《汉书·郊祀志》：“自威、宣、燕昭使人入海求蓬莱、方丈、瀛洲。此三神山者，其传在勃海中，去人不远，盖尝有至者，诸千人及不死之药皆在焉。其物禽兽尽白，而以金银为宫阙。”

⑦管辂：字公明，三国魏平原（今山东平原）人，通《周易》，善卜筮。《三国志·魏书》卷二十九有传。华陀：字元华，汉末沛国谯（今安徽亳县）人，精于方药、针灸及外科手术，人称神医。详见《魏书》卷二十九及《后汉书》卷一百十二下。左慈：字元放，东汉末方士，庐江人，少居天柱山。得石室丹经，明六甲神术。详见《后汉书》卷一百一十二下。

【译文】

国王见宋云，听说是大魏使臣来，就举手加额礼拜，接受诏书。听说太后尊崇佛法，就面向东方合掌，遥遥地行礼。派懂魏国话的人询问宋云道：“您是日出地方的人吗？”宋云答道：“我国东临大海，太阳从中升起，实在是如来的旨意。”国王又问道：“你们国家有圣人吗？”宋云详细介绍了周公、孔子、庄子、老子的道德，依次叙述蓬莱山上银殿金堂，神仙圣人都在它的上面；讲管辂善于卜卦，华陀善于治病，左慈会各种法术。诸如此类的事情，分别描述。国王说：“倘若像您所说的，那就是佛国，我到命终时，希望投生在那个国家。”

宋云于是与惠生出城外[①]，寻如来教迹。水东有佛晒衣处[②]。初，如来在乌场国行化[③]，龙王嗔怒，兴大风雨，佛僧迦梨表里通湿[④]。雨止，佛在石下东面而坐，晒袈裟[⑤]。年岁虽久，彪炳若新⑥，非直条缝明见，至于细缕亦彰。乍往观之，如似未彻，假令刮削，其文转明⑦。佛坐处及晒衣所，并有塔记。

【注释】

①城：指乌场国旧都瞢揭釐城。沙《笺》："按此城即《西域记》之瞢揭釐城，今之 Manglapor。据《玄奘记》即乌仗那国之旧都，在今 Svat 左岸。"

②水：指阿波逻罗龙泉，即《水经注》中所称河步罗龙渊。《法显传》："乌苌国及晒衣石，度恶龙处，亦悉现在，石高丈四，长二丈许。"《水经注·河水》："犍陀罗国北，重复寻川，水西北十里有河步罗龙渊，佛到渊上浣衣处，浣石尚存。"

③行化：感化济度众生。此指化度恶龙。据《菩萨本行经》及《阿育王传》等载，从前迦叶波佛时，有龙名曰殑(qíng)祇精通咒术。禁御恶龙，不令暴雨，国人赖之以蓄余粮。为报龙的恩德，每户按时交一斗谷子给它。后来时间长了，有人拖欠不交。殑祇大怒，立下誓言，愿成为恶龙。命终之后，变为此池的龙，暴行风雨，损伤地利。释迦牟尼由于怜悯这个国家的百姓，降神至此，用金钢神杵击打山崖，龙王震惧，最后皈依了佛祖。

④僧迦梨：亦作"僧伽梨"或"僧伽胝"。梵语音译，僧佛大衣名，是比丘所服"三衣"中的一种。

⑤袈裟：梵文音译，佛教僧尼法衣的总称，原意"不正色"、"坏色"。一般用以称佛教法衣。因僧人所着法衣用"不正色"(杂色)布制成，故从色而言，称法衣为"袈裟"。《翻译名义集》之《沙门服相篇》："具云迦罗沙曳，此云不正色，从色得名。《章服仪》云：袈裟之目，因于衣色，如经中坏色衣也。《会正》云：准此本是草名，可染衣，故将彼草目此衣号。《真谛杂记》云：袈裟是外国三衣之

名，名含多义。或名离尘服，由断六尘故；或名消瘦服，由割烦恼故；或名莲华服，服者离着故；或名间色服，以三如法色所成故。”

⑥彪炳：文采焕发，照耀。《西京杂记》卷六：“文章璀璨，彪炳涣汗。”葛洪《抱朴子·行品》：“文彪炳而备体，澄独见以入神者，圣人也。”

⑦文：同“纹”，条纹，纹理。

【译文】

宋云于是与惠生出城到城外，寻找如来圣迹。水东有佛晒衣的地方。当初如来在乌场国化缘，龙王嗔恨发怒，兴起大风雨，佛的法服里外通湿。雨停了，佛在石下面向东而坐，晾晒袈裟。年岁虽久，光彩如新，非但衣服的缝明晰可见，连细细的线也显露出来。猛地一看它，好像未经过多年风雨的剥蚀，假使加以刮削，它的纹路转向清晰。佛坐的地方及晒衣处，都有塔记。

水西有池，龙王居之。池边有一寺，五十余僧。龙王每作神变①，国王祈请，以金玉珍宝投之池中，在后涌出，令僧取之。此寺衣食，待龙而济②，世人名曰龙王寺。

【注释】

①神变：指妙用无方、阴阳莫测的变化。

②济：成就，成功。《尚书·君陈》：“必以忍，其乃有济。”《后汉书·荀彧传》：“故虽有困败，而终济大业。”此处指获得衣食。

【译文】

水西有池塘，是龙王居住的地方。池边有一寺，有五十多名僧人。龙王每次作神变，国王都会祈祷，将金玉珍宝投到池里，等到水把它涌出来后，令僧人捞取。这寺的衣食，靠龙王来接济，世人称它为龙王寺。

王城北八十里，有如来履石之迹[1]，起塔笼之。履石之处，若践水泥[2]，量之不定，或长或短。今立寺，可七十余僧[3]。塔南二十步，有泉石。佛本清净，嚼杨枝[4]，植地即生，今成大树，胡名曰婆楼。

【注释】

①迹：脚印。《庄子·天运》："夫迹，履之所出，而迹岂履哉！"引申为踪迹。

②若践水泥：沙《笺》："按《西域记》卷三云：阿波逻罗龙泉西南三十余里，水北岸大磐石上，有如来足所履迹，随人福力，量有短长，是如来伏此龙已，留迹而去。此泉即河源。《记》又云：顺流而下三十余里，至如来濯衣石。"《法显传》："乌苌国，传言佛至北天竺，即此国也。佛遗足迹于此，迹或长或短，在人心念，至今犹尔。"

③可：大约，大概。

④杨枝：佛教传说中如来净齿遗枝而成奇树，即取杨柳等树的小枝，将枝头咬成细条，用以刷牙，故称"杨枝"。义净《南海寄归内法传》称之曰齿木。彼土人士，无分老幼，朝起饭后，皆熟嚼之，以水漱净，可以坚齿。《大唐西域记》卷一："象坚窣堵波北，山岩下有一龙泉，是如来受神饭已，及阿罗汉于中嗽口嚼杨枝，因即植根，今为茂林。后人于此建立伽蓝，名鞞铎佉。"

【译文】

王城北八十里，有如来踏石的脚印，造塔来笼罩它。踏石的足迹，就像在水中踏泥，无法丈量，或长或短。如今立寺，将近七十多个僧人。塔南二十步，有泉石。佛本清净，口嚼杨枝净齿，植入土中就活了，如今长成大树，胡人称之为婆楼。

城北有陀罗寺，佛事最多。浮图高大，僧房逼侧[1]，周匝金像六千躯。王年常大会，皆在此寺。国内沙门，咸来云集。宋云、惠生见彼比丘戒行精苦[2]，观其风范，特加恭敬。遂舍奴婢二人，以供洒扫。

【注释】

①逼侧：同“逼仄”，拥挤，相迫近。

②精苦：指精勤刻苦。

【译文】

城的北面有陀罗寺，做佛事的最多。宝塔高大，僧房相接，周围有六千尊金佛像。国王的年常大会，都在这里举办。国内和尚，都云集到这个寺。宋云、惠生看到那里的和尚受戒行为精细辛苦，观察他们作风仪范，特别恭敬。于是捐舍奴婢二人来供洒扫。

去王城东南，山行八日，至如来苦行投身饲饿虎之处。高山宠嵸[1]，危岫入云[2]。嘉木灵芝，丛生其上。林泉婉丽，花彩曜目。宋云与惠生割舍行资，于山顶造浮图一所，刻石隶书，铭魏功德。山有收骨寺，三百余僧。

【注释】

①宠嵸(lóng zōng)：形容山势峻拔高耸的样子。《文选》司马相如《上林赋》：“崇山矗矗，宠嵸崔巍。”

②岫(xiù)：峰峦，山或山脉的峰顶。《世说新语·德行》：“郊邑正自飘瞥，林岫便已皓然。”

【译文】

离开王城向东南行走八天山路，到达如来苦行用身体喂老虎的地方。山势险峻，峰峦高耸入云。佳木灵芝，丛生在上面。树林和泉水，婉转美丽，花的色彩照耀眼睛。宋云和惠生割舍旅费，在山顶上造了一座宝塔，用隶书刻石，铭记魏的功德。山上有收骨寺，有三百多僧人。

王城南一百余里，有如来昔作摩休国剥皮为纸、折骨为笔处[①]，阿育王起塔笼之[②]，举高十丈。折骨之处，髓流著石，观其脂色，肥腻若新。

【注释】

①摩休：即玄奘《大唐西域记》中记载的摩愉伽蓝，唐代称为“豆寺”。剥皮为纸、折骨为笔：据《大智度论》载，佛本生之名称曰爱法，十二岁遍阎浮提求知圣法而不能得，因为当时无佛，佛法亦尽。有一婆罗门对他说，我这里有佛法一偈，你如果真的爱法，你就用身上的皮作纸，用骨头作笔，用血和墨书写，这样我就把它传授给你。释迦果然按照婆罗门的话去做，因而得到了佛经。《大唐西域记》卷三：“摩诃伐那伽蓝（在瞢揭釐城南二百余里）西北下山三四十里至摩愉伽蓝，……是如来在昔修菩萨行，为闻正法于此，折骨书写经典。”

②阿育王：即古印度摩揭陀国孔雀王朝国王，梵文意译为“无忧”。其初信奉婆罗门教，即王位后，改奉佛教，为大护法。曾整理经、律、论三藏经典，佛教传播于国外，多赖其力。《翻译名义集·帝王篇》：“阿育，或阿输迦，或阿输柯，此云无忧王。”

【译文】

王城南一百余里，有如来从前在摩休国剥皮为纸，折骨为笔的地方。阿育王起塔笼罩它，通高十丈。折骨的地方，血髓流入石上，看它的脂色，滑腻像新染上去的。

王城西南五百里，有善持山①。甘泉美果，见于经记。山谷和暖，草木冬青。当时太簇御辰②，温风已扇③，鸟鸣春树，蝶舞花丛。宋云远在绝域④，因瞩此芳景，归怀之思，独轸中肠⑤，遂动旧疹⑥，缠绵经月⑦，得婆罗门咒，然后平善⑧。

【注释】

①善持山：即《魏书·西域传》中所称的“檀特山”，《大唐西域记》则作“弹多落迦山”，是须大拏太子栖隐之地。《太子须大拏经》云：“檀特山嵚崟嵯峨，树木繁茂，百鸟悲鸣，流泉清池，美水甘果，太子入山，山中禽兽皆大欢喜。”

②太簇御辰：指农历正月。太簇，本是古音律名，为十二律中的第三律。古人将十二律与十二月相配以记月份，太簇配农历正月，故太簇又用作正月的别名。《礼记·月令》：“孟春之月，其音角，律中大簇。”郑《注》：“孟春气至，则太簇之律应。应谓吹灰也。太簇者，林钟之所生，三分益一，律长八寸。”

③温风：亦作“温炽”，古代称夏日的风为温风。诗词中常借以表示时令。扇，吹扬。

④绝域：极远的，很难到达的地方（多指国外）。高适《燕歌行》：“边庭飘飖那可度，绝域苍茫无所有。”

⑤轸（zhěn）：通“珍”，悲痛惋惜的样子。《梁书·沈约传》：“思幽人而轸念，望东皋而长想。”中肠：内心。

⑥疹：一种皮肤病。《素问·奇病论》：“无损不足益有余，以成其疹。”

⑦缠绵：这里是久病不愈的意思。《荆州新秋病起杂题》诗之九：“开时闻馥郁，枕上正缠绵。”《给假治疾疏》：“病根未除，缠绵至今。”

⑧平善：平安，安康。范仲淹《与中舍书》：“近得运使李同年书，知

彼平善。"《红楼梦》第一百一十八回："我身子平善，不必挂念。"

【译文】

王城西南五百里处，有个善持山。有关甘泉美果的记载，见于佛经的典籍。山谷和暖，草树冬青。当时正值正月，已经吹起温暖的风，鸟在春树上鸣叫，蝴蝶在花丛中飞舞。宋云远在绝远的外国，因看到这些美丽的风景，生起归去的念头，独自触动心肠，于是引发旧病，卧床经过一个月，得到婆罗门咒，然后安康。

山顶东南，有太子石室[①]，一口两房。太子室前十步有大方石。云太子常坐其上，阿育王起塔记之。塔南一里，有太子草庵处。去塔一里，东北下山五十步，有太子男女绕树不去，婆罗门以杖鞭之流血洒地处，其树犹存。洒血之地，今为泉水。室西三里，天帝释化为师子，当路蹲坐遮嫚娖之处。石上毛尾爪迹，今悉炳然[②]。阿周陀窟及闪子供养盲父母处[③]，皆有塔记。

【注释】

①太子：文中即指须大拏太子。

②"去塔"十二句：按照此十二句所述，为须大拏太子施儿故事插曲。据佛经载，当太子以儿女施予鸠罗国婆罗门时，太子妃嫚娖有事进山未归。婆罗门用绳子绑住太子儿女打算牵走，孩子们以绳绕树拖延时间等母亲前来搭救，婆罗门用木棒抽打他们，以致流血及地。当时嫚娖在深山里突然感左脚心痒，右眼皮跳，并且两奶出汁，她就想到可能是孩子们出事了，于是赶回去看孩子。天帝释恐怕嫚娖这一回去会败坏太子善心，因此就变作狮子蹲坐在道路当中，挡住她的去路，等到婆罗门带孩子走远了，

狮子才放她过去。

③阿周陀:佛教人名,即目连。目连在檀特山时称阿周陀道人。闪子:即睒子。玄奘《大唐西域记》作“商莫迦”。据载,过去无数世时,迦夷国有夫妻俩目皆盲,有个十岁的儿子,名字叫睒子。睒子至孝仁慈,奉行十善,与父母入山,结草为庐,侍养不失时节。他的德行连禽兽都被感动了,以致它们也跑来与睒子一起作伎乐之音以娱其亲。后睒子被箭误伤,父母仰面呼天,天帝感睒子至孝,用药救活了他,这睒子就是佛身。

【译文】

山顶东南,有太子石室,一口两房。太子室前十步,有大方石。据说太子经常坐在上面,阿育王造塔记载此事。塔南一里,有太子草庵。离塔一里,东北下山五十步,是太子的儿女绕树不去,婆罗门用杖鞭打他们,流血洒到地上的地方,那棵树还在。洒血的地方如今变为泉水。室西面三里,是天帝释变做狮子,挡着路坐着阻住嫚娖的地方。石头上残留毛尾爪的痕迹,如今还都明显。阿周陀的石窟及闪子供养盲父母的地方,都有塔记。

山中有昔五百罗汉床,南北两行相向坐处,其次第相对。有大寺,僧徒二百人。太子所食泉水北有寺,恒以驴数头运粮上山,无人驱逐,自然往还。寅发午至,每及中餐①。此是护塔神湿婆仙使之然②。此寺昔日有沙弥常除灰③。因入神定④,维那挽之⑤,不觉皮连骨离,湿婆仙代沙弥除灰处,国王与湿婆仙立庙,图其形像,以金傅之。

【注释】

①“太子所食”六句:《法苑珠林》卷五十二:“乌苌国西南有檀特山,

山中有寺，大有众僧，日日有驴运食，无控御者，自来留食，还去莫知所在。”及，赶到，赶得上。《荀子·修身》：“夫骥一日而千里，驽马十驾，则亦及之矣。”

②湿婆仙：是印度三大神之一，为外道所祭祀。

③沙弥：佛教称出家初受十戒，七岁至二十岁的僧人为沙弥。《魏书·释老志》：“其为沙门者，初修十戒曰沙弥。”

④神定：指修行时安静止息，排除杂念，定止心于一境，不使散动。

⑤维那：管事僧的称谓。义净《南海寄归内法传》：“授事者，梵云羯磨陀那，陀那是授，羯磨是事。意道以众杂事指授于人。旧云维那者，非也。维是唐语，意道纲维；那是梵音，略去羯磨陀字也。”

【译文】

山中有过去的五百罗汉床，从南向北排两行，依次第相对而坐。有大寺，僧徒二百人。太子所喝泉水的北边有寺，通常用驴子数头运粮食上山，无需人驱赶，自然来回。寅时出发，午时到达，不误午餐。据说这是塔神湿婆仙的神力所致。这寺里从前有个沙弥，常常打扫灰尘，因入安定，维那替他拉车，不感到皮连骨离，在湿婆仙代替沙弥扫除灰尘的地方，国王给湿婆仙造庙，画他的形象，用金箔来涂饰。

隔山岭有婆奸寺，夜叉所造①。僧徒八十人。云罗汉夜叉常来供养，洒扫取薪，凡俗比丘，不得在寺。大魏沙门道荣至此礼拜而去②，不敢留停。

【注释】

①夜叉：《翻译名义集·八部篇》：“夜叉，此云勇健，亦无暴恶，旧云阅叉。《西域记》云：药叉，旧讹曰夜叉，能飞腾空中。什曰：秦言贵人，亦言轻健。有三种：一在地，二在虚空，三天夜叉。地夜叉但以财施故，不能飞空。天夜叉以车马施故，能飞行。”

②道荣：亦作“道药”。道宣《释迦方志·游履篇》：“后魏太武末年，沙门道药从疏勒道入，经悬度到僧伽施国，及返，还寻故道，著传一卷。”

【译文】

隔着山岭有婆奸寺，是夜叉建造的。僧徒八十人。据说罗汉、夜叉常来供养，洒扫，取薪，凡俗和尚，不能住在寺里。大魏和尚道荣到这里行礼拜后离去，都不敢停留。

至正光元年四月中旬，入乾陀罗国[①]。土地亦与乌场国相似，本名业波罗国[②]，为吠哒所灭，遂立敕勤为王。治国以来，已经二世[③]。立性凶暴，多行杀戮，不信佛法，好祀鬼神。国中人民，悉是婆罗门种，崇奉佛教，好读经典，忽得此王，深非情愿。自恃勇力，与罽宾争境[④]，连兵战斗，已历三年。王有斗象七百头，一负十人，手持刀楂，象鼻缚刀，与敌相击。王常停境上，终日不归，师老民劳，百姓嗟怨。宋云诣军，通诏书。王凶慢无礼，坐受诏书。宋云见其远夷不可制，任其倨傲，莫能责之。王遣传事谓宋云曰：“卿涉诸国，经过险路，得无劳苦也？”宋云答曰：“我皇帝深味大乘，远求经典，道路虽险，未敢言疲。大王亲总三军，远临边境，寒暑骤移，不无顿弊？”王答曰：“不能降服小国，愧卿此问。”宋云初谓王是夷人，不可以礼责，任其坐受诏书；及亲往复，乃有人情，遂责之曰：“山有高下，水有大小，人处世间，亦有尊卑。吠哒、乌场王并拜受诏书，大王何独不拜？”王答曰：“我见魏主则拜，得书坐读，有何可怪？世人得父母书，犹自坐读。大魏如我父母，我亦坐读书，于理无失。”云无以屈之。

遂将云至一寺,供给甚薄。时跋提国送狮子儿两头与乾陀罗王[5],云等见之,观其意气雄猛,中国所画,莫参其仪。

【注释】

①乾陀罗国:《魏书·西域传》作"乾陀国",《大唐西域记》作"健驮罗"。慧苑《华严经音义》卷三:"乾陀罗国,此云特地国,谓昔此国多有道果圣贤,住持其境,不为他国侵害也。"玄奘《大唐西域记》卷二云:"犍驮罗国,东西千余里,南北八百余里,东临信度河。国大都城,号布路沙布逻。周四十余里,王族绝嗣,役属迦毕试国。邑里空荒,居人稀少。宫城一隅,有千余户,谷稼殷盛,花果繁茂,多甘蔗,出石蜜。气序温暑,略无霜雪。"

②业波罗国:沙《笺》:"按业波罗,《北史》作'业波',《太子须大拏经》谓太子为叶波国湿波王之子。此经之事既在乾陀罗国,业波、叶波似为同国之名。"

③"治国以来"二句:羽溪了谛《西域之佛教》云:"据正光元年行经乾陀罗国之宋云所言,哌哒灭乾陀罗,立敕勤为王以来,已经二世,此哌哒所灭之乾陀罗,即小月氏国也。哌哒之亡月氏,当距西元五百二十年二世之前,即大约在西元四百七十年至四百八十年左右也。"

④罽(jì)宾:《魏书·西域传》:"罽宾国都善见城,在波路西南,去代一万四千二百里,居在四山中,其地东西八百里,南北三百里,地平温和,有苜蓿杂草奇木檀槐梓竹,种五谷。"

⑤跋提国:跋提即《梁书》"白题",《瀛环志》作"巴勒提",是葱领西山间小国,以畏乾陀王兵盛,故送狮子以通好。沙《笺》:"按跋提国,得为哌哒都城拔底延之省译。"

【译文】

到正光元年四月中旬,进入乾陀罗国。土地同乌场国相似,本名业波罗国，为哌哒所灭，于是立敕勤为王。治国以来，已经历二世。国王生性凶暴，多杀戮，不相信佛法，好祭祀鬼神。国中百姓，都是婆罗门种，尊崇佛教，喜欢诵读佛经，忽传有这样的国王，很不情愿。国王自己靠勇力，与罽宾国争夺边境，连年争战，持续了三年。国王有战象七百头，一象可以驮十个人，骑象人手里拿着楂，象的鼻上捆绑着刀，与敌人相攻击。国王经常停留在边境上，整天不归，军队困倦劳苦，百姓嗟叹怨恨。宋云来到军队里，递上诏书。国王凶慢无礼，坐着接受诏书。宋云见他是远夷不可制服，任凭他倔傲，不好责备他。国王派传事对宋云说："你经历许多国家，走过险路，难道不劳苦吗？"宋云答道："我皇帝深切地研究大乘佛教，远求佛经，道路虽然险阻，未敢说疲劳。大王亲统三军，远到边境，寒暑骤然改变，不辛苦吗？"国王回答道："不能降服小国，对你的这个问题感到很惭愧。"宋云最初认为国王是野蛮人，不可以礼责备，任凭他坐着接受诏书，及亲自对答，觉得他是有人情的，于是责备他说："山有高低，水有大小，人处世间，也有尊卑。哌哒、乌场王都拜着接受诏书，大王何以独自不拜呢？"国王回答道："我若见魏主就拜，得书坐着读，有什么可怪的？世人得到父母的信，尚且坐着读，大魏如同我的父母，我也坐着读信，于礼没有什么过失。"宋云无从驳倒他。他遂即被送到一寺，其中的供品很少。当时跋提国送小狮子两头给乾陀罗王，宋云得以亲见，观它意气雄猛，认为中国所画的狮子，与它的模样不一样。

于是西行五日，至如来舍头施人处[①]。亦有塔寺，二十余僧。复西行三日，至辛头大河[②]。河西岸上有如来作摩竭大鱼，从河而出[③]，十二年中以肉济人处。起塔为记，石上犹有鱼鳞纹。

【注释】

①如来舍头施人处:《法显行传》:“自犍陀卫国东行七日,有国名竺刹尸罗。竺刹尸罗,汉言截头也。佛为菩萨时,于此处以头施人,故因以为名。东行二日,则为投身餧饿虎处。并起大塔,皆众宝校饰,诸国王臣民竞与供养,散华然灯,相继不绝。”

②辛头大河:即印度斯河。《水经注·河水》:“其山出六大水,山西有大水名新头河。郭义恭《广志》曰:甘水也。在西域之东,名曰新陶水。山在天竺国西,水甘故曰甘水。有石盐白如水精,大段则破而用之。康泰曰:安息、月氏、天竺至伽那调御,皆仰此盐。”又曰:“自新头河至南天竺国,迄于南海,四万里也。《释氏西域记》曰:新头河经罽宾、健越、摩诃敕诸国而入南海是也。”

③“河西岸上有如来”二句:《佛说菩萨本行经》卷下:“佛在摩竭国言,我为舍尸王时,自以身肉供养病人,经十二年。为跋弥王时,国中人民尽有疮病,医言当得鱼肉,食之乃瘥。王即到水边,上树求愿作鱼,即从树上投身水中,便化成鱼,而有声,言其有病者求取我肉啖,病当除瘥。人民闻声,皆来取鱼肉,食之,病尽除愈。”

【译文】

于是向西行走了五天,到达如来舍头布施给人的地方。这里也有塔和寺,二十多个僧徒。再向西行走三天,到达辛头大河。河西岸上,有如来变做摩竭大鱼,从河里出来,十二年中用肉救济人的地方。造塔来记载此事,石上犹有鱼鳞纹。

复西行十三日,至佛沙伏城。川原沃壤,城郭端直,民户殷多,林泉茂盛。土饶珍宝,风俗淳善。其城内外,凡有古寺,名僧德众,道行高奇。城北一里有白象宫①。寺内佛事,皆是石像,装严极丽,头数甚多,通身金箔,眩耀人目。

寺前有系白象树，此寺之兴，实由兹焉。花叶似枣，季冬始熟。父老传云："此树灭，佛法亦灭。"寺内图太子夫妻以男女乞婆罗门像，胡人见之，莫不悲泣。

【注释】

①白象宫：《大唐西域记》卷二："城北有窣堵波，是苏达拏太子以父王大象施婆罗门，蒙遣被摈，顾谢国人，既出郭门，于此告别。"

【译文】

又向西行走了十三天，到达佛沙伏城。平原肥沃，城郭端直，民户众多，林泉茂盛。自然资源丰富有珍宝，风俗淳厚质朴。城内外凡古寺的名僧德众，道行高奇。城北一里有白象宫。寺内的佛像都是石像，庄严极丽，数目很多，通身贴金箔，眩耀人眼。寺前有拴白象的树，这个寺的兴荣，就是因为这个原因。花叶似枣树，季冬才成熟。父老相传说："此树灭，佛法也灭。"寺内画太子夫妻把儿女赐给婆罗门的画像，那里的胡人见了，没有不悲泣的。

复西行一日，至如来挑眼施人处[①]。亦有塔寺，寺石上有迦叶佛迹[②]。

【注释】

①如来挑眼施人处：《法显传》："佛为菩萨时，亦于此国以眼施人。其处亦起大塔，金银校饰。"《弥勒菩萨所问本愿经》云："佛语贤者阿难，乃往去世有王，号曰月明，端正姝好，威神巍巍，从宫而出，道见盲者，贫穷饥饿，随道乞匄，往趣王所，而白王言。王独尊贵，安稳快乐；我独贫穷，加复眼盲。尔时月明王见此盲人，哀之泪出，谓于盲者：有何等药，得疗卿病？盲者答曰：唯得王眼，

能愈我病，眼乃得视。尔时月明王自取两眼，施与盲者，其心静然，无一悔意。月明王者，即我身是。佛言：须弥山当可称知斤两，我眼布施，不可称计。”

②迦叶：梵文还原为Kaeyapa，佛弟子名，译言饮光。道宣《释迦谱》卷一：“有偷罗国，婆罗门名曰迦叶，三十二相，通诸书论，巨富能施，舍家入山，空天告言，今有佛出，便趣竹园，佛往逆之，与共承受说法，悟阿罗汉，有大威德，天人所重，故名大也。乃至佛灭，住持法化，被于来世六万岁者，此人之力。”

【译文】

再向西行一天，到达如来挑去两眼施舍给人的地方。也有塔寺，寺里石上有迦叶的佛迹。

复西行一日，乘船渡一深水，三百余步。复西南行六十里，至乾陀罗城。东南七里，有雀离浮图[①]。

《道荣传》云：“城东四里。”

推其本缘，乃是如来在世之时，与弟子游化此土，指城东曰：“我入涅槃后二百年，有国王名迦尼色迦在此处起浮图[②]。”佛入涅槃后二百年，果有国王字迦尼色迦出游城东，见四童子累牛粪为塔，可高三尺，俄然即失。

《道荣传》云：“童子在虚空中向王说偈[③]。”

王怪此童子，即作塔笼之。粪塔渐高，挺出于外，去地四百尺，然后止。王更广塔基三百余步。

《道荣传》云：“三百九十步。”

从此构木，始得齐等。

《道荣传》云：“其高三丈。悉用文石为阶砌栌栱[④]，上构众木，凡十三级。”

上有铁柱，高三百尺，金盘十三重，合去地七百尺。

《道荣传》云：“铁柱八十八尺，八十围⑤，金盘十五重，去地六十三丈二尺。”

【注释】

①雀离浮图：《北史》卷九十七：“乾陀罗所都城东南七里有佛塔，高七十丈，周三百步，即雀离浮图也。”《玄奘记》：“在城东南八九里名曰雀离者，或云具有异采之义也。即《道荣传》云以文石为阶砌栌栱者。”这是佛教中最伟大之塔，故特加书记。

②迦尼色迦：或作“罽腻伽”，又作“迦腻色迦”，乾陀罗国王名。其先本月氏种，后入侵印度。色迦继位后创乾陀罗国，与阿育王并称印度名王，有功佛教。

③偈(jì)：梵文音译词“偈陀”的略称，音译亦作“伽陀”或“伽他”，意译“颂”、“讽颂”，佛经中的颂词。《翻译名义集·十二分教篇》：“伽陀，此云孤起，妙玄云：不重颂者孤起，亦曰讽颂。《西域记》云：旧曰偈，梵本略也；或曰偈他，梵音讹也。今从正音，宜云伽陀，唐言颂。”

④阶砌：台阶。栌(lú)栱：即斗栱。建筑物中柱上的弓形结构与方木，用来承托栋梁。《周书·武帝纪下》：“诸宫殿华绮者，皆撤毁之，改为土阶数尺，不施栌栱。”

⑤围：古代计量圆周的约略单位，两臂合抱或两手拇指、食指相合的圆周长为一围。《汉书·邹阳传》：“夫十围之木，始生为蘖。”

【译文】

又西走一天，乘船渡过一条深河，宽三百多步。再向西南走六十里，到达乾陀罗城。东南七里，有雀离宝塔。

《道荣传》认为：“在城东四里。”

推究它的源头，是如来在世时，和弟子们云游宣讲教义到这里，指着城东说："我入涅槃后二百年，将有国王叫迦尼色迦，会在这地方造宝塔。"佛入涅槃后二百年，果真有国王叫迦尼色迦，出游到城的东面，见四个童子用牛粪作塔，约高三尺，一会儿就消失了。

《道荣传》说："童子在虚空中向国王讲偈语。"

国王奇怪这些童子，即作石塔来笼罩他。粪塔渐高，挺出在外，离开地面四百尺，然后停止。国王又扩大塔基三百多步。

《道荣传》说："三百九十步。"

从它上面构建木料，才得以和粪塔一样高。

《道荣传》说："高三丈。用有花纹的石头做阶砌，斗拱上面架构很多木材，一共十三级。"

上面有铁柱，高三百尺，加上金盘十三重，合起来离地七百尺。

《道荣传》说："铁柱八十八尺，八十围。金盘十五重，离地六十三丈二尺高。"

施功既讫，粪塔如初，在大塔南三百步。时有婆罗门不信是粪，以手探看，遂作一孔。年岁虽久，粪犹不烂，以香泥填孔，不可充满。今有天宫笼盖之①。

雀离浮图自作以来，三经天火所烧②，国王修之，还复如故。父老云："此浮图天火七烧，佛法当灭。"

《道荣传》云："王修浮图，木工既讫，犹有铁柱，无有能上者。王于四角起大高楼，多置金银及诸宝物，王与夫人及诸王子悉在楼上烧香散花，至心请神，然后辘轳绞索③，一举便到。故胡人皆云四天王助之④，若其不尔，实非人力所能举。"

【注释】

①天宫:佛教语。即指天人的宫殿。

②天火:指由雷电或物质氧化时温度升高等自然原因引起的大火。《大唐西域记》卷二:"此窣堵波者,如来悬记,七烧七立,佛法方尽。"

③辘轳:机械上的绞盘,文中意指相当于今天的绞车。《六韬·军用》:"渡沟堑,飞桥一间,广一丈五尺,长二丈以上,着转关辘轳八具,以环利通索张之。"

④四天王:佛教中帝释的外将,分别居于须弥山四边,各护一方,因又称"护世四天王"。即东方持国天王多罗吒,南方增长天王毗瑠璃、西方广目天王毗瑠博叉、北方多闻天王毗沙门,俗称"四大金刚"。《长阿含经》云:"东方天王名多罗吒,领乾闼婆及昆舍阇神将,护弗婆提人。南方天王名昆琉璃,领鸠婆荼及薛荔神,护阎浮提人。西方天王名毗留博义,领一切诸国及富单那,护瞿那尼人。北方天王名毗河门,领夜叉罗刹将,护梵单越人。"

【译文】

石塔施工既完,粪塔恢复当初的大小,出现在大塔南三百步处。当时有婆罗门不相信是牛粪,用手探看,于是成了一个洞。年岁虽是久远,牛粪还是不烂,用香泥填塞窟隆,总是填不满。现在造有天宫把这个塔围绕起来。

雀离宝塔自从建成以来,三次遭天火所焚烧,国王修复它,恢复旧时模样。父老说:"这宝塔经天火烧七次,佛法就会灭掉。"

《道荣传》说:"国王筑宝塔,木工既完,还有铁柱,没有人能够装上去的。国王在四面造大高楼,多放置金银及一些宝物,国王与夫人及众王子都在楼上烧香散花,专心请神,然后用辘轳绞绳,一举便上去了。所以胡人都说是西天王帮助的,倘若不是这样,实在不是人力所能举起的。"

塔内佛事，悉是金玉，千变万化，难得而称。旭日始开，则金盘晃朗[①]；微风渐发，则宝铎和鸣，西域浮图，最为第一。

此塔初成，用真珠为罗网覆于其上[②]。于后数年，王乃思量，此珠网价直万金[③]，我崩之后，恐人侵夺；复虑大塔破坏，无人修补。即解珠网，以铜镬盛之[④]，在塔西北一百步掘地埋之。上种树，树名菩提[⑤]，枝条四布，密叶蔽天。树下四面坐像[⑥]，各高丈五，恒有四龙典掌此珠，若兴心欲取，则有祸变。刻石为铭，嘱语将来：若此塔坏，劳烦后贤出珠修治。

【注释】

①晃朗：明亮而闪烁照耀的样子。韦应物《咏晓》："深沉犹隐帷，晃朗先分阁。"

②真珠：又作"珍珠"。古代方士用作服食药物。

③直：通"值"。

④镬(huò)：古代烹煮用的锅，有足曰鼎，无足曰镬。《淮南子·说山》："尝一脔肉，知一镬之味。"注："无足曰镬。"

⑤菩提：相传佛教创始者释迦牟尼曾在"荜钵罗"树下证得菩提(觉)而创立佛教，后来称此种树为"菩提树"，亦译为"觉树"、"道树"("菩提"旧译作"道")等。树子可作"念珠"。《大唐西域记》卷二："城外东南八九里，有卑钵罗树，高百余尺，枝叶扶疏，荫影蒙密，过去四佛已坐其下，今犹现有四佛坐像，贤劫之中，九百九十六佛皆当坐焉。冥祇警卫，灵鉴潜被。释迦如来于此树下，南面而坐，告阿难曰：我去世后，当四百年，有王命世，号迦腻色迦。此南不远，起窣堵波，吾身所有骨肉舍利多集其中。"

⑥四面坐像：指过去四佛坐像。

【译文】

塔内的佛像，完全用金玉做成，姿态千变万化，难得用言语描述。每当红日开始升起，金盘照耀，微风渐起，宝铎和鸣。西域的宝塔中，最称为第一。

这塔刚刚筑成时，用真的珠子做网罩在上面。数年以后，国王考虑，这个真珠网价值连城，我死以后，恐怕有人侵夺珠网；又担心大塔万一破坏，无人修补。于是就解下珠网，用铜镬盛放，埋在塔西北一百步远的土里。上面种树，树名叫菩提，枝条四面散布，密叶遮天。树下四面都坐着的佛像，各像高达一丈五尺。经常有四条龙镇守那个珠网，倘若有人起贪心想夺取珍珠，就有灾祸降临。刻石写铭，叮嘱将来：倘这塔坏了，烦劳后来的贤人拿出珍珠来修理。

雀离浮图南五十步有一石塔，其形正圆，高二丈，甚有神变，能与世人表吉凶。以指触之，若吉者，金铃鸣应；若凶者，假令人摇撼亦不肯鸣。惠生既在远国，恐不吉反，遂礼神塔，乞求一验。于是以指触之，铃即鸣应。得此验，用慰私心，后果得吉反①。

【注释】

①反：同“返”。

【译文】

雀离宝塔南五十步，有一石塔，它的形状正圆，高二丈，很灵验，能够向世人表示吉凶。用手指来触碰它，倘是吉兆，金铃鸣应；倘是凶兆，即使令人摇动，金铃也不肯响。惠生身处遥远的国度，担心不会顺利地回去，遂即礼拜神塔，乞求应验。于是用手指触它，铃即鸣应。得到这个吉利的应验，心里甚是安慰，后来真的平安回国。

惠生初发京师之日，皇太后敕付五色百尺幡千口，锦香袋五百枚，王公卿士幡二千口。惠生从于阗至乾陀罗，所有佛事处，悉皆流布，至此顿尽。惟留太后百尺幡一口，拟奉尸毗王塔①。宋云以奴婢二人奉雀离浮图，永充洒扫。惠生遂减割行资，妙简良匠②，以铜摹写雀离浮图仪一躯，及释迦四塔变③。

【注释】

①尸毗王：又作“尸毗迦王”，如来从前修菩萨行时之号。当时为求佛果，尸毗王曾舍身救鸽。

②简：选择，选拔。诸葛亮《出师表》：“是以先帝简拔以遗陛下。”

③释迦四塔：即《法显传》所称“北天竺四大塔”。其址一为佛割肉贸鸽处，二为挑眼施人处，三为以头施人处，四为投身饲饿虎处。沙《笺》：“按《法显传》，北印度四大塔，一为割肉贸鸽处，在今Girarai；一为以眼施人处，在健陀卫国Paskaravati；一为以头施人处，在竺刹尸罗国Jaksacila；一为投身饲饿虎处，疑在今Mahaban地域中。”变：佛教故事。这里指用铜摹写的故事。

【译文】

惠生当初从京城出发的那一天，皇太后诏令赏赐给他五色的百尺幡千个，锦香袋五百枚，从王公卿士那里也接受了两千个幡。惠生从于阗到乾陀罗，所有供养佛的处所，都放置幡和香袋，到了这里就都用完了。只留下皇太后百尺幡一个，打算送给尸毗王塔。宋云把两名奴婢奉送雀离宝塔，永充洒扫。惠生于是从旅费中节省，精选良匠，用铜做成雀离宝塔模型一座及释迦四塔模型。

于是西北行七日，渡一大水，至如来为尸毗王救鸽之处[①]，亦起塔寺。昔尸毗王仓库为火所烧，其中粳米焦然[②]，至今犹在，若服一粒，永无疟患。彼国人民须药日取之。

《道荣传》云："至那迦罗阿国[③]，有佛顶骨[④]，方圆四寸，黄白色，下有孔，受人手指，闳然似仰蜂窠[⑤]。至耆贺滥寺[⑥]，有佛袈裟十三条，以尺量之，或短或长。复有佛锡杖，长丈七，以木筒盛之，金箔贴其上[⑦]。此杖轻重不定，值有重时，百人不举，值有轻时，一人胜之。那竭城中有佛牙、佛发[⑧]，并作宝函盛之[⑨]，朝夕供养。至瞿波罗窟见佛影[⑩]。入山窟，去十五步，西面向户遥望[⑪]，则众相炳然[⑫]；近看，则瞑然不见[⑬]。以手摩之，唯有石壁。渐渐却行，始见其相。容颜挺特，世所希有。窟前有方石，石上有佛迹。窟西南百步，有佛浣衣处[⑭]。窟北一里，有目连窟[⑮]。窟北有山，山下有七佛手作浮图[⑯]，高十丈。云此浮图陷入地，佛法当灭。并为七塔，七塔南石铭，云如来手书，胡字分明，于今可识焉。

【注释】

①如来为尸毗王救鸽：故事见于《贤愚经》、《菩萨本生鬘（mán）论》及《大智度论》。据载，从前有国王名尸毗，所都之城号提婆底（也作"提婆拔提"Devapati）。王仁慈爱民，乐求佛道，天帝释与大臣毗首羯摩打算试一试他的善心。于是，毗首变鸽，天帝变鹰。鸽子飞到尸毗王腋下以求藏避，鹰来到尸毗王面前索鸽还。尸毗王对鹰说："我已立下誓言，要度一切众生。现鸽子来投奔我，我决不会把它交给你。"鹰说："大王您既然爱念一切，如果您不把鸽子交给我，断了我的食，那么我的性命也就难保了呀！"于

是尸毗王取利刀把自己身上的肉割下来交与老鹰,以此换了鸽子的性命。这尸毗王就是佛的前身。

②焦然:烧焦。然,通“燃”。

③那迦罗阿:国名。古籍中亦作“那竭”、“那揭罗”,均为梵语音译。其地位于乾陀罗国西北,今阿富汗哲拉拉拔德地区。《法显行传》:“慧景、道整、慧达三人先发,向佛影那竭国。”

④佛顶骨:沙《笺》:“佛顶骨在昔之醯罗城,今 Jalalabad 南五英里之 Hilla。《西域记》二云:骨周一尺二寸,发孔分明,其色黄白,盛以宝函,置窣堵波中。欲知善恶相者,香末和泥,以印顶骨,随其福感,其文焕然。”《法显行传》:“自犍陀卫国西行十六由延,便至那竭国界醯罗城,中有佛顶骨精舍,尽以金簿七宝校饰。骨黄白色,方圆四寸,其上隆起。”

⑤闳(chù)然:众多的样子。《广韵》屋韵:“闳,初六切;众也。出《字统》。《字统》者,后魏阳承庆所撰。云闳然者,指孔穴之多,故云似仰峰窠也。”

⑥耆贺滥:原意为比丘行乞时所持之杖。

⑦“以尺量之”六句:《法显行传》:“那竭国城东北一由延,到一谷口,有佛锡杖,亦起精舍供养。牛头栴檀作,长丈六七许,以木筒盛之,正复百千人举不能移。入谷口西行,有佛僧伽梨,精舍供养。彼国土亢旱时,国人相率出衣,礼拜供养,天即大雨。”《大唐西域记》卷二:“如来僧伽胝袈裟,细氎所作,其色赤黄、置宝函中,岁月既远,微有损坏。如来锡杖,白铁作镮,栴檀为笴,宝筒盛之。”

⑧那竭城:又称为“那揭罗曷”、“灯光城”,城名。在阿富汗东北境,今之贾拉勒阿巴德。佛牙、佛发,即释迦牟尼死后所留下的牙齿与头发,佛教徒奉为珍宝,特予供奉。《法显行传》:“那竭国城中亦有佛齿塔,供养如顶骨法。”又云:“佛影西百步许,佛在时剃发

剪爪。佛自与诸弟子共造塔,高七八丈,以为将来塔法,今犹在。”

⑨宝函:宝盒。

⑩至瞿波罗窟见佛影:瞿波罗,本为大夜叉之名,这里指瞿波罗龙。佛影故事见于玄奘《西域记》及《释迦谱》。据载,如来在世的时候,有个牧牛士由于供奉国王乳酪进奉失宜遭获谴责,他便买花供养并受记佛塔,立誓来生成为恶龙,迫害国王及其国家,后投身石壁而死。牧牛士死后成为大龙王,住在瞿波罗石窟里。正当它打算出洞去实现恶愿的时候,被如来觉察。如来怜悯这个国家的百姓,于是他运通神力,从中印度来到龙窟。毒龙见到如来,害人之心便马上止息,并且接受了不杀的戒律,愿意守护正法。毒龙邀请如来常住在洞窟里。如来告诉它说:“我将要死了,为你留下影子吧。正法虽然隐没了,但事业不会衰微,你如果毒心萌发,看看我的影子毒心就会止息。”于是如来投身人石。那真容就好像明镜嵌在石壁里面,远远地能够望见,在跟前却什么也看不到。

⑪西面向户遥望:《法显行传》:“那竭城南半由延有石室,博山西南向(博山,背山也),佛留影此中。去十余步观之,如佛真影,金色相好,光明炳著。转近转微,髣髴如有。”《慈恩法师传》云:“窟在石涧东壁,门向西开,窥之窈冥,一无所睹。”可知佛影在窟之东壁,户向西开。

⑫众相:佛教语。指佛身各部之相状。据佛经说,就佛之报身而言,相有八万四千;就化身而言,相有三十二。

⑬瞑然:不清楚,模模糊糊地。

⑭浣:洗涤衣物,涤除。《诗·周南·葛覃》:“薄污我私,薄浣我衣。”《大唐西域记》卷二:“影窟西有大磐石,如来尝于其上濯浣袈裟,文影微现。”

⑮目连：佛教人名，释迦牟尼十六弟子之一。也称“目犍连”、“摩诃目犍连”。母死，坠饿鬼道中，目连亲以十方威神之力，入地狱使母得脱饿鬼之苦，唐代说唱文学《目连变文》即取材目连救母的故事。后戏曲、宝卷多取此题材，成为民间最流行的佛教故事。《翻译名义集·十大弟子篇》：“大目犍连，什曰：目连，婆罗门姓也，名拘律陀。拘律陀，树名；祷树神得子，因以为名。”

⑯七佛：指释迦牟尼及其先出世的六佛。即过去劫中三佛毗婆尸、尸弃、毗舍浮和现在劫中四佛拘留孙、拘那含、迦叶与释迦牟尼。诸经中名号略异，系梵语转译之讹。

【译文】

于是向西北方行走了七天，渡过一条大河，到达如来为尸毗王救鸽子的地方，因此在这里也造起塔寺。从前尸毗王仓库被火所烧，仓库中烧焦了的粳米，到现在还残存，倘若服下一粒，就永远没有疟疾。百姓们须要在禁忌的日子去拾取。

《道荣传》说：“到那迦罗阿国，有佛顶骨，方圆四寸，黄白色，下有孔，人可用手指探索，哄然像向上探索蜜蜂窠。至耆贺滥寺，有佛袈裟十三件，用尺量它，有短有长。又有佛锡杖，长丈七，用木筒盛放，用金箔贴在上面。这锡杖轻重不一定，碰上重的时候，一百个人也举不起来，碰上轻的时候，一个人就可以胜任。那竭城中有佛牙、佛发，一起用宝函盛放着，早晚供养。到达瞿波罗窟，看见佛影。入山窟，进去十五步，西面向门口遥望，那佛像明显；近看，便黯然无所见。用手来摸它，却只有石壁。慢慢退后，方才看见佛像。容貌挺然特出，是世上所少有的。窟前有方石，石上有佛的脚迹。窟西南百步，有佛浣衣的地方。窟北一里，有目连窟。窟北有山，山下有七佛手作宝塔，高十丈。据说这宝塔倘若陷入地中，佛法就会灭亡。并且作出七个塔，七塔南面有石铭，说是如来亲手写的，字极分明，至今还可以辨识。

惠生在乌场国二年，西胡风俗，大同小异，不能具录。至正光三年二月，始还天阙[①]。

衒之按：《惠生行纪》事多不尽录，今依《道荣传》、《宋云家记》，故并载之，以备缺文。[②]

【注释】

①天阙：指天上的宫阙，又引申为天子的宫阙。这里指北魏京城洛阳。

②此篇实以惠生《行记》为主要材料，然而其书事多不尽录，乃依《道荣传》、《宋云家记》并载之，以备缺文。故篇中有关《道荣传》云云，实是并载之笔，非注中之注。

【译文】

惠生在乌场国两年，西方外国的风俗，大同小异，不能都记录下来。到正光三年二月才回到朝廷。

杨衒之按：《惠生行纪》所记事多，但不能尽录，如今依照《道荣传》、《宋云家记》一并记载，用来完备缺少的文字。

冯王寺

齐献武王寺　元领军寺　刘长秋寺
闲居寺　栖禅寺　嵩阳寺　道场寺
中顶寺　升道寺　石窟寺　灵岩寺
白马寺　照乐寺

【题解】

本节是对上文五卷的总结之词。说明了京城洛阳当时的城市布局，交代了洛阳城有寺一千三百六十七所。然而，至天平元年迁邺，洛阳余寺唯四百二十一所。其间相隔不过十六年，寺舍减损如此，兵燹之害，可见一斑。由此，发出对洛阳城历史变迁的感悟，对其沧桑遭逢的嗟叹。文中还交代了其余之寺，如冯王寺、齐献武王寺、元领军寺、刘长秋寺、闲居寺、栖禅寺、嵩阳寺、道场寺、中顶寺、升道寺等，没有具体记叙，仅再次作一交代。

京师东西二十里，南北十五里，户十万九千余[①]。庙社宫室府曹以外[②]，方三百步为一里，里开四门，门置里正二人[③]，吏四人，门士八人，合有二百二十里。寺有一千三百六十七所[④]。天平元年，迁都邺城，洛城余寺四百二十一所。北芒山上有冯王寺、齐献武王寺[⑤]。京东石关有元领军寺、刘长秋寺[⑥]；嵩高中有闲居寺、栖禅寺、嵩阳寺、道场寺[⑦]，上有中顶寺，东有升道寺；京南关口有石窟寺、灵岩寺[⑧]；京西瀍涧有白马寺、照乐寺。如此之寺，既郭外，不在数限，亦详载之。

【注释】

①“京师东西”三句：“二十里”、“十五里”中的“里”《北魏洛阳城图复原》谓为“闾里”之“里”。此书实以寺里为经，事物为纬，交互成书，其与《水经注》之例近，此地理为书之良法。以下文“方三百步为一里，里开西门”云云征之，其意尤显。又因为二十里合十五里乘之，亦与三百二十里接近。或以道里拘此者，则失之远矣。又据宝地探，知东城垣残长三千八百九十五米，残宽十四米；西城垣残长四千二百九十米，宽二十米；北城垣长三千七百米，宽二十五至三十米；南城垣已被洛河毁没。整座城址呈不规则长方形，周长约合十四公里。见《文物》1981 年 9 月期《汉魏洛阳故城》附图。

②庙社：帝王、诸侯祭祀祖宗的宗庙和祭祀土神、谷神的社稷。《魏书·城阳王鸾传》：“军行必载庙社之主，所以示其威惠各有攸归。”府曹，指府署的一个部门。《三水小牍·步飞烟》：“武生为府掾属……此时恰值入府曹。”

③里正：古代的乡里小吏。里是古代地方基层的行政组织，各朝代置法不一，有治事才能者为里正，掌管治安教化、按比户口、催课赋役等事。

④一千三百六十七所：自高祖太和十七年(493)初都洛邑，城郭寺舍，数约五百。见《魏书·任城王澄传》。至天平元年(534)迁邺，洛阳余寺唯四百二十一所。其间相隔不过十六年，寺舍减损如此，兵燹之害，可见一斑。

⑤齐献武王:即高欢。北魏渤海蓨(今河北景县)人,世居怀朔镇(今内蒙古包头东北),成为鲜卑化的汉人。曾事杜洛周、葛荣,后叛降尔朱荣,镇守朔方。尔朱兆杀孝庄帝,高欢起兵平定尔朱兆之乱,拥立孝武帝,自任大丞相,专朝政。逼武帝西投宇文泰,另立孝静帝,执魏政十六年。死后,谥号献武。及子高洋废东魏建北齐王朝,追尊欢为献武帝,后改神武帝。

⑥元领军:即元乂,曾任领军将军。参见卷一《建中寺》条下注。

⑦嵩高:即中岳嵩山,五岳之一,位于河南登封县北。古称外方,亦名嵩高,因处四方之中,山形高大,故得名。东曰太室,西曰少室,皆统称嵩高。闲居寺:北魏宣武帝元恪时冯亮奉旨所建。冯亮,字灵通,南阳人,萧衍平北将军蔡道恭的外甥,博览群书,通晓佛理。《魏书》卷九十《逸士列传》:"亮既雅爱山水,又兼巧思,结架岩林,甚得栖游之适,颇以此闻。世祖给其工力,令与沙门统僧暹、河南尹甄琛等周视嵩高形胜之处,遂造闲居佛寺。林泉既奇,营制又美,曲尽山居之妙。"唐《李邕嵩岳寺碑》:"嵩岳寺,后魏孝明帝之离宫,正光元年,初名闲居寺,隋仁寿二年改为嵩岳寺。"栖禅寺:据《魏晋南北朝佛教史》记载,其可能与嵩阳同为禅僧所住的地方。汤用彤《佛教史》:"就闲居、栖禅二寺之名言之,恐与嵩阳同为禅僧所住也。"嵩阳寺:为北魏孝文帝元宏太和八年(484)禅僧所造。《中岳嵩阳寺碑序》:"有大德沙门生禅师……隐显无方,沉浮嵩岭。道风远被,德香普薰。……此山先来未有塔庙,禅师……卜兹福地,创立禅场,当中岳之要害,对众术之枢外……于太和八年,岁次甲子,建造伽蓝,筑立塔殿,布置僧坊,略深梗概,……虔礼禅寂,六时靡辍,方为众圣万劫之灵场,八辈十方三世之苑囿也。"道场寺:《魏书》卷九十《逸士列传》:"亮时出京师。延昌二年冬,因遇笃疾,世宗敕以马舆送令还山,居嵩高道场寺,数日而终。"即为此寺。

⑧石窟寺：位于河南洛阳南伊阙（龙门山），称“伊阙石窟寺”，亦称“南石窟寺”，熙平初（魏肃宗年号，为516年）为胡太后所建。《魏书·释老志》：“景明初，世宗诏大长秋卿白整准代京灵岩寺石窟，于洛南伊阙山为高祖文昭皇太后营石窟二所。初建之始，窟顶去地三百一十尺，至正始二年中，始出斩山二十三丈。至大长秋卿王质谓斩山太高，费功难就，奏求下移就平，去地一百尺，南北一百四十尺。永平中，中尹刘腾奏为世宗复造石窟一，凡为三所。从景明元年至正光四年六月已前，用功八十万二千三百六十六。”灵岩寺：《魏书·出帝纪》：“永熙二年正月己亥，车驾幸嵩高、石窟、灵岩寺。”清《嘉庆洛阳县志》：“所建龙门八寺，见于《伽蓝记》者惟有石窟、灵岩二寺，余六寺见于《洛志》，曰乾元、曰广化、曰崇训、曰宝应、曰嘉善、曰天竺，而奉先、香山不与焉。然奉先、香山据旧志亦建于后魏，则为十寺。”

【译文】

京城从东到西二十里，从南到北十五里，有十万九千多住户。庙社宫室府曹之外，以三百步为一里，每个里四面开门，每个门设里正两人、吏四人、门士八人，共有二百二十个里。寺有一千三百六十七所。天平元年迁都邺城，洛阳城余寺四百二十一所。北芒山上有冯王寺、齐献武王寺。京东石关有元领军寺、刘长秋寺；嵩高中有闲居寺、栖禅寺、嵩阳寺、道场寺，上有中顶寺，东有升道寺。京南关口有石窟寺、灵岩寺。京西瀍水涧水之间涧有白马寺、照乐寺。这些佛寺，既在郭外，不受数目的限止，所以也详细记载它们。

中华经典名著

全本全注全译丛书

（已出书目）

周易
尚书
诗经
周礼
仪礼
礼记
左传
春秋公羊传
春秋穀梁传
孝经·忠经
论语·大学·中庸
尔雅
孟子
春秋繁露
说文解字
释名
国语
晏子春秋
穆天子传
战国策
史记
吴越春秋
越绝书
华阳国志
水经注
洛阳伽蓝记
大唐西域记
史通
贞观政要
营造法式
东京梦华录
唐才子传
廉吏传
徐霞客游记
读通鉴论
宋论

文史通义
老子
道德经
鹖冠子
黄帝四经·关尹子·尸子
孙子兵法
墨子
管子
孔子家语
吴子·司马法
商君书
慎子·太白阴经
列子
鬼谷子
庄子
公孙龙子(外三种)
荀子
六韬
吕氏春秋
韩非子
山海经
黄帝内经
素书
新书
淮南子
九章算术(附海岛算经)
新序
说苑
列仙传
盐铁论
法言
方言
潜夫论
政论·昌言
风俗通义
申鉴·中论
太平经
伤寒论
周易参同契
人物志
博物志
抱朴子内篇
抱朴子外篇
西京杂记
神仙传
搜神记
拾遗记
世说新语
弘明集
齐民要术
刘子
颜氏家训